單讀 One-way Street

梁启超 亡命

THE EXILE

1898—1903

许知远 著

GUANGXI NORMAL UNIVERSITY PRESS
广西师范大学出版社

·桂林·

單向空間
OWSPACE

图书在版编目(CIP)数据

梁启超：亡命，1898—1903 / 许知远著. -- 桂林：广西师范大学出版社, 2023. 8（2023.9重印）
ISBN 978-7-5598-6037-8

Ⅰ. ①梁… Ⅱ. ①许… Ⅲ. ①梁启超（1873-1929）－传记 Ⅳ. ①B259.1

中国国家版本馆CIP数据核字(2023)第100996号

LIANG QICHAO: WANGMING（1898–1903）
梁启超：亡命（1898—1903）

作　　者：许知远
责任编辑：谭宇墨凡
特约编辑：张旖旎　罗丹妮
装帧设计：山川制本workshop
内文制作：燕　红

广西师范大学出版社出版发行
广西桂林市五里店路 9 号　邮政编码：541004
网址：www.bbtpress.com

出 版 人：黄轩庄
全国新华书店经销
发行热线：010-64284815
山东韵杰文化科技有限公司
开本：889mm × 1194mm　1/32
印张：16.25　　字数：300千
2023年8月第1版　2023年9月第2次印刷
定价：88.00元

给彭女士、许先生

是你们鼓舞起我对历史与书籍的最初热忱

自 序　一个亡命者

一

梁启超会看到什么景象?

在火奴鲁鲁 9 号码头的露天酒吧，我喝着菠萝啤酒，看着“火奴鲁鲁之星”缓慢地停泊靠岸。在白色甲板上，几个粉裙、肤色棕黑的姑娘扭动着腰肢，花衬衫小乐队一旁演奏，曲调朴素、慵懒，没错，就是那些夏威夷小调。

杯中之物的劲道比想的强烈，菠萝的甜蜜没能压住酒精烈度。生产这款啤酒的酿酒厂，也是本地历史的缩影。创始人詹姆斯·多尔生于 1877 年，缔造了一个以菠萝为中心的产业帝国。与香料、咖啡一样，糖驱动着近代世界的形成。因为盛产甘蔗与菠萝，夏威夷是全球制糖业的重要一环。甜也是一种权力，白人种植园主将金钱转化成政治控制，废黜了夏威夷女王，创建了一个有利于他们的共和国。詹姆斯·多尔的堂兄、拥有一副令人难忘的胡须的桑福德·多尔，出任了首任总统，积极说服一个迅速扩张的美国将共和国纳入版图。

本地独特的政治、经济环境，也造就了一个与众不同的华人社群。这些大多来自广东的移民，以檀香山命名这个群岛，并发展出一种少见的政治意识。他们不仅参与当地的权力角逐，还追随孙文缔造了近代中国第一个海外政治组织——兴中会。

我微醺，眼前一切皆显错乱。这是 2020 年 2 月末，一场全球性瘟疫正四处蔓延，这里却像身处历史之外，海滩、购物中心、电影院拥满了人，交谈、饮咖啡、冲进海浪……空空荡荡的唐人街传递了忧虑，华人及他们的食物可疑起来，似乎病毒与肤色有关，能藏身于叉烧和虾酱空心菜。

一种微妙的历史联结漂浮在空气中。一百二十年前，梁启超在此登岸，也恰逢一场全球性的流行病危机。这令他的计划倍受干扰。自 1898 年秋天流亡东京，他已遭受一连串挫败：日本政府没能干预北京政局，助光绪帝复位；康有为被强迫离境；自己创办的《清议报》时时面临停刊压力。但机会意外涌现。被迫前往加拿大的康有为，发现了大批追随者，他们慷慨解囊，成立了保皇会。康意识到，散落世界的华侨可化作一股值得期待的政治力量。梁的夏威夷之行与这新形势相关。在此停留一个月后，他将乘船前往旧金山，展开美国大陆之旅。一路上，他将发表演讲、募集款项、创建保皇会分会。募款将为勤王起义提供动力，若一切顺利，起义将同时在华南与长江流域发生，从维新人士到会党、游勇皆卷入其中。义军最终将挥师北上，恢复光绪的权力，重启中国变革。

现实与梁启超期待的大为不同。一场鼠疫刚抵达夏威夷，唐人街沦为替罪羊，遭遇隔离、火烧。他深感种族焦虑，愤愤称统治者为“白贼”；只因肤色，他也无法搭乘前往旧金山的船只。最终，美国之行未遂，岛内的募捐也谈不上成功，国内的起义更以灾难收场。梁深陷愧疚，恨不得自杀谢罪。夏威夷也见证了他的摇摆性格，孙文将哥哥、同学与兴中会网络介绍给他，以期共同革命。他却背叛了这份信任，将兴中会员纳入保皇会麾下，同时安抚远方的孙文，许以携手入主中原。他还投入一场炽热的单相思，在国家衰败、兄弟遇难、同门相攻的焦灼中，持续修改一组给何小姐的情诗。

这个片段或是理解本书的恰当切口。这一卷从 1898 年秋至 1903 年夏，是梁启超流亡岁月的第一阶段。他带着幸存者的内疚抵达东京，六君子血洒菜市口，光绪被囚瀛台，一众同志四处逃散。他要消化这创痛，也要警惕这创痛。流亡是前所未有的经验，熟悉的世界陡然消失，最寻常的语言与食物也变成挑战。惊恐与威胁也从未消退，对他头颅的悬赏遍布中国沿海城市，延伸至海外。流亡也是契机，它助你抛弃习惯的窠臼，拥抱新思想与新感受，塑造一个新自我。

梁启超成功、或许过分成功地重塑了自我。从《清议报》到《新民丛报》,他开创了流亡新闻业的先河,以横滨为基地,对中国政局发挥了意外的影响力。明治晚期蓬勃的报刊、书籍冲击了他的思想，他逐渐脱离康有为，获得智识上的独立，还变成一座不断延展的知识桥梁，几代人将借助他来进入现代世界。在某种意义上，他是中国的第一个现代心灵。

比起生花妙笔，他更期待以行动者的面貌示人。他创办实业，展开武装起义，把整个世界变成了舞台。从横滨、火奴鲁鲁到新加坡、悉尼，再到温哥华、纽约、旧金山，他成了老练的全球旅行者，与日本首相笔谈，在华尔街拜访 J. P. 摩根，前往白宫会晤西奥多·罗斯福，还穿梭于散落各处的唐人街,观察、体会华人在异域的屈辱、希望与独特之生命力。即使置于世界坐标，他的广阔经验也少有人及，在那一代中国人中，更独一无二。

这只是故事的一面。他影响力惊人的笔端，也常伴随着不安。为了现实政治考量，他制造康有为神话，扭曲亡友生平，还编织荒诞不经的谣言。他参与的政治行动草率、漏洞百出，充满孩子气式的任性，总导向失败。他的智识成就也不无瑕疵。他毫不客气地借用日文学说,还常赤裸裸地抄袭,引发日本同行的抗议。他的思想看似充沛、广袤，更充满矛盾、错乱，常是生吞活剥、一知半解的结果。他也缺乏一个伟大思想家的敏锐与深刻，没能将庞杂经验化作对人生与世界的真正洞察。在这一人生阶段，他遵循乐观、线性的思维，对于日本与西方的理解停留在表层，缺乏更富原创性的见解。一些时候，他就像青年时代的托克维尔："他还没有学会什么，就已经开始思考了。"

不过，对于一个不到30岁，在四书五经、八股训诂中成长起来的青年，这要求又未免苛刻。梁启超正是一个典型的过渡人物，"徘徊在两个世界之间，一个世界已经死亡，另一个世界尚未诞生"。他注定以闯入者的心态介入每一个领域，他的冒险、挣扎、奇思异想、种种谬误，皆标志着一个新时代的到来。

二

"历史真正的主题，不是已发生的事情，而是当事情发生时人们的感受。"在写作这一卷时，历史学家G. M. 扬这句话常跳入我脑海。

怎样去理解一个世纪前、与你的经历迥然的一个人？翻阅《清议报》是一种方式，喝菠萝啤酒、在墨尔本的淘金博物馆中闲逛，也是一种方式。时代充满断裂，过往即他国，也仍有某种连续性，风物会意外地存续下去，每一代的苦痛与喜悦，希望与焦灼，亦不无相通。

自2015年9月写下这部传记的第一行，梁启超与他的时代，成了我生活中的一种平行存在。他的行动与思想，常变成我的避难所。读到他信中那些抱怨，看似成功的书报亏损不断，在同门面前忙于自辩，我感到某种释然，甚至对自己的创业焦虑不无缓解；他囫囵吞枣地应对立宪、文明、经济、笛卡尔、格莱斯顿、卢梭这些概念时，多少就像是我突然被抛入了大数据、OpenAI、埃隆·马斯克的世界吧。我也记得抵达异国的新奇与不适，对于唐人街的亲切与疏离，这该与梁的感受不无相似吧。

这带来亲近感，也可能是某种庸俗化，窄化了历史人物。我这一代人已经很难想象梁启超这代读书人的中心角色，他们的思想、言论对现实强有力的冲击，他们在朝野中激起的爱慕与愤怒。

写作不无兴奋，它扩张你的心胸，让你被另一个时空滋养。它更充满痛苦，很多时刻，我觉得自己掉入种种琐碎，《清议报》《新民丛报》上那些大量重复、缺乏养分的文章，各种二流作家一时的感慨，占据了我太多精力，以至于丧失了对更重要问题的追问。1898—1903 年不仅是他个人观念形成的关键岁月，也是中国思想的巨变时刻，它值得更深入、更精确的笔触，我模糊地感受其轮廓，却丧失了进一步廓清的气力与耐心。

但对于一点，我颇为自豪，比起之前的梁启超传，我更充分地描述了时代情绪、城市气质、各地华人社区的面貌，以及同代人的选择。在与环境的互动中，个体精神与性格得以真正浮现。我亦认定，横滨的色彩、李鸿章杂碎的滋味、西雅图戏院的气氛、一个墨尔本矿工的叹息、一位杭州故友在日记中的感慨，皆有其价值，它们构成一张令人着迷的世界之网。

在这一卷中，梁启超的思想与个性皆更为鲜明。历史之创痛，一个突然浮现的舞台，康有为的远离，迫他迅速成熟。令人欣慰的是，他并未因此扭曲，在很大程度上，他仍保持了诚实、热忱与笨拙，为自己的谎言不安，奋不顾身地投入冒险，也对任何一种选择皆感怀疑。

我亦逐渐意识到，这个计划比最初想象的更庞大。你了解得越多，就越意识到自己的无知，越有充分描述的冲动。最初的三卷本计划，如今扩展为五卷，倘若足够勤奋与幸运，或可在下一个七年，完成余下三卷。尽管对这一卷仍有诸多不满，我已迫不及待地进入下一卷的写作。那是1903—1912年的梁启超，一场决定中国命运的争辩，将在他与孙文、章太炎间展开。

2022年12月24日于 虎之门

目 录

北京前门，1898 年左右

八月初四（9 月 19 日）子时，城门再度打开时，康有为入城与梁启超、谭嗣同在金顶庙会面。当谭嗣同复述了与袁世凯见面的场景之后，他们或许都意识到，行动已经失败了，只是还不清楚这场灾难将以何种方式降临。

——《梁启超：青年变革者（1873—1898）》第十五章 · 政变

第一章　菜市口

一

当梁启超前往日本使馆求助时，他尚未出现在拘捕名单上，在喧闹的维新舞台上，他只是个边缘性角色。1898 年 9 月 21 日上午 11 点，一队骁骑涌入米市胡同，在飞扬的尘土中包围了南海会馆，要捉拿康有为和康广仁兄弟。

领兵者崇礼是慈禧太后最信任的人之一，他勤奋却平庸，在三十多年的宦海生涯中从未留下特别的政绩。不过，在这个系统中，忠诚总比能力更重要。甲午年（1894），他被加太子少保，与李鸿章同时被赏黄马褂。戊戌年（1898），他又被授刑部尚书，兼步军统领。位于帽儿胡同的步军统领衙门，成立于康熙十三年（1674），统领满、蒙、汉军八旗步兵和京师绿营的马步兵，掌京城守卫、稽查、门禁、巡夜、禁令、保甲、缉捕、审理案件、监禁人犯等职，俗称九门提督。除去维持京城治安，它也在最高层的权力斗争中扮演着特殊角色。康熙末年，因为步军统领隆科多的介入，四皇子胤禛才在九子夺嫡中胜出，成为后来的雍正帝；辛酉政争，也是在听命于奕䜣和文祥的瑞常成为新任步军统领后，对肃顺的清算才开始。从这场政争中胜出的慈禧，深谙它的重要性，在光绪执意一战的甲午年，她调荣禄出任步军统领。在康有为被任命为总理衙门章京当日，崇礼接替荣禄署理步军统领。

在维新热情高涨的初夏，很少有人注意到这个任命，当时的北京充满着对未来的狂想，康有为是中心人物。不过百日，故事的方向却彻底逆转了。“工部候补主事康有为，结党营私，莠言乱政，屡经被人参奏，着革职。并其弟康广仁，均着步军统领衙门拿交刑部，按律治罪。”[1] 历史学家从未在清宫档案找到这条谕旨，其中一位推测说它可能来自慈禧的口谕，她跳过军机处直接下旨给崇礼。[2] 另一位则在军机大臣廖寿恒的日记中发现，谕旨正是廖所撰写，立刻面交崇礼，甚至未经军机章京登记。[3]

在南海会馆，官兵没找到康有为，却捕获了康广仁。或许自认危险并不急迫，他没有随兄长而去，似乎并不知关于自己的谣言已四处蔓延。人们说这位博济医院毕业生经常夜入紫禁城，为皇帝呈上药水，以致后者疯癫。有人说，他是如厕时被捕的，还有人说，他是在煤堆里躲藏时被发现的。

这两种说法皆认同会馆长班背叛了他，主动引领官兵搜捕，据说康广仁对仆从很是苛刻，两天前还责打了他。搜捕持续到下午2点，除去康广仁，两名康门弟子程式谷与钱维骥及三位仆从一并被捕。官兵搜寻了屋内，翻检了信件，将其中一些可能作为证据的带回衙门，剩余“所有无关紧要者付之一炬”。[4]

官兵也到了张荫桓①的宅邸。人人相信，这位户部侍郎、总理衙门大臣是康有为权力之路的引介人，怀疑康藏匿此处。东华门外的锡拉胡同拥满了围观的百姓，都以为是搜捕张本人，家眷、细软及仆从已挪移一空。“又闻张樵野查抄，康圣人拿问，此局全翻矣。”叶昌炽②在日记中感慨。[5]

9月22日下午，剪掉辫子、换上西装的梁启超乘火车前往天津时，京城的气氛更为紧张了。紫禁城、西苑与颐和园外加强了巡视。早晨一班火车停运，一些人说，这与英俄在珲春开战有关，另一些人则说，这是为了捉拿张荫桓和康有为。[6]搜捕的范围也越出京城，上谕命直隶总督荣禄前往天津紫竹林火车站及塘沽一带严密查拿；山东巡抚与上海道台则稽查到港轮船，防止康有为躲入租界。维新派官员们普遍错

---

① 张荫桓（1837—1900），字皓峦，曾两度担任总理衙门大臣，出使英国、日本等国。戊戌政变后流放新疆，被处斩于戍所。（本书页下关于历史人物的注释，皆为编者所加）

② 叶昌炽（1849—1917），字颂鲁，晚清翰林、学者、藏书家，著有《缘督庐日记》。

愕，礼部尚书李端棻[①]"扫兴矣"，御史徐致靖[②]"更卧不安席矣"。[7]谁也不知道还有谁即将被捕，与康有为平素关系紧密的人皆陷入惊恐。

9月23日清晨，搜捕的名单又加长了。杨锐、刘光第、谭嗣同、林旭榜上有名，他们是变法新贵，似乎都被划为康党。从慌乱的清晨开始，他们以各不相同的方式被捕。当官兵来到杨锐的寓所时，这位章京才睡下，睡前，他在灯下修书给友人，说若不速驱康有为，必然酿祸。结果，祸先向他袭来，他还来不及穿上衣服，就"裸体下狱"。刘光第则是在进入午门时被捕的，他当时正如常前往军机处入值。[8]

对于谭嗣同，这反而是尘埃落定的一刻。自与梁启超在日本使馆一别，他就做好了流血的准备。在徐致靖的府邸饮酒时，他对徐说："变法维新失败了，任公我已托日本使馆掩护他到津，由海道赴日，贼党追捕康先生甚急，吉凶未卜。"徐问他作何打算，他用筷子敲头："小侄已经预备好这个了。变法、革命，都要流血，中国就从谭某开始。"谭嗣同还与王正谊和胡致廷商量，是否可能营救皇帝。江湖上，这两位分别以"大刀王五"与"通臂猿胡七"闻名，谭曾向前者学习单刀，后者则教他形意拳和双刀，他们喜欢称这位贵公子

---

① 李端棻（1833—1907），字苾园，历任云南学政、礼部尚书等职，堂妹李蕙仙为梁启超之妻。

② 徐致靖（1844—1918），字子静，戊戌年上书《请明定国是疏》请求变法，其后举荐康有为、梁启超等人。

为“谭七爷”。他们谋划着潜入西苑瀛台救出光绪，护送他南下。这想法大胆、富有豪侠之气，却缺乏实现手段，面对宫廷重兵，江湖实在过分脆弱。王五也劝谭七爷速离北京，“君行五从”，若不走，“君死五收君骨”。[9] 当夜，谭嗣同闭门谢客，焚烧信件，模仿父亲谭继洵的笔迹修书一封，斥责自己是不忠不孝之人。谭公子远没有他在文章中展现出的那种冲破伦常的决绝，伪造书信与拒不离京，可能皆为了减轻给父亲带来的不良影响。9 月 23 日清晨，官兵闯入了浏阳会馆。

9 月 24 日的上谕是对抓捕迟来的确认。除去四章京，还添加了张荫桓、徐致靖和杨深秀，“均着先行革职，交步军统领衙门，拿解刑部治罪”。[10] 搜捕者来到上斜街徐致靖府邸时，徐外出未归，不久，他即往赴刑部自首。[11] 张荫桓已于前一日被传唤至步兵衙门，枯耗一天后被押往了刑部。住在同乡林怡书家的林旭，早晨被礼亲王世铎派人叫走“面话”，他“不及待车，步行而去”，旋即被捕。他早已被恐慌占据，被捕的前一天在路上遇到马建忠①，他哀求马代向李鸿章求救，又到传教士李佳白（Gilbert Reid）的堂前哭诉，还夜访郑孝胥②，说自己并非康党。[12] 至于杨深秀，不见有描述他被捕经历的记载。

---

① 马建忠（1845—1900），字眉叔，晚清外交家、语言学家，李鸿章重要幕僚，著有汉语语法著作《文通》。

② 郑孝胥（1860—1938），字苏龛，曾任驻日本公使馆书记官、湖南布政使，后出任伪满洲国国务总理。

消息传遍京城，没人清楚到底发生了什么。“闻说张荫桓送刑部，外有杨深秀、刘光第、杨锐、谭嗣同、林旭、徐致靖、康有为之弟广仁等七人……未知何事俱皆拿问。”胡寿颐在日记中这样写道。叶昌炽还得知北洋兵正在追捕康有为，认定御史杨崇伊是这一切的始作俑者，面对这位“沉深阴鸷”的对手，康门“嘐嘐然志大而才疏，本非其敌”。郑孝胥则听到街市上的传言，说缇骑逮了七人，除去四章京，其他三人未详，稍晚才被朋友告知是张、徐、杨。他还听朋友说，宫中终夜扰动，已发了三封电报，催促荣禄来京。张元济①致信汪康年②说起北京风暴，对于逃走的康有为颇有同情，“固非平正人，然风气之开，不可谓非彼力”。他本想打电报给上海，预感到更大风暴的到来，担心被追究，遂改为写信，并嘱咐汪阅后即焚。[13]

“又传闻圣躬不安。又传闻皇上暂居静室，不接臣僚。”9月24日，《国闻报》发表了《记天津八月初六初七初八惶惑情形》。[14]这是新闻界第一次刊登有关政变的消息，其中对西方人即将干预的忧虑非常强烈。对于北京正在发生的一切，外人的确倍感惊异。他们猜测着权力的转移，考量着可能的冲击。24日晚，伊藤博文一行受到李鸿章宴请。因与慈禧的

---

① 张元济（1867—1959），字筱斋，著名出版家、教育家，商务印书馆奠基人，曾任总理衙门章京。

② 汪康年（1860—1911），字穰卿，1896年与梁启超、黄遵宪创办《时务报》，第一卷《青年变革者》第八章《时务报馆》有详述。

密切关系，这个被剥夺一切官职的老人再度成为政治风向的象征。宴会上，逃亡的康有为是话题中心。李问伊藤，如果康有为逃往日本，贵国是否会把他遣送回来惩办。伊藤说，若康有为的罪责与政治无关，或许可以遣返，若与国政有关，按照《万国公法》则不能。“若系谋反干国政之罪,不交还”，李鸿章必熟知《万国公法》中这一段落，仍故意感叹，日本竟与英国同出一辙，还列举孙文一例，说他本已被中国驻英国使馆拘押，却为英方营救。在座的日本上院议员大冈育造追问康有为所犯何罪，李轻描淡写地说，“无非煽惑人心，致干众怒”。相比伊藤博文的审慎，大冈对中国维新者表现出更强烈的同情，说康有为近日所为不过是李种种举措的扩充，建议与其将康捉拿，不如培养他成为李中堂的左右手，为中国未来振兴所用。李鸿章则反驳说，根据他自己的观察，康“了无异能耳”。李保持着他一贯的傲慢，故意贬低大冈不过是伊藤的伴游。[15] 这不仅是个性与立场的相左，也是两种不同政治理念的冲突，即便是当时最富开放精神的中国官员，也很难理解这种保护政治犯的主张。

9 月 25 日，搜捕的范围继续扩大，不安蔓延到南方。当日上谕要求两江总督刘坤一访拿可能在上海的文廷式[①],将其押解来京。孙文也被再度提起，上谕命刘坤一与两广总督谭

① 文廷式（1856—1904），字道希，甲午战争期间主战反和，后致力于维新变法运动。

钟麟等“赶紧设法购线密拿，务期必获，毋任漏网，致滋隐患”。当日另一条上谕令情况更为扑朔迷离，皇帝自称“自四月以来屡有不适，调治日久尚无大效”，令各地举荐“精通医理之人……即日驰送来京”。有太监说，“皇上有病，正须静养，不能接见臣下”；有大臣说，皇上因服用康有为的药，病甚危；还有人说，“上已大行，俟康拿到，讯明鸩弑逆谋之党方声张”。杨崇伊上奏，建议荣禄来京，李鸿章回天津署理北洋大臣。北京充满了强烈、矛盾的情绪，一些人陷入恐惧，另一些人欣喜若狂。“署中人员闻之，喜从天降，无不感太后之德云。”当上谕宣布恢复被裁掉的衙门时，被裁撤官员们如此反应。郑孝胥在日记中感慨：“从此又是偷生世界，亡可立待矣。”[16]

二

混乱中，很多人猜测这一切缘何发生。在很长一段时间，历史学家曾一致认定，9 月 21 日的政变以及随后的抓捕，皆因袁世凯的告密。但不同的声音也逐渐浮现，一位历史学者考证说，与谭嗣同在 9 月 18 日夜会晤后，袁世凯并未返回天津向荣禄汇报，他是在 9 月 20 日向光绪皇帝请训后才返回的天津。当夜，他前往总督府拜会荣禄，汇报了法华寺一幕、康党围园锢后的计划，并拼命自我澄清。“皇上圣孝，实无他意，但有群小结党煽惑，谋危宗社，罪实在下，必须保全皇上，以安天下”，他日后写道，似乎很担心是自己的行为导致皇帝深陷困境。他们的谈话被访客打断，袁告退。翌日一早，未等袁世凯前来晋见，荣禄就到了袁的住所，他一定是被昨晚的谈话深深震惊，二人或许都度过了一个难眠之夜。袁世凯再次向荣禄描述了法华寺的详情，说到有诛杀荣禄的计划时，后者“大惊失色”。袁再度强调此事与皇上无关，想稳妥处理此事。[17]

当晚，荣禄又招袁世凯前来。杨崇伊刚从北京赶来，他志得意满地向荣禄汇报京城的变局，想必认定是自己的上书导致训政，令太后重掌朝纲，或许，也会不无遗憾地说起康有为的漏网。袁世凯也为他提供了自己的所见所闻。这位河南人仍处于忐忑中，荣禄要他喝茶时，摸着茶杯笑说，“此非毒药，你可饮之”。[18]袁世凯或许没有直接导致政变，却可能引发搜捕的陡然升级。一位历史学家猜测，返回京城的杨崇伊即刻会把这新情报禀告慈禧，令她陷入新的悲伤与愤怒，她从未料到自己会有生命危险，而皇帝是幕后主使。据说，太后与皇帝在勤政殿相对而泣，前者感慨自皇帝五岁起就抚养他，“今长大如许，乃欲幽废予，老妇其何辜？”皇帝“亦痛泣不敢言”。[19]皇帝也定陷入了冤屈与惊恐，他只想推动变法，却成为一场阴谋的主角。他一头雾水，没办法做出任何辩解。惩罚随即到来，皇帝被置于西苑的瀛台上——它四面环水，通过板桥与陆地相连。六个太监因与皇帝关系亲近被斩。

对被捕者的处置也迫切起来。9 月 26 日，崇礼等上奏，七名人犯已于前一日移交刑部，因案情重大，请派大学士与军机大臣会审。[20]严惩与营救的呼声皆强烈起来。高燮曾上奏，请“皇太后、皇上当机立断，将张荫桓、徐致靖、康广仁、谭嗣同、林旭五人速行惩办”，尤其担心张荫桓“勾串西人，变生意外”，希望将康有为、梁启超抓捕回京，或就地正法，“以免蔓滋难图”。[21]这也是令人感慨的一刻，这位兵科掌印给事中去年还帮康有为上折推动变法。福建道监察御史黄桂鋆描绘了一张更为可怖的阴谋之网。这个网络以康有为兄弟为中心，“内则以张荫桓、徐致靖、谭嗣同、林旭为渠魁，而杨深秀、宋伯鲁等扶助之；在外则以黄遵宪、熊希龄为心腹，而陈宝箴、徐仁铸等附和之”。在这位御史心中，梁启超处于边缘地位，只不过与“麦孟华等数十百人，蔓延固结，党羽遍布，甚至有徐勤等赴日本，与叛贼孙文设立大同会”。他劝太后与皇帝“将已获之犯速行处治，以绝其望”。[22]刑部尚书赵舒翘则增加了新砝码；在被慈禧召见时说，“此辈无父无君之禽兽，杀无赦，何问为。若稽时日，恐有中变，盖惧外人交涉也”。[23]

营救也同时展开。杨锐的被捕令张之洞焦虑不安，9月24日下午起，这位湖广总督就不停地给北京、天津、上海发电报，借由私人网络来营救自己的得意门生。他请军机大臣王文韶与裕禄帮助营救，致电直隶总督荣禄表示要亲自为杨锐担保，并说杨是陈宝箴举荐，“与康丝毫无涉”，且杨“素恶康学，确非康党”。[24]庆亲王奕劻也出现在他的乞恩之列。

林旭的岳父沈瑜庆前往拜会荣禄恳请相助，荣禄曾对林旭倍加赏识。作为沈葆桢之子，沈瑜庆在官场颇有人脉。张荫桓的遭遇在外交界引发了强烈反应，他是总理衙门中少见的通达精干之人，曾被维多利亚女王授予勋章与爵士封号。9月25日，英国公使窦纳乐（Claude Maxwell MacDonald）致信李鸿章，说如果秘密处决像张荫桓这样一位在西方各国知名的高级官员，将会引发很坏的结果。日本代理公使林权助也加入了营救行列，9月24日，他夜访贤良寺，说服李鸿章伸出援手。[25]

营救者的努力有了结果。9月26日，一道上谕把张荫桓从死亡清单中救出，称这位户部侍郎“屡经被人参奏，声名甚劣，惟尚非康有为之党，着刑部暂行看管，听候谕旨”。[26] 9月27日，张之洞松了口气，他的儿子张权通过刑部的朋友确认，杨锐与刘光第“或可无虞”，且杨曾弹劾康有为，在谭嗣同保举康有为、康广仁时，刘光第也曾拒绝署名。长沙的陈宝箴也得到消息，“杨、刘平安，喜极……大抵只查抄……似此不与钩党之狱矣”。对于曾出任时务学堂总教习的梁启超，陈宝箴似乎并无特别的同情，“惟康、超为洋船接去”。[27]

徐致靖之子、湖南学政徐仁铸上书，主动承担罪名，因为“臣父一生忠厚笃实，与康有为素不相知”，只因自己与梁启超相识，听说了康有为的品行才学，“一时昏聩，慕其虚名，谬谓可以为国宣力”，于是要求父亲保荐康，这一切都是“臣妄听轻举之所致也”。[28]徐家也通过李鸿章求情，徐李两家的友情足以追溯到道光二十七年（1847），徐致靖的父亲徐家杰曾在考场上替正在害疟疾的李鸿章誊写考卷，助他考取进士。据说，李鸿章曾找荣禄说情，称徐“是个书呆子，好唱昆曲，并不懂新政”，荣禄以此来说服慈禧。[29]

外交界更陷入混乱。在北京，各国公使于9月27日下午在俄使馆议事，商讨如何应对变局，直到夜半两点才结束。英国与日本的公使未参加。[30]这两个国家此时正在远东问题上达成新的联盟，共同对抗咄咄逼人的俄国，也一致营救维新者，以表明自己是文明国家。在上海，各国领事纷纷拜会盛宣怀，探听北京政情。英国领事甚至恐吓说，若中国发生内乱，会调三十万印度兵来华。[31]

三

被捕者们对外部风暴所知甚少，除去忧虑个人命运，也要面对琐碎事务。在刑部监狱，张荫桓、徐致靖、杨深秀、谭嗣同收禁在北监，刘光第、林旭、杨锐在南监。谭嗣同写信给仆人，要他送来棉布、紫棉马褂、枕头、呢大帽、铜脸盆等，还要大刀王五通融监狱的饭食，执意要在监牢中维持一个公子的生活。张荫桓则饱受勒索之苦，在万两金的贿赂之后，他才从一个黑屋搬到更体面的房间，“并准家人服侍，亲友往来，安置行李”。[32]相比谭与张，其他五位所能动用的资源少得多。

面对完全莫测的未来，他们的表现也各不相同。杨锐泰然自若，“自揣实无罪，谓即讯不难白”。[33]刘光第也有类似的自信，诵读随身的《朱子全书》《周易》，身为刑部主事，他确信，一经审理，就可确认自己无罪。林旭“秀美如处子，在狱中时时作微笑”。谭嗣同则“意气自若，终日绕行室中”，以地上的煤灰在墙上作诗。[34]至于康广仁，有两种截然的传闻，一说他“在狱言笑自若，神气如常，曾不少变”[35]，一说他头撞墙，痛哭失声，哀叹说，哥哥的罪行，缘何由弟弟承担。[36]他或许也确认了围园锢后的密谋，还“诬攀百数十人”[37]，这激起慈禧更大的愤怒。

没人预感到血光之灾的迅速到来。9 月 28 日，天色未明时，奕劻请陈夔龙、铁良来到庆亲王府，和他一同前往刑部参与会审，奕劻是领衔的会审大臣，后两位则以精明强干著称。对于狱中人物的命运，甚至连审判者也毫无头绪。奕劻深知此案之重大和疑云重重，陈记得，奕劻对杨锐、刘光第颇富同情，“均系有学问之人，品行亦好”，建议对六人的审判分别办理，否则“罗织一庭，殊非公道”。[38]

但会审尚未开始，一纸上谕就已到来：“康广仁、杨深秀、杨锐、林旭、谭嗣同、刘光第等大逆不道，着即处斩，派刚毅监视，步军统领衙门派兵弹压。”[39]审官们错愕不已，狱中人更感意外。刘光第本来安慰痛哭的康广仁说，“未提审，非就刑，毋哭”，当狱卒把他们从西角门牵出时，他惊愕不已，那是死囚的出口，不由叫骂起来："未提审，未定罪，即杀头耶？何昏愦乃尔！"[40]刑部官员唐烜记得，刚毅被任命为监斩大臣，崇礼已经调京旗各营健卒在署外巡查，"前门、顺治门一带，皆派兵防护不测"。[41]五城御史司坊官开始预备囚车，召集刽子手、青衣等差役，满汉提调则到狱中提人，北监的刘光第、林旭与康广仁先被绑缚，接着是南监的谭嗣同、杨锐与杨深秀。在提牢厅跪听上谕后，他们由青衣带上囚车。

突然到来的上谕与宫廷内不断增加的焦虑有关。慈禧对外人的干预深感愤懑，把张荫桓从斩首名单中去除已令人恼火，而贻谷当日的奏折更可能激化了这种愤懑。这位国子监司业担心，若不早定罪，如外人干预，定令朝廷陷入尴尬，"从之则无以彰国法，不从又无以顾邦交"。[42]

这一天，菜市口沿途戒备尤其森严，"步兵统领衙门派出重兵沿途警戒，队伍直排至菜市口刑场，惶惶然如临大敌，这种排场是平时所未有的；而且把谭先生绑在囚车上，也是一个例外"。[43]胡七跃在房顶上看到这一景象，意识到劫法场、救谭七爷的打算没法实现了。

东起铁门南口、西至丞相胡同北口的菜市场，是清代处决犯人之所，这里还有一家鹤年堂老药店，它的牌匾据说是著名的明代奸相严嵩所书。每当行刑，它就暂时关闭，监斩官会在此休息。犯人由东向西排列，刽子手顺序斩决。这六位受刑者被砍头的顺序，未见确切的记载。据说头一刀是康广仁，谭嗣同是第五个。他们临死前的反应，也各有不同。杨锐与刘光第当场询问自己的罪名，监斩官刚毅则拒绝回答。杨锐愤慨地说：“我蒙皇上召见两次，未尝一妄语。”就刑后，“血喷涌丈余”，传说“此冤气也”。刘光第甚至拒绝下跪，惹得杨锐喊道：“裴村跪！跪！遵旨而已。”跪下后，刘光第仍“神气冲夷，澹定如平时”，而行刑后“身挺立”，据说他还追问了“皇上何如”。林旭要求说几句话被拒，他“仰天冷笑”，并与谭嗣同“皆谓我等为挽救中国而死，毫无恐怖，且今日杀一人，后起必有千人，与我辈同心保国”。谭嗣同的情绪则更为激动，他不仅“语尤悖戾”，且拒绝谢恩，大声呼号：“是日每斩一首级，则异日必有一千倍人起而接续维新。”一位目击者说，他拒绝北向谢恩，大叫“有心杀贼，无力回天。死得其所，快哉快哉！”[44]据说，他死亡的过程尤其痛苦，被砍了三十几刀，头颅才最终落地。这些日后的记录，很可能是事实与想象混杂，尽管在死亡面前，勇敢、怯懦都会被高度放大，但如此富有戏剧性的场面，仍显得失真。

大多数围观者可能并不清楚这六人姓甚名谁，又犯了何罪。他们对行刑本身更感兴趣。公开处决是朝廷彰显权威的一种仪式，它也是一场暴力狂欢，总吸引着围观者的雀跃，作为他们单调日常生活的调剂。在一张记录犯人被砍头的旧照片上，围观者几乎拥到了受刑者的身前，眼里并没有同情或恐惧。一位英国旅行家曾这样描述中国的法场：“犯人们任由官差将他们从囚车中带到满是泥泞的刑场，并且跪成一排。刽子手用一柄弯刀，砍下了一个又一个的头颅，每一个头颅都是一气呵成。刀刃一旦变钝，他的下手就会立马给他换把新的。”死亡的方式也明码标价，若想减少痛苦，可以贿赂刀斧手让其一刀毙命，甚至可以使用特别的麻药。连受刑者似乎都是麻木的，“犯人在面临死亡之时通常是面无表情的，偶尔他们被恐惧全面地侵袭了，他们在死前会发出最后的嚎叫：‘救命！救命！’”[45]

午后路过菜市口的叶昌炽，“见人头拥挤，知为行刑”，听说其中有徐致靖后，“惊惨几欲放声”，知徐不在六君子之列，又为杨锐悲痛，六君子“虽良莠不一，要之皆中国之隽才也”。即使他这样消息灵通的官员，也要在翌日的朱谕后才知道他们的确切罪名，“实系与康有为结党，隐图煽惑”，而这康党“竟有纠约乱党谋围颐和园，劫制皇太后及朕躬之事……”[46]这皇帝亲批的谕旨，多少出自真心，又多少来自无奈，无人得知。这个被困于瀛台上的年轻人想必被惊愕、无奈与悲愤左右，万万想不到自己对杨锐、林旭的求计之语，成了对太后的阴谋。

不审而斩六人，除却慈禧的个人愤怒和对外人干涉的忧虑，或许还有另一层原因。陈夔龙日后意识到，太后可能是担心审问会把皇帝牵连出，“一经审问，恐诸人有意牵连，至不能为尊者讳。是以办理如此之速”。[47]这解决方案也可能是来自荣禄，这位直隶总督 9 月 26 日进京，27 日被召见，

28日旋即被任命为军机大臣。他是太后最信任的人，贻谷正是他的门人。

菜市口围观的人群逐渐散去，而收尸者则要独自承受悲痛。“身体发肤，受之父母，不敢毁伤”，中国人对于尸首的分离尤感不安，为此，被斩首者的家人会花大代价将头颅重新缝合回身体，以维持死者的尊严。白天时，没人给康广仁收尸，直到日暮，南海会馆的长班才偷偷来到刑场。因为康广仁是钦犯之弟，下葬广东人的义园拒收，最后只好暂时下葬在龙泉寺。[48]

四

六君子被押于狱中时，梁启超与王照[①]正在大岛号上给伊藤博文写信，请他救助受困的光绪以及狱中的谭嗣同、康广仁等人。他们尚不知一切为时已晚。逃亡路上，梁启超只能得知零星的消息，他可能是从偶尔读到的《国闻报》，也可能是从日本使馆人员的只言片语中，得知了谭嗣同等人被捕的消息，至于更全局性的图景，则毫无头绪。他也不知等待自己的命运是什么，维新同志们的安危，身在上海的家人如何……更重要的是，老师康有为是否身陷危险。

---

① 王照（1859—1933），字小航，维新人士，语言学家。戊戌变法期间屡次上书条陈时务，曾建议光绪出访日本。

康圣人再度证明了自己是个幸运儿，他不仅奇迹般地躲过劫难，且自己浑然不知。在北京已经深陷谣言与恐慌的9月20日，他从塘沽登上了招商局的新济号。但该船要到21日下午才开，又无舒适的大餐间可住，于是他下船入住天津客栈。有人看到他与朋友在酒楼话别，丝毫没有感到即将到来的危险。9月21日，他搭太古公司的重庆号，于上午11点离津，丝毫没有逃离的慌乱。当对他的搜捕扩散到紫竹林火车站一带时，他已处在渤海湾中。22日下午，荣禄派飞鹰号追赶重庆号，并发电给登莱青道的李希杰与上海道的蔡钧，要他们悬赏搜捕。

命运再次垂青了康有为。飞鹰号的速度虽是重庆号的两倍，不想途中煤却烧尽了，只能折返。或许，这也是管带刘冠雄的有意为之，他是甲午海战的幸存者，对于在逃的维新者不无同情。而李希杰当日在胶州，随身带走了电报码，因此烟台官员无法翻译来自天津的电报。重庆号在烟台停泊时，康还悠哉地上岸散步，随手买了梨与石子，捡了贝壳。9月23日晚，他乘船继续前往上海。李希杰错过了康有为，蔡钧则做足了准备。9月23日，蔡钧连发三电给总理衙门，说明搜捕的进程。当日抵沪的黄浦、顺和、开平、新济四船均被搜查一遍，一无所获后，又从新济号的司事口中得知康改搭重庆号的插曲。他还听闻康有为与孙文勾结的消息，“在东洋交银二十万元，已交过陆万”。他也敏锐地注意到上海的外交界，尤其是英国人对于康有为的特别兴趣。9月24日，他再发电给总理衙门，说英国已开始派人寻找康，担心“康有为果为英人拿，必任保护”，决心要抢在英国人前面，“密派亲信员役，俟重庆到后，上船查拿”。[49]

英国人的反应与上海道台直接相关。9月23日，英国驻上海总领事白利南（Byron Brenan）接到蔡钧的信息，要他搜查从天津来的英国船，逮捕康有为。蔡道台还派秘书私下通知领事，“光绪已经死了，是康有为进奉某种毒药害死的”，并送来一张康有为的照片以便辨认，还许诺两千元的酬金。[50]白利南确信，康有为将搭重庆号抵达上海。他也知道，上海滩很多衙役与侦探都期待拿到赏金。想必，白利南得到了窦纳乐公使的指示。营救维新者既可为文明国之表率，也是为了现实利益。维新者代表反俄亲英的力量。或许，李提摩太（Timothy Richard）①的劝说也发挥了某种作用。

9月24日清晨，重庆号驶入黄浦江，一艘蓝烟囱驳船迎了上去。两个英国人爬上客轮，手持照片去找康有为。领头的濮兰德（John Otway Percy Bland）是《泰晤士报》驻上海记者，说一口流利中文，与北京的莫理循（George Ernest Morrison）一直在争夺伦敦编辑的关注。日后，他将以慈禧太后的传记作者闻名于世。他自告奋勇承担这一责

① 李提摩太（1845—1919），字菩岳，英国传教士，1870年来华传教，与李鸿章、张之洞等官员往来密切。

任，比起使馆直接介入，他的身份更为恰当。重庆号将要停靠的码头属法租界，他们最好在吴淞口外拦截。当濮兰德出示上海道台的逮捕信后，康有为颇为吃惊。他对北京正在发生的变化一无所知。康登上驳船，转往停在吴淞口外的英国轮船琶理瑞号（Ballarat），而炮船埃斯克号（Esk）在附近警戒。琶理瑞号泊入吴淞口时，船长担心船上的中国工人贪恋重赏出卖康，派遣了武装人员守候在他的舱门。[51]

按康有为日后的描述，听到皇帝可能驾崩的谣言，他准备蹈海一死，濮兰德安慰他这未必确实。他以诗移情，其中一句日后广为流传："孤臣辜负传衣带，碧海青天夜夜心。"他还起草了遗书，说"我专为救中国，哀四万万人之艰难而变法以救之，乃蒙此难"。他也准备好面对不测，向最信任的弟子徐勤①托付了家事。[52]

蔡钧的人马在重庆号上扑了个空。听闻康登上英船的消息后，他照会英国领事，要求协助查询。接下来两天，康困于琶理瑞号，留在重庆号的行李被取回，包括几篮烟台水果与石子。英国领事班德瑞（Frederick Bourne）上船来访，康有为向班德瑞说起宫廷内的斗争。皇帝病情的传闻完全不实，皇帝不仅身体健康，且"实在是位博学、聪明、勤奋的仁君"，只因变法问题与太后产生冲突，皇帝亲英，太后亲俄。他当然也说起皇帝给他的密诏，甚至建议，英国派两百名士

① 徐勤（1873—1945），字君勉，曾任万木草堂学长、横滨大同学校校长。

兵，就能帮助皇帝重掌政权。对于康有为的表述，班德瑞不无怀疑。“(他)是一位富于幻想而无甚魄力的人，很不适宜作一个动乱时代的领导者。很显然的，他被爱好西法的热心所驱使，同时又被李提摩太的一些无稽之谈所迷惑”，他在给英国外交部的备忘录中写道，相信“康有为是无罪的，西太后的重新当政是一种退步，且对沙俄有利”。[53]

直到9月27日凌晨，琶理瑞号才启动。英国人一直在等待从威海驶来的巴那文契号（Bonaventure）巡洋舰，它将护送琶理瑞号前往香港，以防可能从福州开出的中国军舰的拦截。在香港，康有为将有更明确的安全保障。英国的力量被动员了起来，在华的英国舰队司令西摩（E. Seymour）向海军部通报，一艘巡洋舰正护送“一位以前是皇帝的导师”，如今的“政治亡命徒”前往香港。[54]

在船上，康有为接连写信给李提摩太。第一封信满是对慈禧的谩骂，称她是“淫后”，恳请李提摩太向英国政府求救以保护皇帝，恢复他的权力。紧接而来的第二封信中，康请求李提摩太帮助寻找康广仁的遗骸，担心无人敢收。这封信由怡和洋行的轮船交给何东，为了保密，他嘱咐信件要用英文写。他请李提摩太将两封信转交给容闳[①]与杨米裳，后者是杨深秀之子，“其父无辜被戮，殊可哀痛，故寄此信慰之”。

---

① 容闳（1828—1912），晚清最早的留美学生，曾参与创建上海江南机器制造总局，组织第一批官费留美幼童。

他也惦记每个遇难者的尸骨，期待李提摩太能施以援手。第三封信中，他提到他已命两名弟子陈介甫和梁元理前往北京，收拾康广仁的遗骨，希望李提摩太能提供协助。[55]

9 月 29 日晚 11 点，琶理瑞号抵达香港。在鲗鱼涌外，华民政务司、缉捕以及当地华人领袖何东早已乘坐小火轮等候。他们在马利埔头登岸，前往中环的警察总署。香港总督对于这位流亡者颇为重视，担心他可能被清王朝暗杀，甚至下毒，遂安排他住进这座密布警卫的维多利亚风格的两层小楼。

这也是香港价值的另一种体现，它不仅展示了另一种经济、社会与技术理念，还接纳失败的改革者。在这个受英国殖民统治的港口，王韬①开始了自己辉煌的新闻生涯，孙文找到了革命道路，康有为也一定记得，是 1879 年的香港之行激起了自己对西方事物的兴趣。

港英政府不干涉清朝内部事务，却不意味着他们没有立场。这个策略与英国政府的外交态度及具体执行者的性格有关。两年前，前任总督威廉 · 罗便臣（William Robinson）驱逐了孙文，担心孙会给港英当局与清政府的关系蒙上阴影。现任总督卜力（Henry Arthur Blake）则热情地接纳了康有为，尽管在给外交大臣的电报中，他分享了上海领事馆对

① 王韬（1828—1897），晚清报人、学者，1874 年在香港创办《循环日报》，著有《扶桑游记》。

清末香港中环，黎芳摄影

康的怀疑，认为康的改革并不“明智与理性”。

刚在中环警署安顿下，康有为就收到了贝思福（Charles Beresford）的邀请。这位52岁的勋爵有着漫长的海军与政治生涯，这一年刚被擢升为海军少将，并再次当选议员。他受大英商会联合会委托，前往上海、北京、天津、汉口等地考察商务环境，此刻正在香港中转。在巡捕的保护下，康有为前往贝思福的寓所。“为了了解改革派对于开放中国，以促商贸发展之可能性的看法。”贝思福这样形容会面的目的，他知道康是“中国最负声誉的学者之一”。康有为再次为北京失败的变法辩护，说他们只是想把西方的理念引入中国。

他也表达了对英国的倾慕，想要请英国帮助中国的改革。他说起北京的惨剧，包括弟弟在内的六人被杀，又拿出一份名单，说他们都是求新者，其中不乏地方大员。“康有为的忠君、爱国及无私献身的精神，给我留下了极为深刻的印象。他的真诚无可置疑。”贝思福日后写道。当然，他也为“改革派方法失当”而惋惜，认为“从理论上说，他们所追求的一切都是合理的，也确实有利于他们的国家；但从实际考虑，他们并没有做好安排，以使他们的理论能够付诸实施”。贝思福也再次重复了很多外来观察者的判断：“在这个帝国行之数千年的方法、风俗、法律与制度，不可能由于来自北京的一纸诏令，而在几个月内彻底改变。”[56]

在康有为自己的记述中，一切都更富有戏剧性。他误认贝思福有着更显赫的地位，是前海军部大臣，“盖雄才热血，不可得之人也”；并说贝思福也热烈地回应了自己的求助，当自己以俄国在旅顺屯兵来刺激这个英国人时，他“指头誓死以救我皇上”。[57]

在中环警署居住了七天后，危险稍有缓解，康有为移往何东家居住。在香港，这位逃亡者不断地激起令人敬佩又怀疑的情绪，也招来新的仰慕者。36 岁的何东是其中最负盛名的一位，他的经历也象征着香港精神——东与西的交逢。他是一名“欧亚人”，一名荷兰裔犹太人与一名广东女人之子，常年出任怡和洋行的华人总经理，不仅积累了巨额财富，而且影响力遍及这个城市的每个角落，被称作“香港的洛克菲勒”。尽管没有像何启[①]那样直接参与中国变革的辩论，但他一直对其保持着关注。

搬到宽敞、舒适的何家大宅的第一天，康有为就接受了《德臣西报》(*The China Mail*)的访问，何东担任翻译。在香港的康有为，无奈而焦灼地看着中国的变化。他必定会接收到各种混杂的信息，从北京的宫廷之变到家乡亲人的安危，都让他深陷焦灼与无力："忧君亲之亡，哀家族之危，闻捕杀之信。"[58]发表讲话成了唯一可做之事。他利用每一个机会，创造自己对于中国变革的叙事，塑造自己的神话形象。怀揣光绪皇帝密诏，是他的权威性来源。

"像貌聪明、中等身材……但仪表并不怎样威严，谈话时的态度是从容不迫的，无拘束的"，记者这样描述这个改革者，"具有惊人的现代知识"，虽然某些见解似乎不免近于幻想，但他的态度无疑是真诚的。康有为攻击慈禧是个没受过教育的人，性格保守，挪用海军军费修建颐和园，宠幸李莲英有甚于李鸿章。康声称自己见过慈禧，还意外地赞扬了她的外表，说她"中等身材，仪表威严，举止安详，皮肤苍白而略呈暗色，眼睛好像杏仁一样，相当长，高鼻，外表极为聪慧，而且眼睛是具有表情的"。[59]

回顾了与皇帝的密切关系、改革运动的兴衰与逃亡后，康有为强调自己的使命是代表皇上对外求援，而英国是他的

---

① 何启(1859—1914)，香港医生、大律师、商人、政治家，是香港第一位获封为爵士的华人。

首选，因为它“是以世界上最公正的国家驰名的”，更重要的是，皇帝的命运与英国利益紧密相连，“英国如果能利用这个机会支持中国皇帝和维新党，是于他本身有利的，因为这样去做，就无异乎同时也协助了中国人民，而中国人民则会视英国为他们最好的、最可靠的朋友。如若英国不能及时而起，那末，西伯利亚铁道一旦竣工，恐怕俄国势力就会在全国各地取得压倒一切的优势。如果英国能协助皇帝复辟，我将毫不踌躇地说，皇帝和维新党的领袖们都不会忘记他的盛情”。他还劝英国人设法救助梁启超在新会的亲人——此时，梁的继母、婶母、叔父等诸多亲人已被捕。[60]

康有为广泛散发求援信号，想前往英国与美国，或许它们更有力量来援救光绪皇帝，他也主动接触德国和法国的驻港领事。他也想投奔日本，日本是他理想的变革模式，他的学生徐勤在横滨办学，与日本政界亦有联系。

日本人也在密切地关注着康有为的消息。不管官方还是民间，日本对这位逃亡中的维新者表现出强烈的兴趣。9月30日，日本驻香港领事上野季三郎电告首相大隈重信:“(康)现在住在中环警察署，处于政府的保护之下。”[61]康有为派遣两位学生王觉任和何树龄到日本领事馆，提出希望会见上野，并带去给北京公使矢野文雄①的电报:“上废国危，奉密诏求

---

① 矢野文雄(1851—1931)，日本报人、政治家、小说家，历任邮便报知新闻社社长、日本驻清公使、大阪每日新闻社副社长，著有《经国美谈》。

救。敬诣贵国，若见容，望电复，并赐保护。”[62] 当上野于当日下午 3 点半以个人名义来到警署时，因署长不在，会面未遂。

10 月 7 日下午，上野前来何东家会见康有为，但在一个多小时的谈话中，康表达了自己对矢野的失望，认为日本政府未表现出足够的热情。他决定前往英国，但仍心有不甘。“在前往英、美途中，无论如何也要顺便前往本邦（日本），将清国皇帝的密旨交给我国政府之当政者”，上野向大隈首相报告说。康也再次将北京的权力之争演绎为国际竞争，“此次北京政变，与其说是守旧、改革两党之争，毋宁说中日、英党与俄党之争，若此际不谋使皇帝复权而制俄党，则不唯皇帝有被弑之祸，则无疑是悉举清国委之俄国矣”。因此，他“帮请日、英两国合援，用日、英之力以拯皇帝之难”。[63]

10 月 9 日，日本驻香港领事馆收到大隈首相的电报：“通知康，他将在日本受到适当的保护。”[64] 上野也为康有为的路费忧虑：“该氏素来清贫，且由于此次事变，自然亲朋故旧之财产多被抄没。”[65] 因此，在收到来自东京的拨款前，他自己支出 350 美元作为康的旅费。

在何东家，康有为也两次接见了宫崎滔天。27 岁的宫崎满脸虬髯，典型的大陆浪人形象。他生于熊本县荒尾村，父亲是一名下层武士，以开设武馆、传授剑术为生，从小就向他灌输“要做英雄”，“死于枕席之上，是男儿莫大的耻辱”。在家中，因参与西乡隆盛之叛乱（西南战争）而亡的大哥被视为英雄。14 岁，宫崎入读德富苏峰创办的大江义塾。德富倡导自由民权，用新型的教育方法塑造这些少年，学生不许叫他先生，要直呼他的名字；学生没有来自校方的指令，要制定自我管理的规范；学风则鼓励辩论，尤其是运用西方知识的辩论，“人人以辩士自居……其口中竟常征引罗伯斯比尔、丹顿、华盛顿、克伦威尔”。[66]宫崎却并不满足，内心总有种无法实现抱负的惆怅与虚空。这抱负是什么，他似乎也无法言明。日本最富戏剧性的年代已然过去，他只能生活在维新英雄们拖长的阴影之下。他前往东京，成为基督徒。他的二哥给他带来一个崭新的理念，认为他们应协助古老、衰败的中国变革，若中国可以兴起，可能也会促进印度、暹罗、安南、菲律宾乃至埃及复兴……在这个恢宏的计划中，他们找到了自己的安身立命所在：既实现了那种高度理想主义的武士精神，帮助弱小者，实现更大的正义；又有足够辽阔的舞台，整个亚洲都是一家。中国成了一个既充满诱惑、与生命息息相关的具体对象，又是不知如何下手的抽象之物。他试图学习中文，潜入中国考察，不过，他和有类似抱负的同志都深信：“中国的事只在于人。如果有一位人杰奋起，则天下事一朝可定。”这个人须是“通晓西洋学问的汉高祖”式的人物。[67]

最终，他找到了孙文，把自己的生命与志业投射在了这个比自己年长五岁的广东人身上。一开始，他对孙印象不佳，这位大名鼎鼎的流亡者，“口未漱，脸也未洗……对他举止动作的轻忽、略失庄重之处，则不免感到有些失望”。接着，孙梳洗完毕，换上衣服，端坐起来，却“实在比得上一个好绅士”，但仍让人觉得缺些威仪。当孙开始讲述清政府的腐败统治及欲实现的共和理念时，则显露出另一种景象：“静若处子的他，想不到竟如脱兔一般。不，一言重于一言，一语热于一语，终于显示出深山虎啸的气概。”“他的谈吐虽不巧妙，但绝不矫揉造作，滔滔不绝地抒发其天真之情，实似自然的乐章，革命的旋律，使人在不知不觉间为之感动首肯。”[68]他们也都是虔诚的基督徒，托付彼此，四处串联、募集资金、发展同志、购买军火、发动起义……

途经香港的宫崎想拉近康与孙的距离，促其共同改造中国。起初，身在警署的康还无法会见宫崎，或许也是对他有一丝怀疑，便派了王觉任和何树龄前往会晤。相较于对孙文的革命气质的折服，对于这些维新派的胆怯和无力，宫崎颇感不耐烦，认为他们总是哭哭啼啼。他发现，康有为也总是陷入焦虑，比如询问他能否找到日本志士前往北京刺杀慈禧，并忧虑新任驻日本公使李盛铎①可能对自己的安全不利。[69]

五

比起康有为不停歇的行动，困在大岛号上的梁启超一无可为。这艘巡洋舰建成于 1892 年，荒木亮一中佐是第七任舰长，

---

① 李盛铎（1859—1937），字嶬樵，又字椒微，1898—1901 年任驻日公使。民国后曾任大总统顾问、参政院议长等职。

他与航海长平贺皆是新一代的海军精英，以确立日本的海上霸权为己任。他们定想不到，自己将因营救中国的维新者而被载入历史。他们一起等待接防军舰驶来，大岛号之后才能起航。

对于梁启超来说，这是段焦灼、苦闷的时光。他必与王照做了无数次的讨论，检点变法失败的缘由，猜想维新同道的去向，诅咒守旧派……他们或许还对伊藤博文有一丝期待：他会伸出援助之手吗？平山周①、山田良政也定会向伊藤博文提供自己的意见，自9月抵达北京后，他们目睹了北京政局的戏剧性变化，并劝说王照迅速离京。

10月11日下午，大岛号终于驶离塘沽港。这是一种解脱，梁启超不用担心搜捕者的到来，也意味着更深的愧疚，自己不仅对现实无能为力，还要逃离灾难现场。在他被封闭舰上的时光里，时局进一步恶化，速度超越想象。这一天，慈禧太后发布懿旨，要求各省督抚严查各种结社，“拿获在会人等，分别首从，按律治罪，其设会房屋封禁入官”。她还任命荣禄为钦差大臣，统一节制宋庆、董福祥、聂士成、袁世凯的军队。从一场未遂政变的惊恐中摆脱出来的慈禧，愈发想要把军事权力抓在手中。张荫桓也踏上了流放新疆的路，“不准沿途逗留，所有经过地方，着各该省督抚随时电奏”。[70]

对于康有为、梁启超的声讨仍在继续。江南道监察御史

---

① 平山周（1870—1940），日本福冈县人，1897年首次被派遣来华，结识孙中山，1905年加入中国同盟会，著有《中国秘密社会史》。

徐道焜上折，“康有为、梁启超为中国所不容，必以外国为逋薮”。他听闻按照外国通例，倘若逃犯犯了公罪（政治罪），比如“叛逆也、无君党也、变政也、报馆也、译书也”，他国会给予保护；而私罪不予保护，如“欠债也、无耻也、弃妻纳妾也、言不践行也、负款潜逃也”。这位御史相信，康梁同样犯了私罪，建议朝廷以私罪之名，向外国讨要他们。他建议“饬下总理衙门，密派能员，将康梁两逆居家交友一切劣迹，及拐骗译书报馆巨款，详细访察”，并以外国人最鄙视的劣迹四处公告。他相信此后，当外国人得知这些罪行，或者归还康梁；即使不归还，也不会严肃地看待他们，“斯祸根可拔，而奸宄无藏身之地矣”。[71]

梁启超的朋友们即使躲过一劫，也处于惴惴不安中。张元济去信汪康年，说北京的气氛惊恐异常，“今日又有洋兵入城，而诸人睡梦益浓，深恐祸在旦夕”，他准备南下上海。在北京的外国人则看到反潮流的不可逆转。海关总税务司赫德（Robert Hart）在致伦敦同事的信中写道：“太后一反皇帝之道而行之，旧的科举考试制度又恢复；报纸被禁止，记者受到惩罚；新开的机关被关闭，而旧的衙门又开张。官员们在紧张不安地观望。”英国公使窦纳乐也呼应了这股情绪，在给外交大臣的电文中，他报告说：“反对维新的退步运动日益进展……帝党的维新人物中似乎没有一个具有魄力的人来继续支持变法运动，而光绪自己更是驯顺地屈服于暴风雨之中。”[72]

梁启超将所有的情绪寄于诗句中。在洋洋洒洒的《去国行》中，他感叹“君恩友仇两未报，死于贼手毋乃非英雄。割慈忍泪出国门，掉头不顾吾其东”；他自比为新时代申包胥，“我来欲作秦庭七日哭”，向日本求援。他倾慕明治维新，“尔来明治新政耀大地，驾欧凌美气葱茏。旁人闻歌岂闻哭？此乃百千志士头颅血泪回苍穹”，更钦佩倒幕维新中的英雄的勇气，“一夫敢射百决拾，水户萨长之间流血成川红”。他以幕末维新英雄自励，“不幸则为僧月照，幸则为南洲翁”①，“不然高山、蒲生、象山、松阴之间占一席，守此松筠涉严冬，坐待春回终当有东风”②。在诗的结尾，他自我勉励说：“前路蓬山一万重，掉头不顾吾其东。”[73]

大岛号遵循着它惯常的路线，返回日本。10月12日，日本驻烟台领事发电给外务省：“大岛舰本日下午离此前往吴（淞），梁、王在舰上。”[74]

---

① 月照（1813—1858），日本江户幕府末期尊王攘夷派僧侣。西乡隆盛（1828—1877），号南洲，幕末萨摩藩武士、军人、政治家。二人交情深厚。

② 高山彦九郎（1747—1793），别名高山正之，幕末武士，倡导尊王攘夷。蒲生君平（1768—1813），幕末儒者，与高山彦九郎、林子平合称“宽政三奇人”。佐久间象山（1811—1864），幕末思想家，开设象山书院，胜海舟、坂本龙马、吉田松阴等人均出自其门下。吉田松阴（1830—1859），幕末长州藩武士，被称为明治维新的精神领袖及理论奠基者。

第二章　求救

一

1898 年 10 月 16 日，大岛号抵达吴港。吴有着多样的历史起源，其中一种是中国三国时代的吴国人，经由朝鲜抵达此地，他们被称作吴人，此地因此得名。作为天然良港，它在明治维新中大放异彩。吴港建于 1889 年，是日本的重要军港，也是正在迅速扩张的日本帝国的象征。它所隶属的广岛，正是甲午战争时伊藤博文的大本营。

中国逃亡者未能即刻下船，在舰上停留两日后，方才踏上日本土地。外务省秘书高桥琢也前来迎接，特意为梁启超和王照带来换身衣物，以解逃亡狼狈。

10 月 20 日夜，梁启超和王照以及一直伴随左右的仆人张顺抵达东京，入住三桥旅馆。这家位于麹町区平河町四丁目三番地的旅馆，由三桥常吉所开，时髦一时，将出现在 1899 年 5 月刊的《新撰东京名所图绘》中，电话号码是 1304。它也是不断增加的中国客人的首选。几年后，一位名叫周树人的浙江留学生也暂居于此，他看到旅馆周围“有几家马具店和帽子店等陆军御用商，还有一排黑漆门的官邸。排子车在路上发出响声走过，街上有煤气灯，大杂院的屋梁上到了傍晚挂起油灯，炊烟从朝东开的窗子缕缕上升”。[1]

旅馆并非久居之地，尽管闭不见客，逃亡者的消息也很容易扩散出去。日本政府尚未考虑清楚如何处置他们。原本，他们被安排搬入柏原文太郎的家中。比梁启超年长四岁的柏原，毕业于东京专门学校（早稻田大学的前身），深受英国式自由主义的影响，日后将以教育家而闻名，他有一张忠厚的圆脸，鼻梁上架一副眼镜，是文部大臣犬养毅最信赖的助手。因柏原的居所过于狭小，高桥琢也再次伸出援手。10 月 22 日，梁启超三人在中西正树陪同下，迁入早稻田鹤卷町四十番地的高桥家。

访客接踵而至，大内畅三、鸠山和夫、高桥橘三郎、吉田俊雄、西乡吉义、柏原文太郎、中西正树、平山周，负责追踪这些中国流亡者的警察记下了一连串名字。日本的警察制度是世界上最严密的监控制度之一，由梁启超崇敬的西乡隆盛一手建立，是萨摩藩人的势力范围。警察事无巨细地记下种种信息，据说关于梁启超就有 3600 页之多。

拜访者或隶属东亚会，或是同文会成员。东亚会成立于

1898年春天，进步党派政治家、《日本》杂志的编辑记者以及东京专门学校的学生是其主要成员，陆羯南①、井上雅二、江藤新作、内田良平、头山满是其中的著名成员，犬养毅则是其灵魂。

43岁的犬养毅是位典型的明治之子，就读于庆应义塾，曾为福泽谕吉做演讲记录。他以新闻记者的身份崭露头角，对西南战争的报道轰动一时。1881年，他追随大隈重信进入政坛，1890年当选第一批众议院议员。他也以对中国的兴趣著称，喜欢自称“木堂”，取自《论语》中的“刚、毅、木、讷，近仁”。在甲午战争的关键时刻，他在《太阳》杂志上发表文章，警告那些主张全面征服中国的人，想要占领中国绝对不像一些人想得那么简单。他也是平山周与宫崎滔天的支持者，并劝说后者投身中国革命。在一张照片上，他头发短促，胡须浓密，面颊消瘦，单眼皮，还有一对招风耳，笃定又超然，“当他左手拿着烟盘，右手握着烟盒，飘然步出的情景，真有神仙的风采”。[2]

东亚会一开始就高度重视中国维新者。早在1898年初，主要成员之一佐藤宏就与汪康年联络，请求将日文的《日本》《日本人》与中文的《时务日报》《知新报》《湘报》《国闻报》互换。1898年3月，佐藤宏在《日本人》上发表《说支那

① 陆实（1857—1907），号羯南，日本明治时期著名报人，创办《日本》杂志。

朝野真相而论改造该国为日本人责任之所以》，认定日本政府背离了甲午战争的目的，不是灭亡而要改造中国，日本的民间志士不能放弃原初的目标；帮助中国也是日本自身的需求，一旦中国被瓜分，日本也将面临危机；而且中国亦已展现出革新的迹象，湖南、广东以及海外的兴中会已展现出新的力量，因此，“吾人如欲成大事于清国，就须与此等志士深结，谋缓急相救之计”。但很显然，他对中国的维新力量并不十分了解，将张之洞、康有为与孙文并列为代表人物。6月，中井喜太郎在《日本人》发表文章，高度肯定康有为的国内改革与外交主张，康以明治维新为样板的主张，尤其打动他们。10月，《日本人》刊登了池边吉太郎的文章，批判日本政府救援不力，相信中国变法失败不仅是光绪与康梁的失败，也是日本志士的失败。[3]

与东亚会偏重言论、思想不同，成立于1898年夏天的同文会更富实干精神，其成员足迹遍布上海、福州和武汉，领域跨越医药、报纸、汽船运输等，渴望在中国领土上扩展日本的影响力，宗方小太郎①、白岩龙平、田锅安之助、中西正树、岸田吟香、中岛真雄，皆是其中重要人物。同文会与中国维新者的关系更为密切，1897年初在上海时，宗方小

① 宗方小太郎（1864—1923），著名大陆浪人，曾创办《汉报》《闽报》等报纸，在华见闻汇编为《宗方小太郎文书》。

太郎就曾与梁启超、汪康年把酒言欢。徐勤和罗普[①]这两位旅日的康有为学生是同文会的早期会员，他们也曾邀请康有为和梁启超入会，唐才常则在《湘报》上介绍过这个组织。

近卫笃麿是同文会领袖。这位35岁的贵族院议长身材健硕，精力旺盛，上唇是精心修剪的两撇胡，这在19世纪下半叶的欧洲风行一时。不管是血缘还是个性，他都是天生的领袖人物。近卫家足以追溯到13世纪，与九条氏、鹰司氏、二条氏、一条氏一样，是最为尊贵的皇族。近卫笃麿出生于幕末时期的京都，14岁搬到东京，他学习汉文经典、书法、诗歌、英语，对相扑兴趣浓厚。他原想去英国或美国留学，但父辈担心他受到自由、民主的影响，其中一位建议他前往崇敬皇权的俄国，最终，他就读于德国的波恩大学与莱比锡大学。在前往欧洲的途中，他感到一种前所未有的屈辱。在香港和新加坡，他看到亚洲人处于白人的压迫下，一种朴素的种族意识从此在他心中升起。回国后，他受封公爵，出任贵族院议长，在政界以地位超然与正直著称，可以为原则说出心里话，而不管其后果如何。明治天皇曾称他是“名门伟器”。他对教育与外交皆兴趣浓厚，更有一种强烈的人种焦虑。“东洋前途，终难免人种竞争之舞台……最后命运在于黄白两人种之竞争，此竞争之下支那人与日本人共为白人

---

① 罗普（1876—1949），字熙明，万木草堂学生，后赴日本求学，参与《清议报》《新民丛报》编辑工作，1899年加入兴中会。

种仇敌之地位”，1898 年初，他在《太阳》杂志上这样写道，认定亚洲应该推行门罗主义以复兴亚洲，为此，日本要扮演引导中国的角色。[4] 正处于能力与声望顶峰的他，喜欢在家中从早到晚地会见客人。他还是个不知疲倦的日记作家，在 10 月 21 日的日记里，他匆匆记下“梁启超已抵东京”，并抄录了旅馆地址。[5]

东亚会与同文会是在日本已持续二十年的亚洲主义传统的延续。1877 年，曾根俊虎发起振亚社，这位海军军官受过汉学与西学训练，考察中国后完成《清国近世乱志》和《炮台诸图》等著作，被称作“对支问题第一人”。在咄咄逼人的西方面前，他试图“振起亚洲诸国之衰弱，挽回往昔之隆盛”[6]，联合日本、清国和朝鲜等黄种人，共同对抗白人的西方。1880 年，振亚会由抽象概念演化为一个具体组织。在一家名为卖茶亭的西洋酒楼，曾根俊虎与十几位同志创建了兴亚会，倡导日中共同抵御扩张的俄国。在倒幕运动中影响卓著的伊达宗城①出任会长，中国首任驻日公使何如璋虽缺席了会议却邮寄了会费，著名的朝鲜改革者金玉均②也加入其中。三年后，兴亚会更名为亚细亚协会，并以汉文出版杂志《亚细亚协会报告》，编辑吾妻兵治期望可借此促进

---

① 伊达宗城（1818—1892），日本幕末时期宇和岛藩藩主，幕末四贤侯之一。1871 年作为日本钦差全权大臣，同清朝签订中日修好条规。

② 金玉均（1851—1894），朝鲜近代政治家、改革家，朝鲜开化党领袖，1884 年发动“甲申政变”失败后流亡日本，1894 年在上海遇刺。

日中朝三国间的文化交流，也督促三国的通商贸易，与西方争夺商权。1891 年，更富影响力的东邦协会成立，分任正、副会长的副岛种臣①和近卫笃麿皆是声誉卓著的政治人物，成员则有陆羯南、大井宪太郎、志贺重昂、福本诚、中江兆民、板垣退助、小村寿太郎等著名人物，几乎覆盖了日本全部的政治光谱。它宣称要“引导未开之地，扶持不幸之国”。[7] 他们认为，清国与朝鲜正是这不幸之国和未开之地。

这个协会也吻合了日本的新思潮。试图取悦西方的鹿鸣馆时代结束了，新一代日本精英认定，日本与西方的对抗不可避免，必须依靠实力赢取平等与尊重。到了 1894 年 8 月，该协会成员名单又加入了伊藤博文、井上馨、胜海舟、矢野文雄、德富苏峰，皆是政界与舆论界的领袖人物。甲午战争反而加速了这股潮流，德、法、俄强迫日方退回辽东半岛的举动，令日本陷入愤怒与焦灼，“日清提携论”再度升腾，他们要帮助清国获得富强，以共同抵御白种人。这股潮流中的政治光谱很复杂，既有充满战略与现实利益考量的藩阀、外务省、陆军、海军，也有充满理想主义的媒体和民间组织。它还有明显的地域特性，福冈与熊本的成员普遍有汉学素养，有强烈的危机意识与救世精神，宫崎滔天正是其代表。这些人大多出生于 1860 年代，成长于自由民权衰

---

① 副岛种臣（1828—1905），日本幕末佐贺藩士，明治时期政治家，曾任枢密院副议长、内务大臣。

退而民族主义兴起的时代，壮志未遂，在一个可能发生巨大变革的清国，他们找到了自己抱负的投身之地。这股潮流中的险恶一面，尚未展现出来。日后，日本向亚洲扩张，在其中扮演显著角色的黑龙会等皆从中酝酿而出，给 20 世纪亚洲带来了持久的历史阴影。

亚洲主义也激起了清国维新者的共鸣。时务报馆不仅帮助散发《日本》和《日本人》杂志，更是访问上海的日本人的必经之所。到了 1898 年春天，这关系更为密切，汪康年、文廷式、陈季同、郑观应等与福本诚共创上海亚细亚协会，以作为对东京同文会的呼应。梁启超错过了上海的盛会，但他对中日的某种联盟关系却充满期待，并特意为一本名为《大东合邦新义》的著作作序。这本书从日本视角诠释了日清紧密合作的迫切性。

百日维新及其失败，给了这一合作潮流以新动力，也令东亚会与同文会找到了明确的着力点。当梁启超困于大岛号上，康有为在香港亦不知何去何从时，东亚会的江藤新作、池边吉太郎、陆羯南和三宅雪岭等在万世俱乐部会晤，在不知中国维新者生死的情况下发起了营救行动。1898 年 10 月 2 日，他们上书大隈重信："梁启超、康广仁为东亚会会员，吾等以友人情谊，不能坐视彼等受冤屈，被处死刑。"他们想去营救，但觉力所不及，故恳请大隈忠告清政府"减判梁等之罪"。他们还期待日本扮演更重要的角色，提出英国人已出面庇护康有为，若日本不做努力，可能会使清国人丧失对日本的信心。甲午之战后，两国情谊好不容易复苏，“如再使其冷却，将来重温旧交，实不可能”。他们恳请大隈电告北京公使馆，“速设法缓梁等之刑，如可能，祈尽力使其全免之”。[8]

10月16日，犬养毅与日本政府交涉，从外务省机密费中支出日币两千元，作为同文会的善后费用，还建议派人前往北京和上海考察。对于康有为和梁启超，可以国事犯之名义予以保护，并建议“梁可直接来日本，康置于英国保护之下，再委托于日本”。[9]他们对康有为不无怀疑，当晚的聚会中，多数会员的意见是，可以暂时援救康有为，但不可令其永留日本，也不让他与人接触，以待送往英美。东亚会还委托中西正树和柏原文太郎为这两位流亡者准备住所。

10月19日，大隈重信在东邦协会第七届大会上明确地说，“中国是自古以来以孔孟之道而锻炼的国民。如能得到扶助与诱导，必能大有进步，定可成为世界上强有力的国家”，而“日本与中国有唇齿的关系，同一人种，同一文字，故不可不扶助中国”。他还传达了新的消息：“中国皇帝陛下安泰无恙。前数日，身体欠佳，经法籍医师诊治，现已恢复健康。”尽管近卫笃麿一直在主动地营救康梁和王照，但在会见前来求救的徐勤时，他表示，“在西太后之方针未明确前，日本难以决定应采取之态度”。[10]

二

在涌来的拜访者中，尤令梁启超欣喜的是徐勤与罗普，他在万木草堂的同窗。自 1897 年末抵达横滨，徐勤已执掌大同学校将近一年，并为这所学校注入新风，将之改造成了康有为学说的追随者。罗普则是第一个就读东京专门学校的中国留学生，日语流畅。他们二人积极地卷入东京的社交世界，促进中日民间交流。北京政变发生后，他们一直积极地展开营救。

他们都在等待老师的到来。1898 年 10 月 25 日早晨，康有为抵达神户，梁铁君、李唐、梁炜、桑湖南、何树龄与女儿康同照皆随行，长髯的宫崎滔天不离左右。他们乘火车前往东京，夜晚 10 点半抵达新桥。“清国亡命者康有为一行，于昨日 25 日午后 11 时 30 分到达麹町区平河町四丁目三番地旅舍，由桥常吉方接待”，当地警察如是报告。[11]

没有记载表明，梁启超是否也在车站等待。在近卫笃麿的日记中，中西正树到场迎接。或许，梁也不清楚康有为到达的确切时间。10 月 26 日，他曾写信给柏原文太郎，奉告康已抵达神户，准备迟些再前来东京，并请柏原代为寻找房屋给老师一行。梁深悉康的奢华作风，担心东京“屋宇多狭小者，即尽力完之，恐亦未能适用”。他想起泷川辨三的一处宽阔宅邸，不知出租与否以及租金如何，请柏原询问并前来见面，“南海极相念也”。[12]

同日，梁启超还致信大隈重信，继续请求日本政府伸出援手。在对日本政府表示感谢之后，他对时局作出分析，认为政变有四个原因，分别是帝后之争、新旧之争、满汉之争以及英俄之争，但其本质是皇上与太后之争。前者维新，重用汉人，联合日本和英国以图自立；后者则守旧，用满人，联俄以求保护。他称光绪“英明仁厚，真旷古所罕有”，只要掌握权力，三年之间能尽扫千年之旧弊，兴欧美之良法。他将此刻的中国比作幕末日本，光绪是孝明天皇，代表进步，慈禧则是幕府将军，代表保守，因体制与规模不同，中国的变革比日本更为艰难。他确信，中国变革与日本未来息息相关，若日本帮助光绪夺回权力，不仅中国重获平稳，东亚也能应对西方挑战。[13] 这次上书洋洋洒洒六千余字，是给伊藤博文上书的延长版。梁似乎毫不在乎日理万机的大隈是否有时间与耐心读完它。

10 月 27 日，梁启超拜访志贺重昂，托他将这封信上呈大隈。这位 35 岁的前外务省官员是大隈信任的人，出生于冈崎藩的武士之家，毕业于札幌农业学校。这所学校由美国人威廉 · 史密斯 · 克拉克（William Smith Clark）创建，试图将科学及基督教精神传输给日本青年，内村鉴三、新渡户稻造皆是其著名毕业生。1886 年，南洋旅居九个月时，志贺深感处于西方殖民统治下的屈辱。在随后出版的《南洋时事》中，他主张“保存本民族和固有禀赋，以维护日本独立”。1888 年，他与作家三宅雪岭、陆羯南等结成政教社，试图寻找日本精神。志贺以地理环境视角赋予富士山以前所未有的意义，认为其不仅是一座名山，更是日本的象征。透由风景，他为日本找到了独特性和优越性，中国则成为反面例证，北方“满眼望去，皆为黄色，其间没有一山一峰耸起，景色之单调真是倦杀行人过客”，南方“森林则因几千年来的滥伐而缺少巨木高树的幽邃，仅能靠文人的水墨山水画来‘卧游’而聊以自慰”；在日本文士中享有盛誉的洞庭湖，不仅水浅且水色浑浊，“使人极为扫兴，无法涌起思念向娥之念”，西湖则“因其处在潮湿之地，疟疾频发”，雨天时“细菌滋长”，晴日时则“沼气蒸发”。

“江山洵美是吾乡，谁人不言自己家乡之洵美”，他在1894年出版的《日本风景论》中这样写道。这本书响应了高涨的民族热情，他也因此被称作“日本的罗斯金”①。读者们不难发现志贺笔下美景的扩张意味，“如今我皇的版图已经扩张到台湾岛，热带圈的景象也因此被纳入到我皇的版图中”，因此台湾的玉山可更名为“台湾富士”，日后将山东吞并，泰山则成为“山东富士”。[14] 内村鉴三看出了这股热情背后的危险，这是一种“爱国偏执”。

梁启超无暇去关注这些言论。或许，他也不清楚这论调。“久闻高名，曾读《日本风景论》及其他地学各书，略

① 约翰·罗斯金（John Ruskin，1819—1900），英国维多利亚时代艺术评论家，艺术与工艺美术运动（Arts and Crafts Movement）发起人之一。

窥硕学之一斑，今日相见恨晚。”梁启超以此开始笔谈，他感谢了日本的优待，分析了北京的政局，荣禄则成为新的替罪羊。他说，慈禧与光绪固然不和已久，但政变不尽是慈禧而且是荣禄所代表的满人集团所为，他们以为改革对自己不利，在慈禧面前谗言，说皇上准备驱逐满人，且要除掉太后，因此引发政变。他强调说，中国政局牵动全球局势，与日本尤其相关。若中国能自立，日本的边防、商务和工艺皆会受益。中国自立的关键是能否实施改革，端赖光绪皇帝是否掌权。光绪有权与否牵动日本的命运，深望日本能帮光绪复权。他还给出了更具体的解决方案：日本出手援助定会激起满人的顽抗，建议日本与英国、美国联合干预，给出每年五百万金来赎买太后的权力，做出安全保证。他相信，慈禧只对纵欲娱乐有兴趣，只要能确保她的生活，且外有列邦的压力，内有志士的愤怒，她定会让光绪复权。梁启超还回忆了与矢野文雄的交往，以及感谢了大隈重信、犬养毅与志贺重昂等对中国的帮助。对于梁启超的判断，志贺颇为认可，他特意提到，矢野文雄回到北京觐见了光绪，“皇上健然。吾辈得报欢呼”。他也请梁放心，他虽离开政界，但对光绪复权的事，“亦私有所谋，贵下请少放念”。[15]

翌日，梁启超再度来访。他继续分析时局，认为满人与老臣毫无政策，只是偷生贪禄者，而更富有活力的年轻辈，则大多主张革命之说。他坦白自己也曾倾向革命，因为朝局无可为，所以不得不倡导自下而上的革命。光绪皇帝在四月稍掌权力，有志之士才知他是有为之君，从前十余年的腐溃政策绝非他的原因。他这才幡然悔悟，辅佐皇帝行新政。他认为，革命的主张是下策，在此刻的中国尤不可行，在外患方殷、强邻环伺的情况下，革命未起，中国已经被分割。他对光绪充满信心，认为只要他能掌全权，则"新政已行，旧弊已去，国体已立矣"。他畅想了未来中国的两种景象：慈禧与满人继续掌权，不及数年必被分割；另一种可能是，革命导致西方列强入侵与内部草莽起义，瓜分同样到来。故而与其冒险革命，不如借助友邦力量自上而下推行改革。志贺同意梁的分析，说日本也期待光绪复权。他再次问梁，光绪该如何复权。梁说，半个月前还认定只要日本出力即可，如今须要结成日清英美四国联盟，共同向北京施压。若日本应允，他将再赴美国与英国寻求帮助。他提到，容闳将在一个月后来日，然后随康有为奔赴英美。他与老师正是这样分工的，他留在日本，而康前往英美求助。[16]

就在他们讨论中国与亚洲的前途时，儿童的嬉戏声不断从隔壁传来，打断两人的谈话。志贺四岁的小女儿正在与女仆玩闹。志贺抱歉地说，她"不觉异邦志士在邻室，旁若无人，请勿咎小儿无心"。[17]这嬉闹声或许也激起梁启超的另一种情绪，思顺已经六岁，她与母亲状况如何？

三

康有为带来了家人的消息，梁家老小皆已在澳门，蒙何廷光[①]照顾。万木草堂的几位忠诚门徒也聚集在那里，大井头四号的知新报馆是他们的集会地，构成一个小小的流亡社群。

尽管未见描述梁启超再度见到康有为的场面的记载，按照康一贯的戏剧化的能力，两人会相拥而泣，扼腕叹息。个人情感和家庭琐事远不比国事迫切，他们要尽快地说服日本政府援助光绪皇帝。他们将之比作“哭秦庭”，春秋时代的申包胥在秦国哭了七天七夜，终促秦国发兵救楚。但在一个现代民族国家的世界，“哭秦庭”是否还有效？

不过，康有为的确为东京的这股中国热提供了新燃料。传奇般的逃亡，在香港接受的一连串采访，已使他成了一位国际知名的人物。日本影响最巨的综合杂志《太阳》，本年10月号便刊登了康梁的合照。在黑白照片中，他们皆长袍马褂，留着辫子。额头宽阔、蓄着两撇胡子的康有为坐着，一脸镇定；站立一旁的梁启超稚气未脱，甚至有点怯生生。

康有为那独特的风度和滔滔口才，皆使初识者印象深刻。“康氏是个中等身材的人，很粗壮，看来很健康。他的眼睛黑而明亮，眼光敏锐；眉毛高而黑，成弓形。其面色浅黑，

---

① 何廷光，生卒年不详，澳门商人，投资创办《知新报》。

前额高而匀称，鼻子和厚唇端正。上唇上方留着整齐的黑胡子，耳朵不大，但很相称。他的手指（左手的三指和四指）留着长长的指甲。头部和手掌长得都不大，但形状好看。脸部表情十分机敏，聪明而且迷人。一对黑黑的眼球闪闪发光，十分迷人。其人举止庄重且大胆。人们一看，就觉得他不是一个寻常的人”，一位人士回忆道。[18]

传说中的皇帝密诏，对于慈禧绘声绘色的攻击，更给予康有为特别的权威与神秘感。日本政界以更庄严的态度应对他。10 月 28 日，大隈重信会见了康有为，此前，大隈定已读过梁启超的上书。当时已 60 岁的大隈是历史的幸运儿，30 岁出头就执掌过明治政府的多个部门。他是自由民权运动的代表人物之一，于 1882 年成立立宪改进党，赢得了青年官僚和新兴商人的支持。这个新政党与板垣退助①一年前组建的自由党交相呼应，后者主要依靠武士与地主。大隈与板垣皆厌恶长州与萨摩主导的藩阀政治，比起寡头们习惯的暗箱操作，他们更善于动员公众，知晓如何应对日益扩大的政治参与热忱。大隈那条残废的腿也是动荡的政治生活留下的痕迹，它是一次刺杀的结果。在政界与新闻界，他常被称作“独腿人”。1898 年 6 月 30 日，他就任首相。这是一场漫长斗争的胜利一刻。大隈与板垣共同创建的宪政党迫

---

① 板垣退助（1837—1919），明治维新功臣之一，日本第一个政党自由党的创立者，自由民权运动主导者。

使长州寡头伊藤博文辞职，日本政治自此开始了政党政治的新篇章。

在对外政策上，大隈更富理想精神，立志要帮助朝鲜和中国摆脱专制体制，获得自由与民主，这被称作“大隈主义”（Okuma Doctrine）。对于北京的维新，他不无期待，赞许光绪皇帝“年少气锐，改革之志甚急……是进步主义的良友，为人所尊戴，吾人一定采取拥护的方针”；慈禧发起政变后，他则更是强调，“吾人基于从来所主张的自由进步主义，最为尊重人权，而且热烈期待进步的朋友。今将此事普于世界，聊表吾人的抱负”。他也期待英国展开行动，“如有与日本帝国在对华政策上有共同利害关系的国家，而且该国能始终遵守人道之大义、文明之通义，公正之真理的话，日本将与之携手合作，共同处理目下的清国事变”。[19]

会见康有为时，大隈大为感慨中国变故，同情康的境遇，赞赏他的言行。[20]然而，将同情转化成具体的行动是另一回事。大隈自身也陷于困境，新内阁自成立起就冲突不断，先是板垣要求大隈辞去兼任的外相一职，接着是文部大臣尾崎行雄在演讲中公开宣称日本可能建立共和政府并嘲讽财阀，说总统候选人可能来自三井与三菱。这令天皇与权贵们愤怒不平。10 月 27 日，大隈以犬养毅替代了尾崎，却没能安抚板垣一方。这个临时合并的政党处于崩溃的边缘。

康梁没等到大隈的正式回复。10 月 30 日，梁启超又将书信分别寄给近卫笃麿和副岛种臣，期望他们能够发挥作用。

对于明治元老，康梁更有着过度期望。他们自比幕末维新一代，也认定更能获得后者的理解。但这些残存的元老显得过分冷静。他们前往拜会闻名久矣的胜海舟，却发现话不投机。这位与西乡隆盛谈判促成江户和平开城的老人告诫他们，不要进行急剧的变革。“梁和康都是很伟大的学者，但并不是政治家。他们说过想效仿日本建立立宪政体，依靠日本的援助来实现支那的改革，所以我怒斥他们道：‘你们身为支那人，怎么会不知道支那的长处呢！当下支那的政治是尧舜之治，没有比模仿日本的立宪政治更为愚蠢的了。日本的那些支那豪杰们不要折腾了，给我老老实实地安静一些。借他国之力来进行自己的改革，简直是荒谬。日本幕末的时期，也有过这样荒谬的男子，荒唐之极。’他们就是一根筋的学者。”胜海舟在谈话录中写道。[21] 据说，康有为压抑不住怒火，率梁启超拂袖而去，胜海舟则保持了风度，送他们至大门口仍说：“望公等再仔细玩味余今日之言。”[22]

梁启超也致信品川弥二郎①。55 岁的品川是吉田松阴的门人，在老师遇害后整理了他的文集，对中国流亡者有深切的同情。在信中，梁谈到吉田松阴对自己的影响，说早在万木草堂时，康有为就以《幽室文稿》示学生，气馁时读，“胜于暮鼓晨钟”。他借吉田松阴自辩，在幕末的压抑气氛中，

---

① 品川弥二郎（1843—1900），日本明治时代政治家，历任驻德公使、枢密院大臣、内务大臣等。

松阴曾言“观望持重，今正义人比比皆然，是为最大下策，何如轻快直率，打破局面”，“天下之不见血久矣，一见血丹赤喷出，然后事可为也”。此刻的中国，局势比日本幕末时还糟糕，面临“数千年之疲软浇薄”，“非用雷霆万钧之力，不能打破局面”。梁也相信，失败亦是转机，“自今日以往，或乃敝邦可以自强之时也”。他请求拜访，还希望获得松阴的其他著作。[23]

四

借吉田松阴自辩，与他们遭受的质疑越来越剧烈有关。东京以一种复杂的心情迎接这些中国维新者，在日文中，他们被称作“亡命者”。

对于北京的维新，日本的舆论界表现出一种迟来且矛盾的兴趣。在 9 月 11 日的《万朝报》上，年轻的主笔内藤湖南①写道:“清国改革之气运，往往未甚足恃也。为改革派领袖之康有为、汪康年等年轻人，皆非有扭转乾坤之大气魄、大力量之人物，加之一国人民柔惰怯懦之风，不容易拔除之也。虽改革之言议层见叠出，以此为其风气大开之征，则言之过早也。”维新失败后，他又在 10 月 27 日、29 日、30 日

① 内藤湖南（1866—1934），日本历史学家、汉学家，青年时期供职于《台湾日报》《大阪朝日新闻》等报刊，后任京都大学东洋史学科教授。

接连发表《支那改革说的两个时期》一文，追溯中国近代的变法历程。他认为，第一期改革在太平天国之后，凭借李鸿章、张之洞等当权者的努力，建立兵工厂、造船厂、电报线、铁路、总理衙门等。这种改革与日本幕府末期颇为相似，都“以苟且之手段，试图屑屑于细节之修补，以为顺适大势之运行，则免于败绌者寡也”。[24]

10 月 20 日，小山正武在《太阳》发表《清国政变与俄国外交术的关系》一文。这位东邦协会评议员提出，政变是俄国人的阴谋所致，慈禧、奕劻、荣禄一干满人只是工具。胶州湾事件后，满人“依赖俄国的后援，想保住爱亲［新］觉罗的江山社稷”，而“革新派人物中缺乏人才，张荫桓迂阔、幼稚，康有为一派志气慷慨有余，经世才干不足，在谋划机密大事方面多有疏漏和失误，遂造成了西太后一派先发制人”。同一期杂志还刊登有题为《清国政变的真相》的文章，署名“某清国外交通”，明确反对把政变归于俄国阴谋，且对满人颇有辩护，认为发生政变的主要原因是“满人与汉人的冲突，渐进党与激进党的斗争”，“满人立朝，如裕禄、如荣禄，虽说他们不是卓越的人物，但也不是太保守的人物。何况满人拥戴的西太后，作为卓越的女主，从同治帝去世光绪帝继位以来垂帘听政二十余年，其间她施政有失误也有功绩。尽管女主的政治动辄任用小人，然而如从她强行执政后的淑德看，任用李鸿章，改进了政治，这一决定不是寻常的保守人士所为。不用说，她只不过是反对康有为等高唱急进突飞的学说而已。现在她以六十四岁的高龄，还尽力卫护自身的政权，其老健矍铄、在政治上锐意进取，令人钦佩”，而年轻的光绪帝“起用康有为等少数书生作为助手，决心实行满朝的大改革，绝不是谨慎行为。故导致他的壮举半途而废，乃至他本人遭到了改革反对党的幽闭”。很有可能，这位“某清国外交通”就是矢野文雄。[25]

作为日本最重要的思想家，福泽谕吉对中国的看法与近卫笃麿和大隈重信截然不同。早在1884年，他就在自己创办的《时事新报》预言，中国将在1899年被瓜分，成为“东方之波兰”，还大胆地劝告日本加入欧洲，并与腐朽的中国和朝鲜斩断关联。尽管他在文中强调“入欧”,并未提出“脱亚”，却仍被后人认作“脱亚入欧”的肇始者。即使三国干涉还辽激发日本的焦虑，福泽仍坚信“只要中国继续尊崇孔教，只要清廷延续其统治，（日本）与中国就不会有真正的联盟、合作或亲近”。他对中国变革的前景不乐观，对康有为印象亦不佳，更不相信日本用三十年实现的变革，中国三年就能达成。对于同文同种之说，他做了这样的类比，日本像狗，中国则是象，“狗只要一声指令，就开始全速奔跑，象却发现很难移动，甚至花了很多时间才移动一足，这是自然规律。因此，日本只须一年完成的任务，中国却要好几年”。他批评热心的日清提携论者，“不要用狗的头脑去引导大象的行动”。[26]

直到9月22日，他才表现出对北京维新的少许兴趣，在《时事新报》上写道，“中国终于从长长的昏睡中醒来，意识到自强之道在于采纳西洋文明……中国人转向日本的方式就好像他们正在寻求与日本人建立兄弟之谊。我非常吃惊于这种态度的陡变”。[27]维新失败后，他不支持日本卷入中国的改革，也不建议接纳康有为和梁启超流亡东京。《时事新报》一直对中国的维新者抱有怀疑，在其刊发的《论康有为》一文中，就曾批评康缺乏改革的方法，反对日本接纳康有为，这可能给日中关系带来不利影响。

康有为和梁启超一定多少惊异于这扑面而来的批评。比这批评更糟的，是日本国内政治的动荡。11月7日，只存续了四个月零八天的大隈内阁倒台，维新者们最重要的支持者失去了权力。在很多方面，新首相山县有朋与大隈截然相反。时年60岁的山县也是吉田松阴的门人，40岁就成为日本新式陆军的缔造者，并击溃了西乡隆盛的反叛。他寡言少语，缺乏个人魅力，却果断残忍，曾一次性枪决53名军官，只因为他们抗议降低军饷。他也对政党和民权运动充满愤恨。因为无法赢得大众的支持，就通过军队与其他寡头竞争。他更是“利益线”这一概念的发明者，强调对中国的领土要求。他挑选的外相青木周藏时年54岁，是日本第一代职业外交官，曾留学德国，出任过德国公使与临时外务大臣。新内阁更强调日本的实际利益而非某种理想，更没有中国情结。

新内阁的冷淡态度立刻传到了这些亡命者身上。不过，近卫笃麿代表的民间力量仍对他们展现出热忱，尽管是有限的。11 月 2 日，东亚同文会在万世俱乐部召开成立大会，宣布东亚会与同文会合并。由此，东亚同文会成为最重要的亚洲事务组织，陆羯南、池边吉太郎、田锅安之助、井上雅二出任干事，近卫笃麿当选为会长。当日，近卫就收到了康有为和梁启超的来书。康称自己“受衣带之诏、万里来航，泣血求救”[28]，期望能拜访近卫；梁启超则将写给大隈的书信抄录给近卫。第二天，柏原文太郎与宇佐穗来彦先后来访近卫，磋商康梁之事。宇佐尤其担心政府会将康有为与孙文同样对待，恳请近卫能与康有为一晤。11 月 12 日，康有为终于见到近卫笃麿。在表示了关切与理解之后，近卫劝告这位急切的、以日本为师的中国维新者说，“我国的维新变革，并非始于明治的前两三年，其由来甚久。而且在这段期间中，牺牲了很多人的生命，经过各种的演变才得到今日之结果”，所以中国此次的维新，“只是变革的开端罢了”。他还安慰康有为不要气馁，同时“以此为前车之鉴，今后采取渐进稳重之方针以推进之”。康有为沉溺于自己的想象，说董福祥的部队已被驱逐出直隶，袁世凯也并非臣服慈禧而实是改革的支持者，只要日本“能乘此之际，借一臂之力，驱逐太后之势力，恢复皇位，必可成功”。近卫冷静地回应：“外交之事，绝非贵我两国所能解决。如此之大事，必观察欧美列国之态度决定之，甚难断言可否。且此事不可冒然放言。”[29]

五

倘若日本人令人灰心，老朋友们则带来慰藉。10 月 26 日，宗方小太郎前来叩门。两个月前，他刚从中国返回日本。上海一别已近两年，他们“握手一笑，谈新话旧”。他发现，梁启超与王照“二人皆断发，着洋服”。[30]

三天后，山本宪也到访。1852 年，山本出生于一个汉学世家，青年时代曾是自由民权运动的参与者。1883 年，他在大阪开设梅清处塾，是个汉诗的爱好者。两年后，他因参与试图插手朝鲜内部改革的“大阪事件”而获刑入狱。1897 年，他在游历上海时见到了梁启超，在日记中匆匆记下了对梁的印象：“为《时务报》主笔。将赴长沙中西学堂聘。年未壮，文名甚高。”他也记得聚丰园餐厅“楼宇壮大，划房九十云”，而上海歌舞者与日本不同，“妓歌清远，与乐器叵辨，不似本邦妓歌，与乐器背驰”。[31]

山本密切地关注中国的变革，这已是他第二次来到东京试图营救康梁。这也是令人感慨的重逢。一年前，踌躇满志的梁启超不会想到自己的流亡命运。梁感谢了日清协和会对中国的帮助，再次咒骂了慈禧，把她比作汉代吕后与唐代武则天，并说此刻唯有效仿周勃和徐敬业起兵。他感慨中国力量单薄，需要寻求日本的帮助，“不能不为秦庭之哭也”。[32]

更令梁启超欣喜的，是毕永年①与唐才常的到来。9月21日清晨，毕永年疾驰出京，在上海听到六君子遇难的消息后，他自断辫发，发誓颠覆清廷。之后随安永东之助东渡，前往横滨投奔徐勤。应谭嗣同之约北上的唐才常，刚抵汉口就收到了政变的消息。谭嗣同的死讯传来时，他在极度悲愤中含泪写下一副长长的挽联："与我公别几时许，忽警电飞来，忍不携二十年刎颈交，同赴泉台，漫赢将去楚孤臣，箫声呜咽；近至尊刚十余日，被群阴构死，甘永抛四百兆为奴种，长埋地狱，只留得扶桑三杰，剑气摩空。"他本想前往北京为谭收尸，得知骸骨已南归后，便赶往上海转日本寻找康梁。毕永年与唐才常在横滨的大同学校相遇，湖南人郑晟礼接待了他们。19岁的郑晟礼原本计划与林圭、范源濂相约前往日本就学，林与范皆未成行，他只好只身前往横滨，住进了大同学校，暑假时正好留在校内学日语。这三位湖南人谈起谭嗣同的死亡，"相向而哭"。[33]

10月31日，宗方小太郎与柏原文太郎前来拜访康有为，发现唐才常亦在座，正大谈起兵之事。唐想发动起义，为谭嗣同复仇，救助光绪皇帝。康有为补充说，南学会（南社）会员有一万两千名，均为士绅，前任湖南巡抚陈宝箴为会长，徐仁铸和黄遵宪为首领，"一旦举事，将引军直进，略取武昌，

① 毕永年（1869—1902），1898年在长沙加入强学会，同年随谭嗣同抵京参与变法，戊戌政变后东渡日本，加入兴中会。

沿江东下，攻占南京，然后移军北上”，甚至张之洞也会响应他们。他们相信，官军仅袁世凯、聂士成、董福祥三军能战，合计不过三万人。康与唐都认定，只要日本声援与出兵，大事可成。谈话酣畅淋漓，从上午11点一直持续到下午2点。[34]激情澎湃的康有为与唐才常似乎对现实一无所知。北京的一纸上谕早已令南学会解散，陈宝箴和陈三立父子正上折交卸回籍，身体不佳的黄遵宪在日方的营救下躲过一劫，返回嘉应。维新者从来人数稀少且力量脆弱，何来一万两千之巨，此刻更是消散殆尽。这狂想与梦幻，似乎是应对现实无力的最佳方式。

这些来访者中，最令人不安的一位是孙文，另一位狂想者。自从令他声名大噪的伦敦蒙难之后，他一直住在横滨。他隐藏了自己的身份，以一中文教师的身份示人，还起了日文名字“中山樵”，自此，一些人开始以“孙中山”称他。听闻康有为抵达东京后，他就想去探望，表示慰问，也期待与他们结成联盟。这也是犬养毅和宫崎滔天等人的意愿。犬养毅与孙文一见如故，“抵掌谈天下事，甚痛快也”[35]，并认定：“一、他是一位诚实不说谎、言行一致的人物；二、他笃信自己的学说，提倡共和主义，竖立平等的旗帜，这是谁也不能动摇他的。他的这种人格可能由宗教信仰上而得来的，以这种伟大的人格有笼盖无数人心的威力；三、清廉节俭，不爱金钱。”[36]在犬养毅与宫崎滔天的头脑中，这些中国变革者若能达成一致，必定是一股更强的力量。

康有为保持着一贯的傲慢，与四年前在广州一样，他拒绝了与孙的见面。他认定自己是皇帝的人马，而非孙文式的叛逆。即使犬养毅亲自出面召集，康也只是派梁启超出面。对于孙，梁启超的偏见则少得多。早在1892年，梁就听闻孙的名字，也曾在《时务报》上编译关于他的文章，或许对于他的大胆不无钦佩。康的不在场使谈话更为热烈，梁启超与孙文和陈少白的讨论，一直持续到翌日天明。他们都认定合作有利，梁许诺会与康商议。[37]

亡命者们逐渐感到，内部的热烈难敌外部越来越低的温度。他们的主张难以激起外人的共鸣，甚至曾经热情的朋友也冷淡了下来。11月27日，梁启超在柏原文太郎和中西正树的陪同下拜会了近卫笃麿。在日记中，近卫流露出不耐烦："他们总是以皇帝复位之事相谈，余虽期待之，但非如康所说的那么容易，需要有充分的实行决心才可。"他对梁启超说，英俄两国对波斯、阿富汗与朝鲜诸国，都是利用宫廷纷争介入，而他对中国的内情并不熟悉，"不可冒昧从其事"。[38]

近卫的谨慎与北京的局势变化有关。政变最初的混乱已经过去，慈禧似乎牢牢地重掌了权力，各国的态度也随之而变。英国的立场已从对维新者的同情，重回慈禧太后这边。"最近两周，英国的立场对中国（政变）的态度完全改变了……英国人总是本着他们做事情的惯例，抢先站到势力最强的一边"，俄国驻伦敦大使电报外交部。[39] 10月19日，英国外交大臣索尔兹伯里侯爵（Marquess of Salisbury）对日本驻英公使加藤高明说，"不必担心外国利益会因反改革运动（政变）

而受到特别的损害，中国的政治将如以往那样发展下去”。[40] 11 月 11 日，驻北京的英国公使则更直截了当地说，“维新党的计划是不合实际的，光绪皇帝可能把中国弄得不成样子，太后是宫廷中唯一头脑清晰的人，而她之及时干涉是有裨于时局的”。[41] 俄国公使发现，“英国迅速地改变了对北京的政策的方向，最近急剧地转向慈禧太后及其同党一边，日本目前的态度极端审慎和矜持，这些看来已经使康有为深信他的指望落空了”。[42] 亲改革的《字林西报》（*North China Daily News*）嘲讽这股新气氛说，“好像大家对于中国之返回到野蛮状态，有坚决赞助的意见”。[43]

东京的舆论也越来越坚定于这种倾向：“我当局是不指望年轻的康有为等一派的改革取得什么功绩，而是把希望寄托于有头脑、有地位、有名望的实力派，如李鸿章、张之洞等用有秩序、有规律的方法，循序渐进地革除旧习。”[44] 外务省的新态度也开始展现出来。11 月 26 日，矢野文雄向青木周藏报告北京的时局：“清廷的方针已稍稍从极端守旧中脱出，虽未见改革之实，至少有了些进步……下官考虑，将来如有时机，我国有必要进一步地经常给予忠告与鼓励。”矢野没收到外务省的回应，外务次官都筑馨六批注道：“清国内政之改进主义或守旧主义，其当国者知否，对我并不重要，重要者只是以我邦利益为唯一标准而利用机会。”[45]

与此同时，流亡者内部的纷争也开始出现。

第三章　劝离

一

“闻卿慷慨从容，词色不变，绝无怨言，且有壮语。闻之喜慰敬服，斯真不愧为任公闺中良友矣。”抵达东京九天后，梁启超才坐下来给妻子写信，对她的勇气和韧性大加赞扬。

李蕙仙值得这褒奖。1898 年 9 月 24 日，她在逃亡中生下女儿思庄，不仅无暇休养，还陷入恐惧与奔波，不知丈夫是生是死。男女之情不是信的主体，梁启超甚至没问一句孩子，他最担心的是父亲梁宝瑛，遭此变故会过分抑郁，故请妻子务必宽慰。他也听闻李端棻被发配新疆，尚不知性命如何，对此深感愧疚。李对自己有知遇之恩，却受到牵连，仿若某种恩将仇报，每念及此就流泪。他也关心家庭琐事，嘱托妻子京城的百川通票号尚存有译书局款两万余金，他离京前已托付十五兄李端棻，可以去信索取。他告诉妻子，自己还写信给浙江的吴小村，托其代为筹款。他再次说起父亲，劝妻子将手头的四百余金分出两百给他，以免老人家“手内无钱”，又不好意思索要，“则必生烦恼矣”。他了解父亲的性格，总容易陷入哀叹和烦恼。对于流亡的况味，梁启超只字不提，只在信末安慰妻子说，自己在日本受日本政府保护，且“甚为优礼”，“饮食起居一切安便”，仆人张顺也不避危难，随他一路逃离，忠诚可靠，“身边小事，有渠料理，方便如常”。[1]

11 月 19 日，他再次去信，话题仍围绕父亲展开。对于二弟梁启勋与庶母，他相对宽心，前者“慷慨激昂，必不忧悲”，后者不甚敏感，“不知忧悲，亦不足为念”，只担心“父亲之苦楚不知若何耳”。他说，如果父亲需要，他即刻前往澳门，否则第二年正月或二月也一定归家。只在信尾，他流露了少许的儿女之情：“虽想思甚切，不敢涉私情也。”[2]

梁启超对父亲的担忧不无道理。对于这位老派乡绅，这的确是个令人困惑的时刻，曾经光耀门楣的儿子突然成了危险的来源。春天还陪他赴京赶考，寄望以更大的荣耀，不想秋天就失去了一切，不仅全家因此四处奔逃，连生命都陷入危险之境。他特意写了一篇《戊戌遇变赋》，以示心境。10 月 20 日，《申报》刊登了两广总督谭钟麟的追查结果：梁启超“自今年起，久已不在新会居住，广东省城中亦杳无踪迹”，而“逆首康有为之家属，早已闻风远遁……其原籍房屋已经发封，屋内仅存床几桌椅等件，并破书数十箱……”[3]

11 月 26 日，梁启超又致信妻子，充满不安的自我辩解，想必李蕙仙的来信中充满了沮丧与抱怨，促他接自己前来东京。他解释说在这患难中，断无接妻子来而置父母兄弟于不问之理，若接全家来又太费事。况且，国家大义才是他的首要考虑，“所谓匈奴未灭，何以家为”。他说自己数年来行踪不定，在国内时如此，如今在异域更是，未来还可能在五大洲“随处浪游，或为游学，或为办事，必不能常留一处”。他还忧虑日本“异服异言，多少不便”，妻子来了也不一定能安居，不如仍在澳门。[4]

梁自己能适应这新生活吗？穿和服，跪坐在榻榻米上，品尝酱汤、酱菜，在笔谈之外，挣扎着学一点日文……他还给自己取了一个日文化名——吉田晋。这是一个亡命者的安全考虑，也是赋予自己一种新使命。他将效仿吉田松阴与高杉晋作①，不惜自我牺牲以完成维新事业。

流亡者生活在一个错乱的时空中，比起他们自比的幕末，日本早已是另一个面貌。东京已迎来维新后的第三十个年头，上野公园立了一尊西乡隆盛的铜像，高大肥硕，右手牵一只小狗。这纪念也意味着那个时代的彻底逝去。工厂、银行、教会、大学、宪法、议会、报纸、电车、铁路、海外扩

① 高杉晋作（1839—1867），幕末长州藩士，以创设奇兵队活跃于倒幕运动而知名。

上野公园西乡隆盛铜像，20 世纪初

张，以及日本是否需要二次维新，这些才是人们关心的话题。流亡者的历史类比激起了一些同情，却更多是一头雾水。“哭秦庭”只存于历史典籍，在现实政治中，它显得不无荒诞。书写是他们唯一的武器，太后之恶毒、皇帝之英明、六君子之鲜血，他们需要一遍遍讲述这个悲壮故事，引发同情。

大岛号上写作的《去国行》刊登在 11 月 1 日的《日本》杂志“文苑”栏，其中的悲愤定打动了日本士人。汉学家桂湖村还特别撰写评议，称赞梁启超为“清国志士”。[5] 东亚同文会则在其机关报《东亚时论》创刊号上，刊登了梁启超的《上副岛近卫两公书》和《论支那政变后之关系》，这两篇文章是梁启超流亡后写的第一批政治书简。第二期《东亚时论》

几乎是谭嗣同的纪念专号，卷首是谭嗣同合掌跪坐的半身像，取自他与梁启超等人在光绘楼合影的局部，题词“支那大侠浏阳谭君遗像”是梁启超的墨迹；正文则刊有康有为、梁启超、唐才常等人撰写的悼念文章。它接着便被翻译为日文刊登在《日本》上，《知新报》又将它翻译为中文，以《清国殉难六士传》为题刊登。《知新报》篡改了原文，不仅把谭嗣同描绘成康有为的弟子，还加入两封谭嗣同的绝命书，分别表达了谭对康梁的期待。在其中一封中，谭嗣同写道，“千钧一发，惟先生一人而已，天若未绝中国，先生必不死……嗣同为其易，先生为其难”。很明显，这里的“先生”自然是指康圣人。在另一封绝命书中，谭则说，“嗣同生不能报国，死亦为厉鬼，为海内义师之助。卓如未死，以此书付之，卓如其必不负嗣同、皇上也”。[6]谭嗣同不是康有为的学生，绝命书也是康有为伪造的。幸存者常会陷入某种罪恶感，认定自己的生是建立在同伴的死之上，对亡者的追忆与纪念，往往能减缓生者的愧疚，也能变成新的武器。为了武器的锋利，他们不惜扭曲事实。这正是康有为一派的惯常做法。

二

有关流亡者的各种传闻与谣言，也不断回到中国，变成了新神话。一些人说，康有为住在日本宫城内，大隈重信、近卫笃麿曾亲往横滨迎接他。这些谣言即使不是康发出，他也乐见于此，虽逃离中国，却有更大的力量可借助。光绪密诏更是愈演愈烈，在康有为的版本中，皇帝处于危难中，明确地要求他向外求助。先是香港的《德臣西报》以英文刊登，接着上海《字林西报》予以转载，《新闻报》又将其翻译为中文刊载，引发了舆论的巨浪。

刘坤一称“情词极为狂悖”[7]，张之洞更为愤怒，说康“狂悖凶狠，令人发指眦裂”[8]。张总督也在努力撇清与康梁的关系，政变后的9月22日，他即发电给孙家鼐①，说万不可令梁启超前往上海接办官报，“梁乃康死党，为害尤烈”。接着，他派幕僚梁鼎芬乘坐小火轮前往长江焦山取回题诗，即刻焚毁——他曾在松廖阁题诗感慨时局，赞赏维新诸人。[9] 10月27日，梁鼎芬在《申报》刊登了《驳叛犯康有为逆书》，不仅驳斥了康有为的学说和政治主张，将康与孙文视作同样的叛逆，“自逆匪孙文谋叛不成，逃之外洋后，康有为乃接踵而起”，更对他的人格极尽污蔑，说他在上海狎妓，拒付嫖资，跑上船避难……他诅咒了康的一切，充满了恶作剧式的谩骂，“我大清国，我孔子教，我广东人不幸有此无父、无君、无人理之逆犯康有为，罪通于天，愿天诛之……”[10]

这也是令人感慨的一刻。梁鼎芬曾是康的挚友，并以“万

① 孙家鼐（1827—1909），字燮臣，晚清状元，与翁同龢同为光绪的老师。戊戌变法期间受命为京师大学堂首任管学大臣。

木森森一草堂”赠予，如今却不共戴天。这篇文章不仅在上海发表，还被翻译成日文分四次刊登于《东京日日新闻》。张之洞要将自己树立为慈禧的忠诚捍卫者。这也是他与小田切万寿之助①交易的结果，小田切始终认定，张之洞这样的地方大员才应该是日本与之合作者。11月，小田切来到武昌，先后与张之洞会见五次。小田切完全站在张之洞一边，张不仅要反驳和丑化康梁，还希望日本驱逐他们。12月2日，小田切致电新外相青木周藏："张之洞要求我秘密报告日本政府：康有为及其同党在日逗留，不仅伤害了两国业已存在的友好情谊，而且也妨碍他实施诸如由日本军事顾问训练军队的计划，由此应将他们逐出日本。"青木回电说："帝国政府甚不愿为康有为及其党人提供政治避难，由于国际惯例，也不可能违背其意愿将其遣送出境，但将尽一切努力以达此目的。"小田切还将梁鼎芬的文章寄给外务次官都筑馨六，请他在日本的报纸上发表。小田切虽然承认"其文辞之间虽亦不免有鞭死尸贬生者而大为过甚者"，但也说自己的确听说了康类似不少事。[11]

紫禁城也终于听到了康有为的海外言论。10月25日，内阁学士兼礼部右侍郎准良读到《国闻报》转载的康有为谈话，上奏说："报馆邪恶说请饬查办。"朝廷随即下谕，令直

① 小田切万寿之助（1868—1934），日本外交官、银行家，曾任日本驻上海总领事、横滨正金银行董事长等职。

隶总督裕禄派人密查，设法严禁。[12]没有资料显示，慈禧读到这些攻击时是什么反应，或许身边人已小心翼翼地将其中最刺眼的话删除掉。杨崇伊则相信，危险不仅来自言辞，他在密折中称康梁在日本必然会依附孙文，孙文才是最大的威胁，“此人不除，中华无安枕之日”。他认定孙正在推行新计划，“勾结长江上下三合会、三点会、哥老会诸匪，与西人为仇，激成教案，以困朝廷”。[13]

慈禧听进了这个声音。11月16日，一道上谕派遣知府衔道员刘学询、员外郎庆宽赴外洋内地游历，考察商务。明眼人看得出，他们是要去东京刺杀康梁。12月5日，又有两条密令下发，一条给沿海沿江各督抚：“康有为、梁启超、王照等，罪大恶极，均应按名弋获。朝廷不惜破格之赏，以待有功。”另一条电寄驻日公使李盛铎：“闻康有为、梁启超、王照诸逆，现在遁迹日本，有无其事？该逆等日久稽诛，虑有后患。如果实在日本，应即妥为设法密速办理。总期不动声色，不露形迹，豫杜日人借口，斯为妥善。果能得手，朝廷亦不惜重赏也。”[14]矢野文雄很快得知了这一消息，他在12月9日致电外务省：“各种渠道的报告声称，慈禧太后于12月6日通过总理衙门秘密命令清驻日本公使，运用一切手段将康及其党人捕拿或暗杀。”[15]

慈禧追杀对手，也试图重塑自己的形象。12月13日，她在紫禁城接见了北京公使夫人团，以展示对西方世界的亲善，这也是外国女人首次进宫。刻薄与观察力皆惊人的德国公使海靖夫人伊丽莎白（Elisabeth von Heyking）发现太后“看上去要比实际年龄年轻10岁，依旧素面朝天，只是眉毛处稍稍描了几笔，更加深了脸部刚毅的神情”。慈禧也展现出和善的一面，与在座的夫人饮茶后，她在每人的脸颊上亲吻了一下，然后宣布，“从现在起，我们都是姐妹了”。而皇上有一张“招人喜爱、很有亲和力的脸庞”，“神态中略显悲伤和疲倦”，看到如此之多奇装异服的欧洲妇女时，“兴奋劲儿显然盖过了淡淡的忧愁”。他甚至还激起了海靖夫人母爱式的同情，她与皇帝握手时，希望自己能够讲汉语，“向他表示我对他这次失败的努力的同情和慰藉”。[16]

英国公使夫人也充满同情地打量了年轻的皇帝，得出了相似的印象：“他眼神忧郁，人显得纤弱，从脸上看不出什么性格，整个觐见过程中，他几乎没有抬起眼睛。”太后则征服了所有人，美国公使夫人发现，她“神采飞扬，脸上满是善意，看不到残忍的痕迹。她用直截了当的方式欢迎我们，动作自然、温暖”。没人比戈颁（Henry Cockburn）的判断更权威，这位英使馆的中文秘书已在中国待了二十年，精通中文，判断力敏锐，还曾救助过康有为。他发现，康有为是个爱说谎的人。即使他不同意康对慈禧的那种恶毒看法，也多少会相信流行的说法（这是个恶毒和无能的太后），但如今，他却觉得她“亲切柔弱”。窦纳乐随即向伦敦报告：“皇太后谦恭有礼、和蔼可亲，留下极好的印象。进宫时，大家以为会见到一个冷淡傲慢、不可一世的人，没想到，太后陛下竟是个如此友善殷勤的女主人，带着女人的善解人意和温柔。”[17]

三

天平迅速地偏向慈禧这边时，流亡者的脆弱也展现出来。11 月 24 日，日本华商孙淦致信汪康年，说康有为初来日本时，“日人皆谓奇特之士。近来日著论说，一味蛮骂，又印康工部求救文，分送各处，见者轻之，想亦无能为矣”。[18]《亚东时报》在第四期刊登了一篇名为《论京师变故》的文章，作者认为是康有为过分孤立的行动得罪了守旧派，而中国有着广泛的维新力量，不该因为康有为而废除变法努力。[19] 大隈重信也对康有为既不能致力于国内政治，又不能抑制名利之心感到遗憾。[20]

伊藤博文最终展现了自己的态度。尽管被中国维新者寄予厚望，伊藤对于北京发生的一切始终困惑，他在给妻子的信中说，“我不明白中国之事”。伊藤离开动荡的北京后前往上海，沿长江而上到达武汉，受到张之洞的热情接待。比起北京的维新者，他似乎与张之洞更为相投，也对《劝学篇》大加赞扬。更重要的是，湖北的铁矿石对于日本的钢铁事业至关重要，正在兴建的八幡制铁所急需这些矿石，八幡正是依赖《马关条约》的赔款而建。回到东京后，他始终未接见流亡者，包括自己一手救助的梁启超。外务省 11 月 30 日发现，“伊藤侯已看穿康有为乃是年少气盛，轻率短虑而不足以托大事之人，因此开始对其采取敷衍的态度”。[21] 在 12 月 10 日宪政党的招待会上，伊藤更是开始公开批评中国维新派的策略：“惟仆察彼所谓革新党者之所为，其画策未可谓尽得其当，窃料其事难成，果不出数月，其党立败，进锐速退，自然之理。然遽于以数千年所继承之文物制度，以及土风民俗，一旦革故鼎新，此岂一朝一夕之所能哉？必俟有英迈逸群之帝者出，而以才识卓拔之士为之辅弼，然后能创立一大英业也。”[22] 他对中国政治保持旁观，对经济合作则充满热忱：“清政府如斯疲弊，然人民之勤勉世间无有能及。此实为彼之无尽财富。若革新财政方针，施行诸般改良，中国成为日益发达之帝国绝非难事。”他确信，无论中国政府怎样、主权如何，中国人民的需求一定会日渐增长下去，而日本处在满足中国需求的最有利位置。

内部分裂加剧了流亡者的困境。11 月 3 日，在平山周的引介下，王照拜访了犬养毅。王照滔滔不绝地表达对康有为的不满，说光绪密诏是伪造的，皇帝只让康前往上海以待他日再用，并没有叫他求救，连谭嗣同的绝命书也是伪造的，他就住在南海会馆隔壁，耳闻了梁启超、唐才常和毕永年的商议过程。“皇上本无与太后不两立之心，而太后不知，诸逆贼杀军机四卿以灭口，而太后与皇上之遂终古不能复合。”[23] 他说，光绪深陷不白之冤，真实的密诏只有袁世凯或者军机四卿的家属见过。他为皇上深感不安：在内，荣禄与刚毅为自己的权力玷污他；在外，康梁为了个人而伪造密诏，同样是陷皇上于不义。王照的笔谈是多日怨气的发泄，既有关政治理念，也有关个人作风。夹在一群南方人中间，这位脾气暴躁的直隶大汉深感不适。康党的作风也显露无遗。前来拜访的陈少白记得，有一次他去拜访康梁，厅内还坐着王照，他们围着一张圆桌坐下，坐在他身旁的王照带着怨气说："请你先生评评理，我们住在这里，言语举动，不能自由，甚至来往的信，也要由他们检查过，这种情形，实在受不惯。"[24] 抱怨引起了康有为的不满，他忿忿地对一旁的梁铁君（康有为的学生，身形彪悍，会武功）说，你把他领到外边，不要在这里啰唣。梁铁君便起身强拉了王照出去。

在富有影响力的《时事新报》眼中，康有为更令人怀疑，他缺乏殉死的决心，"不与其他同志相议，率先由北京逃出，在其同党中评价不高"；梁启超"虽尚年轻，但其改革之意见甚有条理，在对此次政变的态度上，尚有并不卑下之好评"；王照的人气最高，他"离开北京之前，其同志虽频劝其避难逃亡，但其挂念皇帝之安危，从容不迫，大有臣子为王事而死之意"。[25]

对流亡者的失望与来自中国国内的压力，引起了东京更直接的反应。12 月 16 日，楢原陈政前来拜访梁启超。36 岁的楢原曾在中国驻日使馆学习汉语，与何如璋、黄遵宪相熟，后随何前往中国，拜在俞樾门下学习。他曾出任伊藤博文的中文翻译，参与过《马关条约》的谈判，还是驻中国使馆的一等翻译、二等秘书。梁启超逃出北京时，他恰好在日本。尽管以私人故旧身份到访，他也隐隐代表政府意愿。他劝梁启超离开日本，并以金玉均为例证，说日本政府曾限他八小时出境，令这位朝鲜流亡者困窘不堪。他劝梁，“去外务省，察其实情，弟等好决定行止”。[26] 这不无威胁的口吻令梁启超颇为不悦，一口拒绝。两天后，楢原又前来横滨的大同学校找梁启超，不遇后，前往学校协理林北泉处询问。当林前往东京告知梁启超时，楢原也赶到了，他再次对梁说明：日本帝国的内阁已变更，不能充分保护他们这些流亡者，不如早去美国，日本政府可以提供3000元旅费，若还不够，尽可商议。这激起了梁启超的愤怒，他一口回绝，端茶送客。

12月20日晚7点半，楢原再度前来，提到伊藤访问中国时与李鸿章的会面。他告知梁启超，李对伊藤说，如果日本保护清国的亡命者，将会产生外交上的冲突。因此，日本可能最近会驱逐他们，建议梁最好在驱逐令下达前，前往美国或英国，旅费由日本提供。他还说，朝鲜流亡者朴泳孝也将同期被驱逐，朴是朝鲜另一位著名改革者，与金玉均同时来到东京，为朝鲜的命运焦灼不堪。面对这明显的威胁，梁再次拒绝。楢原没准备放弃，又来信催促，称“危机已逼，晏然安之，洵为非策”。他知道自己的举动不无侮辱，但“敢为尽言，若徒稽留以贻悔，仆亦不能再为力也”。两天后，他甚至为梁启超的离去提供了具体的建议，28日有船从神户前往香港，“南游为妙”，还问他康有为是否已决定。楢原的行为让康梁深感愤怒。康有为致信柏原询问这位外务官，为何“不烦日日奔走经营，又其费百千金，真怪事也”，而在日本的孙文似乎并没有妨碍邦交。[27]

接踵而来的压力，逐渐冷却的日本舆论，皆迫使梁启超寻找新基地。横滨的南京町是最佳选择。

第四章　横滨

一

去年（1897）秋天，横滨首次进入梁启超的视野。邝汝磐来到四马路时务报馆拜访梁，并带来了陈少白的亲笔信，邀他执掌一所新设的中文学校。

学校由邝汝磐与冯镜如共同倡议建立，后者是横滨华商中的著名人物。冯祖籍广东南海，出生于刚刚开埠的香港，曾师从以编纂英汉词典而闻名的罗存德（Wilhelm Lobscheid）。冯家亦是清廷腐败政治的受害者，父亲冯展扬曾因结交红巾军将领死于牢狱。1878年，34岁的冯镜如觉得香港也不再安全，于是迁往日本。甲午战争的失败促使他与清王朝决裂，他剪掉辫子，被当地华人称为“无辫仔”。他以“镜”的发音给自己起了英文名字Kingsell，像是“销售之王”的意思。他在山下町五十三番地经营一家售卖西式文具，兼营印刷、装订的店铺，名为文经商店（Kingsell & Co.）。冯有一张令人信赖的圆脸，讲英语，甚至还有英国籍，《日本每周邮报》（*Japan Weekly Mail*）描述他：穿老派欧式西装，头顶礼帽，在华人社区中引人瞩目。[1]

冯是孙文最早的支持者，商铺的二楼就是孙文和陈少白的容身之所，也是兴中会横滨分会的成立之地。他自己则被选为第一任会长，弟弟冯镜泉担任干事。1895 年孙文再赴夏威夷时，他们提供了 500 元旅费，还印刷黄宗羲的《原臣》和《扬州十日》，以示对清政府统治的愤恨。

当创办中文学校的念头出现时，邝、冯先与孙文商议。广州起义失败后的孙文，当时正将横滨视作暂时修养之所，他大加赞同，为之取名“中西学校”，还建议陈少白修书一封交由邝汝磐，让他前去上海托请梁启超。早在 1895 年，陈少白就与赴京会试途经上海的康有为、梁启超师徒相识。陈与梁还是同乡，梁在《时务报》的文名已四处风行。

邝汝磐未能请来梁启超，却带回梁的四位同学，徐勤、陈默庵、陈荫农和汤觉顿，以及康有为的手书“大同学校”。康认为“中西”二字不雅，改为“大同”。他正沉浸于自己的大同思想，认定它是放诸四海皆准的原则，理应推广到日本去。万木草堂师徒也醉心于日本经验，想把明治维新的成功复制到中国，这恰是一个良机。未能出任校长的梁启超在长沙撰写了《日本横滨中国大同学校缘起》，为这所新学校确定方针，“以孔子之学为本原，以西文、日文为通学，以中学、小学章程为课则，延中土通才，及日本大学校教授为教习，并于文部省立案”；并大胆展望了未来，“凡由此学满业之生，准入其高等学校，及大学校，或海陆军学校，以通其专门之学”，倘若日本依靠伊藤博文等人留学欧美而维新成功，则“中土拨乱之才，安知不出于东土之学校”。这篇《缘起》弥漫着豪情壮志，梁启超将大同学校视作一股觉醒潮流的海外延续：“中原志士，咸发愤而言变政，报馆学会，缤纷并起，北肇强学于京师，南开圣学于桂海，湖湘陕右，角出条奏，云雾既拨，风气大开。疆吏以开中西学为急务，总署亦拟遣人出洋学习为要图，神州不沉，或此是赖。”[2]

不过一年，风云突变，神州遍布着杀戮、追捕与恐惧，横滨大同学校几乎成了维新浪潮的唯一遗产。徐勤则使这种支持更为牢固。大同学校在年轻一代华侨中激起强烈共鸣，冯镜如之子、16 岁的冯懋龙是其中的典型代表。他曾就读于东京一家天主教学校，学校教学以法文为主，英、日文辅之。200 多名学生中，旅居横滨的欧美学生占三分之二，其余多为日本人，只有冯懋龙与谭赓两名中国学生。他们常面临羞辱，同学经常以“Chinese people, too much dirty”嘲讽他们。他们奋起反抗，抓伤同学，又被校长惩戒。这两个可怜的中国孩子，在课间休息时只能躲在厕所附近的小院，又引来华人总是腹泻的谣言。四个月后，冯便退学了。

徐勤将他从羞辱中拯救了出来，还赋予他新的人生使命。

在大同学校，他可以生活在华人少年中，学习日文、英文以及儒家思想，更可了解时代现状。在教室黑板与课本上，徐勤都要求书写“国耻未雪，民生多艰，每饭不忘，勖哉小子”这十六字口号，要他们立志、读书、合群、遵教、报国。冯日后回忆，课堂上的徐勤，讲起中国的外患内忧，常涕泪交加。这令少年人激动不已，也赋予他们国家意识和自我期许。在冯懋龙的书房内，就贴着这样的对联：“大同大器十七岁，中国中兴第一人。”[3]

日本也改变了徐勤，使他成为康有为更坚定的追随者，笃信孔子理论通行于四海。他曾听说被称为“铁扇博士”的日本帝国大学的根本通明是日本孔教领袖，便前往东京拜访，特意换上西装，把辫子盘于头顶，结果发现根本博士蓄着长发，穿汉代装束，他看到徐勤反而不解：你们不是崇尚孔圣人吗，怎么也效仿夷狄？戊戌年的孔子诞辰，徐勤在中华会馆召开庆祝会，数十位日本名士也来参与，孔子像两边悬挂一联：“同种同文复能同教相联未许西欧逞虎视；大清大日从此大成并合遥看东亚庆麟游。”[4]

大同学校赢得了日本人的赞许。《神户每周纪事》（*Kobe Weekly Chronicle*）这样描述它：两层的砖砌校舍“干净得足以作为荷兰人的餐桌”，“在 140 名学生中，女生大概有 30 人，每个人都穿着夏娃之女那样的服饰。（当然，我们说的是已经文明化，穿上了衣服，并且会阅读时尚杂志的夏娃。）单单用整洁来形容她们的外观是不够的……更确切的说法是既整洁又时髦……她们不缠足，无论在生理上还是心理上都不会受到束缚……可以预见的是，在10年或15年后，女权主义运动将会在中国兴起。”[5]穿着三件套西装的老师站在黑板前，面前摆着地球仪，身后挂着孔子像。[6]

徐勤也在东京的亚洲主义者中间赢得了一席之地，这个网络日后对营救康梁至关重要。北京的消息也牵动着横滨华人的心。当变法消息传来，康有为的名声陡升时，大同学校的教师们备受鼓舞，“沾沾自喜，所出课题，均属歌颂圣君誉扬新政之作”。[7]这也带来了学校内部的紧张，徐勤开始排斥孙文，担心后者反叛者的声誉会影响康有为师徒的正统地位。这所原本由孙文倡导成立的学校遂变成了康有为的基地。为学校捐助的华侨也被新来的康梁吸引——他们有着进士、举人的功名，更承蒙皇帝的召见，还随身携带着密诏。

二

比起东京逐渐增加的忽视与敌意，横滨的华人社区给梁启超提供了意外的温暖与支持。尽管大多数华人对于国内政局并不敏感，面对北京的变化“大都如同隔岸观火，没有任何感觉”[8]，但一小部分人却极富热忱，冯镜如将注意力从孙文转向梁启超，支持他的新事业——创办一份新报纸。

梁启超应该是从东京的新桥登车前往横滨的，30公里的路程，耗时53分钟。这是日本第一条铁路，1872年开通时，明治天皇出席了典礼，站台上，燕尾服与和服混在一起，象征着一个矛盾重重的新时代的到来。最初，人们对这个新事物不无怀疑，一位陆军省官员的言论代表了很多人的看法，他认为建设铁路而非制造武器，“只会牺牲我国政体，为外国人提供便利”。但它的便利随即征服了所有人。从东京到横滨，步行原本要八至十小时，蒸汽船一天只有一个来回，火车却用不到一个小时，每天有九班，可以当日往返。就连甚是反对铁路的大久保利通①，在乘坐后也发出这样的感慨：“真是眼见为实！真是非常享受！没有这种便利，我们就不可能建设国家。”[9]

下车后，梁启超或许无心打量那个由使馆、俱乐部、银行、酒店和跑马场构成的西方世界，它像是微缩版的上海滩。横滨的故事的确与香港、上海不无相似。自 1859 年开港，作为通往东京的入口，横滨迅速取代长崎成为日本的外来事物接收地，一个沉睡的小渔村变成了一个国际贸易与运输中心，也变成了一个多样生活的试验场。日本的第一家面包房、冰激凌店、啤酒酿酒厂，第一场棒球赛、赛马，第一份报纸，皆诞生于此。整座城市充溢着东与西、传统与现代混杂的趣味。

“一排纤细的白色电报线杆把世界各地的新闻传输到汉字和日文印刷的报纸上；在一间有电子门铃的茶室里，谜一

---

① 大久保利通（1830—1878），日本明治维新时期政治家，与西乡隆盛、木户孝允并称“维新三杰”。

般的东方文字就贴在象牙按钮的旁边；一间卖美国缝纫机的商店挨着佛像作坊；一家摄影室设在一家草鞋作坊旁边”，而“所有这些并没有造成任何的不协调，因为每样西方发明的物品都被镶入仿佛适合于任何图画的东方框架之中”，一位叫拉夫卡迪奥·赫恩（Lafcadio Hearn）的作家曾这样写道。日后，他将以小泉八云①的名字闻名于世，成为日本的最佳诠释者。他被横滨的混杂魅力征服了。“（人力）车夫穿着便鞋，越过他跳动的白色蘑菇形帽子望去，街道的全景如画面般展现在眼前”，“所有人和物都小巧而奇妙，并且带有神秘色彩：小房子带着蓝色的屋顶，小店铺前悬挂着蓝色的帷幔，面带微笑的小人们也穿着蓝色的服装”，“所有旗子和帷帐上都饰有日文或汉字，因此显得非常漂亮神秘”。[10]

儒勒·凡尔纳（Jules Verne），这位从未来过这里的科幻作家，甚至想象了横滨的景观：“这里和香港、加尔各答一样，到处都是乱哄哄地挤满了各种民族的商人，有美国人、英国人、中国人、荷兰人，他们买卖什么的都有”，日本的居住区“可以看到青松翠柏覆盖成荫的幽径，可以看到雕刻着奇异神像的门扉，可以看到深藏在竹林芦苇中的小桥”。他对日本人的印象明显好过对中国人，不管是日本军人还是僧侣、普通人，“一个个都是头发乌黑光滑，头大，腿细，上身长，个子矮，肤色有深有暗，最深的似青铜一样阴暗，最浅的如

---

① 小泉八云（1850—1904），日本小说家，出生于希腊，1896 年归化日本，著有《骨董》《怪谈》等。

白粉一般无光，但却绝没有一个像中国人那样的黄面孔”。[11]

中国人是这个港口的最初建设者。甫一开港，他们便随西方人的洋行和商船，以中间人的身份出现，“走进商人的事务所或外资银行，或者敲开外国人住宅的门，接待你生意的都是中国人。厨子全是中国人，家仆也基本是中国人……兑换外币，或去买火车票，为你服务的还是中国人”。[12]一位西方旅行者发现，横滨的华人无处不在，他们是买办、翻译、仆役，几乎都来自广东，尤其是香山、南海、顺德等县。1875年，三菱会社开办横滨至上海的航线，又带来了浙江人、江苏人和江西人，他们被统称为“三江人”。华人社区日渐兴盛，1883年，华人数量已达到2681人，是欧美人的两倍。他们经营杂货铺、钱庄、印刷店，以及著名的三把刀——菜刀、剃刀、剪刀，分别象征着餐饮、理发、裁缝三个行业。其中，一家阿兴裁缝铺闻名一时。

比起欧美和澳大利亚，横滨的华人享有更多的自由与尊严。他们与欧美人同样住在居留地，甚至享有某种特权，不受日本法律的制约。种族焦虑得以避免，他们与日本人是同样的肤色，在一段时间里，甚至还享受着日本人对于中国的传统好感。性焦虑也更少，移民日本的男女比例已相当平衡，更何况，他们还很容易找到一位当地女性作伴。“中国人……通常会娶一个日本女人，并且永久定居下来。”《日本每周邮报》报道说。[13]这些日本女人被称作“南京妻”。

这与中国漫长的优越感有关。早在17世纪末，长崎作为当时日本唯一的开放港口，已有一万名华人，占总人口的五分之一。[14] 当地人称中国人“阿茶先生”，是和蔼可亲的富商形象，总向日本孩子发放糖果，“中国商贩把头发盘在头顶，挑着和他们差不多高的箱子，用蹩脚的日文叫卖，显得非常有趣”。[15] 在横滨的日本人眼中，中国人尽管不是那个美好的“阿茶先生”，但仍有可爱之处，尤其脑后的辫子尚有几分喜剧色彩。横滨的华人聚集区名为南京町。这或许缘于明朝时的中日贸易，当时赴日船队的货物中，来自南京的占了相当比重，特别是一些纺织品和陶瓷，甚为精美，深受江户时代日本人的喜爱，故而，日本人把中国货乃至来自东南亚的货物称作“南京物”。比如，花生是“南京豆”，白米是“南京米”，斗鸡是“南京军鸡”，锁是“南京锁”，瓷器是“南京烧”，甚至一种群生于日本海岸高山地带的樱草，因花开得娇小艳丽，亦被命名为“南京小樱”。当然，中国人则是“南京人”。

随着日本的崛起和中国的衰败，情况发生了变化。一心要赢得西方平等对待的日本，忙于摆脱中国的影响，加入了歧视的行列。甲午战争加速了这一切，“阿茶先生”不见了，“猪尾巴”“中国佬”“支那人”开始流行。日本儿童尤其令人不安，他们会向华人扔石头，暴力从语言发展到行动。

这也催生了政治意识的觉醒。一些敏感的头脑开始意识到中国人的身份，思索着用什么样的方式获得尊严。对于一些华侨来说，梁启超正代表这种希望。走出车站的梁启超该直奔南京町。由崛川运河、加贺町大道和本村大道围绕的南京町，有他熟悉的世界：中华会馆、同乡会、关帝庙、橱窗里悬挂的烧味、满耳的粤语……这是一个城中之城，有着自己的节奏、气息和味道，它能缓解流亡之苦。这些异乡的家乡人信赖他，仰慕他，愿意为他的设想提供支持。

再没有比办一份报纸，更能让深感命运失控的他找回节奏。它不仅能为自己做出辩解，缔结网络，还可以引来追随者，他曾在上海的四马路大获成功，这成功会在横滨再度出现吗？

三

“吾在此创报馆已成。”1898 年 12 月 10 日，梁启超兴冲冲地向妻子汇报。在信中，他未提及报纸的名字和具体的出版时间，只说薪水要等报纸行销后才领，落款地址是横滨大同学校。[16]

他的效率再度令人震惊。12 月 23 日，他抵日本不过两个月后，新报纸于山下町一百三十九番地出版。封面设计延续了《时务报》的风格，“清议报”三个大字居中，英文 THE CHINA DISCUSSION 列其下，还有 ISSUED THREE TIMES PER MONTH（每月三期）的小字，每月初一、十一与二十一日发行。右上角两种纪年方式并存，孔子二千四百四十九年与光绪二十四年，这是康有为尊皇保教思想的延续，也是一种对时间的重新定义。

对于读者，熟悉的感觉扑面而来。“呜呼！我支那国势之危险，至今日而极矣。”他们在发刊词中读到的，正是维新派作家们钟爱、泛滥使用的语气。他们制造紧迫感，促人警醒，催生行动。没人比梁启超更善用这种行文，呼号之余，他将中国的过往与刚刚习得的西方知识融为一体，《时务报》就是这样征服读者的头脑的。梁启超将《清议报》视作《时务报》的延续，后者在上海的疾呼与长鸣，象征着维新事业的开端。如今中国则进入了一个压抑时期，就如欧洲在 1815—1830 年的反动时期。在他眼中，19 世纪是改革的世纪，也是流血的世纪，不管英国、法国、奥地利，还是德国、意大利与日本，“当其新旧相角、官民相争之际，无不杀人如麻，流血成河。仁人志士前仆后起、赴汤蹈火者，项背相望”。在中国，这个过程尤其艰难，千年的专制统治令义侠之风早已消失，且“国家只有易姓之事，而无革政之事，士民之中未闻有因国政而以身为牺牲者”。百日维新以六君子之血告终，却有如“一声春雷，破蛰启户”，必会有仁人志士前仆后继。梁启超要以《清议报》“为国民之耳目，作维新之喉舌”，希望四万万同胞以及图谋亚洲自治的黄种人都支持这份报纸。[17]这是梁启超第一次明确提出“四万万同胞”的概念，或许流亡的距离感令这四万万人变成了一个更清晰、更整体性的存在。它也将是近代中国最被神话的词语，四万万变成巨大的杠杆，屈辱被放大，力量也因此陡增。

报纸的视角与措辞因时空而变。《清议报》寄望于中日联盟，不仅倡导中国变革，也鼓励中日两国联手应对白人威胁，用日本人习惯的“支那”来指代中国。新报纸的宗旨被归纳为四点：“一、维持支那之清议，激发国民之正气；二、增长支那人之学识；三、交通支那和日本两国之声气，联其情谊；四、发明东亚学术，以保存亚粹。”杂志的六个栏目响应了这种视角：支那人论说，日本及泰西人论说，支那近事，万国近事，支那哲学，政治小说。[18]

关于戊戌政变的叙述与分析占据了前三期的主体。梁启超一口气写作了《论八月之变乃废立而非训政》《论皇上舍位忘身而变法》《政变原因答客难》等文章，它们也是他更庞大的写作计划的一部分。他准备写作政变记凡八篇，面对海内外的怀疑与指责，他需要做出更系统的回应。这组文章是控诉，也是自辩，将创造出这样一种叙事：康有为的思想主导着维新运动，得到了贤明皇帝的支持，在短暂和充满希望的新政后，被以慈禧为首的满人统治集团扼杀。

《论变法必自平满汉之界始》是另一篇重头文章，标题下特意加上了小字注解“变法通议外篇一，续时务报五十册”。他提醒满人统治者，若不实行满汉平等来共建富强中国，满人会面临凄惨结局，比起满汉之争，中国人乃至黄种人都面临着白人的威胁。几百年来，拥有特权的满人们，“不耕而食，不织而衣，其全部五百万人，不能为士，不能为农，不能为工，不能为商”，一旦中国被分割，政权、财权、兵权归于白人之手，到时候，“欲求一饭之饱，一椽之安，可复得乎？”[19] 他倡议“满汉不分，君民同治”，这是他去年（1897）在北京时不会提出的。比起满汉矛盾，白人才是更迫切的敌人。

《清议报》也翻译日本报刊文章，比如《兴清论》一文感慨中国新政的失败在于，“根本未立，急于图功，进锐退速，以致一败不可收拾”，而这所谓的“根本”是兵、财、心：“欲行天下之权者，必先拥天下之兵；欲拥天下之兵者，必先握天下之财；欲握天下之财者，必先收天下之心。”戊戌变法中，三者皆不具备，维新者“持其一孤权强行之，虽智不足运其智，虽勇不足用其勇。况于身实无其权，仅赖帝力以伸其志者乎”。[20] 对于这些判断，梁启超定不无赞同，比起康有为，他更乐于听到不同声音，创办《清议报》正是“收天下之心”。第一期还刊登了东亚同文会成立的消息，列举了主要领导人的姓名，以及协会决议：“保全支那；助成支那改善；讨究支那时事而期实行；唤起国论。”[21]

流亡者的个人情绪展现在诗词栏目中，康有为以“更生”之名发表了关于戊戌政变的四首诗。其中一首尤其悲情：“历历维新梦，分明百日中。庄严对温室，哀痛起桐宫。祸水滔中夏，尧台悼圣躬。小臣东海泪，望帝杜鹃红。”[22]

读者们还惊喜地发现了《佳人奇遇》的连载。在费城的独立阁，留美的日本青年东海散士邂逅流亡的西班牙贵族女子幽兰与投身爱尔兰独立运动的女志士红莲，他后卷入一系列冒险，辗转欧亚大陆，还偶遇明朝遗民之后范鼎卿，同为民族命运扼腕、奋进。小说充满故国沦亡之悲，也有男女私情。作者柴四朗曾在宾夕法尼亚大学攻读经济学，并游历中东、欧洲，曾是《每日新闻》第一任社长，出任过农商务大臣次官。这是明治中期的流行方式，小说也是政治活动的延伸和替代品，是自由民权运动的有力武器。这也是文学变革的象征，小说从下层文士之手，转到了政治领袖手中。《佳人奇遇》与《经国美谈》是其中最著名的两本，后者出自日本驻华公使矢野文雄之笔。

还是困在大岛号上时，舰长把这本小说赠给梁启超以供消遣。《佳人奇遇》用汉文体日语写成，梁足可领略大意。可以想象，在憋闷的船舱中，它会带来什么样的共鸣。他追随主人公们神游四方，分享他们的悲愤与憧憬，或许还暗暗期待自己的旅程中也有类似的历险。他更是敏锐地察觉到了政治小说在社会变革中的角色。一俟《清议报》创刊，他便邀请罗普将其翻译，这是政治小说在中文世界的首次亮相。梁启超特意撰写《译印政治小说序》，为政治小说赋予不切实际的历史作用，宣称在美国、欧洲和日本各国的政治进步中，政治小说的贡献最大，“每一书出而全国之议论为之一变”。[23]

这份 64 页杂志的封底还刊登了商业信息，每期的零售价格是一角五分，广告价两行起步、一期三元，以后每期加两元，图片广告另议，封面位置则加倍。杂志的主要负责人也印在本页，发行人兼编辑人是冯镜如，印刷人则是日本人铃木鹤太郎。梁启超的名字没有出现在杂志上，撰写的多篇文章也是署名“任公”。这也是对杂志的某种保护，亡命者名字的公开展现似乎是过于刺目的挑战，杂志特意强调出版于横滨的外国人居留地，冯镜如还拥有英国籍。

比起两年前的上海，身在横滨的梁启超定是更为忙碌。在时务报馆，他尚有汪康年等一众同人，如今则要独自承担所有工作。尽管邀请康有仪、罗普翻译文章，大同学校的日本教习助力，《清议报》仍是一个人的杂志，“每旬需译东文几及万字，方能满卷”，也经常草率地“意译三千余字，再加诗文塞卷，以了此期之事”。[24]

杂志带来新节奏，他的生活开始围绕每十天一期的杂志展开，马不停蹄。第二期开始连载谭嗣同的《仁学》，梁启超履行着对朋友的义务，将故友书稿和诗文携带身旁。在编者按中，他称谭嗣同是“支那为国流血第一烈士”，落款“烈士流血后九十日，同学梁启超叙”。他还是有意做了些歪曲，称谭是康有为的追随者，《仁学》“将以光大南海之宗旨，会通世界圣哲之心法，以救全世界之众生”[25]，在连载中又删除了否定三纲五常和男女平等等部分，康有为不赞成这些主张。

山本宪也加入作者行列，撰写了《论东亚事宜》一文，仍是秉持其熟悉的论调，日本要关注中国之变，俄国是最大的威胁。他的汉学修养在其中展现无遗，像很多中国文人一样熟知历史与典籍，将此刻的俄国比作战国时的秦国，皆虎狼之国，“俄之不能逾白令海峡，犹秦之不能出云中雁门也”。[26]

在纸张上，梁启超的镇定与力量再度回来，还有一种新的自由。比起上海四马路，横滨的自由更为充分，可以毫不忌讳地批评慈禧与荣禄，讥讽张之洞。新报虽以中国传统的清议自居，却采取了更直接的批评与控诉，创造出了一种反对派的声音。这声音从中国境外发出，又传回国内，这在中国历史上前所未有。杂志末尾刊登的代派处象征着这种关系的形成。新加坡的天南新报馆，火奴鲁鲁的生昌行，悉尼的东华新报馆……从横滨出发的货轮将杂志运往世界各地的华人社区，移民不仅是它的读者，还将响应号召、加入集体行动中；在国内，上海是最主要的行销地，然后再转运到天津、福州、苏州、杭州、广州……很多发行点就是当年《时务报》的派报处，比如广州双门底上街的圣教书楼。逃亡的梁启超以另一种方式回来了。

梁启超也正进入伟大的流亡新闻人的行列。新闻业是 19 世纪最伟大的发明之一，它参与塑造民族国家，推动政治进程，唤醒社会大众……而流亡的报人因逃离故土，反而发挥出意外的影响力，从意大利的马志尼到俄罗斯的赫尔岑再到普鲁士的马克思，以及即将崛起的列宁，他们都将报纸与杂志视作武器和一切变革的基础。不过，梁尚不知自己的新历史角色，以及即将释放出怎样巨大的能量。

《清议报》的影响力比梁启超期待的更快到来。“明日亦拟往购一册，寄奉青览”，《清议报》出版五日后，身在日本的汪有龄[①]致信汪康年，通报康梁情况，说《东亚时论》登

---

① 汪有龄（1879—1947），字子健，曾任清政府商部《商务官报》编辑、中华民国司法部次长，创办朝阳大学并任首任校长。

载了康梁的论说，梁又在横滨办了《清议报》。[27] 另一位旧友也询问汪康年，听闻梁所办的《清议报》已寄至上海，他对报纸内容深感兴趣，想知道何处能买到，“此是自写供招，必多确实”。[28]

梁曾担心读者不足，第一、二期刊登“奉送”字样，结果两个月之内送出上万份，不得不催促大家交付报费。到第四期，发行网点已增加到 30 多个，从东京、旧金山、洛杉矶、香港、维多利亚，到国内的福州闽报馆、黑龙江华昌泰、天津聚文阁……汉城新报馆也是新增的派发网点之一，朝鲜媒体一直关注着梁的行踪，1899 年 1 月 13 日的《皇城新闻》介绍了《清议报》：“客岁 12 月 23 日，滞留横滨之清国人发行了《清议报》创刊号，据报导曾任上海《时务报》主编的梁启超氏发表了‘支那哲学新论’和‘清国政变始末’两篇论文……《清议报》痛论西东之时局，内警大清四百兆氏人之惰眠，外瞻东邦诸识者之教导。”[29]

在国内，对康梁的攻击和猜测仍在弥漫。除去梁鼎芬的恶毒言语，《申报》还登载了黄协埙为《翼教丛编》撰写的序言，攻击梁启超“逞其诡谲，创为君民平等之说，于是典章废，制度湮，纲常隳，名教坏”。梁启超也出现于弹劾的奏折中，1 月 17 日，一位言官攻击湖北巡抚曾鉌，说后者的奏章“全袭逆党梁启超之旧论”。即使在同情他们的朋友中，评价也是混杂的。12 月 14 日，寿富在与张謇闲谈中说，康梁实际是朝廷造就出来的，对他们的攻击反倒是增加了他们的权威与声誉。张謇亦同意这个看法，认为“斥之为康教，罪之以党魁，皆尊奉之词”。另一位朋友表达了对梁启超的惋惜，“独怪卓如通才，乃为（康有为）所惑”。一种更普遍的焦虑是，对于康党的讨伐会殃及所有维新者。叶尔恺致信汪康年，说康梁“本无阅历见识，视天下事太易，加以学术乖僻”，但是无辜被牵累者甚多，“无识之徒反以新学为诟病”。汪康年创办的《中外日报》对康梁的诋毁，则令高凤谦颇感不安，因为汪与梁曾是维新者中的标志人物，他们的反目会让守旧者占了便宜。[30]

比起梁启超在海外的重新振作，孤立感包围着昔日维新者。12 月 23 日，《清议报》出刊当日，孙宝瑄[①]在上海重开雅集，想起两年前时务报馆的热闹，不禁感慨，如今风雨飘零，“海上三五同志，渺怀孤诣”。夏曾佑[②]也去信汪康年，说《国闻报》已以五千元之价卖给日本人西村博，西村将具体事务交给了一位宁波人，后者随即改变了报纸风气，专以公器为名敲诈，“有赌场数处，每处每日送二十元……于是大发其财”。[31]他与严复看着自己的心血付诸东流，定满是苦涩。

---

① 孙宝瑄（1874—1924），字仲玙（又作仲愚），曾在清工部、邮传部、大理院等处任职，中华民国初年任宁波海关监督。著有《忘山庐日记》等。

② 夏曾佑（1863—1924），字遂卿，清末民初报人、官员、历史学者。曾与严复等创办《国闻报》，民国时任京师图书馆馆长。

第五章　环翠楼

一

《清议报》帮助梁启超找到了新的节奏，康有为的处境却愈发艰难。最初，康的声誉以及强烈的个人风格轰动了日本社会，其文采和风雅亦激起日本名流的共情，他们诗词唱和、互赠礼物。汉学家庄原和带来自己的心血之作《新学伪经考辨》，这是第一本研究康有为思想的日文书。酒酣耳热之际，犬养毅对康说，“子支那之犬养毅也，仆日本之康有为也”。[1] 品川弥二郎还以吉田松阴的《幽室文稿》与墨迹相赠，称其是“中国之松阴”，而在回赠诗中，康则将明朝遗民朱舜水与吉田松阴并列，认为前者给日本带来儒学，后者催生维新。[2] 最初的兴奋之后，他夸张的作风和不切实际的计划，来自张之洞的不断中伤，都令他的吸引力陡降。宫崎滔天发现，“以前待康先生以上宾的我国人士，对他的为人逐渐感到厌腻而疏远了”。[3]

1899年初，康有为迁入早稻田南町四十二番地，为新居起名“明夷阁”。它取自《易经》的“明夷，君子以莅众，用晦而明”，表明要从失败中再起。东京的冬日也加剧了这种凋零感，“门径萧条犬吠悲，微茫淡月挂松枝。纸屏板屋孤灯下，白发逋臣独咏诗”。[4]在这人生的低谷，他开始撰写自编年谱《我史》谈论自己的学说，新政期间的大放异彩，九死一生的逃离……这定是个亢奋的时刻，就像日后一位历史学家所言，是“对自己往日英雄史诗般的历程，自我作一番英雄史诗般的抒展”，“以力图表明自己‘以救中国’，乃至于‘以救地球，区区中国，杀身无益’的伟大抱负与高尚情怀”。[5]在追忆往昔中，眼前的失败感暂时退隐了，豪情溢出纸张与纸屏板屋。但对东京三个月，他只字未提。宫崎理解他的失落，“他心中暗自有所期许，以为以自己的地位一定会说服大臣（大隈）同情自己，允许派兵牵制守旧派，以便挽回自己的势力的。这种自负心是由信赖心产生的，这是过于相信自己。而这种过信自己的反作用，就变成失望与怨恨，这也是人类自然的道理”。[6]

对于康有为，希望偶尔到来又迅速幻灭。1月24日下午，他携梁启超和康同照来到横滨港，试图拜访路过的贝思福。这位英国议员刚刚结束中国之行，准备返回伦敦，撰写他即将轰动一时的中国报道。他在香港表现出的同情曾令康有为大为感激，康很期待英国能接受他的建议。很可惜，他们未能见到贝思福，三人只好夜宿横滨。次日清晨，康同照前往香港。[7]康梁搭乘下午 3 点 10 分的火车返回东京。[8]

2 月 10 日，中国农历正月初一，康有为率梁启超、罗普、王照等人在明夷阁面对北京的方向跪拜，向光绪皇帝行礼。“去岁趋陪穿陛仗，今晨颠倒乏宫衣，逋臣西望肠堪断，故国云飞有是非。”[9]光绪能感受到他的惋惜与悲愤吗？此刻的紫禁城一切筵宴皆停，皇帝正亲率王公百官在皇极殿向皇太后行礼。[10]皇帝或许仍在某种眩晕中，去年夏天到底发生了什么？

流亡者们慢慢接受了自己的命运。康有为常把自己的感伤寄于诗词中：“胶海输人又一年，维新旧梦已成烟。山河残破成何事，大鸟飞来但黯然。”有时，他会携梁启超等人到箱根、热海游览，期待温泉与风景能够缓解焦虑。康惊诧于温泉的冲天蒸汽，夜宿著名的环翠楼时觉得“温泉疗百疾，我心不可浴”。夜半失眠，他在楼中游荡，赠诗给环翠楼主人铃木善左卫门：“电灯的的照楼台，夜屧游廊几百回。明明如月光难掇，渺渺微尘劫未灰。”[11]

现实的困境也让康有为软化下来。他主动去信汪康年，“契阔以来，涉两寒暑矣。中间经遭大变，圣主为囚，党人诛逐，海内故交，零落殆尽”。去年夏天，他们曾因《时务报》之争形同水火，如今皆在历史逆流面前倍感压力。他在信中感慨世事之变，而对两人之间的冲突只字不提，并赞扬汪创办的《中外日报》“仍主持公论……庶几不畏强御者哉”，似乎有重拾情谊之意。[12] 章太炎也从台湾去信汪康年，“党锢之禁，近稍解未？”他听闻上海和武汉的报纸不再能刊载康梁的文章，“然横滨《清议报》仍自流行，中国不能禁也”，并感慨梁启超的近作“稍逊于前”，康有为的檄文“亦卒无应者”。他与康梁都曾通信，梁抱怨说虽与日本社会相处融洽，日本政府却对他们的请求缺乏兴趣。[13]

康有为没将同样的柔软给予孙文。在横滨，康有为一派与孙文一派的冲突日趋显著。《清议报》给康派带来了更多自信，梁启超的文章表明，他们的确面见过皇上，熟悉宫廷内情。不过，这也引起另一批华侨的反感，认为《清议报》揭露宫廷内幕，“暴露中华之隐微于外邦”，颇令人不安。[14] 不满也来自大同学校，徐勤以粤语授课，并强迫耶稣教弟子向孔子行跪拜礼，引发了三江籍与基督徒的不满，他们遂向孙文一派靠拢。

一年一度的学校总理及职员的选举成了较量的战场。已占据主导的康有为一派希望维持现状，全体连任，孙文的支持者则期待重新选举。日本警察称前者是维持派，后者为改革派，并在秘密报告中记述了这场正面冲突。1月15日，维持派的代表聚集在中华会馆确定职员选举资格，并给200多位商人及经营者选举资格；改革派却多数人无选举资格，他们在1月17日以忠和堂名义张贴告示，要求投票决定两天前的决议。当晚，维持派再次集会，要求坚决实行1月15

日的决议。两派在中华会馆集会，更正面的冲突就此展开。改革派的温芬首先发问："谁赞成维持目前大同学校现状？"冯镜如起而作答："余为第一赞成者。"前者立刻反击说，今日为清国人集会，英国人请速退场（指冯归化英国）。谩骂紧接而至，还产生了肢体冲突，众人只能散会，取消15日定下的选举资格，此次选举事宜全权交由中华会馆45名干事决定。[15]

1月19日晚，中华会馆董事在大同学校集会选举总理及以下职员，结果康梁一派大获全胜，除去五六名孙文的追随者，其他皆是康梁的追随者。这也是南京町政治版图的体现：商人、成功的业主大多对康梁青睐有加，孙的追随者更多是中下层职员、小业主以及少量洋行职员。孙文一派似乎并不尊重选举结果（这一点，日后将不断重现），这一派的校董与职员拟提出辞职，将学校引入新的动荡。全赖犬养毅介入，出任名誉校长，才挽回解散的局面。

犬养毅一直试图促进两派的融合，谈判时断时续。康有为和徐勤不愿合作，梁启超则似可商议，欧榘甲①、梁炳光、张智若、罗伯雅②等附和梁，但因惧怕康而不敢表明。在一次与孙文的见面中，欧什么事都不能做主，总说要回去请教

① 欧榘甲（1870—1911），字云高、云樵，万木草堂学生，为《知新报》《时务报》撰文宣扬变法，戊戌政变后在日本协助梁启超办《清议报》。

② 罗伯雅，字润楠，万木草堂学生，曾任横滨大同学校教员、广东阳山县知事，译有《共和政体论》等。

康先生再定。[16] 柏原文太郎也听到康有为和孙文对彼此的评论，前者说“孙本质不坏，惟无学识，跟他说话他也听不明白”，孙则说康“那腐儒实在不行”，柏原“不会说谁对谁错”。

争端也发生在康有为一派内部。2月初，回到上海的毕永年写了《诡谋直纪》一文，记述了他所知的围园锢后的真相——康有为的确曾试图刺杀慈禧太后。倘若属实，它将极大地颠覆康有为的合法性，慈禧的震怒变得更易理解，康不再是皇帝的救助者，而是个弑君者。毕把信交给平山周，后者又转给小田切万寿之助，小田切于2月8日抄呈外务省。毕永年的行为激起了日后历史学家的争论：他所言是否确实，又为何要发起这样一个行动。一些人推测是私人原因，据说是康有为的一封来信激怒了毕永年，他加入了王照的行列，对康梁的态度由深刻的怀疑转为不可遏制的愤怒，相信他们背离光绪的主张，伪造密诏，“真小人之尤，神人共愤”，恨不得“手戮之”[17]，迫他揭穿康的谎言；另一些说这可能是来自日本的授意，他们一直要寻找借口驱逐康有为。3月25日，王照主动要求放弃政治庇护，说自己一直主张调和两宫矛盾，与康梁的主张素来不通，觉得自己“无声无臭，必不碍两国交谊”。[18]

对于康有为，日本的确失去了耐心。即使对康有为最为亲善的人士，也不得不做出安排。1898年12月28日，犬养毅在信中与柏原文太郎商议，说他已与伊藤博文商议请康有为离日，给他配备一名翻译，同时支付7000元旅费，梁启超和王照可以留下来。同日，他也致信大限重信通报结果，并提到伊藤希望这笔旅费由民间机构来提供。他们对梁启超更为关怀，“至于让梁启超留在日本以增长学问之事，晚生也表示赞同”。[19] 近卫笃麿也出面了。1899 年 1 月 19 日，他请梁启超来府邸，对于《清议报》与康有为提出了意见。他的话由罗普翻译为汉文，梁书写答词。近卫先是“忠告其在横滨《清议报》执笔一事，不甚妥当，应同该社断绝关系”，接着又要梁启超劝康有为离开日本，否则“不仅于两国交往有碍，康之志向亦不易达”。对于第一条，梁礼貌性地欺骗说他本没打算久任其事，报社已经开始聘请他人，他也不打算再担任撰述，且计划全力学习日文和英文。他不同意关闭报馆，认为“此报既开，似亦不可中止，听其仍开”。至于第二条，他为康有为辩解说，康在日本是因为“以日本同为东方关系之国，利害相同，故深愿使两国社会上之交日亲”，同时，“此行期之所以不能速”，乃“琐琐之故”（旅费支持问题）。当近卫说已与大限商议出解决方案，要梁尽快催促康有为，梁说将立刻寻找随行翻译，然后就前往欧美，但希望康在“一年数月之后，仍欲归滞于贵邦……未知可否？”两天后，梁启超致信近卫报告进展，说他们已发电上海，请容闳随康有为出行。近卫在 1 月 25 日收到康有为的收据，感谢其先后赠予 2300 元与 3000 元。近卫则在不久后的日记里记下，日方共给康 7000 元资助。[20]

整个冬春之际，梁启超集中于写作和编务。在《清议报》上，除去对政变的分析，他也开始为刘光第、杨锐、林旭、康广仁，甚至宦官寇连材①等作传，在他声情并茂的笔下，去年北京的气氛似乎再度回来了。在第四期，他还以远游斋主人的名义对张之洞大加批评，说他远不如刘坤一有担当。这更激发了张之洞的愤怒，派幕僚汪凤藻就《汉报》代售《清议报》提出抗议，要求停止代售。他还在 3 月 2 日致电总理衙门，称《清议报》是梁启超所作，“大率皆谤议中国时政，变乱是非，捏造诬罔，信口狂吠”，尤其最近刊载的《各国瓜分中国会章程》一文，“意在惑乱人心，挑动强敌，必欲中国立时大乱而后已”。他称自己已告知汉口日本领事不准日人派送，电寄上海领事力阻上海的派送，同时想办法驱逐康梁，因“康党久在日本，去中国最近，而日本士人通华文者甚多，易受其欺……各国见之，必将益启欺凌，煽惑肆毒，为祸匪细”。他报告说，应敦请日本政府将康有为、梁启超和王照驱逐往美国，“此三人不通英文英语，彼国亦不好中国文字”，自然消除大患。[21] 3 月 5 日，庆亲王奕劻去信伊藤博文，除去寒暄、促进中日友好外，还特意提及康梁和王照，“此三逆者，簧鼓邪说，谋危社稷”，感谢日本政府“格外严防，妥加管束”，但更希望将他们驱逐出境，“勿使污渎一方清净也”。[22] 3 月 16 日，矢野文雄致电青木外相，申明张之洞的态度，请日本政府尽快行动。[23]

---

① 寇连材（？—1896），清末宦官，屡次上谏慈禧太后，被处斩于菜市口。

3 月 22 日，康有为在横滨登上和泉丸前往美洲。容闳没有到来，精通英文的中西正树陪同着他，以示日本亚洲主义者们的支持。在行前的欢送宴会中，康赠诗学生，“凤靡鸾吪历几时？茫茫大地欲何之”；对日本友人写下“明夷阁上群仙集，留取风流作后思”。[24]

翌日，李盛铎发电总理衙门：“康有为昨乘日本邮船赴美。”[25] 身在武昌的梁鼎芬在短札中得意地写道：“日人送逆犯康有为于美国，此是近日一好事。”[26]

二

“巨浪掀天不知远，但看海月夜中升”[27]，当康有为在太平洋上感慨时，梁启超再度前往环翠楼。这家温泉旅馆原名元汤铃木，其历史可以追溯到 17 世纪初，水户藩主以及著名的中国流亡者朱舜水都曾光顾。明治晚期，温泉酒店成了日本生活的一部分，就像巴黎人、伦敦人在郊外逃避工厂和都市，东京人也在箱根、热海的温泉中缓解新时代的紧张感。元汤铃木最知名的客人是伊藤博文，他常从东京的政治生活中脱身，带着钟爱的艺伎来此。在写于明治二十三年（1890）的一首汉诗中，他用了五个“翠”字形容四围景色的苍翠欲滴，元汤铃木遂改名为环翠楼。马关和谈后，李鸿章也曾在此疗伤，并抄录了苏东坡的墨迹。

梁启超也钟爱环翠楼，它总能将他从东京与横滨的繁

伊藤博文手书

忙中摆脱出来。在夜晚电灯照耀的回廊中，他定会想起自己的老师。康给环翠楼的题诗犹在，人却不知将被命运带往何方。

在很多方面，梁启超处在另一个蜕变时刻。希秦庭一哭已成幻影，日本政府不会帮助光绪复位，甚至只是勉强暂许他容身；他的自辩与控诉也告一段落，一系列文章将以《戊戌政变记》为题出版，并塑造未来几代人对于这场变法的看法，慈禧、袁世凯也被钉上耻辱柱。第十一与十二期《清议报》刊登了这本书的广告："戊戌八月之变为中国存亡绝大关系，惟其事之本末层累曲折，知之者少。今有局中人某君将事之源委编辑成书，托本馆代印代售。"梁还声称，这本书"记载详尽、议论精明，将中国将来之局言之了如指掌，有心人不可不读之……"[28]但私下里，他承认为了现实需要捏造了部分事实。

《清议报》稳定出版，且自第十一期起更专注于"开发民智”。它的发行量也超出预料，第十一与十二期刊登这样的告白，“本报开设仅数月，承海内外有心人称许，销售已至三千余份”[29]，第十四期则宣称，“销售已至四千余份”[30]。大同学校的选举风波也暂且度过，3月18日，新一年开学典礼举行，中日宾客数百人出席，名誉校长犬养毅、前任首相大隈重信发表了讲话。犬养毅说起自己少年时代受到孔孟之道的影响，认为这是中日关系的基础之一，对中国的未来也充满期许：“中国地大人众，一旦这样进步，则不仅能与欧美并驾齐驱，而且不难后来居上欧美。”[31]徐勤虽是校长，梁启超才是灵魂人物，他在华侨中的声望不断升高，他日益感到，散落海外的华人是其实现抱负的基础。流亡慌乱亦渐散去，他找回了自己的节奏，在给妻子的信中，他说自己又恢复了熬夜习惯，坚持两个月11点入睡后，已一切依旧；他收了一路伴随他的仆从张顺为门徒，但澳门之行又要延期，他安慰妻子不要着急。[32]

在环翠楼，梁启超没留下诗句，比起沉溺感伤情绪，他的才能以另一种方式展现。他开始学习日语，在信中，他对妻子说起读日文书的兴奋，“所得之益极多极多”，并邀请十四兄来日本，认为日后中国定会变法，如今正该多读些书，以待后用。[33]伴随着流亡之痛的是新世界的到来，“戊戌亡命日本时，亲见一新邦之兴起，如呼吸凌晨之晓风，脑清神爽。亲见彼邦朝野卿士大夫以至百工，人人乐观活跃，勤奋励进之朝气，居然使千古无闻之小国，献身于新世纪文明之舞台”。

相较而言，他刚刚离开的清国，则“老大腐朽，疲癃残疾，肮脏邋遢”。[34] 温泉也是日本形象的一部分，它象征着清洁和卫生。

日本也变成了一个更立体的存在，“每日阅日本报纸，于日本政界、学界之事，相习相忘，几于如己国然”[35]。不仅如此，他还与只在报纸与书中出现的人物直接交往。他感到日本处在一个新旧交替之时，东京街头已经有了第一辆汽车，日本人拍摄了他们的第一部电影，眼花缭乱的 20 世纪即将到来。他所憧憬的吉田松阴时代已翻转过去，一个雄心勃勃、不断扩张的帝国时代即将开启。在这样一个日新月异的日本，语言不通令人困扰，笔谈交流总不够充分。借助日文中大量汉字、一点技巧以及高超的领悟力，他成为一个快速的阅读者，如今，他准备将日语水准更精进些，寻找到它的规律，罗普是老师兼合作者。

罗普提供语言知识，梁启超则大胆地提炼，“融会两者求得捷径”。[36] 可以想象，两人在房间里、温泉中、微醺后，如何以广东话商讨与争辩。这促发了一本小册子的诞生。梁日后夸耀说，他一夜间完成了《和文汉读法》，该书为如何快速阅读日文总结了若干法则，比如在日文的句式中，副词第一，名词第二，动词第三，助动词第四，只要熟记几十个假名书写的助词，便可以自由阅读日文书。

这篇文章也是中日两国漫长的相互影响的缩影。日本人曾用汉文训读法来学习朱子学说，将汉语词序调整为日语词序，添加帮助理解的假名。长崎进口的汉译西书，也是日本人理解西方的主要通道，甚至兰学家也认为，只有用中国古典词汇对译荷兰语才是正途。横滨开港后，福泽谕吉在满街的英文招牌上发现未来，从兰学转向英学。但在日本的西学领域，汉译书仍遥遥领先。在 1860—1880 年的洋务时代，北京同文馆、上海江南制造局翻译馆翻译了大量以技术、制造为主的西方作品，对日本读者不无启发。

中国人对于日语保持着长期的傲慢，认定日文不过是汉文分支。1877 年，首任驻日公使何如璋前往东京时，甚至没带日语翻译，相信日语与汉语并无不同。黄遵宪是第一个将日语视作外语的士大夫，在《日本国志》中，他焦虑于对日语缺乏了解，同一个汉字读音不同，意思也不同。之后的二十年，很少有人分享他的看法，即便敏锐如王韬也对日本缺乏兴趣。在《扶桑游记》中，王韬记下了与日本文士的诗词唱和、觥筹交错，他沉浸在精通汉学的日本人世界，却对正在发生的变革视而不见，只记下了“人力车”“电报”“美术”“博物院”等不多的几个新词。形势逐渐发生逆转。1880—1895 年，中国陷入政治停滞，翻译也同样止步。日本却迎来了飞跃期，经由两代知识分子的努力，建立起了西方知识的理解系统，创造出对应的词语。两个民族不同的性格也在翻译上展露：严复之前，汉译作品皆由传教士与中国人合作完成；日本人则自兰学时代起就直接翻译，自称“横文强译”。甲午战争表明两国的竞争不仅是军事上的，也是知识上的。对于日本，中国不再是新知识的来源；中国士大夫则开始重新发现日本，将之视作通往西方文明的桥梁。康有为再好不过地阐明了日文书籍的意义，称其是向导之卒、测水之竿、探险之队、尝药之神农，“我尽收其利而去其害，何乐如之”。[37] 日本并非目的，而是通往欧美的便捷小路。

《和文汉读法》标志着新时代精神的到来，而在《论学日本文之益》一文中，梁启超更直接地宣称日文书报给自己带来的冲击，鼓励读者直接阅读日文。相较于中国的翻译偏重于兵学与艺学，日本所翻译的西方著作中，资生学、智学、群学，尤其“开民智、强国基之急务也”。这三个学科，日本人分别以经济学、哲学、社会学来称呼，它们很快将进入现代中文。他在文末忍不住炫耀心得：“余辑有《和文汉读法》一书，学者读之，直不费俄顷之脑力，而所得已无量矣。”[38] 梁启超没有直接出版这本小册子，只是在朋友中传阅，丝毫意识不到它会引发一场怎样的变革。未来几年，这本小册子不断增添，以各种版本出现，成为一代留日青年的入门读物。这是梁启超最为令人惊叹之处，他总可以很快将新知转化为成果，即使一知半解，他也可以大胆行文，笃定论断，这与他尚显稚嫩的脸庞形成鲜明反差。

“以学理释国家之意义，实自希腊人始也。”[39] 他在第十一期《清议报》连载《国家论》。如今，政治学家伯伦知理（Johann Kaspar Bluntschli）这个名字几被遗忘，但在19

世纪后半叶，他却是最为广泛认知的政治科学家及国际法学者。出生于苏黎世的伯伦知理，先后入读柏林大学与波恩大学，以《罗马法之相续关系》获得博士学位。之后，他既在大学教书，又出任苏黎世的区法院判事、议员，还创立了自由保守党，既反对保守派的专制强项，又力图避免自下而上的激进变革。在海德堡大学国家学教授任上，他出版了诸多著作，《一般国家法》尤为著名。19 世纪下半叶的德国热中，一群德国天才，从康德、席勒，到马克思、瓦格纳、叔本华，再到西门子与克虏伯，更不用说俾斯麦，令世界震惊不已。这个一直被法国、英国轻视的国家，从松散的邦联变成一个现代国家，爆发出了巨大的创造力。

伯伦知理这个名字在这串名字中占据一席之地，与“国家学”联系在一起。该学说将国家比喻成有机体，“自处理其政务于一定国土之上，而组织成的人民团体也”。他提出一个既包括统治者也包括被统治者利益的理论，既反对王权的专断，又能使国家免受民众之侵害，“以无限之国权归于君主，此专制主义者流之国家论也；以无限之权力归于庶民……此过激者流之国家论也”。在各类政体中，他认为君主立宪最佳，“欲集合政治上各种势力与主义而调合之也”。他区别了国民（Volk）与民族（Nation），比起民众的权利，他更倾向于国家权力至上。[40]

在一个民族国家兴起的年代，伯伦知理的学说恰逢其时。在他遍布世界的追随者中，有一位是来自日本的平田东助[①]。平田曾就读于海德堡大学，1871 年翻译了《一般国家法》的部分章节，以《国家论》为题在东京出版。明治宪法起草者伊藤博文与井上毅[②]皆是国家学的仰慕者：在维也纳学者洛伦茨·冯·施泰因（Lorenz von Stein）那里，伊藤博文获得了缔造日本宪法的信心；井上毅则是伯伦知理的热情读者，在起草宪法的过程中，不论在东京、金泽还是箱根，他都携带此书，书页上遍布“二十年二月读”“二十年八月读之”这样的字样。[41]

尽管未注明译者，后人很容易猜出《清议报》的文章出自梁启超。很有可能，他是直接借助了吾妻兵治的《国家学》译本。吾妻将平田东助《国家论》的日文本翻译为汉语，这也是明治日本的吊诡之处，一些人仍相信典雅的汉文比充斥假名的日文更能传达意味。流亡令他的身份意识愈加敏感，关于国家和民族的知识变得前所未有的重要，这本书是恰好不过的入门。《清议报》连载了整整二十期，内容主要来自《国家论》第一卷，核心是近代国家的性质和目的。这也是梁启超对于伯伦知理漫长兴趣的开端，这位德语世界的政治学家在他的思想中扮演的角色将愈发重要。

梁启超借日文引入新思想，也进入日本人的思想舞台。

---

① 平田东助（1849—1925），日本明治、大正时期政治家，历任农商务大臣、内务大臣等职。

② 井上毅（1844—1895），日本明治时期政治家，历任法制局长官、文部大臣、枢密顾问官。

5 月 13 日，他出席了日本哲学会春季大会，并宣读论文《论支那宗教改革》。演讲是对康有为理念的介绍，有关进化、平等、兼善、强立、博包、重魂这些特点，认为孔子学说有孟子与荀子之分，正如佛教的小乘与大乘之争。他为谭嗣同的《仁学》所撰写的序言也被《哲学杂志》刊载，编者按前面加了以《印度宗教史》闻名的姉崎正治撰写的简短引言。他还结识了井上圆了[①]。在井上创办的哲学馆（东洋大学的前身），供奉着四位东西方的哲学家，释迦牟尼为第一，孔子第二，苏格拉底第三，康德第四。然而井上却又相信，孔教独盛反给中国人带来不幸。[42]

日本生活催生了梁启超种种新感受，他想把这些偶然冒出的想法、感悟记录下来，也检验自己思想与气力的消长，“每有所触，应时援笔，无体例，无宗旨，无次序，或发论，或讲学，或记事，或钞书，或用文言，或用俚语”。他把这组短文命名为《自由书》，在他笔下，这自由是卢梭打破枷锁的畅快，也是约翰·穆勒推崇的思想自由、言论自由和出版自由，这是现代世界的基本支柱。梁启超确信，思想自由是人的根本动力。这组短文的第一篇是《成败》，他为成功与失败赋予某种辩证眼光，这带来勇敢与坦荡，“知无所谓成，则无希冀心；知无所谓败，则无恐怖心”，也因此可以“尽

① 井上圆了（1858—1919），日本佛教哲学家、教育家，著有《妖怪学讲义》，被称为“妖怪博士”。

吾职分之所当为，行吾良知所不能自已，奋其身以入于世界中”。他以吉田松阴为例，说松阴一生虽皆为挫败，想登上美国军舰去海外求学不成，纠结志士入京都勤王不成，被杀害时不过三十岁，却开创了一个新局面，死后“举国志士，风起水涌”，志士中最有力者皆受教于松阴。在对松阴的赞颂中，我们也可以听到他的自我安慰之词，中国的维新者虽然失败，但“盖为天下先者，未有不败者也。然天下人人皆畏败而惮先，天下遂以腐败不可收拾”。他也叹息中国受老子影响太深，失去了行动的勇气。第二篇则是对两位欧洲政治家俾斯麦与格莱斯顿的评论。世人认为前者目标专一，毕生未变，后者则一生嬗变。但事实上，他们是同一种人，皆是坚持自身信念，俾斯麦不是刚愎自用，格莱斯顿也不是首鼠两端。他对于格莱斯顿尤有共鸣，他不断变化的立场“非为一身之功名也，非行一时之诡遇也，实其发自至诚，见有不得不变者存焉”。[43] 梁启超似乎为自己的摇摆性格找到了解释，日后他将饱受“首鼠两端”的攻击。

自《自由书》起，梁启超为自己起了新名字——饮冰室主人。它取自庄子的名言，“吾朝受命而夕饮冰”，意为受命从政、为国忧心。在他一生众多的笔名中，这一个最负盛名。一个新名字，也是一个新身份，一种新精神状态。

但比起思想探索，政治行动或许更令梁启超兴奋，他与孙文的关系日益密切。

第六章　江岛十二郎

一

老师的离去也意味着新的自由。不管是编辑杂志，还是与孙文的交往，梁启超可以更独立地做决定。1899 年 3 月 28 日，在康有为横滨登船四天前，梁就致信谢缵泰，告知他康有为离日赴美的消息，赞成两派合作。[1]

仅比梁启超年长一岁的谢缵泰，是一个革命老手，成长之路截然不同。梁启超 17 岁才知道世界有五大洲，而谢缵泰生于悉尼，自幼就接受西方教育，父亲是一家商行老板，信基督教，母亲据说是第一个在南半球登陆的华人女性。15 岁时，谢缵泰随全家返回香港，在皇仁书院结识了杨衢云等一众伙伴，皆想推翻满人统治。1895 年初，在杨衢云的介绍下，谢缵泰结识了孙文，但对他印象不佳："孙逸仙看来是一个轻率的莽汉，他会为建立‘个人’的声望而不惜冒生命的危险”，再见时又发现，“孙念念不忘‘革命’，而且有时全神贯注，以致一言一行都显得奇奇怪怪！他早晚会发疯的”。[2]

尽管如此，他仍动用自己的政治和新闻资源支持这个冒险家。广州起义失败后，孙文逃往日本与英国，谢缵泰则与康有为一派建立起联系。1896 年，他与康有为在香港皇后大道中的惠升茶行会面，讨论维新计划，他对康有为印象颇佳。1897 年，他与康广仁也在香港见面，还一起说了孙文的坏话：“像孙逸仙那样的一些人使我惊骇，他们要毁坏一切。我们不能同这样的轻率鲁莽的人联合。”他说康广仁是个“诚实而真挚”的人，记得分别时，康广仁宣称：“我们的职责是什么呢？我们生在这个世界，就得履行我们的职责，这就是：我们要在死去之前，为我们的人做自己能做的一切。”[3] 没人能预料到，竟一语成谶。

谢缵泰关注着康有为一派，为康广仁介绍杨衢云，说服香港的英文报纸编辑声援北京的维新运动。政变后，他又与何东讨论中国的前途，并去信李提摩太询问康广仁的遗体安置。谢缵泰没有见过梁启超，知他是个著名学者，康有为的主要弟子。谢也多才多艺，参与了《南华早报》的创办，着迷于飞船研究，还将是中文世界政治漫画的开创者。

在康梁抵达日本时，横滨已是失败革命者的盘踞地。1898 年初，37 岁的杨衢云辗转来到了横滨。他曾与谢缵泰共同创立辅仁文社，是兴中会香港分会第一任会长，广州起义前负责招募志士，筹集饷械，并坚持自己比孙文更应出任新政府总理。他的雄心与能力、意志间存在鸿沟，行动中慌乱又胆怯，起义失败后，杨衢云一路逃往南非，后听闻孙文在日本获得了新的支持，便前来投奔，向孙文和陈少白道歉后重回组织。这也是一个革命团体内部的常见景象，分分合合，怨恨与依赖交织。他多少遗憾于孙文并没有募得巨款，后者虽因《伦敦蒙难记》而声名大振，却仍在苦苦挣扎。杨衢云不得不在南京町开设英文书馆授徒养活家人。陪伴杨衢云奔赴日本的，还有一位黎姓追随者，身在南非的他被杨的言辞打动，慷慨解囊，追随万里来到横滨，结果不仅没看到希望，还因贫困和抑郁死于横滨，他的经历折射了很多无名革命者的命运。

康梁的到来曾给革命者带来新的希望。犬养毅和宫崎滔天外，谢缵泰、杨衢云也一心促成两派的合作。然而，误解与冲突却不断，其中康有为是主要障碍，徐勤则是康的忠诚追随者，对孙文的态度尤为强硬。梁启超和欧榘甲虽赞成与孙合作，但在康有为的权威面前皆态度含混。3 月 3 日，欧榘甲与一位同学去拜访孙文和陈少白，讨论许久却毫无结果，欧榘甲总是说要请教康先生后再定。“由于康有为选择了与主义为敌、接受皇帝知遇的道路……康有为与革命党的携手合作，就是以化学作用也办不到。”宫崎滔天这样写道。他对康有为的未来也不无哀叹：“在中国的地位真是孤立孤行，其将来的处境将更是可怜。”陈少白则讥讽道：“他在日本也见过几个要人，总不得要领，如今又遇着这退去的风示，更不得不急急离开日本。”[4]

如今，合作有了空间，两派并未立刻冰释。4 月 1 日，孙文致函宫崎，谈到与维新派的某君谈判，没有收到效果。4 月 14 日，梁启超致信犬养毅，说横滨的一些华侨与孙文不和并非出自己意，中国的志士本就悲苦，怎能彼此仇视，希望犬养毅帮他约晤孙文和陈少白，当面解释。[5] 4 月 28 日，经冯镜如介绍，杨衢云在清议报馆拜会梁启超，杨不无失望地发现，梁并没决定早日联合，只说先各自发展，等待时机。在给谢缵泰的信中，杨抱怨这些康党夜郎自大，“妒忌我们这一班贯通中英的学者。他们不愿意同我们平等相处；他们一心想控制我们，或者要我们服从他们”[6]，见识却并无特别，远不如香港改革者何启与胡礼垣。他甚至说，康党并非真正的爱国者，与他们合作有害无利。这态度也直接影响到谢缵泰，他最初热心于两党合作，但如今“意气萧索，知难而退”。[7]

孙文也没能立刻感受到梁启超的热情。“昨日午后 1 时 20 分，清国人孙逸仙与副岛道正（翻译）来访（梁启超）。事先梁与孙约定午后 1 时会见。但当日午后 1 时未来，故未能会面……家人称其不在，谢绝之”，5 月 1 日当地警察向外务省这样报告。[8] 不知是繁忙、遗忘，还是有意错过，梁启超没有与孙文见面。这可能与康有为的压力有关，或者是留在日本的同门尚未达成一致意见。梁日益赞同孙的主张，却仍顾虑重重。

随着夏天的到来，梁启超与孙文的交往日益频繁起来，似乎炎热刺激了彼此的神经。梁启超在一封信中说，只要能救国救民，“若其方略，则随时变通”，自己可能有些狭隘却未曾自满，遗憾于几次会面仍未能各倾肺腑，约孙文在上野的精养轩见面，“小酌叙谭为盼”，并准备好好探讨一下土地问题——孙此时正着迷于亨利·乔治（Henry George）① 的理论，想要在未来中国推行平均地权。在另一封信中，他表示遗憾错过了昨日孙文对清议报馆的拜访，又错过了晚饭的邀约，计划前去回拜，期望杨衢云也在，好畅谈近日之事。[9]

二

章太炎的到来也促进梁孙关系的升温。6 月，章太炎从台湾来日本。去年 12 月，因担心对维新派的滥捕，他避居台北，任职于《台湾日日新报》。此报由总督儿玉源太郎、民政长官后藤新平创办，对北京的维新运动不无同情。台湾的种种现象令章太炎意外，他本以为这里是富庶之地，“天下称其膏腴”[10]，却发现物资匮乏，价格甚至比上海贵上几倍。

他访问郑成功遗迹，以示与满人不共戴天。起初，他与报馆的日本人相处融洽，与几位日本文士文字订交，来往甚

① 亨利·乔治（1839—1897），美国经济学家、土地制度改革运动人物，其创立的土地改革制度和经济意识形态常被称为乔治主义。

密。他们也分享对明治维新的兴趣，一起“叙述中兴诸贤”。借这自由空间，章太炎发表了一系列诗文，其中颇有几篇是为维新者辩护的。他为六君子写了悼文；撰文讥讽慈禧“恶直丑正，尤其天性然也”；对光绪不无同情，“痛其幽禁，而为之感慨不平”；批评袁世凯与张之洞，称前者是鸵鸟，后者则“外托维新，而其志不过养交持宠”。[11]六君子遇难的悲剧也弥合了他与康梁之间的罅隙，他赠诗康有为“老泪长门掬，深情故剑知”[12]，与梁启超恢复通信、交换意见。

台湾同样容纳不下章太炎的特立独行，他很快就与报馆的日本人生出龃龉，再度离去。6月14日，他刚踏进神户港，当地警察就向外务省报告说，“章为浙江省人，在清国改革派中有名人物。闻与梁启超有夙好，交情颇密”。在神户小憩后，他登上午后1点52分的火车前往京都。18日，东京的警察厅又报告说，章到京芝区芝口町三丁目旅舍纪伊辰方处投宿；翌日，梁启超来访；21日，搬入小石川区表町百九番地梁启超住地居住。[13]

在东京与横滨，章太炎感受到了温暖，还有不断高涨的革命热情。7月17日，他兴冲冲地致信汪康年，说自己前往京都清水寺祭拜了月照墓，听说康有为正在伦敦，将返回西半球，梁启超寄食于外务省，依靠神户与横滨的广东商人解囊资助，梁也为这些商人呼吁解决杂居问题。章对梁的方法不以为然，又不无同情，“欲以造因成果之说处置天下事，其心苦矣”。[14]在梁启超引荐下，他也一偿见孙文的夙愿，“聆其议论，谓不瓜分不足以恢复，斯言即浴血之意，可谓卓识”。他对孙的第一印象也不佳，没将其视作现代革命者，甚至不如揭竿而起的农民起义者，“惜其人闪烁不恒，非有实际，盖不能为张角、王仙芝者也”。[15]

来到东京的故人不仅有章太炎，时年46岁的钱恂也以湖北游学日本学生监督的身份到来。他是浙江湖州人，以副贡生报捐县丞，1889年追随薛福成前往伦敦，又被派驻俄国与德国以及法国。他的上司许景澄评价他“最精交涉事件，故于约章最为留心”。一位朋友形容他“学不纯美，性又偏至”，却“锐敏有才识”。在赢得了张之洞的注意后，钱恂被调入湖广总督府。他的洋务知识、实干能力赢得了张的信任，“历充洋务文案及武备、自强两学堂及护军营、洋务、枪炮局各提调差”。[16]他也是《时务报》的作者和松散的江浙维新群体的重要一员，笃信“开官智”的重要，与汪康年尤为投契，也是章太炎的同乡与挚友。戊戌政变后，他没像梁鼎芬那样攻击昔日朋友，仍与他们保持着联系。这也是他特立独行性格的延伸，这性格也影响到家族：他的妻子单士厘，头脑开放，才智不凡，日后将以一个杰出的女性旅行作家、女性留学倡导者的身份留在历史上；同父异母的弟弟钱玄同日后则将以新文化运动领袖闻名；其子钱稻孙和侄儿钱三强（钱玄同之子）也皆是20世纪的著名人物。

钱恂是湖北留学计划的推动者。在东京，他为张之洞操办种种事项，监督留学生，延聘军官、技师，购买军火物资，操办张之洞之孙张厚琨入读学习院事宜。同时，他还恢复了与梁启超的联系。他知道张之洞对康梁的愤恨，康有为离日后，张之洞更是将愤怒倾泻到了梁启超身上。4 月 4 日，张之洞再度致电小田切万寿之助，要求驱逐梁启超和王照，说他们人在日本，清议报馆尚开，“此事是一大悟 [误]，有碍中东大局……梁魁尤为悖悍，其居心必欲中国大乱而后快”。[17] 但钱恂并不在乎，东京的自由气氛更激发他的特立独行。章太炎曾用《红楼梦》来戏谑朋友，说张之洞如凤姐，钱恂则是平儿，但来到异国的平儿，更富主见起来。钱与梁启超过从甚密，还一起邀请章太炎来日。章在钱恂与梁启超家轮流居住，“彼此往还，殊不寂寞”，钱“亦主根本改革之说”。[18]

三

整个夏天，梁启超都沉浸在亢奋中，不断有故人来到东京，包括昔日的学生。“他们冒了许多困难，居然由家里逃出来跑到上海。可是到上海后一个人不认得，又费了许多手续，慢慢打听，才知道我的住址，能够与我通信。”梁启超日后这样回忆。[19] 湖南的维新举措停止了，时务学堂解散，但林圭、李炳寰、秦力山、范源濂、蔡艮寅（蔡锷）、唐才质、李群等时务学堂的学生却并未消沉，反而以各种方式找到了梁启超和欧榘甲。蔡锷的经历再好不过地反映了这个过程，他从长沙历尽辛苦跑到上海后，身上只剩下 120 个铜钱，无奈人读南洋公学，靠助学金生活。之后，梁启超筹集了一笔钱接他们前来日本。对于这群少年,从长沙到上海,途经长崎、神户、横滨，定是个大开眼界的旅程。

为了收容这些青年，在东京小石川区久坚町，梁启超租了三间房子，创办了一家临时学校，“十几个人打地铺，晚上同在地板上睡，早上卷起被窝，每人一张小桌，念书”。[20]斗室中，不仅拥挤着这群来自湖南的年轻人，横滨大同学校的冯懋龙和郑贯一以及东京的官派留学生们也时常到来。沈云翔、戢翼翚“恒流连达旦”[21]，北洋的官费生黎科、金邦平和傅良弼等也与梁启超、孙文过从甚密，其中最著名的一位是吴禄贞，消瘦，英俊，少有大志，8 岁写下对联:“一拳打倒亚细亚，两脚踢翻欧罗巴。”他 15 岁中秀才，却对刀剑和侠义世界充满兴趣,舞得一套“吴家棍”,熟记岳飞《满江红》。在湖北武备学堂，他赢得张之洞的瞩目，成为两湖赴日的士官团一员，得以进入日本陆军士官学校深造。此外，他的母亲还是张之洞女儿的针线娘。但在东京，这个 19 岁青年却对梁启超倍感倾慕。

他们也是一个逐渐兴起的留学生群体中的异端。在一篇名为《清国东游学生》的文章中，日本人说清国留学生“半途气沮神消，空手回国者，比比皆然”，“华人于货殖之道，勇往忍耐，不避水火，而至肄精微之学，则气力甚弱”。[22]围绕在梁启超身边的留学生们，则是另一个模样。身处他们中间，梁启超定也能找到某种久违的共同体之感。在大半年来的流亡生涯中，日本的政治人物和知识分子以及华侨们的呼号、请愿、说服，多少会让他陷入某种障碍、失语的状态。这群少年知悉他、仰慕他，深受他的影响。他也需要热情的听众，在交流中，他的头脑尤其活跃。他乐于分享自己刚获知的一切，讲解《和文汉读法》，阐述对政治、哲学的新看法。梁启超后来回忆说："那时的生活，物质方面虽然很苦，但是我们精神方面异常快乐，觉得比在长沙时还好。"[23]

他不满足这种短暂的兴奋，尝试将其制度化。倘若横滨大同学校提供了基础教育，他现在则要在东京建立一所高等学校，提供更深入的训练。郑清璠、吴廷奎、曾纪标、曾纪杰、卢瑞棠、林文澧和郑观光等横滨华商随即表示支持。梁启超也去信大隈重信寻求支持，并解释说："(官派留学生)虽有其人，然志气软弱，见识隘陋，必非可以救危局之人物也"，真正的人才往往来自"草野贫贱而艰苦卓立之寒士"；他心中的东京大同高等学校，不仅吸引中国各省之青年志士，"召集内地之青年志士，(以湖南两广为主，他省副之)使之就学"，而且这群青年关乎中国未来，"敝邦之危局，至今日而极矣。欲拯救之，必赖人才，而养成人才，必不可缓待诸今日以后矣"；他也准备招收日本青年，为两国"增一层社交之亲密"。他期望大隈在道义和金钱上都能提供支持："内外所仰望如明公者，乐赞于其间，则登高以呼，景从者众，而集事更易"，并提到学生大多贫穷，大约需要 6 万元，因此"尤深望日本热心同志之人，有所赞助”。[24]

这个新计划振奋人心，万木草堂不仅在东京复活，还添加了松下村塾的气息——松下村塾为后来的明治维新培养了大量的杰出人物，被誉为“明治维新胎动之地”。小石川这小小居所里洋溢着荷尔蒙与昂扬气息，革命散发出越来越强的诱惑，“诸生由是高谈革命，各以卢骚、福禄特尔、丹顿、罗伯斯比尔、华盛顿相期许”。[25]梁启超给他们带来新思想，更像塑造他们的人格。一篇名为《十种德性相反相成义》的文章，记录了他对于学生们的期待，他们应独立又合群，自由又有服从精神，自信且虚心，利己并爱他，有破坏也有建设精神。这看似相反的德性，才能塑造出有力的人格。[26]

年轻人的热情也鼓舞着梁启超与万木草堂同门。况且，一言九鼎的老师已远去，一切更少受限。7 月初，梁启超、韩文举①、欧榘甲、罗普、罗伯雅、李敬通、陈国镛、张智若、梁炳光、谭柏生、黄为之和麦仲华②等十二位同门，前往位于镰仓的著名度假之所江之岛游玩。他们入住的金龟楼是一时的名所，“位于如画般江之岛的高处，拥有一睹大海及周边美景的绝佳视野。盛夏时节，这里成为凉凉夏风从海面吹来的最高避暑地。周遭还有漂亮的海水浴场。旅馆提供西餐

① 韩文举（1864—1944），万木草堂学生，曾任万木草堂学长、长沙时务学堂教习。戊戌政变后流亡日本，协助梁启超办《清议报》《新民丛报》。

② 麦仲华（1876—1956），字曼宣，万木草堂学生，与康有为长女康同薇结为伉俪，著有《戊戌政变记》，编纂《皇朝经世文新编》。

江之岛，19 世纪末

与日餐两种”。[27] 在海风和清酒的伴随中，这十二位同学结拜为兄弟，自称“江岛十二郎”，梁启超排名第五，为江岛五郎。让他们紧密相连的不仅是成长经验，更是一种新理念：他们越来越倾向于孙文的革命思想，准备与他达成新联盟。

第七章　保皇会

一

梁启超越来越醉心于革命时，康有为的旅程收获了意外的回报，他被迫离开日本，却在加拿大发现了一个新世界。

1899 年 5 月 2 日，梁启超接到老师来信，纸上洋溢着兴奋与自得。计划中，康有为要在西雅图登岸，后前往伦敦或转往美国，继续展开求救行动。4 月 7 日，和泉丸抵达维多利亚港，一名华人厨役在传染病检测的旅客名单中发现了康有为的名字，随即发电到维多利亚华人社区，激起强烈反响——政变、流亡、皇帝密诏已令康有为成为全球性的传奇人物，更何况在他的乡亲中。

一下船，康有为就发现当地华人代表已在此恭候，一位叫李梦九（Lee Mong Kow）的华人译员还帮他免去了人头税。这是华人在当地遭遇的诸多歧视之一，步美国排华法案后尘，加拿大仅允许持有清政府特别证明的学生、教师、商人和官员等旅客上岸，对中国移民征收每人50加元的人头税。

热忱不仅来自华侨，加拿大官方与媒体对他同样深感兴趣。4月8日，他在不列颠哥伦比亚副总督的陪同下参观了省议会与教育厅，并发表演说。在维多利亚中华会馆，他对着上千名华人移民讲述了光绪皇帝的故事：领导变法，被囚瀛台，宠爱的珍妃被打入冷宫，作为皇帝顾问的自己的出逃经历。这是康有为第一次面对普通人演说，与北京、上海、广州那些士大夫以及东京的政客、文士不同，台下的矿工、洗衣工、杂货店老板、贸易行东家不喜欢文雅的修辞，更习惯直截了当的表达。这再度证明了康杰出的演说才能，他不仅能征服前者，同样也能取悦后者：他将真实与虚构、广博知识与民间演义混为一体，说被困在瀛台上的皇上想吃一碗鸡粥而不得，珍妃冬天只有单衣可穿。观众深深被他吸引，随着戏剧演变而情感跌宕。演说结束后，他问台下观众“愿中国自强否？愿者抚掌！”听众们激动难耐，全体鼓掌；他又问“愿皇上复政否？愿者抚掌！”听众再度掌声雷动。对这些飘零在外的华侨而言，这是他们人生第一次把自己与北京权力中心联系起来，中间只隔了台上的这位康先生。在这惊心动魄的故事和掌声中，他们也得到了少有的归属感，自觉属于一个更伟大故事的一部分。康先生也向他们许诺了一个光明前程：只要皇帝复位，中国很快将重获富强，他们也将能获得保护与尊严。

接着，康有为被请至温哥华，该地与维多利亚仅有一道狭窄海峡之隔。4 月 14 日，康有为会见了温哥华市长，当晚在市政厅礼堂发表演讲，有 1300 多名中西人士参加。当地媒体也密切地报道他的行踪，《每日新闻》（*The Daily News*）称他是“广东改革者”，《维多利亚殖民者日报》（*Victoria Daily Colonist*）则强调他遇刺的危险和传奇。他也毫不谦逊地对着这些记者发布自己对未来中国的畅想，声称要建立“代议制政府；国有银行、矿业和铁路系统；小学和更高程度的免费教育体制，包括技工学校和政府的陆军及海军学院”。[1]

这豪情轻易越过了太平洋。《清议报》事无巨细地刊载有关康有为的消息，并发表康自己的笔记，讲述他受到的礼遇，以及迎接他的壮观场面：在莹如白昼的电灯之下，中华会馆的楼上楼下拥挤着西人与日人男女观众，记者巡捕环立。他对两位华人领袖李梦九与叶恩（Yip En）的印象尤深，并说后者更是一个动情之人，在前来接他去温哥华时，“两夕不交睫，食为之减，发为之白”。他们让他意识到“海外之民之可用”，华侨们普遍的焦虑感，“无国可归，无家可归”，更可能转化成变革的新动力，“外之合海外五百万人为一人，内之合四万万人为一人，其孰能凌之”。[2]《清议报》还编译了《温哥华周报》对康有为的报道，称 41 岁的康“长五尺六七寸，髭厚而护口，一见有威”，穿中国服装，纯粹中国人风气。他还同日本领事清水精三郎见面攀谈，“满腔忠愤，慷慨泣下，衣襟尽湿”。[3]第十七和十八期的《清议报》则连载了康有为的演说，康鼓励华侨拜祭孔子，创办中文学校。

不过，加拿大并非康有为的目的地，去伦敦寻求英国政府的支持，才是此行目的。5 月 31 日，康有为抵达利物浦，贝思福正在伦敦等候着他。自去年 9 月 30 日香港一晤，时间恰好过去了八个月。贝思福刚刚出版了他的中国考察报告，名为 *The Break-up of China*（直译为《中国的解体》或《中国的分裂》），后经林乐知（Young J. Allen）[①]译成汉文，以《保华全书》之名由上海广学会于 1900 年出版。中国问题正成为世界舆论的焦点，瓜分还是保存它，政治人物与新闻记者正因此争论不休，这本书随即引发轰动。这位海军少将和下议院议员似乎给出了一手和权威的声音：在中国的一百天旅程中，他会见了地方总督、军机大臣、亲王、各国公使，以及从香港到上海和汉口的商人代表，还与伊藤博文会晤了三次。

贝思福认为英国在中国的商业利益正遭受三方挑战：中国不能保护商民；西方国家竞相争夺利益，企图瓜分中国，俄国尤其野心勃勃；英国政府没有足够的保护政策与措施。

---

① 林乐知（1836—1907），美国传教士，在中国居留时间长达 47 年，创办《万国公报》。

他观察到，中国的财政系统一团混乱，甚至没有统一的钱币，除去中国银元，墨西哥银元、西班牙卡洛斯银元、日本银元、英国银元皆自流通；而中国自己的银元，在不同的造币厂价值也不同，重庆的每两白银可以换1080文铜钱，山东可换1210文，北京则只能兑550文。制度性腐败蔓延至整个官僚阶层，“无论哪个级别的地方官员，薪水都低得可怜。他们为了谋取官位，经常会向银行或朋友借一笔‘佣金’。结果就是，官员会在他的任期内尽力捞钱，以偿还‘佣金’”。但“大多数中国人还是诚实、聪明的生意人；只是传统的行政手段，导致了贪污腐败，而且那些忠诚正直的官员没能进入政府”，“中国商人的信誉，在东方有口皆碑。中国人还有崇拜权力的传统，他们需要的只是一个秉公执法的好政府”。他发现，英国商人普遍缺少安全感，因为中国政府腐败无能、社会动荡不安，中国有四亿人口，面积与欧洲一样大，一旦发生大的动荡，对欧洲贸易将是一场灾难。他的解决方案是：“维持中国的完整；彻底重组整个中国的军队和警察，为所有国家的贸易提供安全保障。”他鼓励英国充当这样的角色，批评此刻英国正在回避这项使命。他也试图推动英国与日本、美国、德国的联盟，认同美国国务卿海约翰（John Hay）提出的“门户开放”政策。[4]

“我们在中国的选择很简单——要么分裂中国，要么重建中国。”他用这样斩钉截铁的句子结束了全书。[5]这本书为贝思福赢得了世界性的声誉，《纽约时报》在头版刊登了评论文章,《名利场》杂志则为贝思福画了幅漫画：身穿黄袍马褂，头戴满大人的官帽，胸前别着一排勋章，左手持着自己的著作，右手抱着一只哈巴狗，面带微笑，志得意满。

这本书也令康有为的名声继续升高——贝思福以一整个章节描述了与康有为的会面。在赞扬了康有为的“忠君爱国，大公无私”后，他也遗憾于“他的改革没有章法，做事太急躁，结果适得其反”，并向康指出，“那些陈规旧俗，支配了中国社会几千年；你们想在几个月内，靠政府的几条临时法令，不可能彻底改革了它们”。[6]

但在伦敦政治圈，贝思福未获得期待的认同。首相兼外相索尔兹伯里对他的行为深感不满，认为贝思福的结盟主张会引起俄国人的怀疑,更重要的是,它刺伤了内阁的骄傲——这样重要的问题该由大臣而非商人决定。[7]

对于伦敦的政治机器，康有为缺乏了解。他或许仍沉浸于加拿大给他带来的荣耀与希望中,自信伦敦将倾听他的“秦庭一哭”。他或许也对贝思福的影响力怀有特别的期待,《清议报》曾事无巨细地记载贝思福的东亚之行，还误认他为海军大臣，实际上，这位少将并非一个能左右大局的政治巨人。

伦敦令孙文声名大振，却没有给康有为太好的记忆。英国的对华政策早已从对皇帝的同情转回对太后的支持，对政治流亡者失去兴趣。在康有为的记述中，英国下议院关于是否帮助光绪皇帝复位的表决，以 14 票之差未通过。[8] 著名的《泰晤士报》也没给康有为特别的关注，6 月 7 日的一篇署名为罗伯特·道格拉斯（Robert K. Douglas）的读者来信呼应了康有为：他对慈禧太后强烈的排外情绪非常忧虑，建议英国政府像对待昔日印度皇帝一样放逐她，并认为台湾或许是个不错的流放地。信末，他称康有为是未来改革者。康的一位同行者还说维多利亚女王与索尔兹伯里首相恰好避暑他地，康有为无缘拜见。更不幸的是，康的大部分旅行费用还被人偷走，这激发了新的内部矛盾，一位同行者私下返回加拿大。康有为只能致电温哥华华商，寻求帮助。

6 月 21 日，心灰意冷的康有为返回蒙特利尔。北美大陆逐渐浮现时，他感慨道："喜见美洲江岸近，茫茫大地又何依？"[9] 一登岸，加拿大比它的母国英国更可依靠，温暖与支持加倍到来。

二

"康有为现在英国的保护下，警员法夫先生被任命为他的保镖，防止刺客的袭击。康有为有个计划，他组织所有在美国和加拿大的华人组成一个强大的团体，并在每个所到地方进行演讲，展示他的计划。如果他的计划能成功，中国的银行、投资机构和金融机构将在任何可以赚到钱的地方建立。"7 月 20 日，《维多利亚殖民者日报》报道说。[10]

当日，"保救大清光绪皇帝会"在维多利亚成立。这个计划缘起于不久前的一次叙饮，在温哥华的冠芳楼，康有为提倡建立保商会，保护华商们的集体利益，每份科银一元，当场认购了千余份。在他前往伦敦时，维多利亚与温哥华的华商推进了这个提议。他们中既有老一代的卢仁山、董谦泰、徐维经等，又有青年一代的冯俊卿、沈满、关崇杰等，来自维多利亚的李福基（Lee Folk Gay）与温哥华的叶恩是其中最著名，也最重要的推动者。[11]

李福基来自广东新宁，此地日后将更名为台山。在加拿大华人移民中，这是最主要的人口来源地。根据1884—1885年的一份报告，5000名华侨中有五分之三来自四邑地区（新会、新宁、开平与恩平四县的共称），其中三分之一来自新宁。李福基是迟来者，1897年移民维多利亚时已51岁。他有备而来，立刻创办了广万丰商行，经营丝绸、帽子，以及鸦片（当时在加拿大是合法的生意）。在摄于1900年的一张照片上，身穿长衫、头戴瓜皮帽的李福基，面颊消瘦，两边的眼角稍微下斜，沉静，又不无感伤。

更年轻的叶恩也是新宁人，来自一个地位尊崇、折射华人社区变迁的移民家族。叔父叶春田曾代理加拿大太平洋铁路华工招募，并经营华工补给进口业务，代理往返中国的船票和侨汇业务。叶春田也将财富转化成影响力，参与温哥华中华会馆及华贸董事会的创建，是社区的领导人之一。叶恩的英语能力为这个家族带来了新的影响力，他担任海关翻译一职，成为华人社区与白人社区的沟通者——这沟通也意味着权力。与叔父一样，叶恩双颊饱满。

在讨论中，“保商会”改名为“保皇会”——倘若能保住皇帝，中国重获富强，海外商人的利益何愁不保。保皇会第一个重要举措，就是为光绪皇帝庆祝三十寿辰。8 月 4 日，即农历六月二十八日，维多利亚、温哥华、新威斯敏斯特、西雅图、波特兰，保皇会最先设立的五个城市，共同致电北京的总理衙门，为光绪祝寿。中国店铺纷纷停业，唐人街悬挂灯笼，或室内置酒，或走上街头，温哥华还开设了戏台，燃放爆竹，西人男女也前来道贺。人们饮酒观剧，高唱对皇帝的颂词。这是华人社区从未有过的景象。还有更神奇的景象出现。庆典时，温哥华恰逢大雨，叶恩说，如果圣主不能复位，雨傍晚才停，若能复位，当即刻停。不久，天空果然放晴，众人大喜，踊跃捐资给保皇会。叶恩似乎着迷于自己的新特殊技能，对渔民许诺说，若圣主复位，中国不亡，去年未来的鱼群将来。祝寿毕，鱼群果然来。[12]

康有为身在维多利亚附近的文岛，以自己的方式参与了庆祝。他与二三友人席草设棚，对着紫禁城的方向行礼。望着太平洋的波涛，想着囚禁在瀛台上的光绪也是处于波涛中，不禁“载悲载喜，载笑载忧”。维多利亚的华人又特邀康前来中华会馆，带领众人行礼。会馆内设立烛台，箫鼓铿锵，龙牌在上，龙旗在顶，不论商工贵贱老幼，长袍还是短衫，“咸拳跪起伏，九叩首，行汉官威仪”。[13]

“西人左右视，皆以为未之见云。”康有为不禁感慨。[14]对于加拿大的华人社区来说，这是一个漫长的、重重屈辱历程中的惊异一刻。可惜，紫禁城内的天子未能感受到这海外子民的热望，而立之年的他不仅未能自立，还受困瀛台。

三

1858 年，当弗雷泽河与汤普森河沿岸发现金矿的消息传到加州后，华人淘金者开始涌入加拿大，金矿逐渐枯竭后，修建贯穿大陆的铁路成了华工们的主要营生。围绕这些华工的服务业——食物、药材、住宿、汇款——也就此展开，“唐人街”因此兴起——到来此地的主要是广东人，他们认定自己于唐代从北方迁到岭南，所以自称“唐人”。最早的唐人街就诞生于维多利亚，它是英帝国 18 世纪末在北美西岸扩张的起点，1843 年建立城堡，1871 年成为不列颠哥伦比亚首府。1880 年，加拿大华人移民总共有 3500 名左右，维多利亚就有 2000 人。温哥华的唐人街则要晚得多，1886 年的一场大火后，市政府把威斯敏斯特大街（Westminster Avenue）和福溪（False Creek）北岸的一片林地租给华侨，租金免交十年。[15]

唐人街也象征了华人的生命力与困境。“在太平洋沿岸的一种风气是要想尽办法去欺凌和虐待中国人……把他们当猪狗对待，一有机会就对他们威吓嘲弄，拳打脚踢，连他们的名字也成为骂人的粗话”，一位英国旅行家在 1860 年代这

在弗雷泽河淘金的华人，1875 年左右

样写道。他也惊异于中国人的忍耐，“他们却没有流露出打算报复的意思，而是默默地干活，对任何人都彬彬有礼”。[16]

这也是一个令人唏嘘的时刻。仅仅两个世纪前，中国还被视作文明的典范，从儒家思想到苏州园林，征服了巴黎到伦敦的王公贵族和文人雅士。再上溯三个世纪，甚至美洲的发现，都源于对中国的兴趣。哥伦布以及一众追随者都认定，中国代表的东方意味着无尽的财富、雅致的品位。加拿大同样充满了这样的故事。1634 年，一位叫让·尼科莱（Jean Nicolet）的法国人从魁北克出发去往五大湖区，解决那里的部落冲突——这些部落以毛皮与欧洲人展开交易。这位法国人还受命，如果有可能，要航行到西洋，前往中国。当地的土著带他去密歇根湖，他确信对岸就是中国。为了给中国人留下良好印象，他还特意穿上了一件绣着花鸟的中国锦缎。[17]

此刻，中国却变成了衰败、腐朽甚至罪恶的形象。那些不断涌来的矿工、苦力，拖着脑后的长辫，说着不通的语言，只和自己人在一起。他们也将家乡的恶习，比如吸食鸦片和赌博，带到了这里。一位牧师曾经这样描述，“在唐人街阴暗的角落里，寄居着职业赌棍、抽鸦片者，以及其他不洁者……唐人街成为白人社会希望消除的邪恶势力的渊薮”，这些华人“是一帮离群索居者……由于几乎不能跨越的种族、肤色、语言和思想的鸿沟，他们不被白人所喜欢”。[18]维多利亚排华会则声称，“陋俗恶习——包括嫖妓和赌博——在那些（华侨）区域猖獗一时。……他们把自己的病人赶出去死在街上，他们的麻风病人挤满了我们的监狱，他们操纵了本城的劳动力市场”。[19]

华人社区仍顽强地壮大，逐渐成熟起来。他们将家乡的一整套生活搬到了此地，建立会馆、庙宇，庙里有木工们雕刻精细的神坛、供桌、屏风、神像，期望带来保护。在林地上建立起的温哥华唐人街，几年后就初具规模，到1889年，有七家洗衣店、十家杂货铺、两个包工商、两家缝纫店、一家肉铺、一家鞋铺，当然还有两家鸦片进口行。矿工与铁路工人已消退，如今，洗衣业是唐人街最赚钱的行业，每月

40—100 加元，而其他行业只有 20—40 加元。这些广东人也把珠三角的农业技术应用在此地，种植各种各样的蔬菜，人们很快发现，“每天可以看到他们的货车装着各色蔬菜，运到这个城市来卖。他们供应私人住户、旅馆和寄宿舍，这些寄宿舍几乎全部依靠中国人供应蔬菜”。[20]

1890 年代以后，维多利亚唐人街的商业中心从科莫兰特街（Cormorant St.）扩展到菲斯加德街（Fisgard St.），中华会馆、中华卫理公会教堂、中华医院、致公堂，以及各种宗亲会相继建立。它有了自己的氛围与节奏。春节是最欢乐的时候：商店停业，打扫，用桃花、水仙花和红纸花装饰一新，门口还要贴上对联；放鞭炮，穿上最好的衣服，互相拜访，用白酒、坚果、糕点、水果招待客人；从除夕一直持续到元宵节。偶尔，白人也被邀请。[21] 他们也拒绝死在异乡，1891 年，维多利亚的中华会馆收敛 300 多具无名尸体，等着运回中国安葬。[22]

拥挤、缺乏卫生、鸦片、卖淫、赌博，这些社会疾病也随着唐人街的繁盛而迅速蔓延。唐人街与红灯区相邻，似乎总与欢愉、罪恶相关。这也是赤裸裸的污蔑，从 1879 年至 1884 年，白人犯罪人数为 2014 名，印第安人 1263 名，中国人 296 名。[23] 鸦片吸食者不仅是华人，一名白人妇女的感受代表了很多人：“不抽鸦片简直就没法活下去……部分原因是抽烟给人一种恬静的享受，但主要却是为了逃避恐怖，那就是不抽烟后会产生的恐怖。”[24]

一种混杂的情绪集中在这些华人身上。白人厌弃他们，又需要他们，还恐惧他们。所有人都承认，华人有利于商业。1860年的某日，《维多利亚殖民者日报》兴冲冲地宣称：“据可靠消息，本市五百名中国人在一星期内消费达一万美元。”[25]另一份报纸则发出这样的预言：“可以预料，天朝的浪潮将滚滚东流。横贯落基山脉的加拿大太平洋铁路，到时将为之开辟通道。十倍于目前加拿大人口的滔滔人流，一定会从富饶的中国土地上向我们蜂拥而来。”[26]

华人的政治意识也被催生了出来。1878年，面临不公正税法，他们向驻英公使郭嵩焘①求助。当时的加拿大是大英帝国的一部分，但伦敦通常将请愿书转交旧金山总领事处理。1884年3月，维多利亚商人上书中国驻旧金山总领事黄遵宪，倡议在加拿大建立华侨组织，以帮助反对加拿大歧视华人的行为。这一年，加拿大政府开始追随美国，对华人征收人头税，中华会馆因此成立。发起人都是当时华侨的头面人物，比如广安隆的李佑芹、联昌的李天沛和泰源的李奕德，他们皆因负责招收华工获利良多。会馆还有位值事叫温金有，1861年出生于道格拉斯港，是第一位在加拿大出生的华人，会讲英语、广州话和客家话，出任过中华会馆的英文书记，后担任温哥华法院翻译，沟通中英文世界。他也是个长寿之人，活到94岁，以英文名Won

① 郭嵩焘（1818—1891），字伯琛，湘军创建者之一，中国首位驻外使节，曾任驻英国、法国公使，著有《使西纪程》《郭嵩焘日记》等。

Alexander Cumyow 闻名加拿大社会。[27]

1896 年，李鸿章途经英国时，接到维多利亚中华会馆的禀帖。中华会馆请求清政府在加拿大设立领事馆，也请李鸿章同英国官员交涉加拿大华侨移民入境税问题。没想到这位世界舞台上最著名的中国人竟然接受了邀请，乘火车来到温哥华。6000 多名华侨迎接了他的到来，他们甚至在火车站附近几个华侨社区搭起牌楼，让李鸿章乘车通过，丝毫不在乎他在甲午战争中的败绩。据说，李鸿章象征性地与加拿大政府做了会谈，替华人提出了一些主张。[28]

反叛者也曾至此。1897 年夏天，孙文来到加拿大，化名为 Y. S. Sins。他几乎是孤零零地到来，没有人欢迎，只有少量华人知道他。驻伦敦的中国领事馆派遣的侦探报告，“在（维多利亚）中国居民中秘密调查，证实该人伦敦被捕的情形已为当地人所熟知，而且知道其现在的目标是组织一切可得到的力量联合反对中国政府”。侦探发现，他在一家杂货铺停留，与店主谈了两个小时，“那些人对他和他的谈话十分倾注”，中国卫理会的教徒接待了他，请他住在李元昌公司。他经火奴鲁鲁回横滨，还成功地为自己换了一张头等舱船票。[29]

比起孙文，康有为不仅大受追捧，且支持者年龄较长、更为成功，这些人大多数“已在北美定居多年，因而熟悉西方社会的力量和弱点。有些人还是移民部门、海关或法院的翻译”。[30] 1899 年 7 月至 9 月，康有为在文岛撰写了《保皇会序例》，又扩充为《保救大清皇帝公司序例》。他不仅对中国的困境痛心疾首，更对华侨遭遇的歧视深感同情。“忠君、爱国、救种”，“今同志专以救皇上，以变法救中国、救黄种为主”——他将政治理念具体化、在地化。[31]华商们也是这双重需求：“中国积弱之由受白种凌辱……吾所闻爱同胞、爱国皆由此序文得之。”[32]

康有为激发起了海外华人沉睡的政治意识，以电报、报纸塑造出一个网络，有着明确的政治目的，要求光绪复位。9月下旬，康有为派遣三人前往美国推广保皇会。他们访问了华盛顿州、俄勒冈州和加州，并在西雅图、波特兰和旧金山发表演讲，建立分会。一个巨大的网络开始延展，谁也想不到，它会迸发出这样的力量。

第八章　朝局

一

康有为的遭遇令梁启超颇感鼓舞。“（先生）极言美洲各埠同乡人人忠愤，相待极厚，大有可为”，1899 年 5 月 3 日写给妻子的信中，他说起老师在美洲的经历，并不无得意地说，海外华人仰慕他甚至过于老师。康催促他前往美国，展开巡回演讲，他再度对妻子表示抱歉，现在还不能接她来日本，为大局计，他不得不往美国。[1]

在日本，梁启超也试图将影响力扩展到更大的华人社区。5 月 23 日，他与韩文举前往神户，说服当地华商出资建立华侨学校。“流亡清国人梁启超、韩文举于昨日上午八时五十四分乘由横滨始发的火车抵达三宫驿。清国商人张思贤、罗盘谷（均为广东人，经营粮食、杂货等）到站迎接，并将二人引至荣町二丁目清商三号馆的‘广昌隆’号，与该馆主人李耀旒见面”，兵库县知事 5 月 25 日向外务省报告说。[2]

自 1868 年开港，神户已发展出仅次于横滨的华人聚集区，也有自己的南京町。一个成熟的商人网络已经形成，李耀旒是代表之一，“已在当地居留数年，亦是经营粮食、杂货之商人，性格温良，乃清商中数一数二之人物”。[3] 这群商人中最著名的一位是麦少彭，没人比 38 岁的他更能象征神户华人的成功。他生于广东西樵，其父早年在长崎经营杂货及海产品，将日本的鱿鱼、海参和琼脂运入中国，又将中国的丝绸、陶瓷和玻璃器皿运入日本，在大阪与神户分别设立了怡和号商行，与神户的著名日商泷川辨三共同设立火柴制造厂。这也是日本产业转型的缩影，从贸易转向制造业。麦少彭 20 岁来到神户，逐渐接掌父亲的生意。他敏锐于潮流的变化，看到以火柴、肥皂、纺织品和水泥为代表的工业迅速兴起，日本邮船开辟了台湾、厦门和马尼拉等航线，从而形成了一个更广泛、紧密的商业网络。他向中国与南洋出口火柴，投资水泥与纺织业，最畅销的猿猴牌火柴每年可以输出 2 万多箱。在神户，他与来自浙江的商人吴锦堂并称“神户双璧”。他也参与社区的营造，是关帝庙的发起人之一。甲午战争虽使得神户华侨短暂减少，但打开的中国市场却让神户更为繁盛，华商进入一个全盛时期，除去主导日本火柴业，更独占了海产品、阳伞、香菇、纸张等销往中国与东南亚的贸易。[4]

5 月 28 日，200 多名广东华商聚在中华会馆聆听梁启超的演说。梁指出，日本赢得战争的原因在于爱国心，中国必须培养自己的爱国心。他建议在当地设立商业会议所，通过商会加强神户与海外各地华商的联系，携手合作，争取权利，推动中国变革。他建议神户华侨仿效横滨，为华侨子弟兴办学校。为增加对商人们的说服力，梁启超邀请大隈重信前来发表演说，说明学校与文明之关联。梁启超希望年中募款一万元，第二年春天开学。华商呼应了他，“闻者咸拍手赞美”。[5]

《清议报》刊登了《神户倡建大同学校公启》，要把横滨的成功复制到神户。这些学生更与中国的未来紧密相关，身在异国亦加剧了身份敏感，华人们“习见他邦文明进步之实状，怵怵有所悟，而怀念故国，义愤之气，视内地民每数倍焉”，而“其子弟生长于异乡，咸有远志，其受学亦更易，故识者谓中国之不亡，或此是赖”。[6] 6 月 3 日的日文报纸《每日新报》报道说，“清逋臣梁启超等，与神户在留广东人商议，将开大同学校于神户。大隈伯助之。前日临于中华会馆，慷慨奖励”。[7] 暂居神户时，梁启超致信身在大阪的山本宪希望一晤，他提到了即将开启的美洲之行，希望山本宪与其他同志能提供某种资助。[8]

梁启超鼓励商人的身份自觉，试图促成华人商会的形成。在《商会议》一文中，他列举了两个日后看来并不恰当的例证——东印度公司统治整个印度，英国商人义律（Charles Elliot）打开广州之门——证明商会有责任于此：“扬名于后世以显父母，此人子之职也；尽瘁于海外以张国权，此国民之职也。我数百万之同胞，何多让焉？何多让焉？”[9]这也是他的合群思想的延续：面对四面危机，中国人必须联合起来才能应对。倡议激起了当地华侨的回响，一位署名为“旅横滨热血人”的作者撰文大谈商会之必要，认同只有合群才能自保和振兴。

新危机令梁启超的声音更容易被倾听。这一年，日本取消了外国领事裁判权，这是充满喜悦的一刻，多年来，历任政府一直试图取缔这个代表屈辱的条约，它是日本最终独立的标志。新的平等也有其代价，它废除居留地政策，允许外国人进入日本内地混居和经商。日本政府倾向于将此权利给予西方国家，中国商人却无此待遇。《横滨贸易新闻》不无羞辱地写道：“我们不应该同等对待与支那的和与欧美国家的外交关系，因为支那没有资格被当作一个完整国家……它明显是已被摧毁的国家；其国民不再是中国国民，而是‘支那人’，是从一个地方迁到另一个地方的种族。”[10]

清朝领事没准备为自己的子民争取此权利，梁启超填补了这个空白，劝告华商切勿短视，以为新政策与己无关。他说，西方商人到东京总是结交政治人物与知识分子，为自己争取更多的空间。他倡议创立商业会议所自救，“每月会集数次，讲求商务及爱国之义”[11]，理解日本法律，力求得到日本有权者的支持。他以流亡者之身充当民间领袖，动用政治网络。6 月 27 日，他在横滨召集了神户、函馆、长崎的其他华商代表，在东京红叶馆招待日本新闻记者，希望准许华侨在内地杂居。两天后，他与华商代表拜访大隈重信与犬养毅，递交了143名华商联名签署的请愿书，并同时递交内务省、外务省和大藏省。[12] 请愿书驳斥了将华人视作肮脏的支那劳工的刻板印象，强调华人的商人身份，称若把华人排除在外，日本会失去每年八千万到一亿日元的收入。请愿书牺牲了中国劳工的利益，承认日本对劳工移民施加一些限制是必要的，不会因此对日本产生反感。

请愿暂时消除了上层人士之间的隔阂，曾经反对康梁的人物，包括基督徒赵明乐也签上了名字。7月27日，日本政府颁布第352号敕令，准许华商及某种杂业从事者——仅限纯体力华工——在内地居住。当日，横滨华侨设立华商会议所，以日后的法律、商况调查、信息交换为目的。[13] 对于梁启超来说，这也是个非凡的时刻，他摆脱了士大夫的偏见，信赖商业力量，试图将其转化成政治与文化的力量。“改良派的民族主义话语、政治关系和组织能力，共同为这场运动提供了支持”，日后一位历史学家评论说。[14] 不过，梁的行为也引发争议，一份南京町的传单称他假公济私、排斥异己，包括杨衢云这样的理解商业的人士。[15]

横滨、神户也回应了维多利亚、温哥华的光绪祝寿庆典。8月4日，横滨南京町停业，人们聚集在中华会馆作乐行礼，对着光绪皇帝画像瞻拜，还诵读了去年7月27日的上谕，其中满是对海外子民的殷殷关切。礼毕，商人代表谭柏生宣读颂辞，充斥着“天禀聪明，智周万物，爱民爱国”“尧舜以来未之有也”的陈词滥调。读毕，众人齐呼三声万岁，“声震远近，观者如堵”。[16]同日，神户也举办了庆祝仪式，一些日本宾客也加入进来。

庆典后，华商会议所举办成立仪式。日本前文部大臣尾崎行雄、众议院议员岛田三郎、东亚同文会会长长冈护美、帝国大学总长菊池大麓及东京商业会议所副会长大仓喜八郎皆列席，将喜庆气氛推到新高。62岁的大仓是日本商界的代表人物，与涩泽荣一共创了鹿鸣馆、帝国饭店、帝国剧场，对革命充满热情，是孙文持久的支持者——六年后，同盟会正是在他的家中成立的。犬养毅与柏原文太郎自然在宾客之列，东京和横滨的新闻记者也赶了过来。

华商会议所的84名会员衣冠济济,顺序入席。在演说中，议长卢荣彬论及商业活动之于中日两国的联结、商战在现代世界的重要，以及商会对于繁荣的促进，相信这个会议所不只是横滨之福，也是全国之福，更有关东方大局。总干事吴植垣接着汇报纲领和主要领导者。这个名单是保皇派与革命派较量的延伸。尽管孙梁合作之声正传遍东京与横滨，两派之间的冲突却并未立刻消除。卢荣彬态度中立，其余领导者与保皇派的联系明显更紧密，干事郑席儒和林北泉更是梁启超最热忱的支持者。日本诸代表也起身致辞。柏原文太郎念诵各方的电报祝词，其中一通来自大隈重信。贺词完毕，举座起身齐声诵“大清大皇帝陛下万岁、大日本天皇陛下万岁、华商会议所万岁、日本来宾诸君万岁”。下午4点，宴会开始。席间，郑席儒起身致谢；接着，梁启超讲述皇上爱民爱国变法维新之志；然后，长冈护美发表演说。众人不断欢呼皇帝陛下万岁。这是个欢愉、尽兴之日，宴会一直持续到深夜，“主宾酬酢、情怀缱绻”。[17]

二

第二十四期《清议报》刊登了这两桩盛事。自当期杂志，梁启超开始写作“亡羊录”专栏，其中一篇有关《中俄密约》，梁认为，它使俄国在中国的影响力陡然增加，比起其他列强，俄国更是贪得无厌、凶狠残酷的虎狼之辈。“亡羊录”也象征了梁启超越来越强烈的焦灼，中国被瓜分的命运已不可避免。

他看着故国的局势迅速恶化。去年（1898）秋天开始的反动浪潮愈演愈烈。极端保守的徐桐与刚毅的影响力陡然上升。徐桐年已八十，政治生涯可以追溯到道光年间，他继承了倭仁代表的理学传统，对外来影响充满不安：他不许家人用任何洋货，甚至不能用西式纽扣；他的宅第在东交民巷，为避免碰到使馆区的洋人，他只从后门出入，厅堂挂着自书对联：“与鬼为邻，望洋兴叹。”他是康有为坚定的反对者，曾言“宁可亡国，不可变法”。比起徐桐的顽固不化，62岁的刚毅则不学无术，他曾对其他满人说，“我满人为何读汉人书”，认定洋人固然可恶，汉人才是大敌，曾出“宁赠洋人，不予家奴”的名言。与他们结成的联盟相比，荣禄反而显得温和，焦灼地在他们与慈禧间寻找平衡。这一年夏天，刚毅南下筹集兵饷，查办厘金事务，随即演变成一场灾难之旅。他一路裁撤新政举措，加增盐厘、茶厘等，清查田赋和税契，终止军官日本受训计划，说新式学堂“不过养成几个汉奸耳”。他赤裸裸地令上海轮船、电报两局报效十万银两，引发总办经元善的强烈抱怨。[18]

刚毅展现了一个专制政权的悖论：一方面高度无能，无力应对外来压迫与内乱，另一方面又富有掠夺性，随时可以侵入商业、社会肌体，令人人自危。江南被肃杀气氛笼罩，刚毅对康梁尤其仇视，“凡见学中有迹近新党者，务摧锄之，不遗余力。车辙所至，弦诵寂然，豪杰为之夺气”。[19]

国内维新者被一种绝望包围。宋恕说，“（新党）无不奇窘，无论经史、时务，皆不敢谈，并孔教等极冠冕字样今亦为极忌讳字样，有言《春秋》《孟子》者，大臣目为乱党；官场中有稍言及‘爱民’者，大臣目为汉奸，竟成大闭塞世界”。湖北、湖南的士子就有因谈及《春秋》《孟子》而被斥革、驱逐的。宋恕感慨，“故交或死，或入海外，或回内地，青苔穷巷几绝人迹”，自己连时务卷也不敢接阅。[20]严复在给张元济的信中感慨，“时事靡靡无足谈者，瓜分之局已成，鱼烂之灾终至，我等俯首听天而已”。[21]

当海外华人为皇帝祝寿时，关于废立的消息再度盛传，《中外日报》在光绪生日这天刊出消息：“日前本地有人传述皇上病势转增，并闻有预立储嗣之说。本馆当即电询驻京西友，兹得回电云，皇上安，立储之说无据，即登录以慰天下臣民企念。”还有人传说，慈禧在宫中造了三间铁屋，或是为了自己避祸，或为圈禁皇上，又传闻太后令神机营装配洋枪四百杆，用戏箱运入宫中，弹药则用布裹运入。9月25日的《知新报》确凿地写道：“西后所造之铁屋，乃所以监禁光绪皇帝于其中，定于本月废位。而另以一九龄童子继位，仍以西后训政，此童子名溥巽。”[22] 皇帝的病情再度莫测。9月4日，一条上谕宣称：“山西汾州府同知朱焜，广东驻防汉军监生门定鳌，因通晓医学，保荐来京，随同太医院诊脉。惟朕躬服药日久，未见大效，朱焜、门定鳌俱着饬往原籍。”这是去年秋天的消息的延续，似乎在暗示放弃治疗。听闻消息的郑孝胥在日记中写道：“此事何用宣诏？恐朝中有变。”[23]

矛盾的消息也从宫中传出。6月下旬，香港《士蔑报》（*Hong Kong Telegraph*）称：“（慈禧）急欲购求新法，又使人调查康有为奏折，一一呈览，不许留匿。又由天津、上海等处购得当世政论各书，其值约三千两。此书已由马家堡载入京城，共计有数十车云。”7月1日，东京《时事新报》报道说，慈禧每天派人去问候光绪的病状，“闻少痊，即慈颜大喜”，还说过“观今日之势，不能不行新政”。据说，她还感慨，“康有为之话，实在句句不错”。伦敦《泰晤士报》也响应了这条消息，说是在一次与太后的对话中，光绪说如今变法紧迫，在乾嘉时代，西人逼迫没有如今这样紧迫，“西后颔之”。一些人甚至相信，朝廷将特赦康有为，请他回国。[24]

这些消息给流亡者带来了希望：太后与皇帝的关系或许并没有那么糟，维新可能重启，他们甚至有望回国。海外华人展现出的热情与力量也令人感到慰藉。他们的祝寿电文给宫廷带来了冲击，慈禧多少意外于光绪竟受如此的爱戴。8月23日，《中外日报》刊《海外忠忱》一文：“寓南洋美洲各华人咸电致总署，恭祝皇帝万寿，总署王大臣即日将各电报汇陈，当蒙皇太后问曰：去年十月该处亦有祝嘏之电否？又问甲午年亦有之否？诸臣皆据实谨对，曰无有。太后乃谕令退出。”电报也给予国内的维新者以鼓舞，《国闻报》感慨：“观海外旅人之系念皇上，人心于是乎不死矣。”[25]这是个崭新现象，被天朝遗弃的子民如今转化成可见的政治力量。

流亡者也试图抓住这个机会，他们收敛对慈禧的谩骂，将矛头对准荣禄等满人大臣。7月28日，《知新报》刊登了《论今日变法必自调和两宫始》，认为所有的问题“实荣禄一人言之，而一人为之矣”。9月15日，这份澳门报纸又刊登了署名“杭州来稿”的《杭州驻防瓜尔佳氏上那拉后书》，认为当务之急是“和两宫以图自存”，杀荣禄乃第一位，列举了荣禄的十大罪状，从幽禁皇上到六君子之死再到联俄，都归在他的名下。[26]十天后，《清议报》转载了这篇文章，题后没有“杭州来稿”的署名，但加入了“七月二十二日呈刚钦差转奏”字样，意在借刚毅之名，离间本已矛盾重重的荣禄、刚毅之关系。一些人猜测该文作者是杭州的金梁，另一些人则认为出自康、梁。《国闻报》也转载了这则新闻，但略去了荣禄的名字，只以“贼某”代称。流亡者这一新宣传策略引发了严复的不安。“实属造孽，可怕，可怕！”严复感慨道，认为这种编造和夸大其词不仅不会带来改变，还可能“激成祸变”，而“千古清流之祸，皆此持论不衷者成之”。[27]

除去丑化满人权臣，康有为甚至再度启动刺杀计划。8月19日，一位基督教牧师向不列颠哥伦比亚官员报告说，康已派遣两名当地华侨前往日本，之后他们将扮作日本人前往北京行刺，荣禄是主要目标。他为这两名刺客配备了北京宫城和日本领事馆的地图，以及荣禄的日常活动表。而在东京，在保皇与革命间摇摆的梁启超则发现，两名来自北京的刺客已经找上门来。

7月14日，刘学询、庆宽一行抵达横滨。44岁的刘学询虽曾中进士，却因为闱姓赌博而大发其财，在政商两界穿梭。同时，他也是孙文的农学会的最初支持者之一，与这位造反者关系暧昧。他与另一位同乡康有为的关系，却有个糟糕的开端。1896年初，康有为代御史王鹏运草拟奏折，将两广总督谭钟麟与刘学询共同弹劾，称后者是“广东巨蠹”。[28] 51岁的庆宽本姓赵，少年学画，为醇亲王奕譞召为家仆，成了正黄旗汉军人，还当上了内务府银库的管库官员，一个人人皆知的肥缺。但好运并不持久，他在1894年遭御史弹劾，被革职、抄家。戊戌之变给了刘学询和庆宽新的机会，慈禧急需修复与日本的关系，并解决康梁问题，最好让他们命丧异域。上海领事小田切万寿之助也试图在中日之间扮演更关键的角色，促成了这个考察团。

这是一桩张扬已久的访问事件，曾被认定是为刺杀康梁而来，又随即被证明是一桩闹剧。它曾引发日方的不安，外相青木致电驻北京公使矢野文雄，向总理衙门转达顾虑，若在日本国土上发生命案，必不被允许，总理衙门当然矢口否认。小田切发现，行刺只是个玩笑，广东富商刘学询“并非那种甘冒危险而遂阴谋之人物”，庆宽则“年岁既高，且毫无气力”，“观察他们过去之历史及现状，可以断言，根本无决行非常手段之意思”。[29]使团将携带“国电一道、密码一册”，以及太后与皇帝的厚礼，包括脂汉玉太平有象、宋细瓷碗等前往东京。这是紫禁城的迫切需求——面对咄咄逼人的俄国和德国，日本成了潜在的盟友。一册密码或能拉近东京与北京的联系，“虽隔重瀛，如亲晤语”。[30]两位使者皆是声名狼藉之辈，这也证明紫禁城是多么混乱，从庆亲王到慈禧太后，既不懂现代国际关系，更对刘学询和庆宽的品行毫无鉴别力。

在东京，刘学询、庆宽入住帝国饭店。在公使李盛铎的陪同下，他们先后拜会了青木周藏、伊藤博文与山县有朋。日本商界同样热情，邀请他们参观惠比寿麦酒制造厂和品川毛织会社等一系列企业——它们皆是勃兴的日本资本主义的象征。他们还如愿觐见了天皇，翻译者恰是楢原陈政。对于密电交往的请求，天皇的冷淡与慈禧的热忱形成对比，若使团“有所询问，问外务大臣可也”[31]，回赠礼品更是颇为怠慢。

刘学询一直打探梁启超的消息，并试图在华人社群中施展影响力。8月17日，警视厅向外务省报告说："清国官吏刘学询，与从者一名相伴，昨十五日午前九时四十三分，乘车从东京来到横滨，与横滨华人银行的清国人袁、刘等人一起午餐。餐后二时许，又到横滨的中华会馆访问，与会馆董事鲍焜、罗和声、罗谦亭等一起会面出访。直到午后八点三十分，再返回中华会馆，并且作了一场演说，大约有三百名内外的华人出席。"警察综述了刘学询的演讲内容与场面，有听众拍手叫好的，也有麦姓、何姓表示不满，"突然起立愤然大声斥责刘学询，表示同情光绪皇帝，痛骂西太后倒行逆施，断送革新事业"。[32]会场一时大乱，刘学询迅速离开，在神奈川町料理店大摆宴席并招来艺伎。他喝晕了头，误掉了回东京的火车，又回到料理店继续欢愉，直到凌晨2点。翌日，他又前往中华会馆午宴，宴后前往大同学校参观，午后4时35分乘车回东京。

对刘学询的态度，也折射出横滨华侨们的矛盾心理。他们支持康有为、梁启超，认定二人与皇帝联系紧密，又对慈禧的特使热情备至——这可能也会通向荣耀和财富。刘向他们许诺说，将创办日清银行，促进两国商贸。此外，刘学询也是广东人，与他们有同乡之谊。

这激怒了梁启超。第二十五期的《清议报》刊登了《刘学询演说辨谬》一文，梁先是攻击刘的人格，说他"赌棍起家者也，素行芜秽，久为人类所不齿"，然后逐一反驳刘在中华会馆的演说：刘说两宫不和是朝廷家事，臣子不宜干预，文章说天子之家不同于庶民之家，天子之家不和则天下必乱；刘攻击皇帝变法时间甚短，太后一直在变法，文章就说皇帝的变法雷厉风行，更为有效；刘说并无废除皇帝之事，文章就反问为何迟迟不归政；刘说如果慈禧不出来训政，中国早已被瓜分，文章则说正因为慈禧治下的内政不修，才有被瓜分的危险……[33]

文章可能出自欧榘甲之手，雄辩滔滔又自相矛盾，一会调和两宫矛盾，一会又攻击慈禧。这也反映了流亡者们的矛盾心态：宣传策略已经转化，内心却跟不上新节奏。他们是在愤怒与匆忙中写作，来不及考量前后的逻辑；也愤怒于华商们的骑墙姿态，不管多少劝说，他们随时倒向更富权势的一方，甚至允许刘学询这样曾以取康梁首级为己任的奸人到访中华会馆、大同学校。刘学询的到访也使刚刚成立的华商会议所陷入分裂，卢荣彬、袁士庄赞成，梁启超一派则反对，会议所就此宣布解散。[34]

或许令梁启超、欧榘甲更为愤怒的是，孙文竟与刘学询往来密切。刘学询的刺客使命，并未耽误他与孙文的旧情。他们不止一次见面，孙还引荐他去拜访犬养毅和大隈重信。这也充分展现了刘学询的投机性，既是慈禧太后的特使，又与通缉“叛贼”不断见面。孙文或许也同样如此，他拉近与梁启超的关系，又不愿放弃刘学询代表的可能性。革命者要拼命抓住每一次机会，有些时候还不得不激怒盟友。

第九章　会党

一

祭词没诵完，众人就大哭失声，一些人甚至倒地。这是1899年9月17日，光绪二十五年八月十三。一年前，杨深秀、刘光第、康广仁、谭嗣同、杨锐和林旭喋血菜市口，此刻，一百多位中日宾客聚集在横滨根岸山上的地藏王庙，祭奠他们。

左手持宝珠，右手执锡杖，坐于千叶青莲花上的地藏菩萨，身处释迦既灭、弥勒未生之际，自誓必尽渡六道众生，拯救诸苦，始愿成佛。对于举办者来说，六位烈士也拥有类似精神，他们为中国的众生献出了生命。

纪念会于上午10点开始。对着六烈士的遗像，听着山崖下的海潮声，人们“咸相对怆恻，举座无声”。行礼后，主持人宣读祭文，将他们的死亡视作国殇，祭奠则是为国招魂，是四百兆人心未死的标志。祭文华丽，充满历史比照。

参与者皆是梁启超的朋友、支持者，因《清议报》、大同学校联结在一起。一位参与者起身说：“今日尚非我辈痛哭之秋，他日中国强盛，冠于地球，能酬六烈士之所希望。斯时四百余州，合开一大纪念会。”即使听不懂粤语，日本来宾也被现场情绪感染，“亦泪涔涔下”，这令他们想起长州、萨摩的流血时代。[1]

梁启超应是这场祭奠的发起者与主持人，没有人比他更有资格担当这一角色，他认识这六位烈士，还与其中的康广仁和谭嗣同是挚友。在哀悼与激愤中，也夹杂某种幸存者的愧疚，同伴死去，自己却活了下来。在《清议报》上，梁启超为每一位烈士撰写了传记，刊登他们的诗作。鲜血与记忆重塑了一切，在梁启超的笔下，性格、思想各异，甚至彼此不屑的他们成了一个整体，忠于皇帝，是康有为的追随者。他们的恐惧和犹疑亦消失了，皆心怀为众生流血的大义。为此，梁启超还刊布荒诞不经的传说。第十期《清议报》刊载的《谭烈妇传》一文，称谭嗣同妻子李闰在乘船时听到丈夫遇难就跳入河中，被救起后路过长沙城，又在巡抚衙门内痛哭并自刎，鲜血溅到了陈宝箴袖襟。再次被救下后，她陷入昏厥，次日凌晨，她忽然轻声讲话，奴婢凑过来，听到她大呼某加害丈夫的大学士名字，她过分激动，伤口破裂，眼眶裂开，随即死去。入殓时发现，她双手交握，无法分开，牙齿尽碎，血流至胸口成一个“刀”字。事实上，李闰仍活着，她生命力顽强，一直活到北洋时代，成为地方女子教育的先驱。这种传说试图印证，谭嗣同与妻子是完美的烈士与烈妇。

历史学家相信，横滨祭奠是近代中国第一次烈士纪念。逝者具有现实的力量，它凝聚共识，也催促行动。很多参与者，尤其大同学校的年轻人，一定有着为烈士雪耻的冲动。这个人冲动与家国大义紧密相连。不断往返于中国与日本的唐才常，梁启超与孙文越来越密切的关系，以及康有为在海外华人中的新势力，皆使这股冲动有了更明确的出口。康有为勤王之雄心迅速膨胀，他对国内残存的维新力量以及两广、长江流域的游勇心存幻想，更在海外华人中发现了新动力。

“勤王之举，汲汲欲行。方今西后病危，荣禄与庆王争权，万一有变，中国立亡”，10 月 2 日，离开加拿大前不久，康有为再度对华侨演讲，鼓动他们加入勤王运动。他习惯地编造了朝局之变：剧变即将到来，保皇会已在内地聚集七十余万大军，只等军饷，并许诺“若有愿为国出力者，封侯之赏在今日”。[2] 10 月 10 日，他登上印度皇后号，前往香港探望病中的母亲。之前他收到电报说母亲病危，这位过分自我的流亡者也是一位孝子，母亲的身体如皇帝安危一样牵动他的心。他的行踪引发了北京的新焦虑。10 月 27 日，印度皇后号抵达横滨，缘于北京的压力，日本政府拒绝他短暂登岸。犬养毅气愤地对进步党同人说，康母病危的电报是假的，就像五年前将金玉均诱至上海的电报一样。日本政府沦为清政府的共犯，“违背人道，违背万国公法的这种行为已经到了无以复加的地步，必须鸣金鼓指责政府的这种行为”。[3]

10 月 28 日，北京致电李盛铎设法秘密缉拿康有为，询问船经神户、长崎时康是否登岸，还是要抵达香港或上海。军机处密电康可能抵达的口岸地方官“相机购拿”；也致电两江总督刘坤一，称“该逆此来尤极诡秘，不知其意所在……飘忽靡常”，要他在口岸严密侦查，设法捕拿。当夜，印度皇后号抵达马关，它激起了康有为的无尽感受，四年前签订的条约把中国推入了屈辱的谷底，他自己的命运也因此戏剧性地改变：“碧海沉沉岛屿环，万家灯火夹青山。有人遥指旌旗处，千古伤心过马关。”[4] 只在经过神户时，在品川弥二郎的帮助下，康有为才短暂登陆。

得知老师将在神户登岸，梁启超倍感兴奋，打算前往探望，“商议他们在神户、横滨、东京等地设立的大同学校以及《清议报》等事宜的未来方针”。但温哥华发来的一封电报又让他陷入焦虑，康母病危的电报可能是捏造的，专为诱捕。在横滨山下町一百五十三号，梁与同志商量出三点建议：请求日本外务大臣设法派人保护康；获得保护许可后把康移至东京；若不能得到保护许可，则雇两三名日本壮丁前往澳门，担任康的保镖。神奈川县知事判断说，梁等心急如焚，却也不知对策如何，可能会请柏原文太郎先询问大隈重信。[5]

对于未能见到老师，遗憾之余或也有某种解脱。康有为尚不知江岛十二郎的倾向，更不知他们与孙文越来越紧密的关系，对于会党越来越强的亲近性。在唐才常、毕永年、宫崎滔天的穿梭游说下，一个新型组织诞生了。1899 年 10 月 11 日，哥老会、三合会和兴中会的主要人物相聚香港：哥老会的成员最多，包括龙腾山主李云彪、金龙山主杨鸿钧、山主辜人杰，以及该会骨干李堃山、张尧卿、柳秉彝、谭祖培，他们皆被毕永年说服，由长江一带来到香港；三合会首领曾捷夫和郑士良是孙文旧友；兴中会则由陈少白、毕永年、王质甫代表。他们成立了忠和堂兴汉会，以“驱除鞑虏，恢复中华，创立合众政府”为纲领，并歃血立誓，选举孙文为总会长，刻制印玺奉献给他。当晚，宫崎在一家日本餐厅招待与会者。他们按照日本武士走上疆场的礼节，为每人摆上一尾生鲤鱼，干杯祝酒，并彼此题诗。这些江湖人士沉浸于文人情绪之中，其中辜人杰诗曰：“负剑曾来海国游，英豪相聚小勾留。骊歌一曲情何极，如此风光满目愁。”[6]

这欢聚也定会鼓舞梁启超。大半来自广东的康门弟子，从来知道会党之势力。在欧榘甲的家乡惠州归善，“其乡人多入三合会”，欧结识颇多会党首领，自己亦是其中一员。[7] 番禺人罗伯雅则“尝与剧盗区新、傅赞开等往还”，他甚至还曾将田野橘次①从梦中摇醒，说其在广西山中有同党四百，将与湖南人马合流，进军中原。[8] 三合会是天地会、洪门别名，

---

① 田野橘次（1877—1904），日本兵库县人，曾为万木草堂教师，问学于康有为，后任《知新报》记者。

围绕在它周围的是一个错综复杂，也经常浪漫化的故事，有一个“反清复明”的口号。清王朝严禁结社，“凡异姓人结拜弟兄者，鞭一百”。会党从未消失，并随着社会危机加剧而兴盛，以各种组织、名号示人。它兴盛于嘉庆和道光年间，人口的暴增导致生存紧张，“生齿日繁”，人民“生计常苦不足”，“渐多游手”，台湾、广西、四川等边缘之地产生了规模庞大的移民。结拜之风开始盛行，天地会随福建人和广东人传入广西等省。乾隆初年，进入四川的湖广、江西、陕西、广东的流民拜盟结伙，后演变成哥老会。他们创造了一种非血缘模式，把人血或鸡、狗、马之血和酒而饮，并吟唱“此夕会盟天下合，四海招徕尽姓洪，金针取血同立誓，兄弟齐心要和同”。会党变成了互助会，“各省外洋洪家弟兄，不论士农工商，江湖之客到来，必要支留一宿两餐”，“有兄弟被人打骂，必要向前，有理相帮，无理相助”。他们有三指诀、茶碗阵、挂招牌与切口隐语。[9]

内战又加速了会党的传播。太平天国吸引了三合会的加入，曾国藩创办湘军时曾规定：“禁止结盟拜会，兵勇结盟拜会、鼓众挟制者严究；结拜哥老会、传习邪教者斩。”它反而因此蔓延，打仗时需要相互救援，出营离散后可彼此接济。[10]到了19世纪末，会党已四处蔓延。即使在会党并不发达的华北平原，梅花拳、大刀会正吸引着越来越多农民加入，他们被干旱、贫困、洋人的到来弄得疲倦不堪、愤怒异常。会党也代表着那股潜藏的、失控的、梦幻般的

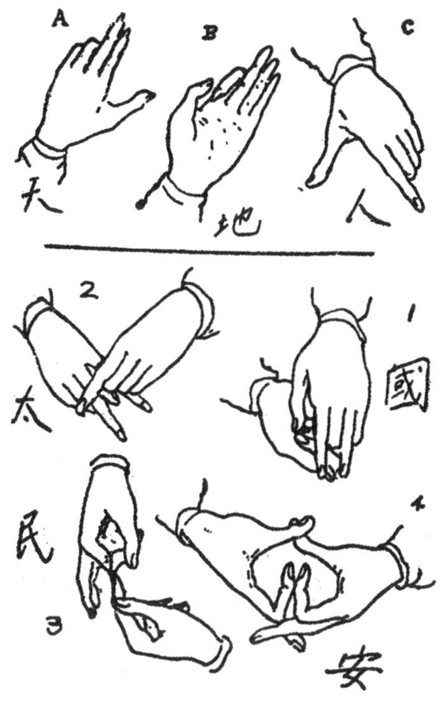

袍哥的秘密手势，载李子峰编《海底》

力量。它还随着华人移民浪潮遍布世界，三合会活跃在每一个唐人街。

若海外华侨的金钱与这地下力量结合起来，将演变成怎样一种力量？这个想象曾令孙文兴奋不已，兴中会正因此诞生。这股力量是要颠覆慈禧的统治，帮助光绪重新掌权，为六君子复仇；还是要颠覆整个满人政权，建立一个共和国？梁启超在两条道路间摇摆，他对保皇会的举措不无怀疑，又未能决绝地踏上孙文的道路。不过，人人都在传说，他试图摆脱康有为，与孙文达成联盟，“一时孙康合作之声浪，轰传于东京横滨之间”。江岛十二郎的勇气也因此滋长，他们草拟了一封《上南海先生书》，声称只有共和体制才能挽救危局，当今皇帝可以出任总统，这是对保皇理念的彻底否定。他们甚至称刚过 40 岁的老师“春秋已高”，要他“大可息影林泉，自娱晚景”，而“启超等自当继往开来，以报师恩”。[11] 他们请陈少白将信带至香港，转交康有为。

梁启超年轻的学生更无顾虑，他们被卢梭的革命言论与会党的江湖豪情共同鼓舞着。尤其是林圭，他厌倦了讨论与等待，被孙文的行动吸引；他也对东京生活倍感不满，广东商人对这些学生非常不敬，日本新闻纸也唾骂支那人。他们商议于长江沿岸利用会党起义，夺取汉口为基地，众人推林圭为首回国动员。在唐才常和林圭的邀请下，蔡钟浩、田邦睿、李炳寰、秦力山、傅慈祥（成城学校）、黎科（东京帝国大学）、郑葆成、蔡丞煜（东京日华学堂）也决定加入他们。他们在大同高等学校里的激烈言辞，要转化为行动了。

11 月 13 日，梁启超为林圭一行送行，邀请孙文、陈少白、宫崎滔天出席，地点再次选择在红叶馆。四天前，陈少白和宫崎回到横滨，向孙文汇报香港的情况，并呈送兴汉会总会长印玺。席间，梁启超与孙文、陈少白大谈合作。孙为林圭介绍老朋友容星桥作为汉口的联络人。34 岁的容星桥是容闳的族弟，1874 年曾作为第三批幼童赴美求学，归国后曾在北洋水师服役，参与中法战争，之后到香港经商。他也是兴中会最早的成员之一，此刻，他在汉口出任一家俄国洋行买办。当晚，林圭从横滨登船，五人与他同行，其中包括田野橘次——他万木草堂的日本同学，日后将以撰写《最近支那之革命运动》闻名。

二

唐才常正在上海等待他们，计划在长沙设立总部，为避清廷耳目，田野以开办学校和新闻社作为掩护。他们出发当日，上海的《申报》发表《禁逆书议》，查禁《戊戌政变记》一书。流亡海外的康梁仍活跃在人们心中，带来恐惧，“匿迹海外，依然拈弄笔墨，讪及宫廷，丧心病狂”，如今“康逆已潜回香港，梁逆更肆无忌惮，著此逆书，使不严以禁之，恐天下无识之流，皆将误信其簧蛊，谣言之起，此后更无已时矣！”[12]

相较于东京与香港的豪情，国内维新派意兴阑珊。在给汪诒年的信中，夏曾佑提起了六君子殉难的纪念会，但没有表达更私人的感受，似乎在淡化与梁启超、谭嗣同的心理联系，他还对《中外日报》的康党倾向感到不安。9月23日，宋恕致信梁启超，说一年来自己“终日悲愤，贱躯益弱，不能办稍辛劳事”，并对康梁师徒由不满到佩服，“《清议报》期期读、字字读，撰译皆胜《时务报》万倍，恨不能销于内地”。

他随信寄去诗作，期望能刊登在《清议报》上，但不要署真名，“不能不胆怯也”。[13]

这恐惧、萧索的社会气氛，被正在中国游历的内藤湖南捕捉到。作为《万朝报》记者、汉学新秀，他在北京甚至没找到一个可以说话的人。几位侨居北京的日本人说政变前，翰林院人人都喜欢与日人交游，如今完全断绝来往，“会面之事更是一概回避”。衰败、萎靡无处不在，京城臭气熏天，“城中泥土呈灰色，就像轻灰似的，脚一踩上去，便飞扬起来，天色便变得晦暝不已。步行数分钟，衣服便都变成了灰白”。日本公使馆门卫竟有五品官秩的满人宗室，给他五元钱就教你官话，“颜面、体面等意义，与今之中国人已无从谈起”。在上海，他悲叹可怜的新闻界，“虽有中英文数种，但没有一家发行量超过一万。《申报》资格最老，其通讯与论说，如今也看不出有太大起色，发行量不过七千份内外”，往往“报道有欠精确，多为揣摩之臆说”。只在天津，他发现严复令人敬仰，“眉宇间有英爽之气”。严复的气度的确不凡，在人人噤若寒蝉之时，仍对日本客人“谈论纵横，不惮忌讳”，“盖系此地第一流人物也”。[14]

内藤发现，人人都关心康梁的命运，忍不住谈论这对师徒。在上海，内藤对张元济说康有为“才力有余而识量不足，少有沉着持重之态……喜自我标榜及与人辩驳，故而其事易鲁莽灭裂”。张表示赞同，认定政变的失败也缘于此，“授人以瑕隙，致生意外之衅”。张也不满康的逃亡，“犹复偷生于人世，殊不可解”；他对康的未来不抱希望，“不知彼之事业，至彼时已尽，自此以后，皆为蛇足而已”。张元济对梁启超也不无微词，说《清议报》“哓哓自辩”，“徒使外人见其意躁识疏，此亦当为新党所愧憾者也”。内藤说，梁启超在《时务报》时“有恃才自炫之风”，到日本后“颇自抑损”，也可能受到日本士人“躁急之风”的影响，“且其太过自我辩疏，其攻讦西太后，动辄语涉猥琐，适见其为人之低鄙，故为弟所不取”。他觉得梁在日本交友不慎，误判了日本形势，“将独受其弊而不得分享其利也”。张附言说，那些猥琐之语，“非士大夫所宜言者”。内藤也说起，两个月前见到了王照，流亡似乎摧毁了他，“望乡之心甚切，与东渡诸友多有违隙，殆欲发狂云”，他是“木讷倔强之人，才气甚短而禀性率真，非能担当大事之人”，陷入祸端是康有为过分招摇所致。[15]

这些维新旧友不知康梁正在展开的新冒险，也难以想象他们酝酿的庞大计划。对于梁启超，这是一段充满兴奋、焦头烂额的时光。一场意外的火灾中断了《清议报》的正常出版，报馆也被迫迁往山下町二百五十三番地。10 月 23 日，父亲梁宝瑛同李蕙仙及思顺来到日本，在一年多担惊受怕、彼此思念后，一家人终于团聚。这是个甜蜜的时刻，也让他体验难得的个人温暖。

康有为的怒气传回了东京。江岛十二郎的信件随即传遍康门，引发哗然。在最后的署名中，江岛十二郎外又加上唐才常，恰好十三位，大家以“十三太保”呼之。在粤语中，“太保”

一词充满了不肖的流氓气。据说徐勤尤为愤怒，致信康有为，说梁启超已掉入孙文圈套，要“速设法解救”。[16]在香港暂时安顿下的康有为的愤怒可以理解，他不仅活在刺客的恐惧中，还被自己门生劝告离开舞台，他随即令叶湘南[①]、麦孟华[②]等赴日主持工作，欧榘甲返回澳门，梁启超则被遣往美国，发展保皇会、募集款项，为即将到来的勤王运动做准备。

没人敢反驳康有为的意见，至少在表面上，他们接受了他的派遣。

---

① 叶湘南（1871—1954），字觉迈，万木草堂学生，曾任时务学堂分教习，深受康有为信任。

② 麦孟华（1875—1915），字孺博，万木草堂学生，曾参与公车上书，戊戌政变后在日本协助梁启超办《清议报》，后任《新民丛报》撰述。

第十章　太平洋上

一

送别持续了好几天。在箱根，柏原文太郎设宴于环翠楼，他毫无保留地支持梁启超的每一桩事业，情谊宛若兄弟。酒后，梁启超写下“壮哉此别”，并作诗一首：“丈夫有壮别，不作儿女颜。风尘孤剑在，湖海一身单。天下正多事，年华殊未阑。高楼一挥手，来去我何难。”[1]

在横滨，大同学校诸君在校中为他饯行，高等学校发起人则在千岁楼设宴，宴后又前往清议报馆彻夜长谈，惜别之情弥漫于南京町。梁启超改变了华人社群的面貌，他创办报馆、学校，组织商会，将日本政界、新闻界的关注带入这个社区，既唤醒他们的身份意识，又提供具体的解决方案。

他也去拜会了伊藤博文。伊藤欣赏这位年轻流亡者，支持他留在日本，还为他这次美国之行提供资助。伊藤以吉田松阴鼓励他，比起吉田失败的偷渡，他无疑幸运得多。他也将赴美行程告知近卫笃麿，还特地前往上野公园，拜祭去年才落成的西乡隆盛像。维新过去了整整三十年，在像前，他或会想起与谭嗣同的告别，他们用西乡、月照来形容彼此。中国的月照已逝，西乡功业仍遥遥无期。

要托付的事情同样繁多，大同学校运转正常，报馆却令人忧虑。主笔欧榘甲已前往香港，向康有为请罪，梁启超将编务托付给从澳门赶来的麦孟华，许诺自己将在途中持续寄来稿件。家人更难以割舍，他们刚刚团聚又再度分开，父亲于 12 月 19 日登上中国号，返回澳门，妻子则要独自在东京养育女儿。李蕙仙想必嗔怪不已，比起同志间的告别，梁似乎没兴趣记下这些家庭琐事。

孙文也参与送别。康有为的怒火并未影响孙梁的合作信心，孙文写信给身在夏威夷的哥哥孙眉以及兴中会骨干，嘱他们将梁启超视作同志。[2] 夏威夷是梁启超赴美的第一站，他打算停留月余前往美国大陆，再旅行六个月，演讲、募款、创办分会。

12 月 20 日中午，梁启超登上香港丸，几十位同人送到码头，其中十几位登船告别。可以想象，小小的船舱内必弥漫着殷殷嘱托与惜别之情，“相送复相送，群贤返自崖。骊歌犹上下，鸿爪已东西。波路空逾阔，楼台望转迷。齐州烟九点，回首渺予怀”。[3] 下午 1 点，船开动，驶出横滨港。[4]

远行也使他重新认识日本与自己。自甲午年以来，不管北京、上海、广州还是武汉、长沙、杭州，他从未在一地住满一年，在东京却已住了440天，每日翻看报纸，日本的政界学界之事，“相习相忘，几于如己国然”，“许多之习惯印于脑中，欲忘而不能”。这个客居之国，像是第二故乡。他感到自己处于人生的另一个转折点。日本是亚洲第一个立宪君主国，如今他又要前往全球第一个现代共和政体。回想二十七年人生，他从一个九岁始游他县、十七岁始游他省、“了了然无大志，梦梦然不知有天下事”的乡人，逐渐了解中国只是世界的一部分。去年（1898），他第一次离开中国，如今则航行于太平洋上，前往一个新大洲。他的身份也随之变化，“为十九世纪世界大风潮之势力所簸荡，所冲激，所驱遣，乃使我不得不为国人焉，浸假将使我不得不为世界人焉”。[5]这种种情绪催生出他写日记的欲望，他采用西历纪元，时空不再是中国内部的，而是世界通用。

他想做一个世界人，故国提醒他仍是亡命之徒。他登船当日，北京再度发布上谕，将康梁视作头号敌人，称逃到海外的他们“狼性未改”，“犹复肆为簧鼓，刊布流言，其意在蒙惑众听，离间宫廷”，要求海疆的督抚悬赏捉拿，“无论绅商士民有能将康有为、梁启超严密缉拿到案者，定必加以破格之赏”，即使不能生擒，“设法致死”，也从优给赏。[6]

成为世界人之途也注定颠簸。“风浪渐恶，船摇胃翻，偃卧一床，蜷伏不敢动”，他在12月21日的日记中写道。

乘船前往夏威夷的华人移民，1900年

他想起比之一年来的九死一生，眼前的苦又算得了什么，强行起床到船面，又苦吐不止，“终蜷伏将息之”。前几日的过度辛劳助他傍晚沉沉睡去，当夜海风大作，船身“颠荡如箕，上下以百尺计”，他竟浑然不觉。醒后，他有了六祖慧能式的感悟，“盖晕船者非船之能晕人，人之自晕也”。[7]

12月22日，太平洋显示出它的威力，“风益恶，涛声打船如巨鏊雷，浪花如雪山脉。千百起伏，激水达桅杪”，船像钻入了海心。海浪击碎了玻璃窗，海水涌入舱内，床褥衣服书籍都浸透，他勉强带着行李换舱。船员用木板钉住窗户，以至于白昼也要开灯。傍晚时，船突然停下来，盘旋良久，一位日本船员被巨浪卷入海中，他在海面上挣扎了两刻钟，终无法得救。梁惊惋不已，感慨生命的无常与脆弱。他从中寻到鼓舞，死期未至，“使人冒险之精神，勃然而生”。他为遇难者捐赠了十金。[8]

12 月 23 日，海风依旧，梁启超逐渐适应，“能饮食行坐，无大苦”。他想起少时最怕乘船，过数丈的河流，也必作呕，几年来四处奔走，每年航海数次，若不是大风浪，并无特别感觉。这次太平洋上的风浪为生平未见，仍已习惯。他感慨，人的聪明才力皆来自阅历。偶尔，他因不懂英语无法与人交谈，而感寂寞。所幸，头等舱还有耶稣会教士两名，他们在甘肃传教，会说北方话，与他闲聊，兼做英语翻译。英国人船主也是“温厚勤恳善人”，一位船员是日本友人前岛密之子，“途中为余照料一切，殷勤备至”，还有一位曾在胶州服役的德国军官……香港丸上的国际社区，也在提醒梁启超世界人的身份。[9]

12 月 25 日，风浪终于退去。他坐下来整理思路，海浪颠簸意外地激发诗兴。他对诗词不无偏见，认为词章家不过是鹦鹉名士。他自认诗才有限，平生所作不及五十，能背诵的古诗也不及两百，却对诗论过分自信，认定中文世界需要一场诗界革命，需要新意境、新语句，与古人风格相融，“则可以为二十世纪支那之诗王矣”。宋代与明代诗人善以印度意境入诗，苏东坡即是一例；如今欧洲意境代表新世界入诗，黄遵宪正是这一潮流的开创者，挚友谭嗣同与夏曾佑善于选新语句，将生涩的经书、佛家、欧洲语皆入诗，却不足够诗家的资格。他感到，欧洲的真精神、真思想尚未进入中国，所谓的欧洲意境语句，“多物质上琐碎粗疏者，于精神思想上未有之也”，真正的诗界革命尚未到来。他的自傲也偶尔流露出来，说今日不作诗则已，若作诗必为诗界哥伦布、麦哲伦，要在旧诗歌中发现新大陆。[10]

12 月 27 日，他登船楼望海，“神气殊旺，诗兴既发”。[11] 他检点几天来的诗作，竟有 30 多首。以箱根的《壮别》为题，他又续写了 25 首，其中有写给伊藤博文的“只身浮海志，使我忆松阴”，有给大隈重信的“第一快心事，东来识此雄”，有给犬养毅的“血泪热在腔，肝胆沥相见”，也有给父亲的“牵衣日追从，最忆是儿时”，给妻子的“围炉谈意气，对镜数年华”，更有一种家国情怀，“国士皆知我，江山似旧行”。[12]

这些诗作中，日后最负盛名的一首是《二十世纪太平洋歌》。“亚洲大陆有一士，自名任公其姓梁”，他以此自述开始；回顾日本的生活，“尽瘁国事不得志，断发胡服走扶桑。扶桑之居读书尚友既一载，耳目神气颇发皇”；此次前往美国，“誓将适彼世界共和政体之祖国，问政求学观其光”。他展现出一种崭新的时空感，相信自己身处“新旧二世纪之界线，东西两半球之中央”，太平洋则是“世界第一关键之津梁”。[13] “世纪”“世界”是他钟爱的词，事实上，他也是第一个使“世纪”流行起来的中国人，在《清议报》创刊号中，他写下“安知二十世纪之支那，必不如十九世纪之俄、英、德、法、日本、奥、意乎？”[14] 世纪也意味着一个全新的时间观。中国人六十年一甲子的循环时间观，让位于耶稣的公元纪年。他也体验着某种世纪末情绪（Fin de siècle），旧时代终结，新时代正在浮现。

他不安于自己的狂热，“余生平爱根最盛，嗜欲最多，每一有所染，辄沉溺之”，作诗再度令他“忽醉梦于其中，废百事以为之”，他决定根绝这一嗜欲。[15]

12 月 28 日，狂风再度袭来，桅杆折断，海水又一次灌入船舱，水深数寸，连船长都感慨，航行太平洋上数十年，从未遇到这连续九天的风浪。戒了作诗的他读书消遣，《将来之日本》及《国民丛书》数种，它们的作者与编者是德富苏峰。

二

梁启超以吉田松阴、高杉晋作自居，而与他气质、能力更为相似的却是德富苏峰。比梁年长十岁的苏峰原名猪一郎，成长于一个剧烈转变的社会，幼时读《唐诗》《论语》和《大学》，在洋学堂则读《圣经》，吃面包、牛肉，青春岁月与风起云涌的自由民权运动重叠。他也是个早熟的灵魂，不到 20 岁的他开办大江义塾，为几十名学生讲授日本历史、经济、汉学和英文。他边自学边把自己刚刚理解或一知半解的知识传授给学生。在课堂上，《幽室文稿》《史记》《战国策》《英国宪政史》《经济学》《美国民主》《国民》，一股脑涌到学生面前。宫崎滔天日后回忆，“（学生）有的凌晨即起，足踏寒霜练习击剑；有的三更夜半，卧在被中探头读书。既有淇水老师手抚白髯坐在破席之上讲授《道德原理》，又有猪一郎先生口沫横飞地讲述法国革命史”。老师谈入佳境时，“学生们便不由得呼啸起舞，甚至有拔刀砍柱者”。每星期六举行讲演会时，“人人以辩士自居，理无不可，但其滔滔雄辩，却使人惊异……而其口中竟常征引罗伯斯比尔、丹顿、华盛顿、克伦威尔诸人的事迹……眉飞色舞、反复驳难，真使一派先天的自由民权家也为之逊色”。[16]这无疑也是梁启超试图在大同高等学校营造的气氛。

最终，德富苏峰在蓬勃的新闻业中找到归宿。靠着《论明治二十三年以后政治家的资格》《第十九世纪日本青年及其教育》等小册子，他确立了青年政论家的声誉。出版于1886年的《日本之将来》将他的声誉推上了巅峰，使他成为福泽谕吉之后新一代舆论领袖。1887年，他仿照美国《国家》（*The Nation*）杂志，创办《国民之友》杂志与丛书，激起一代青年的阅读狂热。

“‘在我死后，任他洪水滔天’，路易十五死前说道，对未来的法国作出了悲观的预言。如今洪水已经来到我们的国家，我们正在站在激流中，如果有人转身问我们日本的未来，我们该怎么回复。”德富苏峰在《将来之日本》开篇写道。这是典型的德富文风，将日本置于世界之中，运用历史类比、夸张口气，制造出紧迫感。他将欧化的句子直接引入日文，从而创造了一种既有汉文风格又直截了当的文风，在他笔下杜甫、司马迁、赖山阳与亚当·斯密、托克维尔彼此交织，令人目眩。

在《将来之日本》中，他先说日本并非孤立，而是与世界各国关系密切，不可避免地被世界潮流所影响；世界正从军事社会进化至工业社会，日本将遵循这个历史轨迹，如同英国一样，在实现工业社会后会迎来一个民主社会，和平也将随之而来。他推崇一种新的平民主义，认为居住在茅舍中的乡村士绅，而非一个西化、堕落的日本上层，才是日本未来的动力。这本书的基调来自赫伯特·斯宾塞（Herbert Spencer）的进化哲学。这位自学成才的英国哲学家影响遍及美国至欧洲，他为杂乱无章、风起云涌的世界提供了一个清晰的归纳、一条明确的道路。如今，德富在日本大受欢迎。“其文雄放隽快，善以欧西文思入日本文，实为文界别开一生面者，余甚爱之”，梁启超评论道，“中国若有文界革命，当亦不可不起点于是也”。[17]《将来之日本》也激发起他对中国未来的想象，茫茫太平洋上，适于回顾往昔、想象未来。很有可能，著名的《少年中国说》就因此而起。

“日本人之称我中国也，一则曰老大帝国，再则曰老大帝国。”他以外人对中国的偏见开始，这偏见自欧洲传入日本，如今遍布于东京的报章、文人政治家的口中。他接着用一连串极端对比来形容少年[①]与老年，“老年人常思既往，少年人常思将来……老年人常多忧虑，少年人常好行乐……老年人常厌事，少年人常喜事……”又运用了自己钟爱的杂糅式比喻，其范围从自然到食物到新技术：“老年人如夕照，少年人如朝阳。老年人如瘠牛，少年人如乳虎。老年人如僧，少年人如侠。老年人如字典，少年人如戏文。老年人如鸦片烟，少年人如泼兰地酒。老年人如别行星之陨石，少年人如大洋海之珊瑚岛。老年人如埃及沙漠之金字塔，少年人如西比利亚之铁路。老年人如秋后之柳，少年人如春前之草。老年人如死海之潴为泽，少年人如长江之初发源。”[18]你可以想象他涌动的激情，这将成为之后一个世纪中国人最热衷诵读的段落。这是极富戏剧性的一刻，中国人曾相信老人的经验是智慧的源头，如今却觉得少年才代表一切美好。

梁启超理解的少年，有龚自珍的浪漫色彩，后者曾感慨，“我能令公颜丹鬓绿而与年少争光风，听我歌此胜丝桐”。它更来自西方冲击。启蒙运动带来进步的历史观，认定此刻胜过昔日，明日又比今日好，少年崇拜再好不过地体现了这股潮流。志贺重昂就写过一篇《日本少年歌》：“霹雳坠地忽一声，桃源之人梦魂惊。瞢腾睡眼百磨擦，初认西方有光明。须臾光明如霞电，烛天蔽空眼欲眩。蓦也迸来东洋天，焚尽日本全局面。老人狼狈望影奔，少年抵掌笑

① 少年，古称青年男子，与老年相对。

欣欣。天荒破得旧天地，鲜血染出新乾坤。新日本，新日本，滔滔大势如决堰。新日本来兮旧日本去，少年起兮老人遁。嗟吁少年风云正逢遭，活天活地属吾曹。歌成昂然仰天望，富士山头旭日高。”[19]

梁启超必为此深深触动。他说，中国也曾有自己的少年时期，三代之治、秦皇汉武的雄杰、汉唐的文学隆盛、康乾的武功煊赫，皆是“我国民少年时代良辰美景、赏心乐事”，如今则“颓然老矣，昨日割五城，明日割十城，处处雀鼠尽，夜夜鸡犬惊”。但如今是一个“老后、老臣、老将、老吏”的国家，只能“为牛、为马、为奴、为隶”。他又有某种乐观，老年与少年可能突然转变，外人眼中的老大帝国，会变为新的少年国。此刻的欧洲诸国是中年之国，中国似乎衰老，却可能突然变为少年之国，比中年之国更富活力。因为中国的老年，只是朝廷的老年，是从周代“文、武、成、康”的少年时代到“幽、厉、桓、赧”的老年时代，也是从汉代“高、文、景、武”到“元、平、桓、灵”的时代……朝代会老去，处于一个新世界体系的中国，却恰逢少年，“而今乃始萌芽云尔”。他用一连串排比将情绪推向高潮：“少年智则国智，少年富则国富，少年强则国强，少年独立则国独立，少年自由则国自由，少年进步则国进步，少年胜于欧洲则国胜于欧洲，少年雄于地球则国雄于地球……美哉我少年中国，与天不老！壮哉我中国少年，与国无疆！”[20]

畅想令人亢奋，现实却突然袭来。“风已尽息，海平如镜”[21]，12 月 30 日，天气突然炎热潮湿起来，像是广东的七八月。出发时，东京仍是雨雪尺许，如今要把冬衣换成单衣。夏威夷即将抵达。

第十一章　檀香山

一

1899 年 12 月 31 日午后，香港丸抵达火奴鲁鲁，因为风暴，它比预定时间晚了两天。船将抵岸时，又有不安的消息传来，“岛中新有黑死疫病，经过之客，不许登岸，而埠中华人，不许越雷池一步”。[1]

踏上码头的梁启超，没发现接他的同志，巡查者却等候多时。对他的通缉早已抵达，驻美公使伍廷芳①已致电各地领事，要他们广布眼线，如果拿到康有为，赏银一万两，梁启超五千，即使当场格毙，也一律给赏。夏威夷的杨蔚彬领

① 伍廷芳（1842—1922），字文爵，清末民初政治家、外交家、法学家，香港首名华人大律师，后任中华民国军政府外交总长等职。

事表现积极，31 岁的他额头宽阔，眉眉秀气，曾取得举人功名，任浙江同知。他也是新会人，其人生轨迹与梁启超不无交集，1896 年，当梁拒绝伍廷芳加入赴美使团的邀请时，杨出任使馆参赞；夏威夷被并入美国后，他出任此地领事。他们再次相遇，原本相似的命运滑向两端，一个是通缉要犯，另一个是朝廷命官。

杨蔚彬已知会夏威夷海关，望严查香港丸，其中一位叫梁启超的乘客是大清国要犯。巡查者在客人名单中没发现这个名字，也没有中国装束、形迹可疑的人。只有一名头等舱客人面貌与梁启超照片相似，但他持日本护照，名为柏原文次郎（Kashiwabara Bunjiro），护照号 14636，上有外务大臣青木周藏（Aoki Shuzo）的印章。护照信息表明，他时年 31 岁，家住“东京芝区露月町十四番地寄留千叶县印幡郡成田町字寺台日百二十八番地”。没错，为了保证梁启超的安全，柏原慷慨地借出自己弟弟的护照。搜查者心生疑虑，发现他随身盘缠不足 50 美元，便以日本工人登岸的法例试图扣留他。日本领事佐藤（Saito Miki）及时赶来，坚称若阻止登岸，有害两国邦交。他已收到外务省的指示，要给予梁启超保护。

在日记中，梁启超没有提及登岸时的麻烦，也无心情打量码头景象。“繁忙的码头，低矮的建筑，以及毛茸茸的青山”，罗伯特 · 路易斯 · 斯蒂文森（Robert Louis Stevenson）曾这样描述火奴鲁鲁。这位因《金银岛》（*Treasure Island*）闻名的英国作家期待这里的温润气候能治愈他的肺结核。夏威夷的历史可以追溯到公元1100年，太平洋上的波利尼西亚人开始在此活动。18世纪末，欧洲人发现了夏威夷群岛，库克船长将之命名为三明治群岛，原住民也建立了夏威夷王国，以瓦胡岛上的火奴鲁鲁为首都。随后，这个王国被卷入正在兴起的全球贸易网络，它先因檀香木贸易、捕鲸业，接着是蔗糖出口与劳工运输，迅速繁荣起来。梁启超抵达时，火奴鲁鲁愈加繁华，人口是二十年前的三倍，达4.5万。本地华人的历史可以追溯到1780年代，一位英国船长带着一位夏威夷贵族前往澳门做生意，50位中国人加入回程船队。19世纪中叶，广东人与福建人大规模到来，他们进入糖厂，开设饭店、旅社，放牧奶牛，还贩卖鸦片。很多华人留了下来，一度占据着本地四分之一人口。火奴鲁鲁的唐人街也因此繁盛起来，海鲜行、中药铺、杂货铺林立。中国人也按自己的方式想象火奴鲁鲁，此地出产檀木，得名檀香山。很多移民来自广东的香山县，这名字给予人们一种慰藉，即使你跨越了半个太平洋，仍有种家乡的熟悉感。

登岸的梁启超，“一人独行，言语不通，甚苦之”。[2]他入住了亚灵顿客寓（Arlington Hotel），这座两层建筑是本地最豪华的旅馆，夏威夷末代女王利留卡拉尼（Liliuokalani）曾在此度过童年。他完全没意识到鼠疫将给他带来怎样的影响。历史学家考证，这次鼠疫起源于19世纪中期的云南，随太平天国运动蔓延至华南地区。1893年左右，它在广州杀死了上千人，正在万木草堂就读的梁启超或也察觉到这恐慌，但当时疾病并非文人关心的主题。鼠疫接着传至香港，它未引起欧洲人的忧虑，死亡大多发生于拥挤的中国社区，住在半山上、通风良好的欧洲人很少受到影响。这纯属卫生条件的差异被解读为人种差异：疾病属于亚洲人。人们彻底忘记了五个世纪前，鼠疫使欧洲三分之一人口消亡。鼠疫接着向全世界蔓延。1899 年 6 月，驶向夏威夷的日本丸上发现一具中国人的尸体。秋天，唐人街传出更令人不安的消息，中医们开始以草药医治病患，不承认这是鼠疫。他们有理由隐瞒消息，他们不信任对中国人歧视日益加剧的夏威夷政府。12 月 8 日，一名几周前来自广东的店伙计在高烧中醒来，感到大腿有奇怪的肿胀。一位叫李启辉（Li Khai Fai）的医生得出结论，鼠疫来到夏威夷，并通知当局。李曾就读于广州博济医院，出于对自由和爱情的追逐，他与新婚妻子江棣香（Kong Tai Heong）逃亡至此，幸运地成为第一个在唐人街营业的西医，亦是中国人与外部世界的连接者。日后，江棣香将成为一代传奇，以美国历史上接生最多婴儿的助产士闻名。

李医生没想到，因为自己的诊断，当局加剧了对中国人的怀疑。尽管鼠疫杆菌已被发现，科学家们还未发现病毒传播的原理，以及应对方法。隔离便是习惯性选择，全副武装的警卫把守着唐人街四周的八个街区，包括中国人、日本人、夏威夷人、葡萄牙人在内的上万居民禁止离开。隔离没带来期待的结果，死亡接连而至。12 月 31 日，梁启超登岸这一天，当局焚烧感染者的房屋，期望以火彻底杀死病毒。这更激起

夏威夷唐人街大火，1900 年

中国人的不满，他们习惯将尸体运回家乡、入土为安，认为焚烧让灵魂无处归依。

傍晚，到访者将梁启超从困惑与孤立中解脱出来。翌日，更多拜访者涌来，“岛中同志来访者十余人，相见咸惊喜出意外”。午间，梁启超随众人参观华人学校，七十余名学生多是广东子弟，还有几名夏威夷土著儿童。执教者是一位美国耶稣会传教士，曾在广东传教，会讲粤语，“其夫人尤娴熟，相见握手如乡人”。[3]

事实上，整个夏威夷都在关注梁启超的到来。“追随康有为的梁启超，是中国最杰出的改革者之一，已到火奴鲁鲁”，

1900 年 1 月 1 日的《夏威夷星报》(*The Hawaiian Star*)写道。记者称梁已剪掉头发，穿着欧式服装，看起来就像是个出身良好的日本人。他的计划广为人知：握有大隈重信与驻英公使加藤高明的介绍信，短暂停留后将前往旧金山、纽约与华盛顿。他在亚灵顿客寓的房间已是地方具有改革意识的中国人的麦加。紧挨这条新闻的是唐人街鼠疫的新状况，"更多的房屋被焚烧了"。同日的《太平洋商报》(*The Pacific Commercial Advertiser*)专门报道了香港丸惊心动魄的遭遇，邮船不得不在洋面上抛锚 32 个小时，等待风暴平息。

1 月 2 日，《夏威夷星报》报道了杨蔚彬致信夏威夷外长莫特-史密斯(Ernest Augustus Mott-Smith)，抗议当局允许这位通缉犯自由行动。梁则在佐藤的陪同下拜访外长，后者许诺说，"凡足迹踏本岛之地者，即应享有本岛人一切之自由权，非他人之可侵压也"。[4] 1 月 4 日，《夏威夷星报》又报道说，太平洋共同人寿公司(Pacific Mutual Life Insurance Company)的克林顿·赫钦(Clinton J. Hutchins)代表梁启超致电外长莫特-史密斯，后者确认了梁的安全与自由。记者称赫钦一年多前在北京时即认识康有为、梁启超等一众改革者，甚至目睹了梁启超的逃亡，1898 年 9 月 21 日在回酒店的路上，他看到正在赶往日本领事馆求助的梁启超。

这些传奇色彩增加了梁启超的吸引力，"数日以来，埠中乡人纷纷咸集，询问国事，日不暇给”。拜访者之一钟工宇被梁的魅力深深迷住了，钟是孙文的同学、City Mill 的老板，“消息却像野火般传开来。……人人都想见这位著名的改良派”。[5] 梁启超发现，本地华人富有政治热忱，“热心国事，好谈时局者，殆十而七八”，在普遍政治冷淡的华人社会实不寻常。这与当地政治氛围有关，它的政治结构与文化皆颇为独特。1810 年，国王卡美哈梅哈一世（Kamehameha I）统一夏威夷诸岛。1839 年，卡美哈梅哈三世（Kamehameha III）创建了一个立宪国家，王室成员构成上议院，平民组成下议院，男性获得选举权。1843 年，英、法、美承认它为独立王国，建立平等的外交关系。卡拉卡瓦国王（David Kalākaua）更富野心，他精力充沛、个性张扬，建造欧洲风格的王宫，对白人在当地越来越显著的影响力倍感焦灼，宣扬夏威夷是夏威夷人的夏威夷。1884 年，他前往亚洲，试图在东方寻找支持者。在天津，李鸿章对这个太平洋中的岛屿缺乏兴趣；在东京，他受到了更高礼遇，但明治天皇对亚洲联盟计划缺乏兴趣。此行并非毫无收获，国王到访天津后，驻美公使郑藻如派欧阳明、赖鸿奎前往火奴鲁鲁，倡议创建中华会馆，联络侨情、处理纠纷。这一年，夏威夷已有 18254 个中国人，占总人口的 22.7%，比起美国、澳大利亚或是南美，这里的中国移民更少受到歧视，甚至可以娶土著贵族女子为妻，接近权力中心。他们也更有政治意识。旧金山移民远离华盛顿，难以感受日常政治，火奴鲁鲁不同，它是港口又是首都，每天看到政治事件的上演。此刻，日渐衰微的王室力量与日益专断的美国种植园寡头的冲突愈发严重，后者期待一个不断扩张的美国兼并夏威夷。它松散、脆弱的政治结构令华人亦有机会卷入其中。1889 年，卡拉卡瓦国王依赖一位叫罗伯特 · 威尔考克斯（Robert Wilcox）的意大利人，进行了一场过分短暂、无力的反抗。几位华人领袖提供了资金支持，他们期望一个重掌权力的王室，给予华人更多的安全保证与经济权利，将自己的商业影响力转化为政治力量。政变失败后，卡拉卡瓦国王离世，他的妹妹继承了王位。她比哥哥更缺乏政治技巧，鲁莽地修改宪法，试图恢复王室的主导权。1893 年，美国糖业寡头在美国海军陆战队的帮助下废黜了女王。1894 年 7 月 4 日，一个临时共和国宣告成立，一位美国传教士之子、律师桑福德 · 多尔（Sanford Dole）出任第一任总统，他有一副令人难忘的胡须，花白且长，像是京剧里的长髯公。

华人对女王的支持加剧了新政府对华人社区的不信任。1893 年初，新政府宣布禁止华人经营新的工商业，禁止华人参加政治活动，还散布信息说，华人“只要给他们一角钱的茶叶，他们就会把选举票卖掉”。[6] 这种屈辱感因远方故国的新悲剧进一步加剧。甲午战争中，胜利的日侨欣喜若狂地游行，华人则深感泄气，清王朝不仅无力保护他们的权益，在战争的高潮，中国领事还要当地华人为慈禧的六十寿辰举办庆典。这股悲愤构成了孙文的政治基础。1894 年 11 月 24

日，一群华人聚集在爱玛巷（Queen Emma Lane）140号，这里是卑涉银行（Bank of Bishop）经理何宽的住所，他是本地传奇人物，是第一份中文报纸《隆记报》的创办人之一，也因卷入了威尔考克斯的起义被罚250美元。到来的人比预料的更多，移至157号的李昌家，他曾出任夏威夷政府的译员。他们成立了一个叫兴中会的组织，举办了入会宣誓，众人左手放《圣经》，举右手，宣誓语似是天地会与基督教的混合体，“联盟人，某省某县人某某，驱逐鞑虏，恢复中华，创立合众政府，倘有贰心，神明鉴察”。[7] 李昌领着众人宣誓，刘祥当选主席，他是首屈一指的永和泰的老板，何宽任副主席。正文案程蔚南亦是《隆记报》的创办人之一，副文案许直臣是一名教员，永和泰的司账黄华恢出任管库，八位值理分别是李昌、郑金、林鉴泉、李多马、李六、黄亮、钟工宇与邓荫南。他们脑后的长辫显眼，所操粤语以香山一带口音居多。爱玛巷的这场聚会，代表着华人精英的觉醒。没人能想象28岁的孙文会成为未来的国父，更没人料到这次相聚会是一个新浪潮的开端，近代中国第一个政治组织就此成立。或是因为不满日常的屈辱，或是渴望同道者的慰藉，还有人出于投机心理，听惯了水浒英雄、洪杨起义故事的他们，想成就一番事业。

这也是梁启超试图接洽的力量。鼠疫打破了他的计划，1900年1月20日，唐人街迎来兴建以来的最大悲剧。突然转变的风向，令本来只是一栋房屋的焚烧，演变成一场失控的大火。它席卷半个唐人街，令至少上千人失去房屋与财产，华人社群陷入前所未有的愤怒。他目睹了这恐慌，“初议有病疫者之家则火之，其后则议一家有疫，殃及左右两邻，其后又议一家有疫，火其全街”。这不仅是唐人街，也是夏威夷历史上最大的一场公共危机，礼拜堂、戏院皆关闭，集会禁止，他无法演讲、组建保皇会。

闲暇令他对夏威夷的地理与商业有了更多了解，它由大小不同的八个岛屿构成，火奴鲁鲁是首都与商业中心，最大岛屿为夏威夷，也是群岛名称的来源。这也是一个日渐蓬勃的港口，“百物腾踊，需用日繁，商务日盛”，工人的月工资从 18 美元涨到 24 美元。华人中种甘蔗、制糖、种稻谷最多，商业则主要是土产贩卖，供华工食用。最近两年有一些华人工厂诞生，能与白人争夺利润。他也叹息，排华法案也延伸至此，这里华人登岸比旧金山还难，日本人反而迅速增加，“每一船至，辄运载五六百人”，日本人聚居地已成为岛内最大的外国人社区。他嘲讽清政府外交官的无能，“能无愧死”。在摄于 1899 年的一张照片中，一群日本人正拥挤在码头上，皆着宽松的便装和服，戴巴拿马礼帽，或站或坐，身旁是简陋的行李箱。他们大多来自广岛、福冈、和歌山等贫苦之地，带着改变命运的憧憬来到此地。这也是一个迅速崛起的日本的另一面，比起国家富强，个体仍困苦、无助，薪酬甚至比华工更低。

他喜欢上本地环境，“竹林果园，芳草甘木，杂花满树，

码头上的日本劳工，1899 年

游女如云”。温润气候令他倍感舒适，“终岁御单夹衣，夜间盖秋被”，他想起了苏东坡歌咏琼州的诗句，“四时皆是夏，一雨便成秋”。它的确是太平洋中心的天堂，但夏威夷王室的命运令他感慨，被放逐于华盛顿的女王让他想起李后主，“江山如此，坐付他人，月明故国，不堪回首”。英语已成为官方语言，本地土人甚至忘记了土语，这再度提醒梁，在这个优胜劣汰的世界，灭亡更多来自自身原因，不是白人亡夏威夷，而是夏威夷人的自亡。[8]

二

在梁启超困于鼠疫时，北京传来了更坏的消息。“谨敬仰遵慈训，封载漪之子溥儁为皇子，将此通谕知之。”1900年1月24日，紫禁城发出新上谕，宣告了光绪花样众多的谣言暂时结束，皇帝没有被废黜，却有了一个明确的继承人。[9]大阿哥时年14岁，其父载漪因强硬的排外姿态赢得慈禧的信任，固执、保守的大学士徐桐出任他的老师。

一些传闻说，慈禧原本要直接废黜皇帝。当徐桐、崇绮拿着废立奏稿寻求荣禄支持时，后者故意将奏稿掉入火中，口呼“我不敢看哪”。荣禄随即进宫劝告慈禧，此举必导致外国不满。[10]另一则传闻中，荣禄求教李鸿章，后者直言立储将招致列强干涉。但人人觉得，这与废黜并无两样。“今日换皇上矣”，太监们如此公然议论，翰林院学士恽毓鼎在日记中倍感惊异。它也带来举国哗然，尤其是东南的士绅群体。“岁晏运穷，大祸将至”，张謇在日记中写道。[11]经元善夜半发电给盛宣怀，请他联合朝士力诤，后者深感无力，“大厦将倾，非一木能支”。这位上海电报局总办并未罢休，他以职务之便打电报给总理衙门，以示抗议。1230名士绅受他感召，加入署名行列，汪康年、唐才常等皆名列其中。这引发了舆论的狂潮。康有为开启了以电报表达政治主张的先河，经元善这一次则更为醒目，署名者不是无足轻重的海外华商、华工，而是声誉卓著、有着广泛权力脉络的士绅。它刺穿了沉闷的气氛，一年多来，各地维新人士目睹朝廷的倒行逆施，活在恐惧与愤懑中，联署电文是一股新风，重申他们的尊严与价值。在很多人心目中，经元善与沈鹏、瓜尔佳氏并列，是这个喑哑时代的铮铮之士。湖北、广东、四川、湖南的绅商效仿此举，向总理衙门发去联署电文。这还是中国历史上第一次，电报带来了舆论力量的迅速集结。这招来紫禁城的报复，经元善避走澳门，以躲避通缉。刚毅更将此视作诛杀维新派的良机，要将文廷式、宋伯鲁、张元济“指拿立决”[12]，身在常熟的翁同龢也差点遇难。[13]

近一个月后，梁启超才得知大阿哥一事，他称之为“伪上谕”，以“逆后贼臣”来形容慈禧及其追随者，“计画竟如此其狠毒耶！……手段竟如此其拙劣耶！”[14]他赞赏上海士绅与海外华人的电报联署，笃信万众一心、万口一声、万躯之力，能令皇上复位。一篇声讨檄文不足以平息愤怒，他接着撰写了致李鸿章与张之洞的公开信，劝告两位重臣对时局负起责任。在给李鸿章的信中，他重温旧情，感谢他捎来的慰藉、鼓励之词，表示对通缉令的无畏，“不杀南海，则天下仅一南海耳；杀一南海，吾恐天下之南海将千百出而未有已”；至于自己，即使死于捕杀，也会化作愤怒的鬼魂。他为保皇会辩护，海外华人对皇帝的关切竟使他们的家人被捕。他以历史趋势警告李，一个多世纪来民权兴起，专制退却，法国路易十六上了断头台，俄国沙皇遇刺，他劝李公开反对这个伪朝廷、伪诏书。似乎为了鼓励李鸿章，他还忍不住辱骂张之洞，“模棱贱儒，不足道矣”。[15]二十多天后，他压抑住对张之洞的憎恶，致信这位湖广总督，要他“率三楚子弟，堂堂正正，清君侧之恶，奉太后颐养耄年，辅皇上复行新政”。他指出张的尴尬地位，反动大臣都视其为敌，他就像猎人向群虎膜拜。他劝张以历史为诫，不要做胡广、孔光、冯道之流，因缺乏道德原则被后人耻笑。他在信末表达了不畏死的决心，“万里投荒，一生九死，头颅声价，过于项羽”，足以自豪。[16]

这两封公开信发表在《清议报》上。身在广州的李鸿章反应依旧矛盾。北京权力场正迅速滑向混乱和偏执，他急于逃离这混乱。李提摩太在上海偶遇这位南下的总督，发现他“就像一个厌学的儿童回家过节一样高兴”，似乎预感到即将到来的动荡。[17]李鸿章遵循北京的旨意，电告伍廷芳设法擒获康梁；他又拖延朝廷要破坏康有为祖坟的谕旨，辩解说平坟恐怕“激则生变”。这激起了慈禧不满，她严厉斥责道，“倘或瞻顾彷徨、反张逆焰，惟李鸿章是问”。[18]他令自己的侄女婿、梁的朋友孙宝瑄代为复信，“其词颇有惓惓之意，又有求免之心”。他同时加快了对保皇会成员在广东家人的搜捕，罗伯堂、唐琼昌的家属皆被捕。[19]

公开信定让张之洞暴跳如雷。一年多来，他对梁启超的愤恨迅速滋长，甚至超越康有为。1899 年 10 月 2 日，前往两湖书院考察的近卫笃麿发现，学生们在黑板上的书写中，“‘逆贼康有为、梁启超’之类的话甚多，令人稍有点异样的感觉”。宴席上的张之洞再次要求查禁《清议报》,称该报“乃是亡国的文字，彼辈以谭嗣同为盟主，以康有为为教主，图谋颠覆国家；至于皇帝复位之类，不过是眼下的借口而已。清国的子弟到贵国游学者甚多，但都读《清议报》的话，其弊端实不可估量”。近卫对这位偏执的总督解释，国际法禁止驱逐政治犯，“令梁启超离日他去，并非易易”，且“若以为梁一旦离去,《清议报》即可停刊，亦属大误”。陪坐的郑孝胥亦觉得张总督“多言康、梁在日有妨交谊,其辞太繁”。[20] 比起刘坤一的大臣气象，近卫觉得张之洞颇有些小家子气。这位饱读诗书的士林领袖在关键时刻总显得首鼠两端，他在道德文章中的义正词严无法转化为政治行动，甚至从不对徐桐、刚毅表现少许质疑。

在不断加剧的危机中，梁启超的声誉继续攀升。1900 年 2 月 14 日，庚子年正月十五，北京又命南北洋、闽、浙、粤各督抚悬赏十万两，缉拿康有为、梁启超归案，即使尸体亦可,“呈验尸身,确实无疑,亦即一体给赏”。[21] 慈禧耿耿于《清议报》《知新报》等对她的攻击，禁止这些海外报刊的流通，要求官员进行销毁，并惩办代销者。经由政变、流亡、通缉，康梁师徒不仅在读书人中声誉卓著，还成为民间文化的一部分，变得光怪陆离。年初，一位自称“古润野道人”的镇江作者，撰写了小说《绣像捉拿康梁二逆演义》。他将康梁分别写作二十八星宿的心月狐、虚日鼠，前者妖狐之性，最善感人，后者鼠耗之精，怪能钻洞。他们因贪念人间繁华，私自投胎凡间，祸乱人世。该书四十回，以戊戌变法为主，写到康梁出逃海外，成立保皇会。在小说末尾，儒释道三教教主联合捉拿康梁二逆，康梁受到外国教主保护，掀起中国与西方各教的战争。在作者心中，“英吉利的耶稣、法兰西的天主，美利坚的基督”是西方三教主，子路、韦驮、赵元帅则是中国的联军。最终，中国联军在英国破了迷魂阵，到美国设十面埋伏捉拿到康有为。[22]

接连的悬赏激起夏威夷新闻业的好奇。“一个头颅值六万五千美元的青年改革者”，当地的英文报纸喜欢这样称呼梁启超。这名声对他的事业不无促进，尽管受到种种限制，当地保皇会还是成立了。“檀埠会已大成，正埠四千余人，而入会已及一万二千余份”，3 月 15 日，他在给同志的信中写道。[23]大会设总理一人，副理、协理数人，分会则有值理数人。会中事由总理、协理、值理议定。它还特别设立了五位演说员，这是一项至关重要的技能，流畅、热烈的演说能驱动人们翻出口袋。大会还设立通信员代收所有信件，由梁荫南出任该职，因非兴中会成员，他尤令梁启超信任，他还热心地给后者提供住处，并将追随其返回横滨。保皇会受惠于孙文的网络，总理黄亮，管库钟工宇，副理钟木贤、张福如，协理许直臣、李光辉等，皆来自兴中会。张福如尤其突出，“英语极佳，知兵法，有肝胆”，且愿意追随他回国举事。[24]孙眉也从茂宜岛寄来支票。

三合会是梁启超的另一个支柱。“弟子近作一事，不敢畏罪而隐匿先生”，3 月 13 日给康有为的信中，他坦承自己加入三合会。他知道老师对会党的不信任，连忙解释它在当地的特别号召力，十之六七的华人属于此会。他初到时虽日日演说、听众喜欢，却很少人加入保皇会。当他加入三合会并被推为党魁之一后，保皇会的号召力陡然增强，会员“相继而入”。[25] 很有可能，这是他第一次清晰意识到会党在海外华人中的影响力，比起台面上的清国领事馆、中华会馆，它的力量更为深入、直接。信中，他不无调皮地说起自己的新诨名——智多星，这个《水浒传》中的形象，就如《三国演义》中的诸葛亮一样，是机巧、敏锐的象征。对于三合会成员，绿林好汉的快意恩仇肯定比民权、革命这些概念要更吸引人。他甚至收留了一位名叫任阿发的助手，他是糖榨厂的工头，“其身分颇像使一对板斧之黑爷爷，力能敌百数十人，专好打不平”。[26] 时间证明了这位檀香山李逵的忠诚，他追随梁启超直到民国时代。三合会也拓展了梁启超的想象空间，他甚至建议保皇会内部的通信以柠檬汁蘸新笔写，再用墨水写一层套语，收信者用火烤后，柠檬汁的字迹即显现出来。

这兴奋背后是从未散去的焦灼。疫情、火灾令华人“元气大耗”，损失五百万之巨，美洲“多工人，少巨商”，这令筹款更为艰难，十万亦难达到。[27] 保皇会与领事馆间的矛盾不断升温，领事杨蔚彬、副领事古今辉、译员潘贵良皆一心要驱逐他。3 月 1 日，告示张贴在唐人街上，称梁“改名易服，混入檀境，胆敢刊刻匪会规条，肆议朝局，散布谣言，诱人入会”，警告入会者及早回头，“慎防失足”。他们也阻挠保皇会在夏威夷的登记，这增加了会员的忧虑，迟疑于捐款。保皇会随即攻击两位领事，称他们受皇上俸禄却仇视维新，“联名狼狈，欺我檀民”，甚至以“羊牯”的诨名直接辱骂他们。[28]攻击刊登于第四十期的《清议报》，令两位领事的劣名传遍华人世界。这更激起杨领事的愤怒，他飞函国内，拘捕梁荫南在家乡的亲人，幸有外务部侍郎梁如浩的担保才被释放。梁启超的愤怒一直持续到两年后，他通过京城言官上奏，终使朝廷下诏，“檀香山正领事杨蔚彬、古今辉同恶相济，鱼肉华民，有售烟、贩人、聚赌各款，请饬查办”，迫使杨去职。[29]这指责不无不公，当夏威夷当局焚烧唐人街时，杨曾率华侨突破警戒线，加以救济、安抚，还尽心调查华侨损失，向美国政府力争，令他们得到适当补偿。

梁启超不能按计划前往美国大陆。危机下，种族不平等也更显尖锐，前往旧金山的客轮只载白人，认定黄种人都携带病毒，他愤恨地称他们为“白贼”。这也与护照纰漏有关，斋藤领事发现梁并未正式入籍，通知日本驻旧金山领事，如梁入境美国本土，护照将被没收，“他将会有危险”。梁自己也意识到，“上岸之无把握最可虑耳”。他无法前往旧金山，旧金山的恐吓却找到他。2 月 18 日，梁启超致信旧金山的中华会馆，揭露后者的公开威胁，“官吏悬赏购刺，无赖小民及贪利洋人既已预备药弹匕首以待，切宜自爱，勿投身险地”[30]，“金山明信匿帖，凡十余封来，皆言已有多人预备领花红，切不可往”[31]。威胁由伍廷芳发出，他要求旧金山中华会馆阻止梁赴美。这也是令人感慨的时刻，三年前，伍还热烈地邀请梁以二等参赞的身份赴美，送去千两置装费，如今二人似乎形同仇人。但朝野关系比表象更复杂，事实上，梁启超、孙文、伍廷芳一直保持联系，梁曾去信伍，坦承与孙的合作，“一切预备清楚，举事之期不远矣”，形势正有利于他们，“今英国有事，欧洲列强皆被牵动，正我中国自立之时也”，“广东毫无兵力，岂足以敌我等。我等合许多人为一心，合许多人为一会，其成功十有八九矣”。他建议伍直接向何启求证。梁也劝伍改变立场，他在清朝政权已没有空间，保举他的张荫桓被贬黜，总理衙门对他失去信任，“故为足下计，速宜投入我党，最为上策也”。梁启超展现了自信，“弟今年不过二十八岁，自问聪明才力，断未必长此以终。无论此次之事能成与否，无论足下肯来帮助与否，要之，弟自忖度，未必无与足下再相会于中国之时，望足下再三审思”。[32]十二年后，他们果然共同活跃于民初政坛。

不仅旧金山，甚至夏威夷的其他岛屿，他也无法前往。他写信给康有为，哀叹“欲飞无翼，夜夜膏兰自煎，奈何奈何”。[33]在给唐才常的信中，他则感慨“困守一隅，真乃闷绝”。[34]写信成了行动的替代者，他越感无力，越需要通过信件来表达主张、发出抱怨、缓解焦虑。对于保皇会这样一个全球组织，信件更是其运转的基础。他们不是传统意义上的书生，而是由蒸汽船、铁路、电报、报纸驱动的全球化浪潮的冲浪人，将散落在横滨、槟城、墨尔本、旧金山与温哥华的裁缝、橡胶园种植工、矿工、洗衣匠与餐馆老板、地下帮派联结起来，织成一张人、金钱、信息的世界网络。

在这个网络中，康有为坐镇新加坡，率梁铁君、汤觉顿等组成指挥中枢。1900年初，康有为抵达此地。接连的悬赏、可疑的刺客令香港不再安全，一位新加坡华人领袖慷慨地向他发出邀约。26岁的邱菽园（Khoo Seok Wan）生于福建海澄，在新加坡度过童年时光，其父在此经商，积累巨额财富。邱14岁返回家乡参加科举，15岁考上秀才，21岁中举人，在公车上书行动中，他也出现在联署名单里。在北京，他与康有为并未谋面，途经上海买到了康圣人的殿试策以及四次上书，大感钦佩。1896年，父亲去世，他前往新加坡继承巨额财产。在主要由劳工、小店主、贸易商构成的华人社区中，他是独一无二的存在。他是一名超级富豪，为庆祝自己的25岁生日，他找来中西乐队和近百名青楼女子前来助兴，豪掷万金；他热衷文人雅趣，拥有举人功名，吟诗作赋，崇拜龚自珍、王夫之与黄宗羲，与内地的文人保持着密切的交往；他还有改革倾向，创办《天南新报》，呼应中国的维新运动，密切关注着康梁的行动，发表支持维新的文章，给《清议报》寄去诗作。

他还有一位同样热烈欢迎康有为的盟友。比邱菽园年长五岁的林文庆（Lim Boon Keng），祖籍亦是海澄，却来自一个截然不同的世界。比起邱纯粹的中国传统，林是第二代土生华人，祖父与父亲娶了当地马来妇人，这样的混血家族被称作“峇峇”。他们是英国统治者拉拢的对象，以对抗数量庞大的华人社群。10 岁时，他进入著名的莱佛士学院，这家书院宣称要成为“改善马来半岛及周边区域的道德和智识”的中心，甚至辐射到“澳大利亚、中国、日本和太平洋诸岛”。18 岁时，他考取首届女皇奖学金，入读爱丁堡大学。在苏格兰，他发现了自己的矛盾身份，老师将他视作中国学生，他却无力阅读中文，英国的强盛与中国之衰败更令他警醒，日益将自己的身份与中国联结起来。回到新加坡后，他深得英国殖民者的信任，24 岁就被选为海峡殖民地立法会议员，27 岁荣膺太平绅士，活跃于日渐成熟的新加坡社会，是一名医生、学者、议员、改革家、雄辩者。他创办《海峡华人杂志》，出任《天南新报》的英文主笔，创办华人女子学校，在自己家中组织了第一个华语学习班，公开催促人们剪掉辫子。他迎娶著名福建文士黄乃裳之女为妻，为自己创造了三重归属感：大英帝国的忠诚臣民，中国命运的热切关心者，峇峇的代表人物。

林文庆与邱菽园的交会，既因革新中国、启蒙华人社区的理念，也因人际网络。黄乃裳是邱菽园的乡试同年，也曾前往北京会试，在百日维新的高潮时刻，身处北京的黄乃裳“奔走于六君子及讲求新学诸京官之门”。[35] 1899 年，50 岁的黄也移居新加坡。一个紧密的、关注中国命运的小团体随即形成，分享着康有为的儒学理解与现实政治主张。

林文庆说服殖民地政府为康有为提供保护，邱菽园寄去慷慨的路费，并许诺支持勤王行动。这给康有为带来巨大信心。大阿哥之变及其引发的舆论浪潮，更令他觉得民气可用。那个自去年（1899）夏天开始酝酿的军事计划，有了雏形。在康有为的勤王版图中，澳门是大本营，徐勤、王觉任、叶湘南、陈士廉、韩文举、欧榘甲、邝寿民、何树龄、何廷光等驻守，与港商何东合作，协调内外；罗普、黄为之、麦孟华、麦仲华等驻东京，负责购械运货，兼向日本朝野寻求援助；梁炳光、张智若经营广东，陈廉君经营梧州；长江流域由唐才常、狄楚青在上海主持调度，从湘鄂到江淮全线发动；容闳办理外交；梁启超、梁启田①负责美洲和澳大利亚华侨的捐款。[36]

在这个主要由康门子弟构成的网络背后，是两股力量。一股是游勇、会党，其中最著名的一位叫陈翼亭，“身长六尺余，眼光如炬，无一言苟且，举动甚沉重”，是广西游勇大头目，比起助光绪复权，他们对保皇会的金钱许诺更感兴趣；还有一股是失势的帝党，如翁同龢、陈宝箴、熊希龄，以及台湾的内渡官员唐景崧等，在康有为心目中，这个松散

① 梁启田，字君力，万木草堂学生，梁启超堂弟，与徐勤在旧金山主理保皇会美洲机关报《文兴报》。

的维新联盟也将呼应勤王行动。这个依靠信件联系的勤王计划，看似规模恢宏，却环节松散，人们无法即时交换信息、感知情况的变化，不断丢失的信件令一切雪上加霜。更糟糕的是，康门子弟对于现实组织缺乏感触，沉湎于纸上谈兵的快意。在这个全球网络中，梁启超的地位不无尴尬，他声名最为显赫，却得不到康有为的信任，他想前往美洲一展宏图，又被困在小岛之上。他最支持的唐才常、林圭一派，得到的关注最少。连邱菽园都看不过这种忽略，亲自给予唐才常三万元，支持他在长江流域的行动。

梁启超不甘于这种边缘。他向康有为强调在北美筹款之困难，估计旧金山二万左右，正在加拿大的梁启田也不过一万。他打算要么前往拉美继续筹款，要么回香港主持港澳事宜，它是内地勤王行动的关键。[37] 他不愧“智多星”的称号，计划层出不穷。在给邱菽园的信中，他提议邀菲律宾的雇佣军加入勤王大业，“一借其力可以吓杀鼠辈”。若能筹得百万款项，一半给予内地豪杰，另一半雇佣菲律宾士兵，“可以垂手而成大业”。他明了国际舆论的重要，建议在香港创办英文报纸，宣传帝党政策，“以引动白人之热心者”。[38] 他还建议在香港成立铁器公司，用以进口所需枪械，又想在日本雇佣杀手，前往广东刺杀李鸿章、刘学询。

在给唐才常与狄楚青的信中，梁启超建议与大刀王五联系，以谭嗣同的旧情谊邀他入伙，还要他们招募懂西语、会打电报的人才，备将来之用。他也抱怨之前寄去的七封信没有片纸回复。唐才常奔忙于上海与汉口之间，四处寻找盟友，他在上海组织了正气会，“欲集结全国之同胞，运动革新之大业”。在汉口，林圭的计划也颇为顺利。他与田野橘次在一家酒楼上与哥老会首领们相会，后者一见田野就高呼“日本豪杰来！”各举玻璃杯，连呼“干杯！干杯！”这些哥老会成员“裂眦大骂，放歌高谈，颇有无赖汉之状”，且不无文才，张尧卿吟唱亡国之诗：“神州若大梦，醉眼为谁开？湖海诗千首，英雄酒一杯。”田野觉得“歌声悲壮凄凉，听其皆快”，他感慨“饮醇浇闷，拥妓消愁，此英雄末路，不得志者所为，吾辈而亦若此哉？”喝到三更，田野已烂醉如泥，由人搀扶而归。在容星桥的帮助下，林圭在汉口开设了旅馆，作为同志聚集的掩护。林的办公室悬挂了世界地图，书架上则是卢梭的《民约论》、孟德斯鸠的《万法精神》等书，“有同志来访，则相与纵谈自由平等共和之说，悲满清之暴政，说革命之急潮，其意气甚激昂也”。[39]他们都在等待梁启超的筹款。“此间可得十万以外，现已得三四万，惟尚未收，收得后必速速分寄”，梁启超在信中安抚唐才常。[40]

在同日给康有为的信中，梁启超又提及菲律宾的雇佣军。他结识一位名叫屈臣（John Crittenden Watson）的美国军人愿意相助。58岁的屈臣是肯塔基州人，曾任海军少将，领导过镇压菲律宾军队的行动。他也对赫钦大为信任，后者愿意陪他前往纽约拜访各路富豪。梁启超对这个新计划兴奋不已，决心下个月启程。赫钦需要万元的报酬，与夏威夷的同志商量后，他准备“孤注一掷亦无妨”。他建议康有为迅速采取行动，“趁人心之愤激，则但有五六成力量，便可当十成使用”。他也劝告老师保持低调，不要大肆谈论得到多少募款，又有多少支持者，“弟子以为权术不可不用，然不可多用也”，这种经常的夸大与孙文不无类似，“徒使人见轻耳”。不过，梁也无法压抑自己运筹帷幄的自信，在另一封给康有为的信中，他大谈起兵的战略，认为应先在广东站稳脚跟，再进入广西，然后北上。他以洪秀全失败为证，劝康有为回到中国亲自统军，“正先生之名，重之以衣带之诏，则足以感豪杰之心，而寒奸贼之胆，先声夺人，气焰数倍”。他还主张占领广州后，以李鸿章为傀儡，这样有四个好处：示人以文明举动；借势以寒奸党之心；西人颇重此人，用之则外交可略得手；易使州县地方安静。流亡增加了梁启超对外交世界的敏感，他期望起义军保护西方人的生命财产，赔偿可能的损失，维持清政府的关税，许诺将全国之地皆变成通商口岸，准许传教自由，用更开放的政策赢得西方支持。[41]

他羡慕孙文的组织能力，兴中会的行动力、忠诚程度皆比保皇会胜出一筹。他对自己的欺骗感到不安，对本地夸张了勤王的光辉前景，“海外之人，皆以此大事望我辈，信我辈之必成”，事实上他“无一毫把握”。在给康有为的信中，他明显地隐藏了与孙更密切的关系、内部约定。他仍在革命与勤王之间摇摆，向康有为表达了最深的忧虑，若光绪突然驾崩该怎么办，“皇上既已呕血，外使觐见，言天颜憔悴异常，想病重久矣。万一不能待我之救，则彼时当何如讨贼”。他劝老师去想象一个没有皇帝的时代。[42]

远方时断时续的消息，保皇会诸同人的懈怠、拖沓，迟迟未结束的鼠疫，皆令他焦灼不堪。一些时候，他靠重读曾国藩家书汲取心力。

清國改革黨の領袖

梁啓超 康有爲

Kōyui AND *Ryokeicho*, THE LEADERS OF RADICALS IN CHINA.

《太阳》杂志 1898 年 10 月第 2 期康梁合影

日本影响最巨的综合杂志《太阳》，1898 年 10 月号便刊登了康梁的合照。在黑白照片中，他们皆长袍马褂，留着辫子。额头宽阔、蓄着两撇胡子的康有为坐着，一脸镇定；站立一旁的梁启超稚气未脱，甚至有点怯生生。

支那大俠瀏陽譚君遺象

梁啓超題

《东亚时论》支那大侠浏阳谭君遗像

第二期《东亚时论》几乎是谭嗣同的纪念专号，卷首是谭嗣同合掌跪坐的半身像，取自他与梁启超等人在光绘楼合影的局部，题词“支那大侠浏阳谭君遗像”是梁启超的墨迹；正文则刊有康有为、梁启超、唐才常等人撰写的悼念文章。

吉田松阴

高杉晋作

梁启超还给自己取了一个日文化名——吉田晋。这是一个亡命者的安全考虑，也是赋予自己一种新使命。他将效仿吉田松阴与高杉晋作，不惜自我牺牲以完成维新事业。

左上：大隈重信　右上：伊藤博文

左下：犬养毅　　右下：近卫笃麿

孙中山与宫崎滔天等人于东京，1900 年
左起：末永节、内田良平、宫崎滔天、小山雄太郎、清藤幸七郎、孙中山

新一代日本精英认定，日本与西方的对抗不可避免，必须依靠实力赢取平等与尊重。这股潮流中的政治光谱很复杂，既有充满战略与现实利益考量的藩阀、外务省、陆军、海军，也有充满理想主义的媒体和民间组织。这些人大多出生于 1860 年代，成长于自由民权衰退而民族主义兴起的时代，壮志未遂，在一个可能发生巨大变革的清国，他们找到了自己抱负的投身之地。

温哥华华人欢迎李鸿章，1896 年

1896 年，李鸿章途经英国时，接到维多利亚中华会馆的禀帖。这位世界舞台上最著名的中国人竟然接受了邀请，乘火车来到温哥华。6000 多名华侨迎接了他的到来，他们甚至在火车站附近几个华侨社区搭起牌楼，让李鸿章乘车通过，丝毫不在乎他在甲午战争中的败绩。

慈禧太后与公使夫人，1903 年

刻薄与观察力皆惊人的德国公使海靖夫人伊丽莎白发现太后“看上去要比实际年龄年轻 10 岁，依旧素面朝天，只是眉毛处稍稍描了几笔，更加深了脸部刚毅的神情”。慈禧也展现出和善的一面，与在座的夫人饮茶后，她在每人的脸颊上亲吻了一下，然后宣布，“从现在起，我们都是姐妹了”。

横滨南京町，1900 年左右

走出车站的梁启超该直奔南京町。由崛川运河、加贺町大道和本村大道围绕的南京町，有他熟悉的世界：中华会馆、同乡会、关帝庙、橱窗里悬挂的烧味、满耳的粤语……这是一个城中之城，有着自己的节奏、气息和味道，它能缓解流亡之苦。

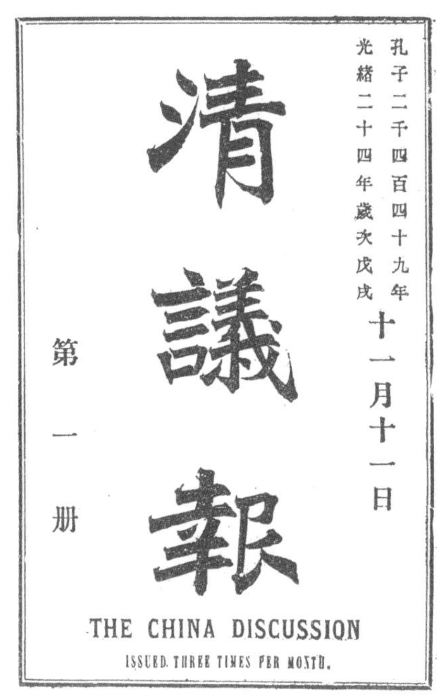

孔子二千四百四十九年

光緒二十四年歲次戊戌

十一月十一日

清議報

第一册

THE CHINA DISCUSSION

ISSUED. THREE TIMES PER MONTH.

《清议报》第一册封面

1898 年 12 月 23 日，梁启超抵日本不过两个月后，新报纸于横滨山下町一百三十九番地出版。封面设计延续了《时务报》的风格，右上角两种纪年方式并存，孔子二千四百四十九年与光绪二十四年，这是康有为尊皇保教思想的延续，也是一种对时间的重新定义。

《太阳》杂志封面

比起《时务报》和《清议报》,《新民丛报》更为视觉化,明显受到《太阳》的影响。作为当时日本最受欢迎的时事、文化杂志，从创刊号到第二十五号,《太阳》封面采用从云间射出的太阳光束普照地球的图片,意为某种启蒙之光。《新民丛报》则将连续多期使用中国版图，它意味着中国意识的觉醒，中国不再是一个中央天朝，而是现代民族国家体系中的一员。

《新民丛报》封面

《新小说》第一号封面

1902 年 10 月中旬，横滨的读者先看到了这本新杂志。比起《清议报》《新民丛报》，它的封面设计试图更富文艺感，一束垂花在刊名旁，列夫·托尔斯泰与法国女演员阿底路成为扉页人物，前者忧郁、深沉，后者奔放、性感。

噶苏士

梁启超强调群体是历史的主角，又呼吁一种新英雄的出现，与中国传统的帝王将相不同，他们打破旧秩序，创造新模式，代表民族之兴起。在为康有为、李鸿章作出了开创性的评述之后，他将目光投向了另一批人物，他们都是各自饱受屈辱与分裂的国家的建国者，他们的精神与经验，正是此刻中国亟需的。

左上：何东，1910 年代
右上：邱菽园，1900 年左右
左下：《海峡华人杂志》创办人，
　　左起宋旺相、伍连德、林文庆

梅光达与家人，1900 年

在热情洋溢的信中，康有为将梅光达置于温哥华叶恩、新加坡邱菽园、香港何东的行列，是全球华商代表，他们的商业与社会影响力可能转化成改变中国的力量，说新金山“极多忠义之人及通达西学之才”，想彼此联络。

加拿大罗斯兰保皇会

他们不是传统意义上的书生，而是由蒸汽船、铁路、电报、报纸驱动的全球化浪潮的冲浪人，将散落在横滨、槟城、墨尔本、旧金山与温哥华的裁缝、橡胶园种植工、矿工、洗衣匠与餐馆老板、地下帮派联结起来，织成一张人、金钱、信息的世界网络。

加拿大温哥华保皇会合影，中立者梁启超，左一温金有，右一叶春田

在当时拍摄的一张照片上，几位保皇会领袖坐在桌旁，梁启超则站立他们中间，面容英俊、严肃，目光坚定。他们皆着西装，仪态与表情是他们对自己的期许——做一个现代意义上的中国人，领导一个现代政治组织。

康同璧，1903 年

16 岁的康同璧有种与年龄不相称的成熟，她从未被中国女性传统束缚，更有着西方女子的装束与思想。

J. P. 摩根，1903 年

摩根身材高大，有一个硕大的酒糟鼻子，过分强烈的性格与巨大的财富一样世人皆知。

西奥多·罗斯福在纽卡斯尔火车站演讲，1903 年

梁启超走入白宫时，罗斯福也刚从一场史无前例的旅行归来。八周内，他搭乘火车穿越 25 个州、150 个市镇，发表了 200 余场演说，行程超过 14000 英里。45 岁的他正处于巅峰时刻，梁将他与德皇威廉二世并列为世界舞台上最令人赞叹的政治人物，“其雄才大略，有开拓万古推倒一时之概者，惟此两人而已”。

LOS ANGELES HERALD: FRIDAY MORNING, OCTOBER 23, 1903.

LEONG KAI CHEU FORMALLY WELCOMED BY MUNICIPAL OFFICIALS AND CITIZENS

Noted Chinese Reformer Addresses an Immense Throng of His Countrymen in Behalf of the Emperor

The most distinguished Chinese that has visited the United States since Li Hung Chang was here, arrived in Los Angeles this afternoon. The visitor from the ancient eastern empire is the Rt. Hon. Leong Kai Cheu, an exile from his native land, a man with a price on his head, yet admitted to be one of the brainiest men the flowery kingdom has produced in generations and a leader of the reform party, which seeks to replace Kwang Su, emperor of China, on the throne.

Leong's mission is to enlist the sympathies of his countrymen in the United States for the dethroned emperor and to raise money for the cause. He is the head of the Poo Wong Hwin, the society for the protection of the emperor, whose aim is to rescue the emperor from captivity, to reform the empire and remodel the army on the lines of those of Europe and the United States.

The marked attention shown Leong at the reception of the Chinese board of trade yesterday afternoon and during his address in the evening by his countrymen, many of whom wore the badge of the reform party, indicate that his mission to the United States will not be in vain.

Talks Through Interpreter

Leong speaks English imperfectly, and therefore asked to be excused from being interviewed. His secretary and interpreter, Dr. Bockee, was, however, glad to talk on behalf of his principal, of whom he is a great admirer. He ranks him as the master mind of China, and states with an air of conviction that he is the cleverest man and the greatest scholar that China has produced in five generations.

"Leong Kai Cheu and Kong Yu Wei were the only two members of the emperor's cabinet who escaped from Peking in September, 1898," said the doctor. "All the other members were decapitated by order of the empress. The Poo Wong Hwin was organized that year by these two members of the cabinet who escaped. That their work has not been useless is shown by the membership of the Poo Wong Hwin, which today numbers somewhere between 4,000,000 and 6,000,000.

"Although he is today under the ban of the empress, Leong is, today, the bona fide minister of the emperor, who is the only head of the empire recognized by the powers of Europe and the United States.

"In China he is honored as much as Li Hung Chang was feared. You can see for yourself how the Chinese here revere him. Since his exile he has been to Japan, where his wife and children found a home after they fled from China, India, Australia, England and the United States, preaching the doctrine of reform to his countrymen settled in foreign lands, and when the time comes to act it will be shown that the seed has not been sown on barren soil."

An informal dinner was given to Leong at the Chinese board of trade last evening at 6 o'clock. A representative gathering of the best element of the Chinese in this city sat down at the tables. Shortly before 9 o'clock the guest was escorted to the platform which had been erected on Apablasa street, and for two hours he addressed a vast crowd of his countrymen in their native tongue. Perfect order prevailed and the speaker was given the closest attention.

After the address Leong held an informal reception, after which he was driven back to his apartments at the Angelus.

Movements for Today

Today he will be entertained by the committee of the chamber of commerce appointed for that purpose. Tonight a banquet will be given at the Angelus in his honor. Invitations have been extended to state, county and city officials and a number of prominent business men.

In appearance the exiled Chinese is prepossessing. He has an open, intelligent face. He has discarded the native dress of his country and adopted the cosmopolitan frock coat and high silk hat. On the breast of his coat he wears five large gold medals.

Members of the Party

Leong Kai Cheu and his suite did not arrive at the Arcade depot until 1:10 o'clock yesterday, the train being over two hours late. Waiting to extend a welcome to him were Mayor Snyder, a committee from the chamber of commerce, consisting of John Alton, A. C. Way, G. G. Johnson and Newman Essick; General Homer Lea, Brigadier General Frank C. Prescott and Major W. W. Lovett of the California National guard, and First Lieutenant H. E. Sabine with a mounted detail of the signal corps to act as escort. Chan Mau Sang and Ow Ka Gap, two prominent Chinese merchants in San Francisco, accompanied their honored countryman from that city.

The party was placed in carriages and driven up town to the Chinese chamber of commerce, where Leong was extended a reception by his countrymen. In the first carriage, which was drawn by four horses, were Leong and his private secretary, Dr. Bockee, Mayor Snyder and Homer Lea. The second carriage contained General Prescott and Major Lovett.

Parade Through the Streets

The fifteen carriages which followed contained members of the Chinese chamber of commerce and prominent Chinese, many of them in their silken robes of state. Among these were Dr. Tom Yuen, Coey Ying Ling, Quong Lung, Cheu Chong Yuen, Gee Ming Ting, Lau Fong, To Sang, Li Po Yuen, Hop Lee, George Lem, Mon Chung and Hong Hop. The line of carriages was preceded by the mounted military escort and led by a military band.

The cortege proceeded up Fifth street from the depot to Main, to the Plaza and to the Chinese board of trade on Los Angeles street. From there the route was by Commercial and Main to Spring street to the Angelus hotel, where luncheon was served for seventeen guests in the red room.

Luncheon at the Angelus

The luncheon was altogether informal. Still, an occasion of the kind could not pass without some speechmaking and courtesies were exchanged between guests and hosts. The mayor extended the freedom of the city and expressed the greatest pleasure at having the opportunity of meeting so distinguished a representative of the Chinese empire. The visitor responded in the best English he could command. He said in effect that nothing could be so gratifying to him in the cause he had espoused as the official recognition he had received everywhere he had been in the United States, even from President Roosevelt, Secretary of State Hay and Grover Cleveland.

Chairman John Alton of the chamber of commerce committee informed Leong that a committee of fifty had been appointed which was at his disposal as far as arranging a program for his entertainment was concerned, and that he would be given a reception befitting the president of the United States or any other great official.

General Prescott made a speech in which he said that the distinguished foreigner had the best wishes of the people of Southern California for his success, and Leong again thanked his entertainers for their courtesy and the honors they were heaping upon him.

MUCH DEVOLVES ON THE BANKERS

Can A[illegible] in Preserving [illegible]rosperity

VIEWS CONTROLLER [illegible] CURRENCY RIDGELY

ANOTHER BANK CLOSES ITS DOORS

Allegheny First National in Trouble

AFFECTED BY FAILURE OF PITTSBURG FEDERAL

Directors Decide to Go Into Voluntary Liquidation, but the Comptroller Says That the Bank Must First Be Officially Examined

PROSECUTION OF LITTAUER DROPPED

Opinion Given by the Attorney General

BARRED BY STATUTE OF LIMITATIONS

Suit Against Congressman Glove Maker for the Recovery of Money Advanced by the Government Will, Therefore, Be Discontinued

Universalist Convention

《洛杉矶先驱报》报道梁启超，1903 年 10 月 23 日

梁启超戴着圆顶高礼帽，侧脸面对欢迎群众，神情骄傲、坚定，身旁是 44 岁、胡须浓密的斯奈德先生。车队绕市场一周，“所至沿途，西人观者如堵，咸拍掌挥巾致敬”，梁“亦不解其何故，惟一路脱帽还礼不迭而已”。

第十二章　恋爱

一

梁启超最终放弃了美国大陆之行。旧金山的威胁或并不可怕，假护照定会引起麻烦。[1]他暂留夏威夷，赫钦替他前往。1900年4月26日至5月3日，这位美国商人连续在本地报纸刊登授权委托书："敝人不在本岛期间，威廉·布莱斯代尔先生代表我全权处理各项事务。"5月5日，赫钦登上日本邮轮美国丸。[2]

所幸，疫情有所缓解。4月30日，一个晴朗的星期一，夏威夷政府宣告隔离解除。5月7日，港口再度开放，梁启超登上 Kihau 号汽船前往夏威夷岛，开始演说、募款之旅。在夏威夷群岛中，这个岛屿最大，当地人称之为大岛，传奇的库克船长丧生于此。《夏威夷星报》报道说，火奴鲁鲁港口挤满了各种族人群，梁启超脖上挂着夏威夷花环，很多中国人前来送行，哼着本地民谣。梁看着很放松，似乎不担心暗杀的传闻。据说，李鸿章所派刺客 Lum Chung Yee 将抵达此地，保皇会曾建议将梁启超隐藏起来，一旦发现刺客有凶器就禀报当局。清王朝也在努力诋毁这位流亡者的声誉，几天前一位路过夏威夷的清国驻华盛顿二等秘书 Chwang Hai Kwan 对当地记者说，皇帝不需要保护，梁的保皇会只为敛财。

接下来三个月，梁启超穿梭于夏威夷诸岛，它们比他想象的遥远，“布列于太平洋中，欲往小埠，必乘轮船，航海而往，非一月不能毕事”。[3] 5 月 23 日，《太平洋商报》刊登了他在考爱岛上的新闻，三周后又报道了他即将抵达茂宜岛，一场大型集会在等待他的到来。终于，梁启超见到孙眉，发现后者的牧场大得惊人，需要骑马一天才游毕，“人称君为茂宜王，今乃知为名不虚传”。[4] 这也是一切开始的地方，牧场资金支持了孙文的最初行动，孙的介绍信又将梁带到此地。孙眉定也被这位年轻人征服，或许会觉得，比起弟弟过分的反叛，他的救国理论更可行。面对孙眉，梁启超或许也不无愧疚。一个多月前，他还去信孙文，谈到大阿哥事件带来的新契机，“全国人心悚动奋发，热力骤增数倍”，说服孙也加入勤王行列。他承认反满、兴民权是公义，但勤王最符合此刻的时势，“真乃事半功倍”。举事成功后可以推选光绪为首任总统，“两者兼全，成事正易，岂不甚善”。他知道这主张必激怒孙文，信中再度重申“必当合而不当分”，期待“握手共入中原”，并给了一个确切时间——半年后。他努力在康有为与孙文间找到一中间道路，“名为保皇，实则革命”。[5]

梁启超的魅力征服了听众。“他对北京的腐败和政治阴谋内幕的揭露，他对可怜的光绪皇帝被囚禁在紫禁城内中南海中的一个小亭里的描述，以及他要使中国变为一个现代国家的改革方案……都使我们热情鼎沸，激动不已”，一位当地华人回忆说。[6]对于这些店主、劳工来说，支持一个被废除的明君比推翻整个满人统治更有说服力。他们纷纷慷慨解囊，会费每人二元，若另有捐赠，大会发给凭票，著明姓名、捐款数目。这也是一种投资，皇帝成功复位后即可凭票换取公债。

《太平洋商报》的记者发现，在巨大的名声之下，这位流亡政治家平淡得多，原以为他该“阴沉、皱纹深深”，结果看到一张光滑、孩子气的面孔，“大大的棕色眼睛，同时在笑与思考，最重要的特征，大，牙齿尖利，洁白却不规整”。他会讲少许英语，却不足以解释自己的想法，也像很多中国人一样，不喜欢直接回答问题，但他头脑开阔、富有魅力，甚至可以打动听不懂中文的听众。

他打动听众，也被其中一位听众打动。5 月 7 日晚，梁启超受邀前往广荣记做客。这家位于国王街（King St.）140 号的店铺由何广荣开办，英文名拼作 Ho Kong Wing 的他来自广东归善县，富有商业头脑，精力旺盛，育有七子五女。

他也是一名基督徒，刚刚加入保皇会。夏威夷正从鼠疫的恐慌中摆脱出来，这一晚的宴请亦是重现生机的一部分。对着十几位中西宾客，梁启超说，“中国与世界都期待中国的变革……外人也有责任促成这种变化”。他说北方中国落后、南方人更为开明，“皇帝是开明的，保皇会也是开明的”。主人家长女何蕙珍即席将他的广东话译为英文。翌日的《太平洋商报》在头版报道了这一聚会，形容被鲜花与棕榈树叶装点的现场“漂亮、富有品味”，参加者则中西混合，既有弗里尔（Frear）夫妇，乔治·卡斯尔（Geo. Castle）先生与斯普拉格（Sprague）小姐，也有一众华人绅士。记者形容梁启超是一个“相当睿智的年轻人”，“面庞英俊，额头宽阔”，还提及其翻译是店主人女儿 Fu Shin，称她“天真又机智”，“极其聪明”，令全场如沐春风，这样的女子在夏威夷相当罕见。唯一不足的是，何小姐将一位中国文士的典雅发言翻译成了过分平实的英语。[7]

记者想象不到，何小姐击中了梁启超的心。20 岁的何蕙珍在夏威夷长大，是一位小学教师。他原本并未留意何小姐，甚至觉得她“粗头乱服如村姑”。她的翻译令他大吃一惊，觉察她“目光炯炯，绝一好女子也”，不正是他笔下新女性的象征：独立，富有主见，追求知识与事业。何小姐接着出示一叠文章原稿，皆是为他辩护的文章。梁记得初来时，当地一些报纸在中国领事的授意下攻击他，有匿名者为他辩护，此刻意识到是眼前这位小姐，对她的佩服更添几分。告别时，何小姐按西式风俗与他握手道别，向他索求照片，还有某种暧昧之词，“今生或不能相遇，愿期诸来生”。年轻的维新领袖，突然方寸大乱，“唯唯而已，不知所对”。[8]

情愫迅速滋长。梁启超“心中时时刻刻有此人，不知何故也”。他派人给何小姐送去照片，后者回报他两枚手工制作的丝扇。他未能掩饰住自己的热情，被旁人猜出。两周后演说归来，一位朋友对他说，不会英语的他前往美国颇为不便，若能娶一位当地女性兼任英文老师与翻译，岂不妙哉。他视为戏言，随即意识到这可能是何蕙珍的婉转提亲。至少在日后致妻子的信中，他说自己断然谢绝，曾与谭嗣同倡导一夫一妻主义。他建议朋友，愿将麦孟华推荐给她。朋友突然改变语气，丝毫不顾其言辞的矛盾，说先生既然已知这位小姐是何人，就不必再吞吐其词，这位小姐几年前已决定不嫁。[9]

五天后，梁启超与何小姐重逢，她再度充任翻译。他们畅谈良久，何小姐大谈教育，说女学不兴是中国的第一病源，想要整顿小学、造切音新字，还劝梁启超加入基督教，“其言滔滔汩汩，长篇大段，使几穷于应答”，几乎让人忘记了她的女子身份。令梁启超不无怅惘的是，何小姐“毫无爱恋抑郁之态”，丝毫未提及提婚之事，让人不禁怀疑，她是否真有其意。他提出认她作妹妹，期待思顺长大后能求学于她。何小姐又提及李蕙仙，听闻李曾出任上海女学堂提调，是她心中的女性楷模，请梁代为致意。她也坦承小学教员并非志愿，想几年后前往美国读大学，学成后归国参与女子教育。她嘱托梁，若维新成功，有创办女学堂之事定要电召她去。他们握手分别，何小姐的一句“我之心惟有先生”令他再度慌乱。[10]

情愫突然不可遏制。或许，夏威夷的海风、明月、波涛，繁盛的植被，四处可见的草裙姑娘，耳边的 Aloha，都加剧了这种情绪。他激动难耐，心头如小鹿乱撞，忽上忽落，“终夕不能成寐”，五更天起床写信，向李蕙仙袒露半个多月来的内心波动，讲述他对何小姐如何由敬重之心，生出爱恋之心。这是他二十八年来从未有过的体验，他的生活从来“风云气多，儿女情少”。他矛盾重重，天真又笨拙。他表露对何蕙珍的爱恋，又坚持这并不可行，坦白自己的荒唐，又暗暗期待妻子能接受何小姐的存在。他还将二人作比，蕙仙教他官话，他得以“驰骋于全国”，蕙珍的英语则可帮他“将来驰骋于地球”。他将记载他与何小姐初遇的《华夏新报》的剪报、何小姐赠送的扇子也随信寄去，期待妻子将何小姐视作一个新妹妹。何小姐的新形象影响了他，催促妻子放开缠足，“勿令人笑维新党首领之夫人尚有此恶习”，与蕙珍有相见之日，“亦当笑杀阿姊”。夏威夷的华人女子，大多已经放足，痛苦半个月即平复。一股掩饰不住的自得也在信中蔓延出来，“二十余岁之少年，虚名振动五洲，至于妇人女子为之动容，不可为非人生快心之事”。[11]

在这三千言的长信中，除去劝妻子结识下田歌子[①]、新会祖坟未被毁几句，几乎全是情感独白。在诸多有关募款、密谋、购买军火、秘密会社的通信中，这封过分意外。在政治行动、思想交流外，一个流亡者难得展现出情感维度。很有可能，这是梁启超真正意义上的初恋。16岁时，他就进入一桩被安排的婚姻，妻子来自显赫家族，这个家族给予他捷径、庇护，他却给他们带来危险。堂兄李端棻仍在新疆发配，妻子带着年幼的思顺流亡横滨，与丈夫聚少离多，常年处于忧惧中。流亡生涯更是伴随着孤独与不安，陌生环境与随时到来的危险，令人处于一种恒定的焦灼，亲密与慰藉变得如此诱人，助你暂时忘记现实，是对过分颠沛生活的补偿。

它也是一种自我发现。梁澎湃的热忱尽人皆知，它总被限于家国情怀或求知中，少有风月之遇。这与康有为截然不同，后者将流亡变成一个炫耀、恣意的旅程，华服宴会、不停纳妾。梁似乎也未在婚姻中体验到爱情的滋味，李蕙仙缺乏女性魅力，一位同代人不无刻薄地说她相貌平平，且有嚼槟榔的恶习，脾气颇为急躁，常会呵斥家人，梁启超更有惧内的名声。何蕙珍是他生活中第一位平等的女性，自由、活泼、独立，还有着他羡慕的能力。

这段感受或许也称不上爱情，它没机会发展成一段成熟

---

① 下田歌子（1854—1936），日本教育家、诗人，创办实践女子学校和女子工艺学校。

关系，只是某种 crush（迷恋）。他也缺乏确切的词语来描述感受。与民权、宪政、自由、科学一样，爱情也是新概念。直到林纾 1905 年翻译《迦因小传》，该词才在汉语中正式出现。明治日本也曾经历这一过程，一位作家在翻译屠格涅夫时，发现找不出“我爱你”的确切日语，以“我可以为你去死”替代，另一位则干脆以音译“拉夫”表示 Love。也没人知道何小姐的真实感受，一位胸怀大志的女性，很容易被梁启超吸引，英俊、才华横溢、代表着她所欠缺的中国文化，更有一种英雄式的危险诱惑。他有妇之夫的身份，是她能接受的吗？他的态度又这样犹疑，从没做出坚定有力的表达。

这封热情洋溢、矛盾重重的信件没赢得李蕙仙的谅解，她威胁将此事告知远在香港的梁宝瑛，令他担忧又惧怕的父亲。在 6 月 30 日的回信中，他的情绪改变了，从多情少年变回维新领袖，“吾之此身，为众人所仰望，一举一动，报章登之，街巷传之……君父在忧危，家国在患难，今为公事游历，而无端牵涉儿女之事，天下之人岂能谅我？”他说即使维新成功，何小姐回到中国，他也以妹妹相待，为她择婿。他小心翼翼地抚慰妻子，后者曾在信中问梁是否思念她，他不无矛盾地说，并非不思念，而是无暇思念，过去一个月，“日在舟车鞍马上，乡人接待之隆，真使人万万不敢当……劳顿亦极矣”。他再度为情感自辩，承认与何小姐藕断丝连，每次与西人接触，翻译者词不达意时就会想起她。他还说，这一未遂恋情已在当地传播，他们也有一个多月未见，离开前“欲再图一席叙话，不知能否也”。信末，他强调与妻子的感情又仍有某种期待，“若有新人双双偕游各国，恐卿虽贤达，亦不能无小芥蒂也”。对何小姐，他只“发乎情，止乎礼义而已”。[12]

二

风云动荡很快压倒了儿女之情。在夏威夷的报纸上，时而传来关于中国时局的消息，京城似乎已乱作一团，充斥着暴力和迷狂。在朝中，端王、徐桐、刚毅这一派已完全占据了上风；在民间，头戴红巾，扛着大刀、长矛的义和团四处张贴告示、设立拳坛、焚烧教堂、攻击教民，说天兵天将将要下凡。酒店、茶楼甚至翰林院都在议论义和团，有人在大街上喊一声“来了”，店铺就纷纷闭门。义和团说煤油是洋货不可用，人们就将煤油泼在街上。铁匠铺生意兴隆，大刀长矛的价格猛涨。[13]一种新型的统治风格已经形成，一个保守的权力与一群拳民结合起来，他们把对洋人的憎恶转移到维新力量上，声称要杀“一龙二虎三百羊”，龙即是光绪，二虎是李鸿章、奕劻。当几位保持理性的大臣提出质疑时，他们被推上了断头台。

对于勤王计划，这却是个契机。穿梭于上海与汉口间的唐才常举棋不定，他想拉拢负有盛名的维新者，也在借用会党力量，前者“震于国会民权之新说，乘兴来会”[14]，后者在酒酣耳热之时与你称兄道弟、共襄盛举，没有经费又作鸟兽散，关心自我生存远胜于勤王大义。所幸坐镇汉口的林圭颇有斩获，与唐才常的沉滞不同，他“极机警”。刚到汉口，他仅识几人、带三百多金，在容星桥的帮助下，不出一年、费不过三万，召集各会头目，“激之以义，动之以财，感之以信诚，饵之以爵位，其后北至河南，南至湘桂，西至巴蜀，东至九江……终能屈伏数百万杀人行劫之无赖游民于指挥号令之下”。[15] 他在汉口宝顺里设立自立会机关，一位会员记得“一进屋就感到闷热难当，坐在里面好象在蒸笼里一样。我与林圭原不认识，见他身穿一件短衣，身高而瘦，面貌生得清秀，两眼非常有神，说话时目光四射，声音清楚而响亮。屋里坐着那么多人，都聚精会神听他滔滔不绝地叙述当初苦心经营自立会的经过。直讲到以后起事，如何夺取武汉，然后传檄湘赣各省，提兵北上，直捣幽燕。他本是坐着说的，说到最后，直立起身来说道：‘今日救国，非要进行大改革不可，什么排满，什么勤王，我都不管，我们大家一齐起来造反！’说时慷慨激昂，声色俱厉。在座诸人无不被他所感动。那天中午我就到了那里，辞出时，已近黄昏，一直坐了一下午，竟不觉得热，没有吃中饭也不觉得饿”。[16]

自立会中也充盈着会党气氛，设有香堂，口号是：“万象阴霾打不开，红羊劫运日相催。顶天立地奇男子，要把乾坤扭转来！”每次开堂都充满仪式感，灯烛辉煌，会员头插着野雉毛，足蹬一只靴子，手舞足蹈，口中念念有词，将一只雄鸡一刀砍去脑壳。一位入会者后来回忆，“其中情形，今日想来真是奇形怪状，但当时并不觉得可笑，反而充满着严肃之气氛。当时差不多天天开堂，而每次开堂必砍鸡脑壳，所以我们在那里天天有鸡肉吃”。会党见面先打手势，一位安徽会党首领就会对林圭说“请大帅示下”。林圭在湖北新军中的影响力也不断壮大，路过鹦鹉洲会操部队时，官兵打手势暗中示意已归附自立会。[17]

自立会只是五花八门的勤王组织之一，林圭还是富有堂的副龙头。富有堂也是江湖人士与勤王者的联盟，正龙头位置上，在李金彪、宋春台等十一位江湖人士后是邱菽园、康有为。他们发行富有票筹集资金，伪造的光绪诏书又有了新版本，变成正副会长康梁“钦遵上谕，号召天下英雄，以图大事”。智多星之外，梁启超又有了新身份，与唐才常、毕永年、林圭并列富有堂副龙头。[18]

这也令筹款更为迫切。前往纽约的赫钦未传回什么好消息，古巴筹款计划终被证明是个骗局。梁启超再度想前往美国大陆，即使冒着假护照、被刺杀的危险。7 月 4 日，保皇会举行宴会为梁的美国之行募捐，黄亮、钟木贤是其中最踊跃的捐助者，当日各捐助了 1000 元，三日后又追加 3000 元。孙眉也托人送来 50 元，他之前已捐助了 1000 元。梁想必诸多感慨，这一天也是美国独立纪念日，何时中国能产生自己的华盛顿。7 月 7 日，他致信孙眉说南方起事已准备充足，只等款项，本想7月10日前往美国，却买不到票，又接到香港与新加坡来信催他回国，他仍坚持美国之行更为重要，等待7月20日的船。

7月10日，保皇会在火奴鲁鲁的进步礼堂（Progress Hall）举办盛大集会，梁启超做主题演讲。“礼堂灯火通明，舞台后挂了两面旗帜，一面星条旗，另一面五爪龙旗，代表大清国。”次日的《太平洋商报》写道。记者说梁的表情真挚，“他在演讲中展现的对世界的了解，使听众相信他是一个见多识广的人”，有一种东方人少见的开放与魅力。他强调中国人并不糟糕，排外只是由于腐败的官僚体系。他将中国视作一个病人，慈禧等反动力量是病症来源，义和团也是由他们支持。记者还提及，Lau Ting一直是梁旅行时的保镖，Mr. Kent充当防疫人员。[19]

梁启超在不同的选择中摇摆，行动更为频密。7月16日，《太平洋商报》报道了保皇会的另一场集会，它于周六晚上在酒店街（Hotel St.）与史密斯街（Smith St.）交界处举办，足有几百人参加，一位叫Chong Fook的人主持开幕。一位演讲者说，“我们中国人来自世上最古老的文明，期望看到在中国建立文明，文明不能建立于杀戮无辜人之上，清朝的官员除了抢劫民众什么也不做。中国为何不能有一个好政府，这都是因为慈禧太后的存在。我们怎么做？我们必须要求大国协助我们，世界也将为此获益”。另一位则说，“我们不能再认为，我们不能谈论政治。这里情况（与中国）不同，我们可以尽情地谈论政治。我们必须救皇上”。记者注意到，梁启超坐在一个备受瞩目的位置上，但只是个专注的倾听者，没有上台演讲。[20]

离去是突然决定的。7 月 18 日，梁启超登上日本丸，他没有前往美国，也不是要去南美，而是返回日本，然后潜入上海，参加即将到来的起义。新加坡与香港的电报不停地促他回国。临行前，他致信孙眉，为不能按计划让孙眉之子孙昌随他赴美致歉，让其仍在当地学馆读书，夸“此子循良，弟甚爱之”。[21] 没有记载何蕙珍是否前往码头送行，其弟何望不久后将前往横滨大同学校读书。

7 月 19 日的《夏威夷星报》以“革命或将到来”为题报道了梁启超的离去，相信匆匆离去的他正在领导人类历史上最大的一场革命，“将有数百万体会过西方文明的年轻中国人与欧洲列强、美国和日本结盟，对抗慈禧太后的蒙昧统治”，“世界各地的中国人都投入大量的钱财来援助革命。夏威夷送来许多金钱，还有更多金钱正在汽船运来的路上”。[22]

三

仍是茫茫太平洋，归途的心情定截然不同。“那将涕泪三千斛，换得头颅十万金”，他不无悲壮地感慨。[23] 夏威夷的筹款目标也未达到，账面上的八九万元迟迟未收齐。在如今能找到的他在夏威夷写的最后一封信中，他给港澳同人写道：

"有担保信一封，汇万四千……想已收。"[24]他说也已给日本寄去一万六千，准备再凑一万四千。此时，他一共给港澳及横滨寄去两万左右。交给赫钦的两万元更无音信，直到7月26日，这位保险业商人才乘坐里约热内卢号轮船回到夏威夷，显然未能实现最初的承诺。

何小姐也定在他脑海中盘旋，他写诗纪念这段未遂的恋情，足足24首之多。从初识时她的风采，"目如流电口如河，睥睨时流振法螺。不论才华论胆略，须眉队里已无多"，到敬佩之情，"眼中直欲无男子，意气居然我丈夫。二万万人齐下拜，女权先到火奴奴"，再到对未来的期盼，"红袖添香对译书"，再到自我警醒，"一夫一妻世界会，我与浏阳实创之。尊重公权割私爱，须将身作后人师"……组诗最后，他又回到现实，"猛忆中原事可哀，苍黄天地入蒿莱。何心更作喁喁语，起趁鸡声舞一回"。[25]

他在太平洋上颠簸时，中国的时局加速恶化。慈禧太后突然向十一国宣战。面对这一自杀式的决定，"圣主"光绪没有展现出任何谋略与勇气，他突然站起来抓住一位大臣的手，这换得慈禧的怒斥，"皇帝放手，毋误事！"[26]宣战诏书震惊了所有人，被困在使馆的同文馆总教习丁韪良（W. A. P. Martin）①与赫德，"互相端详对方的脸色，都为我们一辈子

① 丁韪良（1827—1916），字冠西，美国传教士，在华生活62年，曾长期担任同文馆负责人，1898年任京师大学堂首任总教习。

天津义和团拳民，1901 年

的工作毫无成就感到脸红。这位把中国海关收入从三百万两银子提高到三千万两的人成了中国人的屠杀对象。而我在华教了三十年的国际法，中国人到头来却对外国使节的生命视如草芥！”[27]

头脑清醒的督抚们开始有意忽略紫禁城的意志。山东巡抚袁世凯拒绝入京，李鸿章称宣战书是“矫诏”“乱命”。盛宣怀提出了一个更大胆的设想，他与上海道台余联沅、英国驻上海领事霍必澜（Pelham Laird Warren）等在上海举行会议，制定《保护上海长江内地通共章程》，宣称对内共肃拳匪，保障安全，对外杜绝列强，免使利益版图重新划分。

张之洞、刘坤一随之表示赞同。这即是著名的“东南互保”，紫禁城代表的中央权威迅速瓦解。

勤王者、革命者、维新者、投机者，皆从混乱中看到机会。7 月 26 日，一个名为中国议会的组织在上海愚园举办了第一次会议，80 多位参与者中既有广东籍名士容闳、郑观应、丁惠康，也有汪康年、宋恕、叶瀚、张元济这样的江浙名流，还有来自湖南的张通典、陶森甲以及唐才常、唐才质兄弟。江苏的丘震、狄楚青，安徽的吴保初、孙多森，江西的文廷式、陈三立，广西的龙泽厚，陕西的宋伯鲁，也都名列其中。这几乎就是中国维新者的联盟，他们在 1895 年的强学会彼此联结，并在 1898 年的变法中达至影响力的巅峰，然后被迅速摧毁、飘零各处，或愤愤不平或缄默不言。他们几乎都是梁启超的朋友，《时务报》与《清议报》的阅读者、投稿人，即使并不完全同意他的观点，也受其启发。四天后的第二次会议上，72 岁的容闳与 46 岁的严复分别当选正副会长，他们比任何人都了解西方世界，亦深知中国与西方的骇人差距。在这个名单中，唐才常同时出任干事与书记。众人议定本会宗旨：一、保全中国疆土与一切自主之权；二、力图更新，日进文明；三、保全中外交涉与和平之局；四、入会之人专以联邦交、靖匪乱为责任。大多数成员建议着重实行三点：一、尊光绪帝；二、不认端王、刚毅等；三、力讲明新政法而谋实施之，但不一定排除满人。参与会议的孙宝瑄记得，宣讲宗旨的容闳“声如洪钟”，与会人“意气奋发，鼓掌雷动”。[28]

中国议会与唐才常的努力相关，更缘于这混乱时局。上海成为飘零的维新者的避难所——朝廷昏庸荒诞，何不趁势为中国想象一个新的未来？这也是一个松散的、边界模糊的、充满内部冲突的组织，汪康年的江浙派占据优势，他们同情康梁和唐才常的勤王志向，却不认可他们的手段。唐才常随即淡出中国议会，将更多精力投向林圭着力的自立军。

7 月 28 日，日本丸抵达横滨。“去年（十）二月二十日出发前往夏威夷的流亡清国人梁启超于上月二十八日返回横滨，并于当日来到东京，借宿于牛込区矢来町四号”，警视总监大浦兼武 8 月 1 日报告外务大臣。[29] 接下来的几周，梁启超繁忙不堪，与同志交换信息，探听勤王计划的进展，走访柏原文太郎、近卫笃麿。他还前往大矶町拜会伊藤博文[30]，除去通报归来、表达感谢，也定急于了解日本对于中国的新态度，会如何看待失控的朝廷，是否会支持勤王起义。他也会晤了正处于低谷期的孙文。孙原想与何启策划两广独立，港督卜力与何启期望李鸿章能与孙文合作，建立一个独立的两广共和国，李出任总统，孙行使实际权力。“一个别开生面的计划”，宫崎滔天评价道，“（卜力）拉拢李，如果李同意，则进行反清运动的力量在秘密帮会，因此必须拉拢孙逸仙，必须使李、孙握手。如果李、孙能够握手，则不费一兵一卒，两广即可独立，而自己便可在上驾驭”。它反映了地方与中央的分离态势，“在北京，各国皆为满洲的保护者；在地方上却极力同秘密帮会勾结……以北京为外交的角逐之地，以秘密帮会为万一的退身之所”。[31]李鸿章假作兴趣，仍以刘学询为代表接触孙，希望诱捕他，又想借助他刺杀康有为。这位两广总督最终放弃了暧昧，响应了太后的召唤，肩负起北上谈判重任。7月18日，李途经香港会见卜力，再度强调即使慈禧太后做了一些愚不可及的事，她仍是中国最有能力的统治者。在与梁启超的会面中，孙文或许压抑了不满，“心中对南方之事似早已感到绝望，想亲自在中央地方掀起波澜”[32]，甚至对康有为的看法也发生改变，“康有为一派也应重视，暗中联络”[33]。

梁启超离开东京，去向引发种种猜测。“流亡清国人梁启超、张昶云二人乘火车于当日（8月16日）晚七时五十七分到达三宫站，投宿于阪神荣町四丁目前田旅店，今明两日中将等待客船回国”，兵库县知事记下。三天后，神奈川县知事又汇报说，“关于流亡清国人梁启超的动向，据旅居横滨并和梁持共同主义的一二人向某人透露，梁此次突然去神户是要由神户乘船回国，召开保皇会会员的集会，意图在广东、广西、湖南、湖北一带举义兵。又及，有支那人对此消息表示，梁冒险回国之事子虚乌有，梁由神户出发的目的地可能是香港或新加坡”。[34]8月20日，长崎县知事则报告说，梁与张“乘坐的由神户港出航的法国邮轮‘艺术家西蒙斯号’停泊本港”，二人为掩饰身份，没用中文名也没用日本名字，而用英文登记了“葡萄牙人，莱恩、哈鲁斯托”，张在停泊期间“曾上岸到大浦的支那商店买了一件棉毛衫并立即返回船舱，除此之外无异常情况”。当天下午 1 点，邮轮驶出长崎港，前往上海。[35]

8 月 22 日中午，西蒙斯号抵达上海。两年来，梁启超第一次踏上中国土地。作为一个头颅值 10 万两的在逃犯，这是个过分大胆的举动，筹款不力已令他负疚，不去现场行动会更感惭愧。或许，他也对自己的能力有种特别的自信，认为亲到现场将有助于整个计划的顺利进行。北京已陷入全然混乱。8 月 14 日，八国联军攻入北京城。次日凌晨，慈禧携光绪从西华门逃走，改换仆人服饰，发不及簪，仓皇离去。面对子弹，义和团的神力消失了，“外乡之人，连夜逃遁，在京之人，改装易服。一日一夜之间，数十万团民踪迹全无”。京城民谣也象征了变化，二月时，“芝麻酱，下白糖，鬼子就怕董福祥”，如今变成“芝麻酱，下白糖，鬼子最恨董福祥”。[36]这是自立军起义的最佳时机。起义时间却一推再推，组织不力、军饷不足的问题皆暴露无遗。8 月 11 日，因为通信阻滞，在安徽大通的秦力山没有得到延迟起义的通知，率先举事，短暂的胜利后，起义军迅速被清兵击溃，他侥幸逃脱，藏身上海。

登上码头的梁启超定感慨万千，正是在这个城市，他获得最初的声名，享受到成功的滋味，如今则沦为通缉犯。他没有闲情怀念过往，匆匆入住东和洋行，这是上海声誉卓著的日本旅馆，更因金玉均的遇刺闻名国际，这位朝鲜流亡者象征了东亚维新者的不幸命运。同志以及一个悲剧性的消息，正等着梁启超。他横渡东海时，汉口泉陆巷一位剃头匠向都司举报了一群大谈造反之事的可疑之人，张之洞派兵围捕英租界的李顺德堂与宝顺里自立军机关部，搜查轮船码头等处，唐才常、林圭等 30 多人被捕。这是推迟已久的抓捕。张之洞早已听闻唐才常密谋的消息，后者曾公然说，若张之洞不加入勤王计划，也要杀他的头。张之洞暂时容忍了这位昔日学生的张狂，一直观望北京的变化。8 月 22 日，慈禧安全逃至山西，列强的态度也已明确，“南方有所谓大刀会、哥老会、维新党诸种，皆与北方团匪相仿佛，有为乱者，即速擒捕，敝国决不保护”。[37] 张之洞随即照会租界各国领事，宣布抓捕。在李顺德堂，官兵搜出后膛枪数十支，军火数箱，及印信、旗帜、信函、册籍。其印文曰“中国国会分会驻汉之印”，刚从上海返回汉口的唐才常被逮个正着，在他身上搜出号令稿，“焚毁各衙门，占夺枪炮厂，劫掠军库，占据城池，焚毁三日，封刀安民，派将固守，再筹征进”，还搜出甚多富有票，横书“富有”，直书“凭票发足典钱一串文”，前有编号，后有年月，册籍题名者 1800 多人。

唐才常坦然地接受了命运，“事既泄，有死而已，毋庸捆缚，当与尔偕往”。[38] 被押解过江时，官兵用枪口对着他们，唐神色自若，看见对岸有两处起火，以为党人已有接应，仰视天空说，“好星光啊”。[39] 在营务处接受审讯时，唐坦言，“因中国时事日坏，故效日本覆幕举动，以保皇上复权。今既败露，有死而已”。[40] 据说周围群呼速杀。在另一则传说中，郑孝胥被派去审讯，唐才常说郑当年也承蒙皇帝召见，会理解自己，“我们的举动，张之洞以为是造反，实际是讨贼。讨的那一个？就是那拉氏。她不但是我们中国的罪人，也是满清列祖列宗的罪人。戊戌年造许多罪恶，危害国家，难道张之洞还不明白吗？”一席话后，满堂无声，郑孝胥把手一摆，让唐坐下，“唐先生你的话很对，我先是你们的同志，若说你罪人，我亦不免有罪人的嫌疑了；我今天没有审问你的资格，我现在只有陈明总督，声请回避”，说罢退堂。[41] 这浪漫化的描述未能阻止死亡，次日夜二更后，唐才常、林圭等在武昌的滋阳湖畔遇害。唐才常在狱中壁上题诗曰，“剩好头颅酬死友，无真面目见群魔”[42]，诉说为谭嗣同未遂的复仇。唐也对昔日老师张之洞不无怨恨，“恨公不足望张柬之，徒成曲学耳”[43]。但张之洞对于处决没有任何迟疑。

8 月 22 日晚，井上雅二见到了正焦急等待消息的梁启超，后者已派遣秦力山前往汉口打探消息。24 岁的井上精通汉文，入读东京专门学校时即与罗普、徐勤相熟。1898 年夏天，当他作为东亚会干事前往北京时，恰赶上戏剧一刻，他协助王照逃离，并曾在大岛号上会见梁启超。如今，他任职于东亚同文会的上海支部，参与经营《同文沪报》。“傍晚，唐才常的弟弟来，请求我去东和洋行……进了楼上一个房间，不料见到梁启超及另外几个人，都穿着西装。”井上在日记中写道。唐才常的弟弟唐才质亦是梁启超的学生，他们已知道唐才常起义失败，仍希望能挽救他的生命。梁启超请求井上雅二给近卫笃麿发电报营救。井上与宗方小太郎商议后，致电佐佐友房与片冈谦吉，请他们动用伊藤博文的影响力。电文说："维新党人唐才常以及二十九人，以煽动民众的嫌疑，昨夜在汉口被捕。如果他们被杀，长江一带将难免骚乱，望立刻与伊藤商量，给张之洞打电，以求营救。"井上建议梁让陶森甲也参与，此人深得张之洞信任。45岁的陶曾被派驻德俄两国，并参与台湾剿办番社案，与日本政府、民间两层势力皆有渊源，刘坤一、张之洞皆以他为对日联络人，在刚刚进行的"东南互保"交涉中，他也是官方参与人之一。他还以个人身份加入中国议会，与维新人士交往密切。在某种程度上，他就是那个错综复杂的力量、瞬息万变的时刻的象征人物之一。当晚，陶会见了日本驻上海领事小田切万寿之助，请他发电张之洞营救。小田切认定，要先询问唐才常等被捕理由，若只是因为他们是康有为派的人而被捕的话，或许能解救，如果勤王计划为张之洞所知，恐怕就没有办法。[44]

当晚10点半，井上回到东和洋行，将小田切的话告知梁，梁感到营救注定徒劳。他说，哥老会、三合会与康有为一派早有联络，且与大通事件有关。如果唐死去，这对长江一带的活动非常不利，之前，陈宝箴的突然去世已带来挫败。梁告诉井上，他原本想投入长江一带的活动，一下船却听到这噩耗，他想等待汉口的消息，再决定去向。他可能前往两广，唐景崧正在那里等着他，孙文也可能加入这场行动。

梁确信，这两派必定要合作，为孙“有能力而无同志感到可惜”。[45]

8 月 23 日，井上再去拜会梁启超时，发现丁惠康等也在座，不一会儿，赵仲宣赶来，带来汉口的新消息，说昨天被捕的人中已有两人被杀，姓名不知，这增加了焦灼。晚上 10 点，井上收到汉报馆的消息，日本人甲斐靖被释放，唐才常已被处决。他们还不清楚，被处决的是几个人，还是全部的 30 人，若是后者，“那张就是下决心的了”。与唐才常交往密切的井上“甚感悲哀”，将之与幕末时代井伊直弼对志士的处决相类比，“但愿唐的同志们能完成唐的事业，这也足以安慰亡灵”。他带着电报，前去找梁启超，另一位志士狄楚青也在座，“大家叹息不止而无言可对”，昨日的种种营救努力化作泡影。临别时，井上写下“每经一难一倍来”，梁表示同意。[46]

这劫难比想象的更大。一场捕杀在两湖进行，汉口铁政局的 200 多名护卫军被怀疑与起事相关，约百人被处决。湖南在巡抚俞廉三的主持下，牵连者也达到百人。岳州官兵在叶世彪家中搜出“黄绫尖角旗一面，上书伪诏康梁通饬各章条款”，又收到密报，“新堤红匪蜂聚二三千人，定于今晚或明日，先抢宝塔洲厘局……乘虚即劫军火局，斗杀文武衙门，将当铺各店抢掠”。[47] 8 月 24 日，张之洞致电盛宣怀、刘坤一等，“富有票会匪谋在汉口作乱，定期廿八日起事，发觉擒获二十余人，渠魁三人：唐才常、林圭即林述唐、向联生，皆擒获，供认不讳”，抓捕在继续，“余匪分路查缉……湘、鄂两省已派水陆数营会剿，当可扑灭”，他担心，“富有票匪甚多，两湖及沿江各省皆有，文人不少，确凿可信”，“人数虽众，军火尚缺，注意首在劫军械。多请分路严速防范查拿为要”。[48] 唐才常的另一个弟弟唐才中也被捕，在随后的审讯中，他坦承了一切。证词也表明了起义者们的幼稚，唐才常对各国领事投机式的支持信以为真，“胞兄在上海，英、美、日三国领事均极情密。上海英国领事以胞兄在上海倡立国会，总嫌太空，毫无实际，要胞兄须在中国不拘何处，占一地方，以作根据。如得有地方，他们各国均允派兵一万前来保护。日本国亦允派人来充教习，以三个月即可练成精兵”，而且井上雅二、田野橘次、平山周、小田切“均与胞兄极为投契”。[49]

对于这次上海之行，梁启超没留下只言片语。狄楚青则留下了简短的回忆，细节生动，却与井上雅二的有些出入。他说，梁启超住在虹口丰阳馆，而非东和洋行，梁不喜欢旅馆内的日本料理，狄的家人日日送小菜给他佐餐。在梁抵达第三日，陈冷来访，谈了两小时，这是他们初次见面，四年后，陈将帮助他在上海创办《时报》。吴禄贞则多次来访，他也曾奉命前往湖北营救，但为时已晚。不过十六七岁的吴，给梁启超留下了深刻印象。[50]

想必，梁在上海的时间大多是在旅馆中度过的，等待消息、会晤各方的访客。不仅维新派们乱作一团，地方大员们也彷徨无措，太后与皇帝更是狼狈不堪。来自宫廷的催促谕电一封接一封，李鸿章仍以病推脱，滞留上海，等待一个更明朗的前景。

六天后，梁启超终于承认“汉口失败，无可补救”，离开上海。自杀的念头也在头脑中盘旋一时，他羞愧于未能及时筹集资金，致使起义失败，令故友与学生命丧。带着悲愤与沮丧，他抵达香港，在拜会港督卜力时，他提及合作占领广东计划，因为“民心非上位所能压”。[51] 自立军失败了，整个勤王计划尚未完全崩溃。事实上，康有为仍将中心置于广东、广西。海外筹集的 30 万元，长江方面只分到 4 万，其中 3 万还是邱菽园直接赠给唐才常的。[52] 卜力定被李鸿章弄得心灰意冷，也对这群造反者缺乏信任，忙警告“尔等切勿起事”。[53] 对于梁启超的计划，保皇会香港同志想必也缺乏热忱，一种新的恐惧正袭来。从搜捕汉口、岳州到搜捕长沙、上海，对于自立军网络的追查不断扩大。“七尺微躯酬故友，一腔热血溅荒丘”，唐才常的临难诗传遍大江南北，他的鲜血却证明了与谭嗣同的兄弟之情，其英雄形象似乎更衬托出康梁的怯懦。而保皇会成员则担心抓捕浪潮蔓延到港，以至于康有为写信安慰他们，“港督于党人断无听中国官捕拿之理……按公法以国事犯例当保护，最大亦不过令之出境”，还令女儿康同薇拜会港督夫人，“说唐烈士之冤，言我新党与伪政府拳匪为仇，断无害西人之理”。[54]

离港后，梁启超前往新加坡，亟须与老师商讨未来。他抵达时，康有为已离去。7 月 26 日，出于安全考虑，康被秘密转移到马来亚的丹将敦岛，接着又在海峡殖民地总督的陪同下前往槟城。在新加坡，康有为度过了一段过分焦灼的时光。尽管他隐居恒春园，刺杀的忧虑却从未在心中散去。殖民地政府放出各种假消息，说他已经离境。还有一次纯然的乌龙事件，试图联络他的宫崎滔天也被视作刺客，孙文亲自到来才解救了他。殖民地总督对于孙显然缺乏同情，因为“作为一个爱国的中国人，正当中国面临外国入侵的时刻，煽起新的骚乱是不明智的”，禁止他五年内入境。[55]这也使保皇派与革命派的裂痕更难弥合。

也是坐镇新加坡时，康门师徒在文字与行动间的差距充分显露出来。在给弟子的信中，康有为掩饰不住气急败坏，“今日办事，非读书时可比”[56]，“办事与论学不同。汝等落吾卷，尚可他年再考，今若落吾卷，无再考之日”[57]。除去加剧他们的紧张，这些信件并没有带来特别的启示。有好几次，他想回国领导起义又作罢，“顷思还港，省城必震动有碍，故暂缓行”[58]，“然广东有事须办，恐我还而惊动更难，然亦不可不预备还港，宁愿我迟还、不还，不可不问定”[59]。他的声誉仍不断提升。一个日本媒体将之与彼得大帝、华盛顿、格兰特总统、大隈重信等一起列为古今世界十杰[60]，他自己特写下“光照古今图十杰，小生惭愧附于斯”。名声不能掩盖失败，比起梁启超的自责，他总将失败归咎于他人，他怪弟子的无能，将失败推诿给汪康年，甚至写了一封长信去骂张之洞。

梁启超没有见到老师，却见到邱菽园与林文庆。他与邱菽园诗词唱和，留下了“莽莽欧风卷亚雨，棱棱侠魄裹儒魂。田横迹循心逾壮，温雪神交道已存”，“王气欲沉山鬼啸，女权无限井蛙尊。瀛台一掬维新泪，愁向斜阳望国门”。[61]他也定与林文庆讨论了《戊戌政变记》的英译计划，期望引发更多的西方关注，一年后，它以《中国内部的危机》(*The Chinese Crisis from Within*)为名出版。林借鉴了梁启超的主要叙述与论点，构建了一个以康有为为线索的维新运动，将慈禧与光绪视作黑白两端，佐以种种道听途说的宫廷内幕。书的最后部分聚焦于中国与欧洲的关系，这是来自林文庆本人的洞见。他批评西方没有全力支持维新者，才导致了义和团带来的灾难，尤其把矛头指向英国公使窦纳乐，窦不理解康有为的改革、支持保守派。他追溯了总理衙门的历史，相信眼前中国与欧洲的困境，是由于保守派官员当权。他呼吁列强帮助光绪皇帝重新掌权，认为正是慈禧的统治导致了血腥的动荡，光绪可能带来一个和平、繁荣的局面，对于外国的商人与传教士皆大有好处。他也为中国作出某种辩护，正是西方的傲慢与不公导致中国的仇外。他建议仍在北京的联军抓住这一机会，推翻慈禧太后的统治，创造一个新政权。他也将中国的危机放于全球版图中来看待，如果中国无法得到新生，远东甚至整个世界也无法得到和平。他的双重教育背景，令这段论述尤富说服力。

想必他们也一起检讨了勤王计划，这巨大失败的冲击刚刚显露出来。紧接着，梁启超前往槟城拜会老师。这里的时光对于康有为来说悠闲又烦躁，让他想念家乡，“飘风吹我铁桥立，疑在罗浮白鹤时”。[62]故国事变则令他忧心忡忡，直到 8 月 12 日，他还准备返回香港。梁启超的到来，定给他带来极大的缓解。这对师徒已一年半未见，信纸上的斥责、争辩，在面对面时定化作了师徒情深。他们也要一起消化这惨痛的失败，这场策划如此之久、卷入如此多人力和财力的行动，以如此草率的方式结束。他们不仅辜负死者，也辜负了那些隐隐期待的全球华侨。

槟城的风光不知能否缓解这种愧疚。近四十年后，另一位中国文人郁达夫至此，被这个“沉静、安闲、整齐、舒适的小岛”迷住了，在海边长堤上散步时，“更时时有美人在梦里呼吸似的气嘘吹来，这不是微风，这简直是百花仙子吹着嘴，向你一口一口吹出来的香气”。[63]梁启超定没有这样的闲情，他决定前往澳大利亚，或许它仍酝酿着某种机会。

第十三章　新金山

一

1900 年 10 月 7 日，梁启超在槟城登船。这是一趟意外的旅程。“澳洲一隅，或可大获义助”，梁在 4 月初还曾劝康有为从新加坡前往澳大利亚。[1] 后者是英属殖民地，又无清朝领事官员干扰，更易创立保皇会。

旅途并不顺利，四天后船抵科伦坡时，他将搭乘的轮班仍被困在苏伊士运河。在这个到处是乌鸦与芒果树的港口，他度过了六天。所幸，罗昌陪伴着他，这位 17 岁的圆脸少年，生于夏威夷的一个富裕华人之家，原本随梁前往日本读书，中英文俱佳使他成为随行秘书的最佳人选。日后，他将成为著名的外交家与法学家，迎娶康同璧，他们的儿子罗荣邦将成为康有为研究的奠基人之一。在科伦坡，他们发现这里曾有一个小小的华人社区，一家商铺、十多位华人，贸易颇为繁盛。义和团的影响波及此地，在当地人笑骂下，华人都已返国。“政事不修，横挑强邻，使我旅外商民不能安其业”，罗昌在日记中感慨。[2] 多亏这本日记，我们对于梁启超的澳大利亚之行有了更多的了解。

梁启超或许会感慨大英帝国无处不在的影响力，从香港、新加坡、槟城到科伦坡，米字旗四处飘扬，将浩瀚的洋面变成一个内陆湖。或许他也会感慨中国错过了机会，法显、郑和的船队都更早抵达这些港口，广东、福建人一直在南海与印度洋飘荡，却没留下更持久的遗产。这令他困惑，往往几个英国冒险者就开拓了疆域，成为新的统治者，更早到来、人数更多的中国人却处于边缘。

他未意识到，直到19世纪初，中国在这片海域都扮演着显著的角色，这力量不是来自冒险家、殖民者，而是来自庞大的市场，“从18世纪到20世纪头十年，中国的需求以及欧洲人满足这种需求的欲望，已经将太平洋变成了世界的餐柜。中国的生态足迹从东南亚不断向更广阔的太平洋地区延伸”。[3] 海参是餐柜中最重要的食品，中国食客相信它不仅营养丰富，还能壮阳。海参需要风干运输，捕获者砍伐大量树木来烘烤，这催生了檀香木贸易，檀香木制的家具、香薰等备受广州客户青睐。这种树木在太平洋岛屿茂盛一时。在南太平洋前往广州港的货船上，海参与檀香木并列。[4] 1880年代，还是一名医学院学生的莫理循就在旅行日记中写道：

“这个广东船长是船员中唯一的一位真懂得航船的人，其余十二个中国人及若干别国人只帮着熏制海参。”[5] 19世纪中叶起，华人劳工、商人变成了这片海域的常客，澳大利亚的金矿吸引他们的到来。

10月16日，梁启超在科伦坡登船，随即领略印度洋的暴虐，客轮在飓风中颠簸了四个昼夜。10月25日，他们终于抵达弗里曼特尔，西澳大利亚自治地的主要港口，天鹅河的入海口。“鲍君炽、宋君广、陈君霞、李君殿洪、黄君藉、李君寿田等十余人来迎于海滨”，罗昌写道。[6] 他们皆是当地华人社会的翘楚，鲍是一位长老会牧师，精通英文，口才极佳，专程从悉尼赶来，陈霞、李殿洪是华利号（Warley）的司理，这是本市最大的商铺之一，陈霞日后还将以永安百货的创始人闻名。

悉尼保皇会已电报通知梁的抵达。他们邀请康会长未遂，如今迎来了与康齐名、或许更有名的梁副会长。梁原计划在港口稍作停留，继续随船前往悉尼。本地华人的热情留住了他，“乡人咸集，握手欢极”。[7] 在海上漂泊了多日、背着起义失败重负的梁启超，也在久违的热忱中倍感轻松。此地离悉尼甚远，归途时也未必经过，他决定稍作停留。

10月25日当晚，他参与了华利号的宴会，入住阿士盘旅馆（Esplanade Hotel），“左望海、右望湖，风景绝佳，点缀精雅”。鲍炽陪同他入住，他们相谈甚欢，三年后，鲍还将陪同他访问北美。翌日，梁乘火车前往珀斯，它是西澳首府及最大的城市，距弗里曼特尔约 20 公里。在澳大利亚六个殖民区中，西澳最年轻、面积最为辽阔。弗里曼特尔最古老的建筑“园房”，恰当不过地象征了这个国家的起源，它是一座石灰岩建造的监狱，澳大利亚正因流放囚徒而起。10 月 27 日晚，梁启超在长老会会堂发表演讲，几百位华人参与。珀斯大约有华人六七百，加上弗里曼特尔附近几地，共有约千名华人。在演讲中，梁定把慈禧恶毒、光绪英明的故事再度表演一遍，令现场激动非凡，“同人咸激爱国之心。知皇上因救民而蒙难。莫不淬厉奋发，思拯国危。书名入会者踊跃争先”。西澳保皇会随后成立。[8]

10 月 29 日晚，梁入住华侨宋广（Paul Soong Quong）家，比起酒店，它更方便招待拜访者，人人都想见一下这位大人物。邀请随之而来，新会同乡邝亮邀请他前往杰拉尔顿，此地与珀斯相距 500 公里之遥，梁被乡情与诚挚打动，“喜而诺之”，鲍炽陪他前往。他们于 31 日清晨出发，半夜 12 点半才抵达，入住杰拉尔顿旅馆。次日，他在长老会演讲，当地 30 余名华人悉数到来。对于挣扎于日常生计的他们，这实在是个非凡的时刻，演讲后邝亮倡议创办本地保皇会，“在座之人无一不入会者，人心之齐一实可敬叹”。[9]

11 月 2 日，梁启超返回珀斯，翌日又在大会堂发表演说，“入会者踊跃有加”。11 月 4 日傍晚，保皇会在大会堂为他专设茶会，几百位中西人士列席，西澳总督亲自主持。在介绍了梁启超的行程与主张后，总督请梁演讲，鲍炽现场翻译为英文，“中西人士咸倾听，擗掌赞叹”。随后，宋广以西澳保皇会的名义向梁启超赠送宝星勋章，并请总督代赠以示郑重。当晚，梁启超返回弗里曼特尔，继续旅程。11 月 5 日晚 8 点，梁一行登船，20 多位华人海滨相送。五天后，梁启超抵达阿德莱德，南澳大利亚第一都会，热情的迎接者们再度打破前往悉尼的计划。船未到岸，叶寿华等一众华人以及南澳议员即上船迎接。总督还备了车马与火车票，参观该市后的梁可直接乘火车前往东部。在从码头到市中心的火车上，一位英报记者随行，“一路问讯”，而叶寿华“周旋一切，备极殷勤”。11 月 12 日，梁见到南澳司法大臣，后者 1898 年夏天恰好在北京，对于梁的情况颇有了解。翌日，本市市民公会长官设宴招待他。南澳总督恰好出巡，委派秘书欢迎。梁参观了议院，发现全澳六个殖民区，唯独此地的女性有选举权。[10]

11 月 13 日下午 4 点，梁启超一行登上火车，前往维多利亚殖民区。[11] 澳大利亚的疆域定让他震撼不已，整整 18 个小时后才抵达墨尔本。原本，它只是一个名为 Bearbrass 的不起眼小镇，1847 年，维多利亚从新南威尔士分离为一个独立殖民区后，它成为首府，更名为墨尔本。1851 年，本地发现金矿的消息传了出去，这个沉睡小城被唤醒。这也是一个压抑已久的消息，早在 1839 年，一位波兰裔博物学家就在澳大利亚东南部的农场发现金矿样本，新南威尔士总督却从中看到危险，警告他保守秘密，“如果宣布殖民地是黄金地带，那么要维持殖民地的社会秩序就不可能了，这里住着

45000名流放犯”。两年后，一位业余地质学家又将新的金矿样本送到他手中时，总督的反应更为强烈，“把它拿走……否则我们俩的喉管都会被割断”。加州的淘金热改变了现状。一位名叫爱德华·哈格雷夫斯（Edward Hargraves）的澳大利亚人发现北加州地质与家乡如此相似，1851年回乡后，他找到了金子。狂热的淘金者发现更丰富的金矿在维多利亚，距墨尔本约110公里的巴拉瑞特是最佳采集地之一。维多利亚总督即刻陷入忧虑，他看到了一个荒芜的前景，墨尔本、吉朗等市，“许多男性居民都已经消失了……棉花田荒芜了，房间都被出租了，商业停顿，甚至连学校也关门了”。[12] 历史立刻证明总督的多虑。人们从世界各地涌来，1852—1861年，澳大利亚的总人口从35万上升到115万，维多利亚尤为夸张，从7万增加到近54万。短短几年中，墨尔本“从一个由茅屋、帐篷和泥泞地堆成的东倒西歪的小村庄，发展成一座城市，石头建筑、豪华宾馆、大马路、瓦斯灯和郊区铁路像雨后春笋一样冒出来……”[13]

中国人也是这股浪潮的一部分。1851年，25岁的雷亚妹将淘金的消息告诉了新宁同乡。雷曾在新加坡做木工，被一位英国军官雇佣来墨尔本修建房屋。精明的他随即创办了自己的商店，通过向淘金客出售物资致富。他动员同乡到来，组建了一支拥有六艘船的船队运送他们。涌来的中国淘金客中，新宁、新会、开平、恩平人尤其多，它们被称作四邑，相比于佛山、南海、顺德组成的三邑，四邑更为贫困，也更粗野些。华南地区的官吏腐败，以及普遍的社会动荡、暴力趋势——太平天国起义、广府人与客家人的械斗——皆令家乡的生存环境日渐紧张。

远方的金子激发无穷想象。“汝女勿嫁大学者，独守空房难出头。汝女勿嫁面包师，三载六月与妻休。汝女勿嫁贱地农，粪肥味臭使人愁。汝女应嫁金山客，船到家门财亦有”，这样的民谣广为传唱。[14] 雷亚妹这样的先驱还发明了赊欠船票制（Credit Ticket System）来帮助劳工，招工代理人为他们垫付船票，后者以工资偿还即可，当然它有高昂利息。华人淘金者也以朴素的方式命名这个城市，更早发现金矿的圣弗朗西斯科是旧金山，墨尔本就是新金山。他们是与众不同的淘金者，有着独特的发型、服装、生活习惯，一位白人记者发现，“在南澳登陆而来的华人带着鸭子，他们居然提着鸭子。切好的、腌制好的鸭子，储存在装满油的罐子里。他们还带着自己酿的酒，那种足以让人醉倒而不是提神的酒”。[15]

走下站台的梁启超即刻感受到了墨尔本的热忱。50 多位华人在站台相迎。四天前，他就收到了四邑会馆的邀请电报，这座建于 1854 年的会馆宣称，“联合四邑梓友以维持日益增进文明及办理一切慈善事业为宗旨”。[16] 它也象征了华人在墨尔本的演化，1863 年，它在南墨尔本绿宝石山兴建了一座规模宏大的会所，其中还有一座小型关帝庙。

墨尔本火车站一时喧闹不已，“中西人士观者如堵墙焉”。[17]欢迎者们不是昔日的淘金者，而是成功的商人、会馆董事。淘金潮在1870年代结束，华人社区仍不断壮大，以小伯克街（Little Bourke St.）为中心，这是澳大利亚第一个唐人街，墨尔本与周边的华人大约2200人。欢迎者在酒店设宴招待梁启超一行，黄植卿致欢迎辞，梁起身感谢，众人举杯，他与每一位握手，询问他们的姓名。他还在人群中意外地发现了姑丈谭烈成，谭特意从巴拉瑞特赶来欢迎这位外甥，当晚“乡人请其陪先生同寓”。[18]从茶坑村到海外生活的艰辛，他们定有无尽的话要说，对于梁，这多少算是对过分颠簸生活的慰藉。

他忙碌不堪。10月15日上午，他拜访华人商铺，下午赴冈州会馆宴请，当晚又往戒酒协会，面对1200多人发表演说，张卓鸿牧师是当晚主席。翌日中午，他出席本地商人谭英才的家宴，下午参观消防队，晚上奔赴同昌号宴请。10月17日，他又在张卓鸿、黄植卿的陪伴下，拜访维多利亚总督、参观博物馆。当晚赴新宁、开平两邑乡人宴请。墨尔本保皇会在当晚宴会后成立，公举了总理、值理数人。[19]

10月18日白天，他稍作休息，夜晚再度前往戒酒协会演说。这是一场精心准备的聚会，墨尔本及附近市镇华人纷纷前来，座无虚席，有2000人之多。第二天，他参观铁路工厂，“厂中司理导游厂内各局，备极殷勤”，当晚又在戒酒协会演说，“听众之盛如前”。10月20日，他仍过度繁忙，游览了动物园、水族馆、博物馆，又前往梁氏宗亲会，晚11

点前往当地报馆参观机器房，被其规模与效率惊叹，“此报馆每日印发十二万张，馆中机器值银三百二十万元，馆员共有三百余人云”。[20]

10月21日，四邑会馆再度宴请梁启超。令他欣喜的是，各值理开捐保皇会会份，当晚共募集700余镑。两天后，他应姑丈邀请前往巴拉瑞特。[21]这个距墨尔本约110公里的城市，位于大分水岭余脉的南麓，名字意为“自然的胳膊肘”。这个胳膊肘是林区与草原的交接地，水源与食物皆充足，河床层叠汇聚，浅表金矿土肥厚，立刻成为淘金者的乐园。淘金热的高潮时刻，“通往巴拉瑞特的小路上挤挤挨挨行进着牛车、马车、驴车、狗和羊，还有手推车”。[22]下午3点，梁启超一行抵达巴拉瑞特车站，几十位中国人与白人“鹄立于车驿恭迎”。梁与他们一一握手，乘坐马车前往东市政厅，巴拉瑞特东市市长设宴招待，他先称颂梁启超，众人齐声赞扬、举杯，梁起身致辞。之后，西市市长又引领梁前往西市的市政厅，做同样的欢迎。在梁下榻的酒店，华人代表宴请中西人士，议长也受邀担任主席，与梁启超等人先后致辞。散席后，意犹未尽的乡人又在邓祖牧师的教堂宴请。当夜，梁启超又在一座教堂演说，数百人列席。他先谈论中国国事，特意赶来的悉尼保皇会总理刘汝兴（Thomas Yee Hing Lau）继而描述悉尼保皇会情形，建议速开保皇会；接着，谭英才讲述墨尔本成立保皇会的经过以及捐助者的名字，在座的听众“咸肃听感激”。会后，梁启超又前往姑丈家晚餐，夜半时才回酒店休息。[23]

翌日行程同样紧张。人们或许并不了解梁启超做了什么、在思考什么，却都期望见见这位闻名世界的年轻同乡。他先赴黄保世家宴，接着前往矿物学堂参观，又往织布局，然后游览公园。他本想参观金矿，体会一下淘金者的艰辛，惜日暮未遂。[24]作为迟来、经常被白人歧视的淘金者，这些广东人发展出一种精雕细琢的淘金法，“他们不挖矿坑，只是单单把矿土拿来淘洗”，“一两百人一遍又一遍地挖砂淘洗……他们甚至清扫矿镇尚未修成的街道土路，洗洗也能发现点东西”。[25]傍晚，梁拜访各商铺，在黄丽泉家晚餐，席间同人提及获得百镑左右的募款，之后他又前往一家教堂演说，仍听者如云。[26]

回到墨尔本后，他在市政厅做了一场演讲，说明了保皇会的改革主张，列有六条改革建议：设立皇家书信馆，广开新闻纸馆；各人自有独立之权；免除厘金；设巡捕署，筑铁车路，开五金各矿，考究农业；审案规制务要更改；设议院，选各国有才能者充当其职。[27]为了便于听众理解，保皇会成员现场发放小册子。“一个典型的南方中国的士大夫的模样，中等身高，消瘦，穿欧式服装，礼貌、令人愉悦”，《南澳大利亚记事报》（*South Australian Register*）对梁评价道。[28]《阿格斯报》（*Argus*）则说，他有非常敏锐的面孔，讲话风格“安静却有效”，他对中国的听众有着出奇的吸引力。[29]

二

在梁启超发表演讲时，悉尼代表刘汝兴与欧阳万庆一直在现场。他们专程赶到墨尔本迎接他。悉尼是梁这趟旅程的缘起。年初，澳大利亚首家保皇会新南威尔士保皇会，在悉尼乔治街（George St.）166号成立。当晚的赴会者约100人，集股达2000余份，每份收银4元，有会员购买1份、10份，也有人购买100份。“康君有为游历海外倡设保皇会，盖欲救光绪大皇帝复登大宝，变法自强”，《东华新报》随后报道说，在接到温哥华的保皇总会谕、美国保皇会信函章程及催促函后，“本埠华人商民……在东华新报馆楼上集议”。[30]

东华新报馆是这个新组织背后的驱动力。创刊于1898年的《东华新报》每周三、周六出版。最初，它以《广益华报》的竞争者面貌出现。后者更早四年创刊，是澳大利亚第一份全国性中文报纸，每周发行一期，每期八版，逐渐发展出800多订户，读者从澳大利亚扩展至太平洋诸岛。它主要集中于商务，第一版刊登外国及华人商行、轮船公司等广告。它是华人社区成熟的另一个标志，超越地方与亲族形成更广泛的中国人意识。比起《广益华报》，《东华新报》则象征了华商群体对于公共生活更广泛的参与。《广益华报》由华人孙俊臣（John Son）及两名澳大利亚人创办，《东华新报》则吸引了更多华人参与，以合股公司的方式募集1000镑，分为4000股，安昌商行的刘汝兴购买300股，成为最大的

悉尼乔治街，1902 年

股东。[31]《东华新报》的新闻更为广泛。比如一个澳大利亚的父亲殴打儿子被判监禁六个月的案件，不解的编辑感慨“父虽不慈，为子者不可不孝”；维多利亚两名年轻人开枪打伤妻子的父亲，致其死亡，被判无罪，而这种案件的罪犯在中国要判处凌迟，主笔感觉不解之余，更觉得西方年轻人没读过《礼记》，不懂孝道。[32]它也把家乡的消息带来，刊登广东科举考试的提名，增城的械斗，南海、番禺官员禁止舞狮舞龙的告示，转载香港、澳门、日本、新加坡、夏威夷的新闻。它的广告则依赖日渐兴起的华人商业，比如永生果栏有限公司的广告上，店号是一座三层楼房，门口停着两辆马车，车上堆着写有“Wing Sang & Co.”的果菜箱。1899 年 7 月，

《东华新报》刊载“华人园会”的倡议，追溯咸丰初年至今，表彰华人在蔬果种植方面的成就远胜西人。这两份报纸也是一个迅速繁荣的华人社区的象征。1870 年初，中国人开始大规模迁入悉尼，人数从 1871 年的 336 人增长到 1891 年的 3499 人，超过墨尔本的 2143 人。悉尼也是中国人进入澳大利亚的主要港口，1878—1888 年，28810 个中国人通过它到来，12690 个通过它离开。[33] 在坎贝尔街（Campbell St.）、古尔本街（Goulburn St.）与韦克斯福德街（Wexford St.）之间，孕育出一个日渐活跃的唐人街。[34]

华人给予这个城市一个充满滋味的名字——雪梨。除去谐音，或许也与兴盛的水果、蔬菜贸易相关。当金矿开始枯竭，这些来自珠三角的农人施展其精耕细作的本领，将之变成蔬菜、水果种植园，满足当地人的维生素需求。华人菜农被称作约翰中国佬（John Chinaman），有着独特风格，“他们停下来聊天，眺望着蓝天和远处的景色，悠闲着叼着烟斗抽几口烟，首先要向手心吐唾沫，然后再干”。华人的灵活性随处可见，最初他们做箱子，向国内运送金条，金矿衰落后，他们转向家具业，脸盆架、梳妆台、抽斗柜，仿造能力与勤劳使他们极具竞争力。[35]

《东华新报》也展示了华人政治意识的觉醒。它创刊于百日维新期间，编辑自觉地将自己与中国政治联系起来，刊出《论议院之善》《振兴中国论》这样的文章，它追随着流亡后的康梁，不断转载《清议报》。温哥华成立保皇会后，

《东华新报》不仅全文刊登章程，且以“雪梨合埠华民”的名义发表公启，号召全澳华人“同力度德，和衷共济”。主笔郑禄在文章中说，“若人人能合大群，结团体，合身为国，若康有为、梁启超诸君子”，国家就有希望。[36]康有为将悉尼视作全球网络的重要一环，笼络当地华人领袖。“光达仁兄足下，闻盛名义久矣。自新金山归者莫不言仁兄豪杰义侠，是以夙夜侧慕无已也”，1899年10月11日，《东华新报》刊登康有为致梅光达的信件，讲述保皇会计划，“海外同胞国人五百万，岂无忠君爱国之杰，天应留之以救中国……若联络各埠，互相通识，合大会以救中国尤尚可为。若能合大会收银行轮船之权，上以保皇上，下以保商民，中国种尚有望也”。[37]

1850年，梅光达生于广东新宁，9岁随叔父来到悉尼，在一家杂货店帮工。他是个聪颖、幸运的孩子，店主赏识他，还教了他一口苏格兰口音的英文。他赢得一位叫艾丽丝·辛普森（Alice Simpson）的苏格兰太太的欣赏，她的丈夫曾出任爱奥尼亚群岛的总督，如今是猎人谷的裁判司，拥有大片土地与矿山。辛普森家将他培养成了一个苏格兰绅士，穿格子短裙，唱苏格兰民谣，且是狂热的板球爱好者。作为辛普森与200多名华人矿工的沟通者，他因此获赠股票。22岁，第一次返乡后，他开始在悉尼经营茶叶与土产生意。1886年，他迎娶玛格丽特·史嘉烈（Margaret Scarlett），一位“年轻、极富魅力的悉尼女士”。这桩婚姻进一步提升了他的社会地位。1887 年，两位清朝使臣王荣和、余瑞访问澳大利亚，出任翻译的梅光达被赐予五品军功衔、赏戴蓝翎，自此成为穿梭于中华帝国与英语世界的跨文化精英。1888 年他再度前往中国，先在香港与港督德辅（William Des Vœux）共进午餐，后与何启讨论中西文化，抵达广州时，两广总督张之洞向他咨询澳大利亚的情况，还劝他前往北京，将海外情况面陈朝廷。

在热情洋溢的信中，康有为将梅光达置于温哥华叶恩、新加坡邱菽园、香港何东的行列，是全球华商代表，他们的商业与社会影响力可能转化成改变中国的力量，说新金山“极多忠义之人及通达西学之才”，想彼此联络。[38] 同期报纸也刊登了叶恩致梅光达的信件，回忆乡情、表达殷切联系之意。从温哥华、旧金山到新加坡、悉尼，这是一个惊人的网络，广东人沿大洋创造了自己的新生活。莫理循发现广东人之于中国，有点像加泰罗尼亚人之于西班牙，有独特的习惯、思维与语言。这独特性也表现在遍布全球的广东话音译城市名称，从域多利（维多利亚）、槟榔屿（槟城），到美丽滨（墨尔本）、雪梨（悉尼），皆是如此。“广东人的太平洋”，一位历史学家甚至创造了一说。

1900 年 1 月，保皇会的成立将这股政治热情推到新高，它是澳大利亚华人第一个政治组织，刘汝兴、李益徽等九人出任总理，另有协理、值理多人，多为报馆主笔、董事。刘与李处于中心位置，负责议事记录后签名、管理会费、掌管图章。接下来几个月，会员与募款不断攀升。7月，它给澳门的保皇会总部寄去1000英镑，8月又给康有为个人寄去400英镑。它也努力帮助本地华人纾解困境。“何以外洋之旅往来中国而纵横，中国之民旅外而禁制？”[39]《东华新报》曾悲愤地质问排华政策。这一年春天，鼠疫的爆发令华人社区更陷困境，人们渴望一个可依赖的组织。多少意外的是，梅光达并未出现在创建者名单上。3月，他甚至撤出了对该会的支持。这与内部权力斗争有关，据说梅对刘汝兴深感不满，后者牵扯鸦片生意。另一个说法是，新南威尔士总督正在说服清王朝，推荐梅出任悉尼名誉总领事。在这个敏感时刻，他需要与一个公开反对慈禧太后的流亡组织保持距离。

悉尼欢迎了梁启超。“一个杰出的中国贵族”，《悉尼先驱晨报》（*The Sydney Morning Herald*）以夸张、常带错误的笔法介绍了这位年轻的流亡政治家，说他在上海编辑声誉卓著的报纸，成为皇帝的私人顾问，倡导中国融入世界的商业潮流，因得罪慈禧太后被迫流亡，头颅高达1.5万镑。对于一个20多岁的青年，这成就显得过分非凡，在这张老牌报纸上，他的名字拼为Leong Che Tchau，秀才被翻译为学士学位，举人是硕士学位，时务学堂总教习变为两湖大学校长。[40]

记者追问他对义和团的看法。北京骚乱已变成全球性的事件，从东京、纽约到罗马、悉尼，舆论绘声绘色地描述这一戏剧，妖孽般的太后和遇难的教士，东方与西方的冲突，或许也是人类第一场世界性的战争，是“文明”与“野蛮”的正面角逐。在澳大利亚的报纸上，义和团的兴衰、慈禧的逃亡皆像传奇戏剧。梁说，慈禧与端王是义和团的首领，他们教唆底层人民排外，受教育的中国人反对这场运动。他宣讲自己的改革目标，承诺会广泛建立报馆与学校，与所有国家开展贸易，而前提是光绪皇帝复位。

与在其他城市一样，他在悉尼不停地参加聚会、发表演讲。演讲内容总是相似，大体是光绪为了拯救人民操劳不息，荣禄与刚毅说服慈禧镇压维新。面对中国听众，他的策略与对西方记者大不相同。他绘声绘色地讲述皇帝如何悲惨地被囚禁在瀛台，想喝一碗鸡汤而不得。他还大胆地想象了刚毅之死，说他逃到山西时，六君子前来索命，在一声大吼之后，他倒地、满口胡言、刺穿了自己的喉咙。说书人式的演绎令台下观众兴奋不已，这些商贩、木匠、矿工定也想不到，自己竟然与宫廷政治、中国未来，产生这么密切的关系。

以悉尼为中心，梁启超前往坚连尼士、威治步、烟卑炉、天架等地访问。《东华新报》报道了他的行程，乡人的热忱让他倍感温暖。他从一地前往另一地时，同志经常送行四五十里，然后“开樽畅饮，依依而别”，甚至陪他抵达目的地再返回，路途“薰风拂拂，尘土腾腾”，接应者经常出城十里外迎接。[41] 一路上，他领略了澳大利亚疆域之辽阔，华人居住之分散。

比起之前的旅行，悉尼时光闲散得多。这或许也是他所至城市中最富戏剧性的一座，充满流放者的记忆。1788 年，英国第一舰队押送流放犯抵达植物学湾，悉尼以及新南威尔士殖民地就此建立，日后的历史学家称之为“海上探险、贸易和刑罚学的产物”，一个“依靠罪犯创建”的殖民地。[42] 接下来的一个世纪，悉尼努力摆脱“罪犯流放地”的声名，迅速繁荣起来。它全力复制英国的一切，最重要的公园叫海德公园，大学是牛津、剑桥的缩影，商业区中心矗立着文艺复兴风格的邮政总局……

在这种繁荣中，华人的境遇却不断紧张。1901 年 1 月 1 日，澳大利亚联邦成立，六个殖民区改为州，通过了第一部宪法。嘲讽的是，排华是澳大利亚统一的首要动力，联邦议会通过的第一项法案即《移民限制条例》，旨在严厉禁止华人移民进入。[43] 对于很多澳大利亚白人，“黄祸”意味着无法抑制的不安全感，他们生活在这个离帝国中心近半个世界之遥的辽阔殖民地，而中国近得多，人数又如此庞大，似乎随时能吞噬他们。《东华新报》并未特别关注这一政策，或许还有意淡化了华人所处的困境，这也是华人精英们的生存方式，面对一个充满敌意的社会，尽量融入现行秩序，而非挑战它。梁启超也未作出特别评论。

历史性事件接踵而至。1 月 22 日，维多利亚女王去世，悉尼也陷入悲伤。女王漫长的统治也是日不落帝国的象征，很多帝国的臣民甚至无法想象她的消失。“澳洲联邦总督好顿爵帅钧鉴”，梁启超致信首任联邦总理，代表澳大利亚各地保皇会表达对女王的哀思，“全世界凡有血气者所共悲悯也”，“我华民旅居澳洲者无不敬爱”。[44]写下这些词句时，他的脑中或许也浮现出慈禧的形象，在很多方面，她恰似维多利亚女王的对应，她们皆是这个世界最令人瞩目的女性统治者，一个催生了帝国的繁盛，另一个带来了帝国的崩溃。

在悉尼，他第一次在秋日迎来生日。3月16日（正月二十六），保皇会在东华新报馆设宴，庆祝梁启超的二十九岁（虚岁）生日，20多位会员到来。酒过数巡后，梁与诸同志祝光绪皇帝早日复辟、施行新政。这是个喜庆之夜，“合口同声，欢腾满座……飞觞复饮，觥筹交错”。宴会众人又轮番演讲，畅谈中外时务。9点，又有同志演奏琴曲。“伏思先生春秋二十九度，年富力强。将来置身廊朝，光于邦家，吾同志之所以期望先生，其前程正未可限量”，《东华新报》记者评论说。该报还刊载了梁的照片，附上溢美之词，右栏“天生俊杰，拔萃超常，学问渊海，才识圭璋，君国筹救，民权扩张，志节耿介，文采飞扬”，左栏“莘莘名世，誉播万方，经纶雷雨，应运斯臧，仰瞻颜色，邦家之光，猗欤休哉，同胞不忘”。[45]

闲暇重新激发了梁启超对诗词的兴趣。郑秋蕃赠他《飞鹰搏鹗图》《雪港归舟图》两幅画，梁作诗回赠。在政治启蒙之后，他也为澳大利亚华人的文学世界带来新颜色。他还打算学英文，解决沟通的窘迫，很可惜，又一次无功而返。

一个恢宏的写作计划也在脑中冒出，他想写作《中国近代十年史论》，探讨中国为何陷入衰落，又该如何应对。他采取了一种新型的写作方式，先在东华新报馆演讲，“取是书逐节而演说之，同志诸人列坐环听。其书中征引典故，考论得失，先生不惜苦口，斤斤而道，缕析条分，发明义理”，再整理成书。[46]

第十四章　过渡时代

一

归期终至。

“弟自来游澳洲，忽逾半载。所至各埠，敬蒙同志殷勤厚待，感惠既多。……特刊数语于报端，以布恭辞而表谢忱。”临别前，梁启超在《东华新报》上刊登辞行小启，落款“（新）会小弟梁启超偕罗昌顿首”。[1]

他接受宴请，与人诗词唱和。“作客天涯幸识荆，慰心奚异到蓬瀛。丰仪亲炙光阴少，忽赋骊歌感远行”，悉尼保皇会总理吴济川一口气写了四首七绝赠予他。他以其韵和道，“怅望铜驼卧荆棘，一槎如寄泛寰瀛。论交肝胆逢吴季，万里应无负此行”。[2] 在《留别澳洲诸同志》组诗中，他回顾此行经历，“我来亦半岁，惜别犹匆匆。骊唱公无渡，鸿飞吾欲东。

有盟齐海石，无泪到英雄。何物相持赠，民权演大同”。[3]

眷恋、感激外，他更充满遗憾，筹款计划几乎全盘失败。旅澳半年来，原本 5 万镑的期许，如今只收到墨尔本的 700 镑、悉尼 1000 镑、西澳 300 镑左右。各埠的欢呼与掏腰包是两回事，“嘎特列一埠书捐者四十余镑，至今一文不交”，另一埠“捐得八十余镑，仅交十余镑”，新南威尔士三埠许诺的 300 余镑，也只收到 200 余。众人热情猛烈，消失得亦快，墨尔本之行后，“即以风流云散”，且热烈多出于乡情，而非维新信念。商人喜好浮华，“好送物件，或一钻石戒指，值三四十镑，或一金牌，值二三十镑”，这些礼物，“禁之不可，却之不恭，留之无用，沽之失体”。原本最为期望的梅光达一派，则“终不能得一文”。[4]

他对于悉尼尤其感激，除去千镑捐款，“车费、电费、供养费、归国船费……亦不下千镑以外”，悉尼人“之热力而耐久不衰”，但五六次加捐后，“人心倦极矣”。他深感澳大利亚“距离的暴政”，谢绝了一些埠的演说邀请，它们“相距动辄数百英里”，每次出行，随行者除罗昌外至少要有一个本地人，“三人之车费，每到一地动二三十镑”，经常得不偿失。他原本还想前往新西兰，但该岛二三千华人，遍布十余埠，至少得花上四五十天才能访完，三人的旅费“非二百镑不能办”。这令他心灰意冷。他原本打算“归途经坤士兰、泼打云两省”，届时登陆演说，并已派遣鲍炽早半月前往布置，希望能在一两处创办保皇会，“然能否未可知，即能，亦不能过五六百镑也”。[5]

在离澳前致康有为的信中，他坦承挫败，不停地为自己辩解。康门师徒对他颇多质疑，罗普甚至认定他私藏募款、欺骗老师。他处于一种尴尬之中，筹款不足却又无法责备华人，听闻旅居印度的老师陷入经济窘境，更令他“甘苦悬绝，念之无地自容”。他回绝了康有为要他前往南美筹款的任务，反而劝老师启程。他刚收到来信，邱菽园许诺，若他能回到东京主持全局，将再捐 10 万元。显然，新加坡的短暂一晤，邱对梁印象深刻，将其热忱与信任从老师转向弟子。

1901 年 5 月 2 日，梁启超登船，驶离悉尼。“(梁启超)已于本日搭乘邮船公司轮船洛塞塔号，前往吾邦。此人在本港逗留期间，留居清国人之改革派曾予以款待并供给各种费用”，日本驻悉尼领事发电外务省。[6] 南北半球相反的季节令梁启超触动，三四月的春季在此却是秋季。他的诗兴再度涌来，写了一组《澳亚归舟杂兴》，其中一首，“长途短发两萧森，独自凭栏独自吟。日出见鸥知岛近，宵分闻雨感秋深”；另一首则哀叹道，“人歌人哭兴亡感，潮长潮平日夜声。大愿未酬时易逝，抚膺危坐涕纵横”。[7] 他心灰意冷，船抵星期四岛时，多名乡人到船上与他相会，欢迎上岸开保皇会，他却推脱以“要事在身”，让鲍炽登岸与之协办保皇会事宜。[8]

他的影响继续在澳大利亚发酵。从悉尼到墨尔本，众人一定在议论梁先生的种种轶事，还有他未来的广阔前程。“梁公孝廉任公新著《中国近代十年史论》，初由本馆承印，其目录由积弱溯源至中国起衰策，总共十六章”，《东华新报》连续五次登载广告，预告梁启超新书。《东华新报》以“本馆字粒不足”为由，只将第一章排印成本，因此章已有两万字，“才思纵横，言论警切，诚足开人智慧，发人深省也”。每本价银一司令，远出加费一毫。而剩余十五章，须等梁启超在横滨完成，汇印全书，然后寄来发售。报社预告了未来的十五章：日本战祸记，列强染指记，新党萌芽记，今上百日维新记，后党篡权记，伪嗣公愤记，后党通匪召敌记，万乘蒙尘记，东三省沦亡记，疆臣误国记，列强政略记，帝后实录及人物小传，琐闻零拾，十年来大事表，中国起衰策。预计全书合 20 万字。[9]

“中国之弱，至今日而极矣”，他列举中国积弱的种种缘由，中国人不知国家与天下之差别，骄傲而不愿与他国交通，怯懦而不欲与他国争竞；不知国家与朝廷之界限，数千年误认朝廷为国家，不知国家是全国人之公产，朝廷是帝王一姓之私业；不知国家与国民之关系，在西方，君与官为国民之公仆，中国则君主一家，他们往往是民贼，占有国家，其余则皆奴隶。他还认为，奴性、愚昧、自私、虚伪、怯懦、柔弱、静止，这些人格缺陷是国家积贫积弱的根源。这与其专制传统有关，统治者不惜愚其民，柔其民，涣其民；也与满人统治有关，为驾驭人数众多的汉人，满人推行满汉分界，乾隆时代专制日盛，“以操纵群臣、愚柔士民为生平第一得意事业”；慈禧使一切恶化，“垂帘三次，前后凡三十余年……视中国四百兆之黎庶为草芥”。这种针对体制与国民性的明确批判与反满倾向，也预示了未来的写作方向。他的犹豫仍在，在一连串指责后，他笔锋一转，赞扬光绪皇帝，“忘身舍位，毅然为中国开数千年未有之民权，非徒为民权，抑亦为国权也”。[10]像他的很多著作一样，它没有完成。

5 月 28 日，他抵达长崎，登岸半天游览了三菱造船厂，参拜了孔子庙。“据闻船停泊时梁谈论到清国现今的情况，由于北清事件有关列国之谈判还未解决，故现时无任何谋划，吾暂时回日本从事日语研究，等待时机到来”，长崎县知事向外务省汇报。他也听闻梁启超经过香港时，出于安全考虑并未登陆，且“清国的警戒至今尚很严密，不容易回国”。[11]洛塞塔号在 5 月 30 日早晨 7 点抵达神户，麦少彭、邝汝磐和正在神户同文学校教书的何擎一等热烈欢迎他的到来。[12]井上雅二提醒东亚同文会，保皇会在海外华人中很有影响力，“支那人生存能力极强，在香港、澳门、新加坡正逐渐掌握商业贸易实权；而在海外商民中扶植势力者，非李（鸿章）、非张（之洞）、非袁（世凯）、非盛（宣怀），而是康有为”，“其在海外商民势力、声望不可小觑，以保皇会之名，网络在日本、夏威夷、北美、南美、澳洲、吕宋、苏门答腊、爪哇、马来半岛、暹罗等之商民，其数约达百万。梁启超往访澳洲，所到之处热烈欢迎；徐勤巡访暹罗亦收获甚丰，今在南美从事筹饷……”[13]

5 月 30 日中午，他乘火车前往东京。同志与学生们早已在车站迎候，一些人特意从横滨赶来。热情在两天后达到高潮。6 月 2 日，横滨同志为他主办盛大欢迎会，下午 1 点，梁启超与罗昌抵达会场，现场有四五百人之多。主席冯镜泉先起身致欢迎辞，接着梁启超发表演说。在不久后致悉尼保皇会的信中，他谈及“弟历演去年七月首途横滨以来经历各事，言及到上海一礼拜，入虎口而不死，则同人皆为欢慰。言及汉难诸君之惨烈，则同人皆为愤动”，讲起自己澳大利亚经历时，“各埠同志之热心忠爱，又推其爱国之心以爱及小弟，情意之厚，礼貌之隆”，听众们深受触动，“油然生亲爱之心，恍如与澳洲诸同志相晤对”。演讲整整持续了两个半小时，以分析中国时局结尾，“同人皆深表同情，愿相与戮力，成始成终”。为更具体地感受到澳大利亚同人的情谊，冯镜泉请大家传看澳大利亚保皇会赠送的宝星。会后，同人在聘珍楼设宴，参加者过百，其盛况恰似一个月前的悉尼饯别会，“南北数万里间，而同声相应”，相隔万里的横滨与悉尼连为一体，分享相似的抱负、喜悦。梁启超欣喜地发现，一年未见，横滨同人的见识议论大有进步。他们在宴会上竞相起立演讲，“或言内地之情势，或讲吾党之责任，或论扩充东京学校培养人才之要，或言开设大译书局，广开风气之益，高谈雄辩，美不胜收”。接下来几天，他“日日接见宾客，几无一刻之暇”。他也不忘为种种的新事业再度向澳大利亚同人筹款，东京大同高等学校新校舍已落成，经费每月空缺两百余金。此举将“大养各省之少年奇士，则将来扶持国脉，皆于此是赖矣”。[14]

对于梁启超，熟悉的生活节奏回来了，一些变化也已发生。东京大同高等学校更名为东亚商业学校，4 月 28 日举办开学典礼，“车马喧阗，游人如蚁”，日本政要近卫笃麿、大隈重信、副岛种臣、犬养毅皆到场，几十名东京与横滨的记者，以及横滨、神户的商人到场。更名缘自现实压力，经自立军一役，原本人数不多的学生更加稀少，另一些要入读日本学校。柏原文太郎承担起重任，他建议将之变为培养中日商业人才之所，对于日本政界与华人商界皆更可接受。“世界之人口，我东亚占三分之一，而商业之额，仅不过二十分之一……此皆由吾人不讲求商业之故”，大隈在演讲中说。华人代表亦是主要出资人郑席儒则称赞，“法至良也，意至美也”。[15]他们皆希望新一代中日商业人才能在全球市场与西方人竞争。错过了开学典礼的梁启超或许欣慰又感伤，学校可以继续，但最初的理念变了形，他期望的是松下村塾，培养新一代领袖，终变为商业学校。

梁启超也要消化起义失败的痛苦。遇难的不仅是唐才常、林圭，还有他的众多学生。所幸回国的蔡锷因年纪太小得到保护，意外逃生。昔日同志对于康梁疑窦陡升，指责他们不仅指挥不力，还“拥资自肥”。这也是个令人唏嘘的时刻，当梁启超试图摆脱康有为的影响时，学生们也开始反对他。一些人将怀疑转化成愤怒，秦力山与陈犹龙、朱菱溪等前往东京当面质疑梁启超，梁“不胜其扰，竟移寓横滨避之”。[16]

为了表达对保皇理念的愤怒，冯懋龙更名为冯自由。这一年夏天，《国民报》在东京小石川区白山御殿町百十番地创办，秦力山、王宠惠[①]等出任编辑，编辑室四壁悬挂傅慈祥、黎科、蔡丞煜、郑葆丞四烈士照片。在这份新报纸中，年轻编辑公开反满、推崇革命，王宠惠还以英文写作论说。[17]梁启超试图接近年轻的反叛者，他听闻王宠惠深谙英语的才名，修书邀他前往大同高等学校一见，后者更具名士派头，“复书责梁失礼，谓梁既任一党魁首，理应礼贤下士，今乃欲以一纸书使人奔走，殊令受者难堪”，身段柔软的梁急忙致歉。梁曾提出写作一本《英文汉读法》，复制《和文汉读法》的成功，“谓凡读此书者，不数月即可翻译英文书籍”。这想法令王宠惠大惊失色，与梁见面时“详询此书及其构造方法”，后者“大惭，自后遂不提及英文汉读法只字”。[18]老朋友也对他的摇摆态度心生不满。“梁子迫于忠爱之念，不及择音，而忘理势之所趣，其说之偏宕也，亦甚矣”，章太炎不满于《积弱溯源论》中的保皇观点，在《国民报》上发表《正仇满论》，反驳梁启超对革命的恐惧，“梁子所悲痛者，革命耳；所悲痛于革命，而思以建立宪法易之者，为其圣明之主耳！”[19]

重振清议报馆迫在眉睫。在他远行的日子，《清议报》的同人苦苦支撑，还不断面临编辑水准下降的指责。内部分

---

① 王宠惠（1881—1958），字亮畴，中华民国时期历任外交总长、司法总长、国务总理等职，曾任海牙常设国际法院法官。

梁启超手书屏风

裂也难以掩饰，秦力山对梁不无微词，对于保皇会的妥协态度深感不满，发表了好几篇文章，痛斥中国人的奴性，呼吁建立现代政党。归来的梁启超要承担一切。或许，他还要接受妻子的盘问，刊登在《清议报》上的那组情诗，定让她又羞又恼，陷入尴尬。他也再度享受到箱根的温泉，在环翠楼，他应主人之邀，抄录了杜甫的《倦夜》。“竹凉侵卧内，野月满庭隅。重露成涓滴，稀星乍有无。暗飞萤自照，水宿鸟相呼。万事干戈里，空悲清夜徂。”彼时寓居成都的杜甫，听闻吐蕃来袭，唐代宗避难陕州，写下这样的叹息。或许，身在异国的梁想借此感叹光绪的出逃。他没有计算好字号与间距，最后两句的字体陡然缩小，挤在一起。

危险和猜忌也回来了。“清国流亡人士梁启超在二十七日由东京迁至横滨市山手町五十七号”，9 月 30 日神奈川县知事向外务大臣报告说，“据说此人突然迁居是因为近来身居东京，总觉得其左近危险。现在每夜都有不名身份者偷窥其私宅二次左右。而且，此次来访的清国专使那桐有暗中以金钱唆使某些留日清国人的行迹。特别是在设于小石川的大同商业学校的学生之中，对江南各省出身的人设宴招待并唆使之。”孙文与梁启超之间的信任已全然坍塌，孙认为梁背叛了他，梁甚至忧虑，孙可能加害于他。孙两次前往东京会见那桐，“亦有密告梁启超近况之嫌”。[20]

二

所幸，梁启超有很多话要说。游历拓展了他的视野，令他理解中国在世界中的位置；义和团带来的混乱与屈辱，令他重思改造中国的方式；勤王失败也令他对自身与保皇会的局限有更多感悟。世纪更迭，或许催生出一种断裂感，从巴黎的埃菲尔铁塔到维也纳的《梦的解析》再到北京之变，那些不可名状的愤怒、恐惧、迷狂，以这样一种方式展现出来。旧秩序正在瓦解，新秩序尚未诞生。

“过渡时代”，梁启超如此命名这个新时代。广义而言，世界每一刻都处于过渡时代，一切总在变化；狭义而言，有些时代相对停顿，另一些时代则变化迅速、不断膨胀，后者就是过渡时代。在他眼中，欧洲过去两百年是过渡时代，如今是停顿时代，数千年来停顿的中国进入了过渡时代。过渡时代充满希望，“有进步则有过渡，无过渡亦无进步”，“如鲲鹏图南，九万里而一息；江汉赴海，百十折以朝宗；大风泱泱，前途堂堂；生气郁苍，雄心矞皇”；也蕴含危险，就像“摩西之彷徨于广漠，阁龙之漂泛于泰洋，赌万死以博一生，断后路以临前敌，天下险象，宁复过之？”过渡期国民则“可生可死、可剥可复、可奴可主、可瘠可肥”。俄国与中国是两个过渡时代国家。前者几度改革，输入西欧文明，日浸月润、愈播愈广、不可遏抑，学生尤其是社会中坚，预计俄国“将达于彼岸之时不远矣”；中国则处在两头不到岸之时，“实如驾一扁舟，初离海岸线，而放于中流”。过渡是多重的，在政治上，人民不满专制之政，却“未能组织新政体以代之”；在学术思想上，士子“鄙考据词章庸恶陋劣之学，而未能开辟新学界以代之”；在社会风俗上，厌倦了“三纲压抑虚文缛节之俗，而未能研究新道德以代之”。过渡时代分为两种人，老朽之流是过渡之大敌，又被“有形无形之逼迫”过渡；青年是过渡的先锋，大张旗鼓，理解与把握力却有限。过渡时代的人物需要三种德性：冒险性，“必有大刀阔斧之力，乃能收筚路蓝缕之功；必有雷霆万钧之能，乃能造鸿鹄千里之势”；忍耐性，要在“一挫再挫三挫，经数十年、百年，而及身不克见其成”的情况下，坚持努力，忍受唾骂；别择性，“世界之政体有多途，国民之所宜亦有多途”。他理想中过渡时代的人物，“以军人之魄，佐以政治家之魂”。[21]

《清议报》上充斥着过渡时代的混乱。慈禧与光绪仍在西安，李鸿章与西方使团的谈判仍在继续，关于赔偿的具体数字、归还年限争论不休；光绪发布要变法的上谕，尽管经此动荡，他丝毫没有要回一点权力；张之洞、刘坤一上变法奏折，洋洋洒洒，却并无切入方法。人人都觉得一切要改变，却又不知如何入手，“科举议变矣，而无新教育；元凶处刑矣，而无新人才；北京残破矣，而无新都城”。[22]

梁启超觉得这过渡时代的中国，可能正陷入新的亡国危险。义和团带来了一个复杂后果，很多人在其中看到了中国的生机，“环球政治家之论，反为之一大变，保全支那之声，日日腾播于报纸中。而北京公使会议，亦无不尽变其前此威吓逼胁之故技，而一出以温柔噢咻之手段”。[23] 赫德看到了爱国心的兴起，倡导“中国者，中国人之中国也”的理念。梁却认定，中国面临更大的危险。“今日之世界，新世界也。思想新，学问新，政体新，法律新，工艺新，军备新，社会新，人物新，凡全世界有形无形之事物，一一皆辟前古所未有，而别立一新天地”，他在《灭国新法论》中写道。在新时代，灭亡一个国家的不再是传统的军事政府，而是依靠借债、代为练兵、建设道路、煽动内部党争、协助平定内乱等新方法，埃及、波兰、印度、菲律宾等国家，就是这样一步步灭亡，“昔之灭国者如虎狼，今之灭国者如狐狸”。四万五千万两的赔款、美国门户开放政策皆是狐狸之技。[24]

“自由书”也自九十三期重启。比起那些连载的长文，这短小精悍的随感更直抒胸臆。在《十九世纪之欧洲与二十世纪之中国》中，他重估了义和团事件的价值，将之与法国大革命作比，后者“戳破欧洲之中心点”，拿破仑因此兴起，“而自由之空气，遂遍播荡于欧洲”。前者虽“戳破亚洲之中心点”，却未能带来一个新时代。他将历史视作动力与反动力的较量，19 世纪的欧洲历史是“互相起伏，互相射薄，小退大进”，中国在过去几年亦如此，戊戌变法是原动力，八月政变是反动力，义和团是反动力的极点，如今“竞言维新，又义和团之反动力也”。他预计未来中国这种动力与反动力的情况将不断发生，“其必四次五次乃止六七八九十次而未有已”，这也将带来一个激动人心的时代，“其波澜俶诡，五光十色，必更有壮奇于前世纪之欧洲者”。他呼唤中国产生自己的拿破仑，驱逐反动力，带来自由。[25]

在《维新图说》中，他观察到时代风向的转变，“数月以来，‘维新云’‘维新云’之语，弥漫磅礴于国中，无论为帝、为后、为吏、为士、为绅、为商，但使稍有脑气筋者，苟上以‘守旧鬼’三字之徽号，度无不瞋目相视……鼓舌以自辩其非”，这是一年前无法想象的景象。在梁眼中，这是从六君子到唐才常、林圭，甚至毓贤、德国公使、被杀的日本书记官，以及成千上万的自立会员、义和拳民、外国教士、中国教民的鲜血，混合而来的进步。在牺牲与进步、失败与成功之间，他看到了某种辩证关系，“举事不成而非不成，流血无益而非无益”。这人人言维新的现象也让他忧虑，维新变成了一种新的投机，你是为了国民而维新，是为了爱新觉罗一姓维新，还是为了自己的权势、名声与衣食维新？若是出于私利的维新，“其志愈诚，其行愈勇，而其病天下也愈甚”，他宁可要“守旧鬼”，也不要这假维新。[26]

在这组短文中，最有趣的一篇当属《烟士批里纯（Inspiration）》。他尚不知“灵感”一词，以音译代之。“烟士批里纯者，发于思想感情最高潮之一刹那顷，而千古之英雄豪杰、孝子烈妇、忠臣义士，以至热心之宗教家、美术家、探险家，所以能为惊天地、泣鬼神之事业，皆起于此一刹那顷，为此烟士批里纯之所鼓动”。他称李广射箭穿石、马丁·路德演说、玄奘西天取经、哥伦布发现美洲，都是这烟士批里纯的作用，它“来也如风，人不能捕之；其生也如云，人不能攫之”，保持至诚之心，你方可得到。[27]

梁启超的烟士批里纯时刻也已到来。行动的挫败令他重回思想世界，在纸面上，一种驰骋感再度回来，表达喷薄而出，它在《清议报》第一百期中得到集中展现。仅从体量上，这一期就如此不同，页数几乎是平时的五倍，从社论到传记到诗歌，他独自完成了大部分内容。“十九世纪与二十世纪交点之一刹那顷，实中国两异性之大动力相搏相射、短兵紧接，而新陈嬗代之时也”，它以《本馆第一百册祝辞并论报馆之责任及本馆之经历》为开端。在这篇洋洋洒洒数千言的文章中，他将这份杂志以及自己的努力置放于一个广阔的历史时空。他称报馆是社会的第四权力，“此殆于贵族、教会、平民三大种族之外，而更为一绝大势力之第四种族也”。这也是他思想的另一次进化，他在《时务报》时代觉得报馆是国与国、君与民之间的“耳目喉舌”，如今则是“国家之耳目也，喉舌也，人群之镜也，文坛之王也，将来之灯也，现在之粮也”，它“荟萃全国人之思想言论，或大或小，或精或粗，或庄或谐，或激或随……能纳一切，能吐一切，能生一切，能灭一切”。在他眼中，中国尚无一家报馆符合这个标准。天津的《国闻报》，上海的《中外日报》《苏报》，已是同业中佼佼者，但连日本一个偏僻县的报馆都不如，更何况东京或西方的大报。对于自己编辑的《时务报》，他“今日检阅其旧论，辄欲作呕……未尝不汗流浃背也”，它的风靡海内映衬“吾中国人之文明程度，何低下之至于此极也”。《清议报》也仍幼稚，“其责任止在于文字，其目的仅注于一国，其位置僻处于海外”，但其精神与宗旨却有独特性，它不遗余力地倡导民权，介绍西方哲理，分析朝局，叙述国耻，以“广民智、振民气”，“其寿命固已亘于新旧两世纪，无舌而鸣；其踪迹固已遍于纵横五大洲，不胫而走”。比起两年前的创刊号，梁启超对中日联盟的兴趣显著地减弱了，他愈来愈清晰地意识到，日本已加入了列强的游戏，中国是它的扩张对象。

他为第一百期杂志赋予了特殊的意义。在海外，庆典是纪念旧事业、奖励新事业的最佳办法，不仅美国独立百年、法国共和百年这样的重大历史时刻，亚当·斯密《国富论》出版百年、达尔文《物种源论》成书三十年，都有自己的庆祝会。甚至一市、一乡、一学校，一医院、一商店，也往往各有其祝典，“大抵凡富强之国，其祝典愈多，凡文明之事业，其祝典愈盛”。中国则“于前人之事业也，有赞叹而无继述，有率循而无扩充，有考据而无纪念”，导致历史思想薄弱，难以培养爱国、爱团体、爱事业的感情。他期待《清议报》树立榜样，在印行第一百册之际，“援各国大报馆通例，加增页数，荟萃精华，从而祝之”。这庆祝也满含期待，“祝其全脱离一党报之范围，而进入于一国报之范围，且更努力渐进，以达于世界报之范围”。他把报馆分一人之报、一党之报、一国之报与世界之报，《时务报》《知新报》是从一人报到一党报，《清议报》介于党报与国报之间，中国尚未出现国报。相较而言，日本有一人报、一党报、一国报，仍无世界报。[28]

谈论党报时，他脑中或许会浮现出康门师徒。批评者曾用“康党”来指责他们，如今“康党”扩展成遍布世界的保皇会，康有为从老师变为“新旧两世纪之交，中国政治界最有关系之人物”。他以整整50页来刊登《南海康先生传》，它是该期杂志最重要的文章。他把康有为置于一个世界舞台之上，从属卢梭、马志尼、吉田松阴的行列，是“先时之人物”，生前充满挫折，“其所志无一不拂戾，其所事无一不挫折……举国欲杀，千夫唾骂”。相较而言，拿破仑、加富尔、西乡隆盛则是“应时之人物”，享受到时代的欢呼。他笃信，先时人物才是推动社会变化的原动力，深具理想、热忱、胆气，乃造时势之英雄，应时者是时势所造的英雄。康有为四十多年的人生被划分为“家世及幼年时代”“修养时代及讲学时代”“委身国事时代”三阶段，有教育家、宗教家、哲学家、政治家四个身份，其政治家生涯前半段跌宕起伏，如今暂时停顿；身为教育家则“不徒有教育家之精神而已，又备教育家之资格”；康在宗教上对中国影响最剧，引发的诟病也最多，他将康与马丁·路德作比，分别对儒家与基督教进行改造；康的哲学素养全凭强劲想象力，“不通西文，不解西说，不读西书”，常得出与西方哲学相似的看法。他评价老师，“谓之政治家，不如谓之教育家；谓之实行者，不如谓之理想者”，赞叹他的冒险精神与高度自信，“无论何人，不能动摇之……每镕取事物以佐其主义，常有六经皆我注脚、群山皆其仆从之概”。康的达观也令人钦佩，“虽日日忧国忧天下，然于身世之间，常泰然也”。他总结道，康乃“现今之原动力也，将来之导师也”，即使未来中国有众多大政治家、大外交家、大哲学家、大教育家，“而不可无前此一自信家、冒险家、理想家之康南海”。[29]

“凡起草四十八点钟，传成”，梁在附记中不无自豪地写道。[30]这也是大脑燃烧、手不停挥的 48 小时，一个烟士披里纯涌来的时刻，历史跌宕起伏、师徒之情的点点滴滴皆浮上心头。这篇文章在很多方面都是一个创举，它是一位健在者的传记，康的事业与生命都在继续，判断尚为时过早；它打破了师徒的忌讳，不讳言康有为的武断、缺乏现实感，接连的政治挫败……梁崇敬老师，却力图公正。“Paint me as I am."他引用这句名言自我鼓励。[31] 1653年,荷兰画家彼得·莱利（Peter Lely）受邀给克伦威尔画像，后者不愿普遍流行的虚荣、自溺画风，要求画家如实画出自己的样子。在某种意义上，这也是中国第一篇现代传记，完成了对康有为的经典化与历史化，似乎也暗示着他的时代的结束。它也像是梁启超的某种自立宣言。“听起来非常像说了一声欢迎，又说了一声再见”，一位历史学家不无讽刺地写道。[32]

在第一百期上，梁也一口气刊登完《仁学》的剩余部分。先是第1至14册，接着第44至46册,《仁学》断断续续的连载也反映出他对谭嗣同遗产的矛盾态度。谭是代表康有为的思想，还是意味着更激烈的反抗？这是梁对朋友的最后交代，菜市口的鲜血即使干涸，也仍将激发出新的烈士精神。梁定想不到，谭嗣同的气质与绝对主义思想倾向，将引来多少追随者，并将梁视作妥协、暧昧甚至保守。

诗作总更反映梁启超的心境，在挫败与希望间剧烈摇摆。在《自励》中,他悲壮又骄傲,自我浪漫化,“献身甘作万矢的，著论求为百世师。誓起民权移旧俗，更掔哲理牖新知。十年以后当思我，举国犹狂欲语谁？世界无穷愿无尽，海天寥廓立多时”。[33] 在《志未酬》中，他哀叹现实的挫败，“志未酬，志未酬,问君之志几时酬？”又自我激励,“男儿志兮天下事，但有进兮不有止,言志已酬便无志”。[34] 在《举国皆我敌》中，他感到孤立,“举国皆我敌,吾能勿悲”,承认改变现实的困难，“积千年旧脑之习惯兮，岂旦暮而可易”，以苏格拉底、基督精神自励，“牺牲一身觉天下……挑战四万万群盲”。[35]这既是昔日士大夫“虽千万人，吾往矣”的精神，也是即将崛起的知识分子形象，注定要唤醒沉睡的大众。

告别的感觉流露在本期杂志的每个细节，包括《李鸿章》的广告，“凡十五万余言，叙述李鸿章一生事迹而加以论断。以极公平之史笔，寓极伟大之思想，不徒为李鸿章一人作，实为中国作也。有心时事者不可不家置一编，定价每册洋八毫，外埠邮费照加”。[36]李鸿章11月7日离世，整个世界为之震惊，在西安的慈禧与光绪“并震悼失次，随扈人员乃至宫监卫士，无不相顾错愕”，人们感觉“如梁倾栋折，骤失倚恃者”;《纽约时报》刊发长篇讣告，哀叹一代伟人的离去；东京新闻界从《时事新报》《每日新闻》到《朝日新闻》《中央新闻》，更是铺天盖地地报道，猜测中国未来的变化。李是认知中国的主要入口，早田玄洞、吉田宇之助开始撰写他的传记，以内政、外交、军事时代来划分他的生涯，很有可能，它们是梁启超重要的资料来源。德富苏峰则在《国民新闻》上发表《李鸿章》一文，为其作出历史定位，称“其容貌堂堂，其辞令巧善，机锋锐敏，纵擒自由，使人一见而知为伟人”，但他又非德富心中真正的伟人，“彼非如格兰斯顿有道义的高情，彼非如俾斯麦有倔强的男性”，没有西乡隆盛推心置腹的真诚，其经世之才也并未令德富感服，总之“彼非能为鼓吹他人崇拜英雄心之偶像也”。他如果死于甲午战争前，则必定成为19世纪伟人，人们将对他大书特书。[37]德富愿意把李比作胜海舟，从容排解艰难。[38]

“吾敬李鸿章之才，吾惜李鸿章之识，吾悲李鸿章之遇”，读者们很快将读到这样的语句。受到德富的影响，梁启超将李置于古今中外的坐标中，既属于霍光、诸葛亮、郭子仪的序列，又与梅特涅、俾斯麦、格莱斯顿作比，还与曾国藩、左宗棠、李秀成、袁世凯这些同时代人物对照。他一面批评李鸿章不学无术，“不识国民之原理，不通世界之大势，不知政治之本原”，一面又承认他是近世中国第一人，“要之现今五十岁以上之人，三四品以上之官，无一可以望李之肩背者”。最终，他判断李鸿章并非造时代的英雄，而是被时代所造的英雄。[39] 比起李鸿章的个人命运，其背后的时代也是梁描述的对象，这本书又名《中国四十年来大事记》。这是他第一次完整地写作一本书，而非断断续续连载的合集。比起康有为，面对距离更远的李鸿章，梁启超的笔触更为自信，以 28 岁之龄肆意评价 78 岁的李鸿章，笃信后者“必当微笑于地下曰，孺子知我”。[40]

第十五章　新民丛报

一

读者没迎来第一百〇一期《清议报》。报馆“于庚子年冬骤遇火灾，因保险单误书总理人姓名为林北泉，西人保险行不允赔偿损失，遂致停版歇业”[1]，对《清议报》的停刊，这是通行的解释。

这也是可疑的解释。不过四十天，一份新杂志就在横滨山下町一百五十二号诞生。从设计、印刷到具体内容，皆令人耳目一新。它的封面是一幅中国版图，“新民丛报”四个字从右上向左下斜贯而下，右下角以“光绪二十八年元月一日”“明治三十五年二月八日”同时标出。封面是套色印刷，装订是洋书式的，扉页刊登了拿破仑及俾斯麦的画像与照片，皆是19世纪的强人，神情却截然相反，怀抱女儿的拿破仑神情温柔,俾斯麦则面容严峻。比起《时务报》和《清议报》,《新民丛报》更为视觉化,明显受到《太阳》的影响。作为当时日本最受欢迎的时事、文化杂志,从创刊号到第二十五号,《太阳》封面采用从云间射出的太阳光束普照地球的图片,意为某种启蒙之光。《新民丛报》则将连续多期使用中国版图,它意味着中国意识的觉醒,中国不再是一个中央天朝,而是现代民族国家体系中的一员。

"本报取《大学》'新民'之义,以为欲维新吾国,当先维新吾民",他在《本报告白》中宣称。"大学之道,在明明德,在亲民,在止于至善",每个中国读书人都熟悉这一句。梁启超为"新民"提供了新维度,传统的道德修养与人的自我革新,无法应对这个新时代,必须加入国民与公民的含义,他还将写作一组文章来诠释。在编辑方向上,新报纸将目光从朝廷、政府转向民众,"于目前政府一二事之得失,不暇沾沾词费也",而以开启民智、民德为主;它也力求立场公正,不偏于一党派,不针对个人,"不为灌夫骂坐之语";它相信中国当以渐进的方式变化,"不为危险激烈之书"。[2]

仅仅在栏目划分上,读者也能即刻感受到报纸的新趣味,图书、论说、学说、口闻短评、中国近事、海外汇报、史传、地理、教育、学术、近事、名家谈丛、舆论一斑、杂俎、小说、文苑、绍介新著等。在这庞杂的内容中,朝廷的消息只以短评的方式出现。慈禧回到北京,一入正阳门就哭起来,一直哭入大内,次日召见百官时,坦承自己的错误,结果殿上殿下同声痛哭；庆亲王、荣禄等出任顾问大臣；京城在劫掠中的惨状，俄国士兵最为野蛮，日本兵纪律严明，美国外交官归还财物，大阿哥被废黜，董福祥被解兵权……对宫廷的权力升降，太后、皇帝关系的猜测，皆暂时消失了。中国的迅速沉沦，自己一连串政治行动的失败，令梁启超以一种新视角看待中国的困境。在更宽阔的历史视角下，宫廷权力不是唯一重要的，中国有更根本、长远的问题需要应对。他把注意力从圣主转移到普通国民身上，从对朝廷内部纷争的猜测转到思想、学术的建设。

“国也者，积民而成”，他将国家比喻为身体，国民是四肢、五脏、筋脉、血轮，就如健康身体需要健康器官，若国民“愚陋、怯弱、涣散、混浊”，也不能有一个自立、强大的国家。即使有英雄人物也于事无补，就如让拿破仑率绿营八旗兵，哥伦布乘朽木胶船出海。他力图打破中国人的贤君、贤相崇拜，“故君相常倚赖国民，国民不倚赖君相”。他还认为，欧洲已经从民族主义进化为民族帝国主义：其国民之实力必以军事、商务、工业、宗教为手段向外扩张。为抵挡这股潮流，中国必须实行自己的民族主义，开发四万万人的民德、民智、民力。新的国民既不是“心醉西风者流，蔑弃吾数千年之道德、学术、风俗，以求伍于他人”，也不是“墨守故纸者流，谓仅抱此数千年之道德、学术、风俗，遂足以立于大地也”[3]，而是在旧有的基础上自我更新，向外界寻求新元素。这三小节以新民为主题的文章，开启了梁启超写作生涯的辉煌篇章，未来五年,它将断断续续地连载,最终以《新民说》为名出版。

《论教育当定宗旨》呼应了新民的理念。不同教育模式塑造出不同的国民性格。在古代，雅典“欲造成文学优美、品格高尚之国民”，斯巴达“欲造成服从纪律、强悍耐苦之国民”，耶稣会教育则强调“至诚博爱、迷信奉法”。在现代世界，英吉利造就“自由独立、活泼进取之国民”，德意志国民“团结强立、自负不凡”，日本则“君国一体、同仇敌忾”。中国该采取何种教育模式？他觉得，尽管“近年以来，吾国民崇拜日本之心极盛，事无大细，动辄曰法日本”，但日本并非恰当榜样,“彼岛国,吾大陆”,“彼数千年一姓相承，我数千年禅篡征夺”,“彼久为封建，民习强悍，我久成一统，民溺懦柔”。相较而言，英国与德国更值得学习，前者“性喜保守而改革以渐”，后者“昔本散涣而今乃团结”，这都是中国所亟需。[4] 他接受一种矛盾张力,保守与进取可以彼此调和，强力专制与宪政共和可能并行不悖。

梁启超也认定，为了塑造新国民、新民族，史学改革迫在眉睫。“史学者，学问之最博大而最切要者也，国民之明镜也，爱国心之源泉也”，欧洲民族主义发达、文明日进，“史学之功居其半焉”。在《新史学》一文中，他对中国史学作出了一连串批判。尽管是中国最悠久、丰富的学科，四库全书中十有六七是史书，自司马迁、班固以来，知名史家有几百人，却不过是“陈陈相因，一丘之貉”。他将中国史学归纳出四个病原：一是“知有朝廷而不知有国家”，史书总为君主而写，“不过叙某朝以何而得之，以何而治之，以何而失之而已”，二十四史不过是二十四姓的家谱；二是“知有个人而不知有群体”，历史该叙述一个群体交涉、竞争、团结、进化的道路，培养群力、群智、群德，中国历史却总围绕帝王将相，不过是种墓志铭；三是“知有陈迹而不知有今务”，西方历史越近世记载越详细，中国则是越近越缺乏材料，清朝过去二百六十八年竟无一书可凭，因为历史是朝廷的专有物，当朝有诸多禁忌；四是“知有事实而不知有理想”，历史写作成了孤立事实的组合，其内在逻辑、趋势与意义却很少讨论，“汗牛充栋之史书，皆如蜡人院之偶像，毫无生气”，是耗损民智的工具。四个病源又生出两种病症：一是“能铺叙而不能别裁”，史书中充斥着“某日日食也，某日地震也，某日册封皇子也，某日某大臣死也，某日有某诏书也”的无用记载；二是“能因袭而不能创作”，“《史记》以后，而二十一部皆刻画《史记》;《通典》以后，而八部皆摹仿《通典》”。他呼唤文学史、种族史、财富史、宗教史的出现，比如黄宗羲的《明儒学案》就树立了学术史书写的典范。[5]

他也倡导地理学的重要性，“地理与历史之关系，一如肉体之与精神。有健全之肉体，然后活泼之精神生焉；有适宜之地理，然后文明之历史出焉”。地理环境塑造民族性格，海洋能激发人进取的雄心，平原则易令人眷恋故土。在中国，黄河与长江的灌溉平原使中国文明早熟，西北的阿尔泰山脉与西南的喜马拉雅山脉，又阻隔中国与小亚细亚、印度文明的融合，令它自成一体，平原富足、自给自足，缺乏希腊到英国式的冒险精神。幅员辽阔导致中央政府的权力无法抵达，自治制度因此发达，又因团体太过分散，缺乏制衡力量，一二枭雄民贼变成了长久专制。[6]

他试图把读者带到一个更广阔、深邃的世界。比起亚历山大、成吉思汗、梅特涅、拿破仑三世这些政治人物，思想界的影响更为持久，“凡我等今日所衣所食、所用所乘、所闻所见……安有不自学术来者耶？”在《论学术之势力左右世界》中，他重思了学术的定位，它在古代是遁世的手段，如今则有创造未来之力，“今日光明灿烂、如荼如锦之世界何自来乎？实则诸贤之脑髓、之心血、之口沫、之笔锋所组织之而庄严之者也”。知识革命正是工业革命、政治革命的基础。[7]

论及其心中最伟大的思想、学术人物，他列举了哥白尼、培根、笛卡尔、孟德斯鸠、卢梭、富兰克林、亚当·斯密、伯伦知理、达尔文。这也是不无奇特的排序，他觉得比起哥白尼、达尔文这样的科学家，康德、边沁、托尔斯泰、伏尔泰等属次要之列。他勉励中国年轻学者，即使不能为培根、笛卡尔、达尔文，难道也不能为伏尔泰、福泽谕吉、托尔斯泰吗？后者没有创造普遍定律，却用一支笔改变了各自民族的思想，托尔斯泰借由小说在地球第一专制国倡导自由，伏尔泰被迫流亡却成为启蒙巨子。文艺复兴以来错综复杂的思想谱系，就这样错乱无章地来到他的笔下。在这不无褊狭的论断中，你能听到梁启超的自我期许，他要启蒙中国人的民族意识。

为了更深入地向读者介绍西方思想，他撰写培根的小传。他将16世纪视作西方学术的转折点，“有新学术，然后有新道德、新政治、新技艺、新器物……然后有新国、新世界”。培根是其时代的代表人物，他抨击传统思想，推崇实验精神，“以格物为一切智慧之根原”，不无戏谑地说，古希腊并没有留下哪怕一个有用的实验，还提出“知识就是力量”这样激动人心的口号。在梁启超眼中，培根与笛卡尔为“近世文明初祖二大家”。[8]

《新民丛报》栏目繁多，趣味庞杂，却仍像是一个人的杂志，梁启超撰写了主要文章，他如今最热爱的笔名是“中国之新民”。每一篇主要文章皆以连载方式刊登，他对此有充分的自觉，“阅满全年后，分拆而装潢之，可得数十种绝妙佳书”。[9]读者感到新气息，也有熟悉的味道，他继续开设“自由书”专栏，著有《舆论之母与舆论之仆》与《文明与英雄比例》两篇，他相信“古来之豪杰有二种：其一以己身为牺牲，以图人民之利益者；其二以人民为刍狗，以遂一己之功名者”，只有前者值得追求。[10]连载长文外，还有“新智识之杂货铺”这样的短小、趣味的栏目，其中既有人类寿命不断延长、大脑新陈代谢的消息，也有欧洲夫妇接吻的频率——结婚前后数年接吻最多，每日男女接吻至少100次，按每次10秒计算，五年内接吻的时长达到42日6小时。这符合梁启超对杂志的另一种期待，“茶前酒后，调冰围炉，能使读者生气盎然”。[11]

杂志出版于壬寅年正月初一。这也是横滨南京町一年中最放松的时刻，人们准备年货、贴春联、看舞狮、去关公庙上香、走亲访友，在喧闹与微醺中互诉乡愁，展望未来，体验难得的放松。梁启超定在忙碌与焦灼中迎来这个新春，新杂志丰富、新颖，像是一桩准备已久的事业，而非火灾后的匆忙产物。或许，他对《清议报》早已厌倦，急需一个更能展现自己的舞台。围绕新杂志的一套班底也已形成，有冯镜泉、黄为之、陈侣笙以及从夏威夷追随他到来的邓荫南。它也按股份制企业经营，在丛报的股份中，梁启超占三分之一。

二

新杂志也标志了他人生的新阶段。在东海道的车上，梁启超迎来了三十岁（虚岁）生日。对于一个中国人，这是特别的时刻，你该在人格、学识与功业上摆脱依附，独立自主。

“风云入世多，日月掷人急。如何一少年，忽忽已三十”，他本想写一首长诗，描述自己的心情，无奈诗才有限，只想出这四句。他乘车前往箱根，环翠楼总能将他从繁忙的世事中解脱出来，让他恢复敏感和丰沛。习惯晚睡的他，某天意外早起见到雪花飘落，不禁狂喜。三年来，他在香港、夏威夷、槟城、斯里兰卡、澳大利亚穿梭，当地或是热带，或恰逢暑日，已很久未见雪景，此刻的“玉屑满庭”让他若遇故人。这一次，他的诗性未受阻碍，完成两首绝句：“梦乘飞船寻北极，层凌压天天为窄。羽衣仙人拍我肩，起视千山万山白。”“三年越鸟逐南枝，汗渍尘巾鬓有丝。今日缁衣忽化素，溪桥风雪立多时。”[12]

第二期《新民丛报》也宣告了三十岁的转折意义。“饮冰室主人为我国文界革命军之健将，其文章之价值，世间既有定评……凡著者数年来之文字搜集无遗，编年分纂凡为八集……”一则扉页广告预告《饮冰室文集》即将出版，它是梁启超的第一部文集，标志着一个思想者的成熟。他的得意弟子何擎一出任编辑，何过分自信地宣称“煌煌数百万言，无一字非有用之文”。[13]预售广告还说，梁启超将特撰写《三十自述》一文，以飨读者。梁不无自谦地感慨，“人海奔走，年光蹉跎，所志所事，百未一就”。何擎一邀请他写自述时，他觉得自己“曾何足有记载之一值”，但想起挚友谭嗣同也曾作《三十自述》，决定“毋宁效颦焉”[14]，希冀“海内外君子有表同情于饮冰室主人者乎，得此亦足代嘤鸣求友之乐也”[15]。文集将由广智书局出版，这是他的另一桩新事业。《清议报》的投资者冯镜如前往上海出任书局经理，何擎一离开神户同文学校，管理日常事务工作，梁启勋也参与翻译。

《保教非所以尊孔》将梁启超的独立姿态展现得更为鲜明。在这篇刊于第二期《新民丛报》的文章中，他激情洋溢地论证保教之不必要。几年来，康有为一直以保教者自居，在全球华人社会推广保教学说、祭祀孔子，试图让儒家像基督教一样拥有自己的教堂、组织、仪式，同时是一股令人生畏的政治力量。梁启超却宣称，保教者犯下四重错误：不知孔子之真相，不知宗教之界说，不知今后宗教势力之迁移，不知列国政治与宗教之关系。他否认西方的富强源于宗教，事实上，宗教带来了连绵冲突，“彼欧洲数百年之政治家，其心血手段，半耗费于调和宗教、恢复政权之一事”。保教束缚思想，在这个“诸学日新、思潮横溢之时代”已不合时宜。它也有妨外交，招致中国与西方冲突，“如胶州之案，以两教士而失百里之地，丧一省之权；如义和之案，以数十西人之命，而动十一国之兵，偿五万万之币”。且儒家缺乏宗教性，孔子属于苏格拉底而非释迦牟尼、耶稣的行列，是哲学家、经世家、教育家，而非宗教家，即使仿基督教设立教会、教堂，行礼拜之仪式，儒家也无法宗教化。他否认儒家的宗教性，却对它的生命力充满信心，只要政治、教育、哲学存在，孔子的学说就会继续，它所教导的是“人之何以为人也，人群之何以为群也，国家之何以为国也”，因此，“文明愈进，则其研究之也愈要”。孔子如果生活在此刻，也会增删其教义，博采众长，“今我国民非能为春秋、战国时代之人也，而已为二十世纪之人，非徒为一乡一国之人，而将为世界之人”。作为昔日“保教党之骁将”，他知道这篇文章的反叛：“此篇与著者数年前之论正相反对，所谓我操我矛以伐我者也。今是昨非，不敢自默，其为思想之进步乎？抑退步乎？吾欲以读者思想之进退决之”。他也知道这将引发康有为的愤怒，他以一连串排比表明心境：“吾爱孔子，吾尤爱真理！吾爱先辈，吾尤爱国家！吾爱故人，吾尤爱自由！”[16]

朋友们看到了梁启超的变化。1902 年 2 月 28 日，章太炎抵达横滨，寓居新民丛报社。他发现，丛报已经出版两期，比《清议报》更成功，“任公宗旨较前大异，学识日进，头头是道。总之，以适宜当时社会与否为是非之准的”，避免了各种诋毁之语带来的阻力。梁启超的一系列新写作令孙宝瑄印象深刻。“梁卓如改《清议报》为《新民丛报》，议论较前尤持平，盖年来学识之进步也。其《新民说》谓：国家之日就衰弱，由民德民智民力之未充，不得专责一二君相。可称至言”，身在上海的他在日记中写道。他比梁悲观，中国之民“愚而居下者皆不知有变法之事，稍智者群壅于宦途……起谈变法者，不过二三书生，然皆赤贫无聊，非如泰西豪杰，优于学问道德者，往往富于资产，可以聚其群力，以与政府相抗也。是故我国之变法，望之于上固难，望之于下尤难”。他不同意梁对李鸿章的判断——“为世势所造之英雄，非造时势之英雄”。他更愿将李鸿章与井伊直弼作比，后者“以欲师欧美所长，为国人所杀，卒兴日本维新之运”，前者“以谈洋务受重谤，亦开中国之风气”，“今日本无不颂井伊直弼之功，安知中国将来不颂李文忠之功？”他也在其中读到老朋友的自傲，“（梁启超）盖隐然以造时世之英雄自许”。[17]

梁启超若能知晓这些，必深感慰藉。在流亡的飘零中，朋友们天各一方或阴阳两界，令人追怀。“我生爱朋友，又爱文学”，在第四期《新民丛报》中，梁启超开辟了“饮冰室诗话”栏目，记下朋友与自己的诗词应和。这既是对他倡导的“诗界革命”的回应，也寄托对朋友的思念，在回忆中，他们再次一起饮酒、欢笑。他辑录了谭嗣同的《感旧》，当年谭给麦孟华扇上所题，“死生流转不相值，天地翻时忽一逢。且喜无情成解脱，欲追前世已冥蒙”。“空花了无真实相，用造莂偈起众信。任公之研佛尘赠，两君石交我作证”，则记录了1898年初景象，梁启超即将离开长沙，唐才常赠他菊花砚，谭嗣同赠诗，江标则将诗刻在砚台上，如今赠者、铭者、刻者皆已作古，这只砚台也不知何踪，“念之凄咽”。他也刊登了吴保初、丁叔雅的诗句，他们与谭嗣同、陈三立并称“清末四公子”，上海岁月中，梁启超与他们相交甚笃。“江湖闲岁月，好自惜年华”，则是老友寿富的诗句，义和团之变中，他在北京自尽。另一位死于庚子之乱的挚友是吴德潇，身为西安县令的他，全家命丧于乱民之手，梁在夏威夷时听闻噩耗，未及作诗纪念。他读到黄遵宪对吴的悼诗：“以君精佛理，夙通一切法。明知入世事，如露如泡沫。佛力犹有尽，何况身生灭。将头临刃时，定知不惊怛。”[18] 抄录这些时，众人在上海讨论佛法的景象，也会闪现在梁启超心头吧。比起那些雄辩滔滔的时论，这些诗话更能展现梁启超的内心，他在纸上重建了朋友的世界，抒发思念与遗憾，疗愈流亡之苦。

梁启超思念朋友时，朋友也找到了他。5月，他收到黄遵宪自嘉应的信。自1898年初长沙一别，他们已经四年未见。黄逃过上海一劫，在家乡找回日常生活，追忆往昔，感受帝国的剧烈动荡。“天下英雄聊种菜，山中高士爱锄瓜”，他这样吟叹自己的闲居岁月。他先后谢绝了来自李鸿章、陶模重回官场的邀请，也与自立军起义保持距离。但在诗作中，他表达了对国事的关切。“今日黄天传角道，非徒赤子弄潢池”，听闻义和团进京后，他这样写道。光绪在逃亡中发出罪己诏，他又感慨，“读诏人人泣数行，朕躬不德股肱良。三年久已祈群望，此罪明知在万方”。他为李鸿章写下挽诗四首，既有对其功绩的赞叹，“骆胡曾左凋零尽，大政多公独主持”；也有对其亲俄外交政策的批评，“老来失计亲豺虎，却道支持二十年”；还有对其知遇之恩的感激，“人哭感恩我知己，廿年已慨霸才难”。他也在诗中表达了对梁启超的思念，“风雨鸡鸣守一庐，两年未得故人书。鸿离鱼网惊相避，无信凭谁寄与渠”。[19]

依靠马尾造船厂寄来的《清议报》与《新民丛报》，黄遵宪跟踪着挚友的消息。对于这位忘年交，他从来不吝赞扬，“《清议报》胜《时务报》远矣。今之《新民丛报》又胜《清议报》百倍矣。……惊心动魄，一字千金。人人笔下所无，却为人人意中所有，虽铁石人亦应感动。从古至今，文字之力之大，无过于此者矣”，这赞扬因远隔重洋又热烈了几分。他深感游历对于梁启超的改变，将他比作孙悟空，“罗浮山洞中一猴，一出而逞妖作怪，东游而后，又变为《西游记》之孙行者”。相比于“七十二变，愈出愈奇”的梁启超，黄自谦为猪八戒，“惟有合掌膜拜而已”。猪八戒还是忍不住与孙行者讨论起诸多问题，他称赞梁启超在《南海康先生传》中对于康有为的

“钧至当不易之论”。他对《保教非所以尊孔》欣喜不已，“惊喜相告……心同理同”，忆起五年前在长沙时就与梁启超讨论的保教问题，说康有为因为见到两百年前天主教的繁荣，误以为西方富强是源于宗教，想将孔教变为类似宗教，这同时误解了西方与孔子。西方早已对宗教势力保持警惕，认定它妨碍进步，孔子学说则更缺乏宗教特性，孔子“为人极，为师表，而非教主”，因“各教均言天堂、地狱”，孔子却喜欢说，“未能事人，焉能事鬼”，对地狱或天国缺乏兴趣。[20]

激赏不仅来自黄遵宪，严复也对《新民丛报》不无称赞，在给朋友的信中说，“见卓如《新民丛报》第一册，甚有意思……其论史学尤为石破天惊之作，为近世治此学者所不可不知”。他也读到了《新民丛报》对于他所译《原富》的推荐，尽管被梁批评译笔刻意求古，仍觉“甚佩其语”，不过仍不免自辩“文无难易，惟其是”。[21] 同一时间，黄遵宪也恢复了与严复的联系。在信中，黄对《天演论》及新译《原富》与《名学》大加赞扬，说其文风“隽永渊雅，疑出北魏”。对于严复的译笔，黄态度颇为矛盾，认为《名学》这样的著作，就应以“艰深文之”，而《原富》“或者以流畅锐达之笔为之，能使人人同喻，亦未可定”。[22]

信件也象征着三十岁的梁启超的新地位。对于见识广阔的更年长的一代人来说，他不再是那个前途无量、亟需鼓励的年轻人，而是智识上的平等对手。

第十六章　新历史与新英雄

一

“历史者,叙述进化之现象也”,在第三期《新民丛报》上,梁启超继续连载《新史学》。在他眼中,中国人习惯的一治一乱的循环史观应被抛弃,新史学要应对地进化,“凡百事物,有生长、有发达、有进步者”才是历史。历史的主体不是个体,帝王将相“虽尽数千卷,犹不能于本群之大势有所知焉”,历史的主体应该是群体,只有人群的进化现象才值得记录。历史有其哲学维度,应寻求公例与公理,否则就会“知有一局部之史,而不知自有人类以来全体之史”,或局限于一地、一时的历史;亦不知史学与地理学、人类学、政治学等其他学科的关系。他还认定,历史的首要目的是促进民族主义的兴起,使“四万万同胞强立于此优胜劣败之世界”,民族正是最重要的群。人种是比民族更大的群，是历史动力。他将人种分为“有历史的”和“非历史的”两类：前者能扩张自己，入侵其他种族，垄断世界舞台；后者不断退缩，乃至消亡。历史精神也是“叙述数千年来各种族所以盛衰兴亡之迹者”。在他眼中，黄、白、棕、黑、红这世上五个人种，只有前两者称得上有历史的人种，白人中的条顿人“实今世史上独一无二之主人翁也”。他反对道德化的历史。中国史家“书法以明功罪，别君子小人，亦使后人有所鉴”，结果只知有一私人之善、恶、功、罪，而不知团体的善、恶、功、罪。他批评好谈国事者，动辄“恨某枢臣病国，恨某疆臣殃民”，认定只要驱逐他们中国就能重生。[1]

这些论断定让很多读者大吃一惊，中国或许诸学科皆不如西方、日本，史学却有漫长、傲人的传统。梁戳破这种幻觉，对中国的历史书写展开一系列批判。中国历史书写迷恋正统，这不仅谬误，还有奴性，“始于霸者之私天下，而又惧民之不吾认也，乃为是说以钳制之曰：此天下之所以与我者，吾生而有特别之权利”。他历数这种正统崇拜的矛盾性，如宋、金时代，金国占三分之二领土，谁是正统；顺治十八年，南明的弘光、隆武、永历皇帝并存，谁又代表正统。他说，若一定要说正统，周、秦之后就没有哪个朝代可以当此名。若夷狄不是正统，胡元及沙陀三小族必须摒弃，更不要说后魏、北齐、北周、契丹、女真等政权；若篡位不可以算正统，那么魏、晋、宋、齐、梁、陈、北齐、北周、隋、后周、宋甚至唐，也要摒弃；若盗贼不可为正统，那后梁、明也不行……在一连串否定后，他说现代世界的正统不该来自君主一人，而来自众人构成的国家，英、德、日本的君主立宪才为正统，国民才是主体，历史写作正是“叙述一国国民系统之所由来，及其发达进步、盛衰兴亡之原因结果为主，诚以民有统而君无统也”。[2]

如果中国的历史写作不可信赖，什么才是理想的历史写作？在他眼中，普鲁塔克的《希腊罗马名人传》、吉本的《罗马帝国衰亡史》尤令人仰慕，前者“以悲壮淋漓之笔，写古人之性行事业，使百世之下闻其风者，赞叹舞蹈，顽廉懦立，刺激其精神血泪，以养成活气之人物”；后者“以伟大高尚之理想，褒贬一民族全体之性质”。在中国史学传统中，《新五代史》《通鉴纲目》不过“咬文嚼字，矜愚饰智”。[3]

《新史学》的连载持续了近一年，它随即成为梁启超最负盛名的作品之一。严复称这组文章“石破惊天”[4]，他自己也作出相似批评，中国史学“于帝王将相之举动，虽小而必书；于国民生计之所关，虽大有不录”[5]，只有让读者知一群而非一家一姓的故事，才能让国人通晓盛衰强弱的原因。追随者蜂拥而来。年轻学人马君武感慨“唐虞以前之事，不可考矣。尧舜禅让，民政萌芽，夏禹传子而遽斩矣。自是厥后，民贼代兴。故吾中国尘尘四千年，乃有朝廷而无国家，有君谱而无历史，有虐政而无义务，至于今日”。[6]赵必振在为《日本维新三十年史》所作的序中写道，“史之体有三：神权之世，则为神代史；君权之世，则为君史；民权发达之世，则为民史”，不仅中国过去历史是二十四姓家谱，日本也同样如此，只在维新之后才发生变化，“大抵注意于社会进化之故，不为一朝一代之书记奴隶者”，随民权取代君权，以民史代君史。一位叫邓实的学者受梁影响，写作了《史学通论》，认定“史者，叙述一群一族进化之现象者也”。他的主旨像是对梁的复述，“盖史必有史之精神焉。异哉，中国三千年而无一精神史也！其所有则朝史耳，而非国史，君史耳，而非民史，贵族史耳，而非社会史，统而言之，则一历朝之专制政治史耳。若所谓学术史、种族史、教育史、风俗史、技艺史、财业史、外交史，则遍寻乙库数十万卷充栋之著作而无一焉也”。[7]温州学者陈黻宸在1902年9月发表《独史》，哀叹中国无史，要撰写以人民为主题的历史。10月，又有一位名为樵隐的人写了《论中国亟宜编辑民史以开民智》，要编农史、工史、商史，才能开发农工商的智慧。新加坡的《天南新报》指中国为“君权极盛、专制政体之国”，史家“慑于君权，压于专制”，“把数百年事务，作一人一家之谱而为之，一切英雄之运动，社会之经练，国民之组织，教派之源流，泯泯然，漠漠然，毫不关涉”。[8]零星的反驳也出现，马叙伦在《新世界学报》上抨击国人过度崇拜西洋，赞扬司马迁的成就，“中国之学术何尝不及泰西，中国又何尝无史？呜呼，恫哉！恫哉！”[9]

日后人们普遍认定，不管梁启超对于中国历史书写的判断多么有失偏颇，他仍开创了中国历史研究的新篇章，就如一位历史学家日后的评价："他将神圣崇拜的对象从圣王变为民族国家，依靠社会达尔文主义与今文学的共同框架，创造了一个进化理论。他以政治形态为核心，来界定进化，对秦朝的大一统有种矛盾态度，它象征历史的进步，又阻碍了进一步发展。中国在缺乏其他挑战的情况下，其历史绵延不绝的原因也造成了缺乏进化，君主政体也剥夺了人民的自由、权利。他的历史观与政治观彼此影响，最终将中华民族转化成历史的主题，创造了一个新的叙事。"[10]

"梁任公《新民丛报》，新理盈篇累幅，我国人读之耸目惊心，而自日人观之，皆唾余也，其程度相去悬远"，一位日本归来的朋友对孙宝瑄说。[11]这不无轻蔑的语气也不无道理，新史学的确深受日本学者的影响。重写历史是明治变革的一部分，它如今作用到梁启超身上。这也是个令人唏嘘的转变，日本曾奉司马迁、司马光为楷模，即使西潮袭来，日本维新者也是依靠魏源的《海国图志》来了解世界，佐久间象山、吉田松阴皆是其热情读者。王韬的《普法战纪》曾俘获重野安绎、中村正直等，少年内藤湖南听闻父亲购买了王韬的著作，尤为兴奋。福泽谕吉改变了这一传统，他批判传统日本史学所受的中国影响，只把目光集中于王朝兴衰、统治者的道德水准，错过了社会进步、文明开化。史家应展开视野，研究整个社会，关心普通的"人心"与"智德"。他深受法国的基佐（François Guizot）、英国的巴克尔（Henry Buckle）的影响，前者的《欧洲文明史》和后者的《英国文明史》影响甚巨，都将目光投向更广阔的社会图景，他们也是进步主义的信奉者，相信文明有等级，西方文明处于最高等级。福泽告诉日本人，文明不是探讨个人的精神发展，而是将天下众人的精神发展合为整体进行探讨。德国的影响也来到日本。1887 年，东京帝国大学聘请路德维希·里斯（Ludwig Riess）教授欧洲近代史，他是德国历史学家兰克（Leopold von Ranke）的传人。兰克坚信一种客观历史的存在，将国家置于历史写作的中心。日本史学家也借此反思本国、邻国的历史书写，那珂通世提出“东洋史”概念，他写作了五卷本《支那通史》，以新眼光重新打量中国，中国不再是个带着深切同情的对象，而是客观存在。他的同行桑原骘藏更为极端，中国只是一个研究对象，不涉私人感受。

对于这混杂的史学思潮，浮田和民是最综合性的诠释者。43 岁的浮田曾在耶鲁大学攻读政治学与历史学，是新生代史学家代表，在出版于 1897 年的《史学通论》中，他追溯了一个多世纪以来西方史学的发展、重要代表及其观点。这本书以综合而非原创闻名一时，梁启超深受其影响，常毫不掩饰地借用。《英雄与时势》短文就来自《史学通论》，《史学之界说》来自通论的前三章。当然，梁并非一个简单的抄袭者，他将自己的理解与想象加入其中。浮田笔下的“有前进，亦有退却，有升进，亦有堕落，其象如螺旋线”[12]，到了梁笔下变成，“孟子曰：天下之生久矣，一治一乱。此误会历史真相之言也。苟治乱相嬗无已时，则历史之象当为循环，与天然等，而历史学将不能成立。孟子此言盖为螺线之状所迷，而误以为圆状，未尝综观自有人类以来万数千年之大势，而察其真方向之所在；徒观一小时代之或进或退、或涨或落……吾中国所以数千年无良史者，以其于进化之现象，见之未明也”。[13]

这也是一场观念的旅行。对于欧洲，19 世纪也是史学世纪，世纪初的奥古斯特·孔德（Auguste Comte）宣称，“历史无可挽回地在哲学、政治学，甚至在诗歌中占据优势”；世纪末的阿克顿勋爵（John Dalberg-Acton）更为笃定，“历史不仅是一门特殊的学问，并且是其他学问的一种独特的求知模式与方法”。这股历史潮流经由日本，又传到中国流亡者笔下。明治思想家们必深谙此道，他们以一种转译的方式进行再创造，梁启超同样如此。不过，梁启超不知，在他欣喜地发现新史学之时，西方的史学再度发生剧烈变革。1898 年，编辑多年的《剑桥近代史》出版，主编阿克顿勋爵认定，历史写作必须摒除个人色彩、寻求客观，“我们撰写的滑铁卢战役必须是一个让法国人、英国人、德国人和荷兰人等等都满意的滑铁卢战役，如果不去查阅作者的名单，谁也无法说出从伦敦大学的毕肖普辍笔之处接着写下去的究竟是费尔班还是加斯克、是利伯曼还是哈里森”。[14] 一个科学时代到来了，历史要强调客观、普世，梁启超则沉浸于浪漫主义的民族史学。

二

“身为黄种而托国于白种之地，事起白种而能为黄种之光……有起于专制之下而为国民伸其自由，自由虽不能伸而亦使国民卒免于专制者……有所处之境遇，始于失意，中于得意，终于失意，而所怀之希望，始于得意，中于失意，终于得意……”[15]第四期《新民丛报》增添了“传记”专栏，梁启超选择匈牙利爱国者噶苏士（Lajos Kossuth）开篇，其种族思想、政治理想、个人际遇都令他倍感鼓舞。

这也是他不无矛盾的历史观的展现，他强调群体是历史的主角，又呼吁一种新英雄的出现，与中国传统的帝王将相不同，他们打破旧秩序，创造新模式，代表民族之兴起。在为康有为、李鸿章作出了开创性的评述之后，他将目光投向了另一批人物，他们都是各自饱受屈辱与分裂的国家的建国者，他们的精神与经验，正是此刻中国亟需的。

噶苏士的生命贯穿了整个19世纪，经历革命、流亡，一心寻求民族独立。1802年，他生于匈牙利的一个北部城市，隶属哈布斯堡王朝统治，小贵族出身的父亲以律师为业。大学毕业后，噶苏士成为一名律师，九年后偶然成为一名地方议员。在议会，他发现报纸成为左右时局的力量之一，它塑造了崛起的公众的力量，编辑与记者进入原来只属于国王与贵族的权力游戏。他发行的《国会会议公报》因鼓吹马扎尔人自治而大受欢迎，却激起当局的愤怒，1837年，他被判煽动叛乱罪。他将狱中三年变成了莎士比亚的阅读之旅，并自学英文，这将对他日后的流亡生涯大有裨益。他注定成为英雄。一股民族觉醒潮流席卷欧洲，从希腊到意大利、波兰，每一个帝国压迫下的民族都在寻求独立，长期被奥地利统治的匈牙利也是这股潮流的一部分。出狱后，噶苏士将《佩斯报》改造成为匈牙利第一份政治报纸，鼓吹匈牙利的政治经济独立，其态度再度激怒当局，以至于被《佩斯报》解雇。除去维也纳的统治者，他还有一个坚强的对手伊斯特万·塞切尼（István Széchenyi）伯爵，后者认定一个独立却落后的匈牙利无法创造繁荣，也无法处理少数民族的要求，而想推进一种渐进改革。

1848 年革命带给噶苏士意外的机会，冷酷的奥地利首相梅特涅（Klemens von Metternich）逃亡，裴多菲（Sándor Petőfi）在布达佩斯发动不流血政变，噶苏士率代表团去维也纳和奥皇谈判，后者同意匈牙利成立责任内阁，噶苏士出任财政部长。但塞切尼伯爵的忧虑很快成为现实，匈牙利获得自治，内部民族冲突随之而来，塞尔维亚、克罗地亚先后宣布脱离匈牙利。噶苏士表现出一贯的决绝，率兵击溃克罗地亚，宣布匈牙利成为共和国，解除对哈布斯堡家族的效忠，他在议会上疾呼："我要为我们伟大的民族鞠躬尽瘁。"沙皇俄国担心影响治下波兰的稳定，遂出兵支援奥地利，击败匈牙利军队。噶苏士率领数千追随者逃到奥斯曼帝国，离去前对公众说："只要我的死能对祖国有所裨益，那我将欣然地献出我的生命。”接下来四十年中，他先后流亡于美国、英国，凭借杰出的英语演说能力征服公众，美国人将他视作自由的象征，维多利亚女王却觉得他只是个讨厌的造反者。一位叫弗里德里希·恩格斯（Friedrich Engels）的工厂主认定，他让“我们第一次见到了真正的革命性质，第一次看见了一个敢于代表本民族人民接受敌人的挑战而进行殊死斗争的人”。他生命最后的时光在意大利的都灵度过，他组建过匈牙利军团，想借助外国势力恢复匈牙利独立。所有希望最终落空，他看着自己曾经的论辩对手塞切尼伯爵道路的获胜，1867 年奥匈帝国成立后，匈牙利的经济迅速发展，但匈牙利人记得他，1894 年他逝世于都灵，整个匈牙利陷入哀悼。

很有可能，在大岛号上阅读《佳人奇遇》时，梁启超第一次了解到噶苏士的事迹，这本小说的卷七、八、九以这位匈牙利人为主角。日本人痴迷他，其事业从未成功，高贵人格却激起尊敬与同情，恰似日本传统中失败英雄的形象，《太阳》在评选“近世十大伟人”时将其排第一。《匈牙利噶苏士传》也依赖于 1899 年 5 月号《太阳》上的《路易·噶苏士》一文，作者石川安次郎时年 27 岁，毕业于庆应大学，曾派驻北京五年，以中国通闻名，日后还将写作《肃亲王》一书。他也是中、朝流亡者的支持者，“噶苏士在美国各地受到热烈欢迎，与我日本政府冷淡康有为、朴泳孝完全不同”。[16] 相比石川，梁更了解噶苏士的流亡心境，他的噶苏士传在开头与结尾有着鲜明的梁氏评注，其中一些句子像是他写给自己的，“眇然僻壤一书生，遂一跃而为全欧奸雄梅特涅之大敌矣”；入狱重塑了他，“此三年中，内之修养其精神，而进德愈加勇猛；外之蓄积其声望，而国民益系怀思”；“百新党演说于讲坛，不如一新党呻吟于牢槛。于是举国中革命！革命！！革命！！！之声撼山岳而吞河泽矣。而其声之最大而远者谁乎，则噶苏士其人也”。[17]

噶苏士之后，梁启超开始写作《意大利建国三杰传》，尽管意大利政府觊觎三门湾事件荒唐可笑，复兴运动时的意大利英雄则令人赞叹，他们恢复领土，重塑国家精神，其中最杰出的是马志尼（Giuseppe Mazzini）、加里波第（Giuseppe Garibaldi）与加富尔（Count of Cavour）。这正是此刻中国亟需的精神，“求其建国前之情状，与吾中国今日如一辙者，莫如意大利；求其爱国者之所志、所事，可以为今日之中国国民法者，莫如意大利之三杰”。[18]

马志尼在三位中最年长、最著名。1805 年他生于拿破仑统治下的热那亚，当他长大时意大利又处于分崩离析中：奥地利帝国直辖伦巴第–威尼西亚王国，间接控制托斯卡纳大公国以及帕尔马、摩德纳和卢卡三公国，波旁王朝的西班牙旁系统治着西西里、撒丁王国及梵蒂冈……自少年时代，马志尼就立志要让意大利人重获独立，他曾试图令烧炭党的秘密活动与更广泛的群众产生关联，接连地被捕、流亡，在马赛建立“青年意大利”这一组织，编辑同名机关刊物，为意大利复兴运动提出纲领，试图将之塑造成一个自由、平等、统一、独立的民主共和国。他是个老练的组织缔造者，编写成员名单、收取会费，使用交通员保持各地成员的联系。他也是个天才的小册子作家，简练、犀利的言辞激起广泛的共鸣。他也受益于自己的外表，“最美的人”[19]，不止一位当代人这样形容过他。俄国流亡者赫尔岑曾这样描述，“即使在意大利，这么严肃而又优美的、完全符合古典风格的脸型也是很少见的。在这张脸上，有时会露出粗暴、严厉的表情，但只是一会儿，它马上又会变得柔和、明朗。那双忧郁的眼睛中闪动着活跃的、深思的光芒；它们和额上的皱纹都显示出无穷的意志和坚强的决心”。[20] 也很少有人如他对于政治、宗教、文学皆有造诣，他受到维柯（Giovanni Vico）① 的影响，深信历史进步，认定一切该向前看而不是向后看。他也被基佐对意大利思想家未能把理论与实践结合的批评激发，提出“思想和行动”的口号。直到 1872 年去世，他的人生就是一连串失败，其斗志与想象力却启发了整个世界，自青年意大利之后，涌现出青年奥地利、青年波兰、青年乌克兰、青年英格兰、青年阿根廷……梁启超的“少年中国”同样带有其影响。

马志尼有很多追随者，其中最著名的一位是年轻五岁的加里波第。1833 年，加里波第初次见到马志尼，就被其理念折服。策划热那亚海军起义失败后，他流亡南美洲。他在南

① 维柯（1668—1744），意大利政治哲学家、演说学家、历史学家和法理学家，著有《新科学》。

美成为新的英雄，率领主要由意大利移民组成的巴拉圭志愿军，击败了阿根廷独裁者罗萨斯（Juan Manuel de Rozas）。他是个革命符号创造大师，在黑色军旗上绣上正在喷发的维苏威火山图案，以激发战士们为自由而战的决心；将一家肉类加工厂的工作服改为军服，绯红色的上衣配上一条色彩鲜艳的小领巾，日后风靡世界的红领巾就来源于此。更年轻的加富尔也在崛起，相比于马志尼与加里波第，他采取中间立场，支持社会进步和民族解放，也主张君主立宪制，坚信发展工业、农业、交通、国际贸易的重要性。

1871 年，意大利最终获得独立，这三位则成为这漫长运动的公认的缔造者，尽管他们彼此矛盾、相互攻击。“彼其时玛志尼既废，加富尔既死，加里波的既锢”，梁启超赞叹这三位英雄人物的勇气和谋略，感叹他们未能体会建国的欢欣。你可以想象梁启超在写作时的亢奋，他将自己代入意大利的建国舞台，“为加富尔幕中一钞胥手，而为加里波的帐下一骀从卒，而为玛志尼党中一运动员，彼愤焉吾愤，彼喜焉吾喜，彼忧焉吾忧，彼病焉吾病”。他觉得彼时的意大利与此刻的中国颇有相似，都是处于专制统治的古老文明，散漫缺乏统一，“同病相怜，岂不然哉”。他又觉得中国有更多的优势，“曰土地之小不如我，曰人民之寡不如我，曰无中央政府不如我，曰有政教之争不如我”。这三杰拥有强烈的民族激情，“人人心目中有‘祖国’二字，群走集旋舞于其下，举天下之乐……人人心目中有祖国，而祖国遂不得不突出涌现”；他们应对挫败时所表现出的韧性也令梁慰藉，“意大利建国，自发轫以至告成，中间凡五十余年，大波折者六次，小波折者十余次，其间危机往往在一发，使其气一馁焉而即败，使其机一误焉而即败，乃其败也一而再而三以至于十数”。写下这些句子时，梁启超脑中也定在浮现自己的不断失败。[21]

梁启超笔下的三杰故事，也是全球观念传播的一个例证。1889 年，伦敦麦克米伦出版社出版了 *The Makers of Modern Italy*，它是马里奥特（J. A. R. Marriott）在牛津大学的演讲集。平田久将之编译为《伊太利建国三杰》。平田久比梁年长一岁，也是德富苏峰的助手。尽管崇拜马志尼，平田久忠实翻译了原著，将最高评价给予了加富尔，“冠以意大利统一缔造者之尊称者实加富尔其人”。梁启超则按自己的个性、价值观改动了文本，将最高评价给予马志尼，这孤立、先知性的民族英雄，还有其写作天赋令梁启超倍感共鸣，他称马志尼是造时势的先时之人物，“其哲学之深邃，理想之高尚，其主义、言论所以能动天下”，是造就加里波第、加富尔的人物，“至是而玛志尼退矣，至是而意大利成矣”。[22]

在梁启超以建国者自期时，一些意大利人也的确这样看待中国维新者。“这位爱国者与我们的马志尼有些相似之处，因为他称马志尼有爱国精神、刚毅及勇敢”，一位叫帕德尼（Riccardo Paderni）的意大利人这样评价康有为。[23] 当然，康更倾向于把自己比作加富尔，是国王的辅助者。而梁定会乐于别人称他为“中国的马志尼”。梁启超的《三杰传》

也借鉴了松村介石等人所著《近世世界十伟人》，梁在其中也会意外地发现自己朋友的身影。“当今清国一俊杰宗［宋］存礼，现虽不过一青年，然其学贯古今，精通百家，又修泰西文物。今思清国情不可堪，愤然上书李鸿章献大策。慷慨淋漓，滔滔数万言。终结之处慨曰，嗟乎周公孔子之道今已去西邦，中华却如夷狄”[24]，松村将加富尔的意大利比作今天的清国，提及的这位青年正是宋恕。事实上，身在杭州的宋恕相当胆怯，主动中断了与昔日维新朋友们的联系。

传记写作的热忱、对欧洲英雄的兴趣，难以抑制。《意大利建国三杰传》仍在连载时，梁启超插入了《近世第一女杰罗兰夫人传》一文。“彼拿破仑之母也，彼梅特涅之母也，彼玛志尼、噶苏士、俾士麦、加富尔之母也”，梁启超为她赋予前所未有的意义，“十九世纪欧洲大陆一切之人物……一切之文明”皆来自她，她是法国大革命之母，而法国大革命开创了日后的欧洲。这位罗兰夫人（Madame Roland）的才华与美貌皆摄人心魄，不仅令自己的丈夫、吉伦特派领袖之一罗兰倾倒，她的沙龙亦是巴黎最主要的社交场，其意见至关重要。革命的浪潮很快失控，吉伦特派刚发动废黜国王的革命，更激进的雅各宾派就开始追杀吉伦特派。被送上断头台的罗兰夫人临刑前留下响彻世界的名言：“自由，天下古今几多罪恶，假汝之名以行。”从少年时阅读普鲁塔克的英雄传记，到慷慨激昂地鼓吹革命之说，再到赴死时的从容，梁启超描述了一个被自己创造的潮流吞噬的殉道者，他也将

罗兰夫人

自己带入这动荡之中，“觉有百千万不可思议之感想刺激吾脑，使吾忽焉而歌，忽焉而舞，忽焉而怨，忽焉而怒，忽焉而惧，忽焉而哀”。若梁知道罗兰夫人因等待情人而拒绝逃离的故事，不知会作何感想。这篇文章也是梁启超越来越强烈的革命冲动的展现，“夫人非爱革命，然以爱法国故，不得不爱革命”。[25] 在他眼中，罗兰夫妇意识到一个旧法国已死，需要通过革命来缔造一个新法国，中国也面临着相似的情况，鼓吹革命是一种必要手段。

这一连串传记也是梁启超的新史学实践。他否认帝王将相的历史，强调群体之重要，却准备塑造一批新英雄。有名与无名之英雄、时势与英雄，英雄的话题始终令他兴奋。他定会认同卡莱尔（Thomas Carlyle）① 的著名论断，“历史是无数传记的结晶”。一代明治作家着迷于卡莱尔的历史观，即人类的历史就是一部英雄的历史。[26] 1887 年，日本国定教科书更节选了卡莱尔与其美国挚友爱默生（Ralph Waldo Emerson）的文章，他们取代卢梭、穆勒、斯宾塞等人，成为新一代青年的偶像。国木田独步、北村透谷、夏目漱石，这些日后大名鼎鼎的日本作家在困惑、脆弱的青春岁月，都被卡莱尔的英雄主义鼓舞，战胜自己的怯懦，重获自信。他也改变了日本人的英雄观，传统英雄是武勇的豪杰，是三国演义中刘关张，也是四十七勇士 ② 这样自我牺牲的武士，而在卡莱尔笔下，英雄可能是宗教领袖，也可能是以思想、笔端为业的文人。“文人英雄是新的，他在这个世界上才持续了一个世纪……靠印刷的书籍来努力表达他心中的激情，并在世界由此而高兴地给他的东西中找到地盘和维持生计……他，靠他的著作权和版权，住在肮脏的顶楼，穿着破旧的外衣，死后从他的坟墓里统治着各个民族和在他生前给他面色或不给他面色的历代人……”[27] 这样的语句激励了一代日本记者、作家，他们自命为一种新的英雄，其中最著名的正是德

---

① 托马斯·卡莱尔（1795—1881），英国历史学家，其作品在维多利亚时代甚具影响，曾任爱丁堡大学校长。

② 指在赤穗事件中为主君报仇的 47 名义士。赤穗事件发生于日本江户时代中期元禄年间，事件中义士们表现的精神思想对日本社会影响深远，著名歌舞伎剧目《忠臣藏》便取材于该事件。

富苏峰。德富将这种史观转化为日本式实践，以传记写作构造一种新时代精神，不管是英雄还是普通人，都有一种自主意识，后者正是“无名之英雄”。德富创办的民友社，邀请众多作家参与传记计划，他才华横溢的兄长德富芦花写了托尔斯泰，北村透谷写了爱默生，国木田独步则写了林肯、富兰克林、威灵顿的传记。这些作品依美国、英国的材料编译，加上自己的想象以激起日本读者共鸣。到了 1890 年代，二手资料式的传记出版已成为一个蓬勃产业。

如今，梁启超以借用甚至剽窃的方式，复制日本二手传记，为中国社会注入新精神。借由噶苏士、马志尼到罗兰夫人的故事，他带领读者从布达佩斯、罗马抵达伦敦、巴黎，从 19 世纪穿越到 18 世纪，看到革命浪潮风起云涌，专制被推翻又复辟，新民族从帝国中诞生……他尤其钟情于远方的流亡者、殉道者，赋予他们悲壮感、浪漫精神。在某种意义上，他也正追随他们的脚步，在流亡中创造出关于中国的新价值、新理想。他的那些读者，也很容易从这些欧洲面孔上，辨认出自己的困境与希望。

第十七章　留学生

一

读者们带着惊喜找到梁启超。“读大著《新民丛报》持论平允，不至使守旧者惊而却走，最足开通风气，甚佩”，一封独特来信寄到横滨，作者为一位亡故朋友而写。两年前，一位叫王元章的福建读者想写信给梁讨论宗教，很不幸，信未寄出，王却于戊戌年春去世。他的朋友在遗物中发现信件，同时欣喜地发现在横滨编辑的《新民丛报》，决定将遗信给梁启超一阅。50 多岁的王元章称 20 岁出头的梁启超“文章、经济冠绝无两，洵当代一奇才”，也在信中大谈对孔子的理解。[1] 这封信定令梁启超感慨不已，从上海到横滨，读者即使化作亡魂仍追随着他。

读者们读到一个更成熟的梁启超，为他笔端那不断涌出的新思想所折服，认定他无所不知。《新民丛报》第三期开设了“问答”一栏，梁启超对读者五花八门的提问作出简短回答。读者问他学说与学术的区别何在，他说，“学说则专取中外大儒一家之言……学术则泛论诸种学问”；读者问“金融”二字的意思，他答，“指金银行情之变动涨落”；读者问民权与人权的区别，他说民权之词并不确切，“乃中国人对于专制政治一时未确定之名词耳”；读者问日本的阳明学是何宗派，他说阳明学对明治维新影响甚巨，他们也受到禅宗的影响；读者问 Political Economy 的确切翻译，他说自己也并无定论；读者问如何快速地掌握日语，“手一卷而味津津矣”，他推荐了《和文汉读法》……[2]

这也反映出梁启超迅速扩展的知识世界。既然孔子不再是知识与信仰的唯一来源，你的目光也要投向另一个世界。孟子、陆九渊、朱熹、王阳明、顾炎武，这一连串中国思想家也可以被替换成笛卡尔、孟德斯鸠、康德、卢梭、达尔文、亚当·斯密。对于中国读书人，这是颠覆性的一刻，就如王国维多年后感慨，“自三代至于近世，道出于一而已。泰西通商以后，西学西政之书输入中国，于是修身齐家治国平天下之道乃出于二”。[3]这也是一个漫长的历程，从墨海书馆、同文馆、江南制造局的翻译开始，西方知识支离破碎、断断续续地进入中文世界，在近半个世纪被漠视之后，它的重要性因甲午之败陡然上升。敏锐的青年人清晰地感受到传统的断裂、新知识的涌来，孙宝瑄在 1897 年感慨道，“居今世而言学问，无所谓中学也，西学也，新学也，旧学也，今学也，古学也，皆偏于一者也。惟能贯古今，化新旧，浑然于中西，是之谓通学”。[4]梁启超编辑的《西学书目表》只是一张粗略的路线图。

不过几年，一切不同。经由庚子之变，连“中学为体，西学为用”的勉强自信都失去了。溃败的不仅是紫禁城的权势，也是中国的正统思想；代表着力量的西方知识，更值得推崇。常年觉得孤立的严复感慨道，他倡导多年的西学突然大受欢迎，“近今海内，年在三十上下，于旧学根柢磐深，文才茂美，而有愤悱之意，欲考西国新学者，其人甚多。上自词林部曹，下逮举贡，往往而遇”。[5]思想的权势转移了，这一次，思想来源不是外国传教士，而是东京与横滨，从《万国公报》来到《新民丛报》。

“兹学为今世最盛之学，其流别最繁，其变迁最多，其学科之范围最广，其研究之方法最淆”，自《新民丛报》第七期，梁启超开始连载《生计学（即平准学）学说沿革小史》。这是一个崭新的学科，只严复刚译出的《原富》这一本著作，其译笔又“理深文奥，读者不易”，对于这个学科的发展原委、基本理论，尚无人介绍。他原想请严复来撰写，后者无暇顾及，或许也不擅此道，他只能自己动手。这只能是笨拙的努力，对于这个学科，他甚至找不到确切的名词，他不喜欢严复使用的“计学”，也没使用日本人的“经济学”，自创了“生计学”，为方便读者理解，他将《史记》中“平准学”放在括弧内。

流亡几年，他更意识到商业力量的重要。他认定，西方成功也源自生计学的发展，仅仅一百五十年历史的学科有“左右世界之力”。亚当·斯密则是划时代人物,《原富》与美国《独立宣言》同样富有意义，是一次思想上的“独立宣言”，“催破重商主义之邪说，而使生计学为一独立之学科，其耸动一世之耳目，而别开一新时代”。他读到了“看不见的手”“社会分工论”，却认定自由贸易并不适合此刻的中国，“治当时欧洲之良药，而非治今日中国之良药”。

经济学也是时代思潮的一部分，“十八世纪之下半，群治组织，殆将一新。其时之哲学文学，种种异彩，皆为思想革命、政治革命之媒。个人主义渐渐得势力，所谓民约说、人权论等，渐风靡一世，务以排除政府之干涉，放任人民之自由。凡百学说皆然……生计学之自由主义，大成于斯密亚丹”。如今，世界局势已变，民族帝国主义兴起，“各国之民业皆以政府为后楯，以出而竞于世界，当其锋者又岂以一私人之力而能奏效也”。此刻中国更适于重商主义，经济成长可以用来为国家利益服务，它是实现国家各种目标的手段，“重商主义在十六世纪以后之欧洲，诚不免阻碍生计界之进步。若移植于今日之中国，则诚为救时之不二法门也”。面对激烈的世界竞争，中国不是自由不足，而是自由过度，“则政府之与民业，向来漠不相关切。以云自由，则中国民之自由极矣，而其敝又若此”。他对中国政府失望，却对中国人颇具信心，“中国人生而具经商之天才……如学步之婴儿，稍扶掖之，不数旬而能自行矣”。中国人受困于儒家的义利之分，逐利又回避谈论它，经济思想贫瘠。他对海外华人商业力量高度重视，事无巨细地记下各地的经济规模，他欢呼一个竞争时代的到来，认为未来二十年是“中国制造品与外国制造品竞争于中国市场之时代”，接下来二十年，“乃为中国制造品与外国制造品竞争于世界市场之时代”。[6]

读者们正为这些经济学演变感到新奇与困惑时，梁启超又开始介绍格致学（物理学）。他将亚里士多德、伽利略、哥白尼一系列名字，力学、光学、天体运动、显微镜这些名词，一股脑推到读者眼前，告诉他们牛顿是“近古格致学第一名家”。[7]他又写作了《亚洲地理大势论》《欧洲地理大势论》，认定“地理之关系于文明，有更重大于人种者矣”。[8]这庞杂的兴趣表明，中国需要一连串彼此呼应的思想变革。

没人相信，梁启超能以如此短的时间，理解如此多的学科。对于经济学，他坦承自己依靠英国的英格拉姆（John Kells Ingram）、意大利的科萨（Luigi Cossa）与日本的井上辰九郎三位学者的著作，地理学来自浮田和民与志贺重昂著作的节选。这也是梁启超的天才之处，他可以将一知半解的知识富有想象力地表达出来。他也掌握一种令读者安心的历史视角，知识虽五花八门，却都有自己的历史演变过程。这喷涌的写作也注定饱含焦灼，他面临着中国思想、学术传统的瓦解，需要应对突然涌到眼前、延续了三个世纪的西方知识大爆炸。在某种意义上，他正如圣伯夫对托克维尔青年时代的形容："这个年轻人还没有学会什么，就已经开始思考了。"

梁启超面临着与幕末维新一代日本人相似的挑战。"日本亟需统计学（statistiek）、法律学（regtsgelerdheid）及经济学（economie）、政治（politiek）、外交（diplomatie）这几个学科"，西周在致荷兰教授的信中说，日本已有物理学、数学、化学、地理学，他则想弥补哲学这个欠缺的领域。生于1829年的西周，经历了开国巨变，从儒学投身于兰学，1862年乘坐咸临丸前往莱顿大学，希望向教授学习哲学。他举出笛卡尔、洛克、康德、黑格尔等人的名字，从汉学经验出发，说朱熹与西方的理性主义颇为相似。他找不出确切的汉文词指代理性主义（rationalism），将之音译为"罗龈奈伽士谟"，将哲学（philosophy）翻译为"斐卤苏比之学"。返回日本后，西周成为最重要的西学引介者之一，以汉语创造了一套翻译词汇，从"哲学""主观""定义""外延""抽象"，到"理性""先天""归纳"等。[9]

梁启超若知晓西周的故事，必深有感触。他比西周幸运，不用殚精竭虑地思考每一个名词，可以大胆借用三代日本人的努力，只将他们的教科书稍做改写，就足令中文读者大吃一惊。在《东籍月旦》一文中，梁启超坦承这一切。中国思想与学术的一切都需要重建，甚至包括伦理学与历史学。他列出了一连串日文书单，既有日本人自己的写作，也有翻译自欧洲的作品。这是令人汗颜的发现，"中国自诩为礼义之邦，宜若伦理之学无所求于外”，却在日本中学课本中发现一个丰富的伦理世界，除却对自己、家族的伦理，还有对社会、国家、人类的伦理。他推荐元良勇次郎所著《中等教育伦理讲话》，“简明赅括，最适于初学之用”，每一课不过千余字，还附有问答。另外，井上圆了的《伦理通论》，出版于明治二十年（1887），最适合此刻中国读者。他也推荐了一系列历史著作，将其划分为世界史、东洋史、日本史、泰西国别史、杂史、史论、史学、传记八类。他推荐本多浅治郎的《新体西洋历史教科书》，“其叙事条分缕晰，眉目最清……可充吾国教科之用者”，中译本由广智书局出版。他也钟爱浮田和民的《西洋上古史》，“尤为宏博……盖于民族之变迁，社会之情状，政治之异同得失……能言之详尽焉”。在东洋史中，桑原骘藏的《中等东洋史》“繁简得宜，论断有识”。对于日本人写作的中国史，他推荐了田口卯吉的《支那开化小史》，“其论则目光如炬，善能以欧美之大势抉中国之病源，诚非吾邦詹詹小儒所能梦也”。[10]

对于梁启超，新知识版图固然诱人，用新视角重新理解自己的传统同样重要。“自今以往二十年中，吾不患外国学术思想之不输入，吾惟患本国学术思想之不发明”，他在《论中国学术思想变迁之大势》中感慨。他忧虑从崇拜古人的奴隶性，变为崇拜外人、蔑视本族之奴隶性。他发现中西学术的关键区别，“泰西之政治，常随学术思想为转移，中国之学术思想，常随政治为转移”。他将先秦诸子的思潮分为孔子为代表的北派与老子为代表的南派，前者因环境苛烈，崇尚实际、力行、谨直，后者因环境丰裕，崇尚虚无、无为、自然。他相信，自由是学术发展的真正动力，战国之末是“全盛中之全盛”，因为“思想自由，达于极点”，“智识交换之途愈开，而南、北两文明，与接为构，故蒸蒸而日向上也”。在与希腊思想的对比中，他发现中国“国家思想之发达也”，“生计（Economy）问题之昌明也”，“世界主义之光大也”，“家数之繁多也”，“影响之广远也”。它的缺陷是“门户主奴之见太深也”，“崇古保守之念太重也”，“师法家数之界太严也”。他盛赞希腊人的论辩精神，“皆由彼此抗辩折衷，进而愈深，引而愈长”。汉代的政治与儒学统一导致了停滞，“一尊者，专制之别名也。苟为专制，无论出于谁氏，吾必尽吾力所及以拽倒之”。佛教给隋唐带来学术繁盛，他将那时的中国比作中世纪欧洲，都处于一个转变时刻，怀疑与实证精神改变了欧洲，中国也将发生相似转变，迎来一个融合时代。他过分乐观地相信，在与西方文明的融合中，中华文明将自我更新，就像一场美妙的婚姻，“吾欲我同胞张灯置酒，迓轮俟门，三揖三让，以行亲迎之大典。彼西方美人，必能为我家育宁馨儿以亢我宗也”。[11] 日后，人们称梁启超创造了学术史范式，它同样受到日本人的直接影响，远藤隆吉的《支那哲学史》，白河次郎、国府种德的《支那学术史纲》尤其重要。

二

“笔锋犀利，议论透彻，容易动人”，即使身在东京、见多识广的留学生，也被梁启超的文笔打动。曹汝霖也热心追读着《清议报》《新民丛报》，尽管偶尔觉得议论偏激、对于慈禧的攻击不无过分。23 岁留学日本的曹汝霖是一个转变时代精神的象征，日本正成为新的思想、知识的来源。在上海长大的他，自小缺乏科举兴趣，在考取两江总督赴日奖学金后，父母卖了田产凑了 400 元给他，他花上大洋 14 元，与几位同学乘三等舱自上海出发。途经神户时,他发现此地“沿海尽是洋楼，很像上海黄浦滩”。在东京，他被幸运地分配到刚刚离世的中江兆民[①]家入住。中江夫人对这位中国年轻人颇多关照，担心他吃不惯日本料理，常给他做西餐，也谈起丈夫往事，说特立独行的中江如何倡导卢梭学说，拒绝伊藤博文进入政府的邀约。他粗通日语后入早稻田专门学校，并开始观察日本社会的点点滴滴。虽然号称同文同种，日本却与中国大不同。他深感日本教育之普及，“修身一课，尤为重视，教人以人伦道德，忠君爱国。又重视体育，提倡尚武精神，到中学即有兵式体操”，即使“车夫走卒，暇时辄手一报纸阅看。报馆亦多，大报的编辑记者，地位亦高”，

---

① 中江兆民（1847—1901），日本自由民权运动理论家，曾用汉文译述卢梭《民约译解》(即《社会契约论》)，有“东洋卢梭”之称。

连妇女也知世界大事。平等精神也令他意外，在国会选举中，甚至一文不名的人也能当选。在学校中，不管你何种出身，都穿同样的制服，外出乘三等火车，大学生都是四角帽，女生一律和服，束以紫色长裙。东京新旧交替，银座至上野是最热闹繁华的场所，但比起上海租界仍有所不足，马路都用细石子铺设，尚无沥青路，以轨道马车来往，人力车、自行车为主。大臣也坐人力车，只两人一拽一拉，速度更快些。住宅区的小街就像中国胡同，房屋大部分是和式，只银座一带有红砖洋房。公园众多，上野公园最有盛名，浅草的游乐场像是中国庙会。更有欢愉场所，“隔以木棂，粉白黛绿，陈列其中，任人选择”，新桥、柳桥一带的高级妓院与上海长三堂子不无类似。日本人宴客非有艺妓不欢，料亭往往布置精致，应酬周到。他也发现，日本人极爱干净，每日必入浴。大街小巷遍布浴室，“男女分隔，取费极廉，自晨至晚，浴客不绝”，但水温太高了，他实在受不了。他还发现，日本女人偏爱插花，男人则爱饮酒，樱花时节“携樽看花，东倒西歪，随时可遇”，这是他们难得的放松时刻。[12]

异域也激发起曹汝霖的身份感，留学生的人数仍稀少，“文武合计，只有五十六人”。他们关系紧密，“每逢假日，彼此往来，不分省界，亦不分文武，亲热异常，恍若家人”。[13]他的政治意识也觉醒，与同人发起励志社，“联络感情，策励志节”，“研究实学，以为立宪之预备；养成公德，以为国民之表率；重视责任，以为辨办之基础”。[14]这个团体还于1900年末创办《译书汇编》，将欧美及日本的政治学说译介到中文世界，希望中国人做积极吸收文明的新国民，“凭我中国优秀之人种翱翔于二十世纪，称霸于地球之上又复何难”。[15] 会员章宗祥编写了《日本游学指南》，声称“故欲游学外国，为吾国求未开之学问，其便盖当无有出于日本之右者矣”，详细列出了留学的种种事项，从学费到路程。[16] 1901年末，中国留学生会馆成立，公举干事12人，向会员募款，处理通讯，还在上海报上刊登广告，方便留日中国青年去信询问。这是留学生的第一个互助组织，“初来之人，极为称便”。[17] 在成立大会上，吴禄贞将此会馆之于中国比作独立厅之于美国。听众们定会心一笑，他们皆是《佳人奇遇》的读者，熟知费城独立厅、自由钟的故事，美国人在自己的领土上追寻独立，他们则在异邦发现自由精神。

他们也是一个逐渐升温的留日浪潮的缩影。早在1896年，13名留日学生就来到东京，其中一半人对于新环境感到不适而匆匆回国。两年后，中日双方对此寄托更多期望，张之洞在《劝学篇》列举了留学日本的便利：“一，路近省费，可多遣；一，去华近，易考察；一，东文近于中文，易通晓；一，西学甚繁，凡西学不切要者，东人已删节而酌改之，中、东情势风俗相近，易仿行。”日本公使矢野文雄则相信，“如果将在日本受感化的中国新人才散布于古老帝国，是为日后树立日本势力于东亚大陆的最佳策略；其习武备者，日后不仅将仿效日本兵制，军用器材等亦必仰赖日本，清军之军事，将成为日本化。……果真如此，不仅中国官民信赖日本之情，将较往昔增加二十倍，且可无限量地扩张势力于大陆”。[18]这热忱因为百日维新的失败而中断，但在张之洞、刘坤一治下，小规模的派遣计划一直持续。义和团悲剧使这计划更富吸引力，当八国联军占领北京，慈禧与光绪仓皇西窜后，帝国失去残存的威严。国人对于洋人——不管西洋还是东洋——抵触消失了，转而变为膜拜。“我们在暴乱（义和团运动）中并无所失。而事实上，我们的威信大增，我们敢肯定地说，多少年来我们在北京或在中国的地位，从未像今天这样高。我们与清朝官员的联系从未像今天这样密切”，在 1902 年初给朋友的信中，莫理循全然忘却了两年前的受困窘境。[19]东京也接受了这种热度，在很多中国精英眼中，它成为新的权力与思想中心。在新政的名义下，各式参观使团接踵而至。“崇拜日本之热度骤涨，昔之以北京为势利要津者，今则移于东京矣”，梁启超不无嘲讽地写道。“下自民间，上迄政府，莫不皆然”的膜拜，也是中国国民性的流露，“中国人，最恭顺者也。察势力之所在而崇拜之，以固全己之势力，中国人之特长也”。[20]吴汝纶的访问轰动了整个日本，他被视作博学、文雅之士向日本学习的努力。令人不齿的现象更为普遍，一位亲俄的疆臣，如今想巴结日本皇后，进而影响天皇，以求最终能让他在北京朝廷中高枕无忧。梁讽刺说，可惜他不知立宪文明国是没有李莲英式的人物的。新转变中最令人欣慰的就是留学日本的涌来。

三

章太炎也感受到这变化，再度来到东京的他少了寂寞。三年前，他只认识梁启超与钱恂，“今则留学生中旧识有十数人”。他搬入牛込区天神町六十五番地与朱菱溪同住，后者是湖南人，也是梁启超的弟子。年轻一代的政治态度令章印象深刻，原本追随梁启超的秦力山投入孙文阵营，“宗旨惟在革命，后与任公寻仇，至不相往来”；戢翼翚同样“志在革命，与力山最合，与任公为冰炭”，也不喜欢孙文。[21]

去拜访梁启超、孙文，逐渐成为标新立异的留学生的必备行程，他们想知道这些朝廷口中的叛逆人物，到底是何种模样。这年夏天，吴禄贞、钮永建、程家柽、马君武一起去横滨拜访孙文。孙正处于低谷期，惠州起义以失败告终，他也担心日本非久留之地，自己可能如康有为一样被驱逐，当他 1901 年夏天前往夏威夷时，失望地发现家人、朋友成了梁启超的支持者。兴中会的创始人之一杨衢云在当年年初遇刺，尽管他与孙一直在争夺领导权，也仍是一大损失。尢列则前往新加坡，拓展新网络。孙的日本爱妾浅田村则于 1902 年去世,带来新的抑郁,宫崎滔天不得不带他出去散心。不过,他总以惊人的乐观示人。当宫崎将史坚如牺牲的消息带来时,他说:“我的家眷现在夏威夷，也是流着泪和贫苦搏斗，家里人要是战胜眼泪，那就意味革命不久就要成功。从事革命运动的人都必须战胜眼泪。”[22] 美国《展望》(*Look*) 杂志的记者则发现，他在横滨的家中堆满了政治、经济、历史的英法文书籍，军事类则主要与布尔战争有关。他对记者说："我们的人一旦获得适当的武装并且做好大举的准备，就能轻易地打败清军。"即使对于失败的惠州起义，他也说比起广州起义，它带来更多同情。"当初次之失败也，举国舆论莫不目予辈为乱臣贼子，大逆不道，咒诅谩骂之声不绝于耳，吾人足迹所到，凡认识者，几视为毒蛇猛兽，而莫敢与吾人交游也"，惠州起义失败之后，"则鲜闻一般人之恶声相加，而有识之士，且多为吾人扼腕叹息，恨其事不成矣"。[23] 孙文的日本同志则在塑造他的新形象。1902 年 1 月至 6 月，宫崎滔天的回忆录《三十三年之梦》在《二六新报》上连载，其中对孙的描述尤其浓墨重彩。不过，这描述也透着失落，革命不断失败，连宫崎都感到心灰意懒，想以唱浪花节为业，这在日本社会是不入流的职业。

孙文敏感地意识到留学生是崛起的新力量，与尢列议定了新计划，同时联络学界与开导华侨。他在东京竹枝园宴请刘成禺、冯自由、程家柽等人，"历朝成功，谋士功业在战士之上，读书人不赞成，虽太平天国奄有中国大半，终亡于曾国藩等儒生之领兵。士大夫通上级而令下级者也，马上得之，不能马上治之，况得之者，尚在萧、曹、陈诸人之定策乎？士大夫以为然，中国革命成矣"，请他们游说各省学生及有志之士加入革命。[24] 他也热情地欢迎章太炎的到来，在横滨中和堂为他奏军乐，"延义从百余人会饮，酬酢极欢"。[25]

梁启超定也感到某种不安。他辜负了孙文的信任，背叛了革命的同盟，同时也看到一些学生摒弃了自己，投入孙的麾下。章太炎意识到，比起梁启超，留学生很少真心对孙文感兴趣，“其余偶然来往的，总是觉得中山奇怪，要来看看古董，并没有热心救汉的心思”。[26]“梁启超我还不想去看他，何况孙文。充其量，一个草泽英雄，有什么看头呢？”吴稚晖不屑地说，37 岁的他获得过举人功名，曾是上海南洋公学教师。钮永建反驳说，“你大大的弄错了，一个温文尔雅、气象伟大的绅士”。程家柽补充道，梁启超相比之下只是一个书生，没有特别之处。[27]马君武则说，“康梁过去人物，孙公则未来人物也”。[28]章对梁、孙不无肯定，在海外的政治人物中，只有孙文与梁启超是值得期待的人物，“吾不敢谓支那大计在孙、梁二人掌中，而一线生机，惟此二子可望”。他又察觉二人都陷入某种困境，孙文想展开行动，却缺乏支持者，横滨的广东商人早已追随了保皇党；梁启超则失去了行动的欲望，“而专以昌明文化自任”。在章太炎眼中，他们的分歧并非理念，而是现实权力。张之洞与蔡钧更力图让他们自相残杀。章以“臭沟”指代张之洞，“大龟”则是蔡钧——新任驻日公使。[29]

52 岁的蔡钧，圆脸，眼神颇为狡黠。他是个资深的外交官，曾出使西班牙、美国、秘鲁。他也曾出任上海道台，一位德国记者称他有现代观念，在静安寺路 63 号的宅邸中，有西式钟表与灯具，见到外国人习惯握手，而非作揖，“首开茶会，并仿西国跳舞之戏，遍延各领事、教士及中西绅商，与夫报馆经理、主笔人等，作竟夕之欢”。半年前，他接替李盛铎成为新任公使。他对于外交的理解，第一胆识，第二疏财，第三方言，第四肆应。出任公使后，他迅速给近卫笃麿一家送礼，“兹特遣庖丁粗制肴馔四盘，点心两盘，另制西式点心两盘，外锦纱一端，即希代陈于尊夫人前……又令赠少爷小姐折蓮扇四柄，借以奉扬仁风”。[30]他也继承了李公使对于留学生的怀疑态度，后者发现，“学生中间，有狂暴放恣毫无检束且皆心醉民权之说者，若不加以辖制，日后必至不可收拾”。[31]

1902年2月10日，壬寅年正月初三，蔡钧在九段坂的偕行社举办新年恳亲会，宴请留学生。学生自上午八九点陆续抵达，“列坐叙谈者有之，散步游行者有之，握手点头，应接不暇，亲爱之情，溢于眉宇”。蔡钧暂时收敛起这种怀疑，对着留学生们谈起自己的旅欧见闻，所遇华工之苦，异域同乡之亲切，希望今日欢聚能一解思乡之苦。他勉励诸君“常以忠君爱国四字存于心”，不能“在山林易忘廊庙，在外国亦易忘父母之邦”。[32]他随即意识到，这也是群随时可能失控的年轻人，众人酒酣耳热时，陆军学生将他抬起，高呼“公使万岁！”公使却缺乏入乡随俗的松弛，惊魂变色，疾呼“下来！”兴奋的学生们反将他抬得更高，以为被学生戏弄的蔡钧更心生警惕。

这种警惕随即升级。蔡钧密信外务部，建议停止派遣留学生。他担心留学生受到日本不良空气的影响，而康梁，尤其是梁启超，是这一切的源渊，他们及其余孽“现聚于横滨一埠为多，在东京者则深藏固匿”，“借合群之义，而自由之说日横；醉民主之风，而革命之义愈肆”。留学生们则“学业未成，而根本已失”。在蔡钧眼中，明治日本同样令人忧心，“民德久衰，风俗淫乱，政府腐败，天皇徒拥虚名于上”，“号称维新者，有名无实，其政府多树党援，各分门户，不顾公义”，尤其可恶的是，它包庇康梁这样的匪徒，“且暗中引诱学生以作乱之谋，以便从而取利，故于匪党之倡言革命者，反多方以奖劝之”。蔡钧也没能区分梁启超与孙文，将他们混作自由革命党。蔡钧建议中断留学日本的项目，在国内开办学堂，聘请外国讲习授课，这样可以“无民权、平等诸邪说”。他更试图瓦解流亡政治力量，在中华会馆劝说华商远离康梁，收回大同学校，“彼自由革命逆党一旦顿失众商资助经费……势将解体而涣散矣”；而停止公派留学，更“根株悉拔，流毒有时而尽”。[33]

密信泄露出来，《万朝报》率先刊载，引发日本舆论界哗然。清国使馆不得不出面辩护，说蔡公使只是为了阻止与康梁有关系的学生前来，再次要求日本政府驱逐梁启超，后者妨碍留学事业。梁启超作出回应，第五期《新民丛报》刊登了密信全文并作出点评。很有可能，他在上海时见过蔡钧，作为《时务报》主笔参加过他的宴会。如今，他说这位蔡公使“将至不能见容于日本，自作自受”，不仅自辱，且“国体即与之俱辱”。他为日本政府的慷慨赞叹，支持中国的留学事业，也赞叹横滨华商们没有理会蔡钧的挑拨。

密信未能中止留学浪潮。事实上，1902 年是浪潮真正的开始，学生数量将由几百名陡然攀升至三年后的 1.3 万名。已进入成城学校的蔡锷写下《致湖南士绅书》，号召同乡青年人来日本留学。他大声疾呼，三十年前的日本与中国相同，一朝变革获得富强，“今将以绝学之前辈，文明之祖邦，虚心折节，下而从事问学于明强渊侈之后进，阅历广远之新都”。也像很多人一样，蔡锷将日本视作跳板、工具，“及今以欧美为农工，以日本为商贩。吾辈主人，取而用之，足敷近需。其后学界超轶，文治日新，方复自创以智人，庶俾东西而求我”。[34]

这一年，一位 21 岁的绍兴青年赴日本留学。他本名周樟寿，出身绍兴一个官宦人家，从小吃尽家道没落之苦，他放弃科举之路，先后在南京的水师学堂与矿路学堂就读。在矿路学堂，他受到维新思想的影响，校长是个维新派，平时坐马车时会读《时务报》，出的考试题则是“华盛顿论”。第一次读到《天演论》，他即被严复的译笔吸引，多年后还感慨，“原来世界上竟还有一个赫胥黎坐在书房里那么想，而且想得那么新鲜”。[35] 他将自己的名字改为周树人，日后他将以鲁迅之名扬名世界。1902 年 3 月，他与五名同学从南京出发，在上海搭乘神户丸，4 月 4 日抵达横滨，前往东京入读嘉纳治五郎创办的弘文学院，被分在江南班，班上共十余人，一间宿舍六个人。他发现，“留学生会馆的门房里有几本书买，有时还值得去一转；倘在上午，里面的几间洋房里倒也还可以坐坐的”。[36] 他的同学许寿裳记得，这位周同学买了不少日文书籍，如拜伦的诗、尼采的传、希腊神话、罗马神话等，还有日本印刷的线装《离骚》。这位过分敏感也刻薄的年轻人也发现了留学生腐朽的一面，在樱花烂漫的上野公园，成群结队的清国留学生实在令人汗颜，他们“头顶上盘着大辫子，顶得学生制帽的顶上高高耸起，形成一座富士山。也有解散辫子，盘得平的，除下帽来，油光可鉴，宛如小姑娘的发髻一般，还要将脖子扭几扭”。[37] 他似乎忘记了，自己初来时也盘着辫子，一年后才剪掉。

周树人沉浸于自己的世界，没去拜见梁启超，也没卷入日益政治化的学生团体。曹汝霖发现，励志社逐渐分化为稳健派与激进派，他与章宗祥、吴振麟等将注意力集中于学习、翻译，秦毓鎏、张继、汪荣宝等则日益政治化。在这个趋向中，章太炎看到希望，激进留学生将成为他的反满同道。章太炎与秦力山准备召开“支那亡国二百四十二年纪念会”，日期定于 4 月 26 日，农历三月十九，明朝在二百四十二年前的此日灭亡。章的用意再明显不过，他要激活历史记忆，塑造汉人中心主义，以此对抗满人政权。这也是个吊诡的时刻，只因为其种族，无能又刚愎自用的亡国之君崇祯突然成了英雄。朱菱溪、冯自由、马君武、周宏业、王家驹等十人也参与了行动，章太炎撰写宣言书，征求孙文、梁启超意见，二人皆复书表示愿署名为赞成人。

听闻消息的蔡钧大为恐慌，前往外务省要求解散此会。开会前一日，十名发起人接到警察署通知，请他们前往警署一谈，神乐坂警署上演了难忘一幕。当警察询问他们为何人，章太炎意外地答道，“余等皆支那人，非清国人”。警长惊异之余，问他们属于士族还是平民，章回答“遗民”，公开否认清国子民的身份。警长摇头不止，只能直奔主题，诸君创设的支那亡国纪念会，伤害了日本帝国与清国的邦交，他奉命制止会议。章知道争之无用，无言而退。翌日，精养轩门前布满警察，明令禁止中国人开会。很多留学生并不知情，前往赴会者多达数百人。孙文也从横滨赶来，还带了十几位华侨，只能假装在精养轩聚餐。[38]孙文邀请章太炎前往横滨，当晚设宴于永乐酒楼，酒楼主人陈植云是一位兴中会成员，也是活跃的华商，开办酒楼外，还有和洋服店。当晚设宴八九桌，兴中会成员六十余人列席。孙文主持，章太炎宣读纪念辞。孙提议给章敬酒，每一人一杯，最终章喝下七十多杯，大醉，气氛“异常欢洽”。[39]梁启超定听闻了这场欢宴，在《新民丛报》上尖锐批评蔡钧。他的犹疑性格再度展露无遗，他支持章太炎的行动，又随即另函要求不要公布自己的名字。他倾向于反满，又担心激起康有为的不满。

学生风潮迅速成为中国社会的一个崭新景观，还是跨国的。学生成为一股令人瞩目的政治、社会力量，也是梁启超笔下“少年中国”与“新民”的象征。在东京，留学生对蔡钧的抗议从春天持续到秋天，其间还上演了吴稚晖投河的戏剧事件，引发了中日舆论沸腾。这风潮也从东京传至上海，上海的南洋公学因不满校方管理集体退学，组建了爱国学社，吴稚晖与蔡元培是背后的推手。

《新民丛报》追踪这些动向，梁启超痛骂蔡钧，“吾民之在内地者，他国未能直接以奴隶之，则借本国政府为傀儡焉；吾民之在海外者，本国不能直接奴隶之，则借他国为傀儡焉”。[40] 他将留学生的团结视为中国国民运动的重要一章，并用欧洲学生运动的历史来鼓励他们，“其革千载之积弊，建回天之伟业者，何一不从学生团结而来”。[41] 但他态度矛盾，理解他们的抗争，又怕他们滥用自由。“今世少年，莫不嚣嚣言自由矣”，梁启超感叹中国青年，尤其东京的留学生们，常将自由误解为“私人之放恣桀骜”，往往“破坏公德，自返于野蛮”。他忧虑，这种误解会沦为专制者的口实，也是中国发展的障碍。而“向上以求宪法”“排外以伸国权”的团体自由，才是他心中的自由。[42] 他担心南洋公学的学生们，“初既以恶规则生出少年不平抗争之心，继乃以无规则而养成少年蔑视秩序之习”。他佩服学生的抗争勇气,但更希望“诸君以此精神，以此魄力，必别造一新团体，而使之由恶规则变为良规则”，恶规则犹胜无规则。[43]

在这所有文章中，最重要的一篇是《敬告留学生诸君》。他称留学生是“中国将来主人翁”，在新政求人才的呼声中，备受推崇，“是一国最高最重之天职”。他们又充满矛盾，其所学与中国现实格格不入，“生息于专制政体之下，而公等挟持所谓议会制度、责任内阁制度、地方自治制度等种种文明之政治，将焉用之？以数千年无法律之国，仅以主权者之意为法理，主权者之口为法文，权利义务不解为何物，而公等挟持浩如烟海之民法、刑法、商法、民刑事诉讼法，将焉用之？全国利权既全归他族之手……官吏猛于虎狼，工商贱于蝼蚁，而公等挟持所谓经济学、经济政策，将焉用之？”这种分离赋予中国留学生与欧美、日本学生不同特性，在追求学问外，他们还必须有更大的雄心、勇气与智慧，不仅要利用旧舞台，还要创造新舞台，“其魄力非敢与千数百年贤哲挑战，不足以开将来；其学识非能与十数国大政治家抗衡，不足以图自立”。在世界舞台上，团体比个人更重要，中国人常被称作滩边乱石、一盘散沙，留学生更要“组织一严格、完备、坚固之团体”。他也希望这个团体作出道德表率，“可以为国民道德之标准，使内地人闻之，以为真挚、勇敢、厚重、慈爱者，海外之学风也，从而效之；毋以为轻佻、凉薄、骄慢、放浪者，海外之学风也，从而效之”。[44]

故友杨度似乎展现出这种品质。1902 年 4 月，杨度来到日本入读弘文学院，即刻展现出多方面的才华。他很快习得日文，阅读各式日文书籍，他的思想主张、人格魅力也很快赢得追随者，其饭田町居所经常挤满了留学生，听其高谈时局。他密切关注日本报刊对中国的评论，参观工厂、询问工业发展，与下田歌子讨论兴办中国女学之可能。10 月 21 日，嘉纳治五郎召集即将归国的留学生，做有关中国教育的演讲。这位弘文学院校长以革新柔道闻名，他刚结束一场中国之行，急于分享自己的见闻。他发现“与政府诸公及各督抚论事，虽其中亦有明达者，然无不以老成持重为主，实皆守旧主义也，民间志士则多进步主义，然欲锐进而无权力，为上所忌”。他劝这些留学生，“必对其长官如子弟之于父兄，无少怠慢，诚心相与，使其感动，以求信用，徐图大展其才”。杨度当即起身反驳，“先生虑守旧、进步两主义之相冲突，而欲令锐进者以诚心感老成，求其事之能济”，然于执迷私利私欲之敝国之官吏，“欲以诚心感之，而无心可感，则处此将如之何？”嘉纳回应，“今日北京政府之权力，尚能尽遏自费游学之途，不宜过激，以自阻塞。虽然腐败之人而有权力，足以阻遏新机，此本以去之为宜，若有其机，固亦甚善。惟去之不宜以公众之名，致招群敌，但宜于其一身之声名恶劣，如贪贿赂等事去之，则无不可也”。杨度再次反驳，“既如此，则避众敌而攻一身……然官吏之不惜声名敢于为恶者，必倚一大有权力之人为之保护……而保护之者，又必有权力极大之一人……如此则诚心既不能感之，权力又不能去之……”嘉纳被杨度的辩驳吸引，承认“此论愈益精微，实为贵国一大问题，非一时所能尽言”。[45] 这场辩论从学校延续到家中，10 月 30 日、11 月 5 日，杨度两次前往嘉纳寓所畅谈。嘉纳认定，中国不能乱，“乱则外人乘之，瓜分之事必矣”，目前只有办教育教导年少者、开通年长者。杨度相信，中国骚动不可避免，“以数千年静守之性，而忽闻新奇之学说，以激刺其感情，必致群思一动而后快”。他并不恐惧骚动，因为各国都是经骚动而进入文明的，骚动甚至会刺激进步。[46]

尽管没有明确记载，可以猜测，杨度应曾与梁启超会面。自 1898 年初的长沙一辩，他们皆发生了戏剧性的变化。杨度逐渐摆脱王闿运[①]的影响，对西学表现出愈来愈浓烈的兴趣，不断与老师发生争论。王在日记中称杨度“力辩哓哓”，对他执意留学的举动颇感无奈，“各从其志而已”。[47]《新民丛报》用了连续两期、整整 40 页刊登嘉纳与杨度的辩论，杨度的观点响应了梁启超的思考，几年来，他一直纠结于中国这样一个充满种种重负、矛盾的社会，该怎样革新。

① 王闿运（1833—1916），字壬秋、壬父，晚清经学家、文学家。杨度、杨锐、刘光第等皆为其门生。

第十八章　奇迹之年

一

一张拉页广告预告了《新小说》的创刊。“中国唯一之文学报”，它这样自我宣称，“小说之道感人深矣。泰西论文学者，必以小说首屈一指”。

这则四页之宽的广告，出现在第十四期《新民丛报》的目录页之后，异常醒目。它是梁启超酝酿已久的小说理论的一次集中实践。与很多文人一样，梁启超曾对小说感到不屑，在一个以“载道”为中心的文学、思想传统中，小说恰如其名，是下九流之列。如果“文章乃经国之大业，不朽之盛事”，“小说家者流，盖出于稗官，街谈巷语，道听途说之所造也”。[1]这也折射出读书人的伪善，他们表面上子曰诗云，私下又“无不陈《水浒传》、《金瓶梅》以为把玩”。[2]只有金圣叹敢于公开赞扬小说，将《三国演义》《水浒传》置于《离骚》这样的伟大传统中。它导致一种矛盾，“学者拘文牵义，困于破碎之训诂，骛于玄渺之心性，而于人情事理切实之迹毫不措意，于是反鄙小说为不足道”；同时，好学深思之士又不肯写作，所以“小说家言遂至毒天下。中国人心风俗之败坏，未始不坐是”。这本杂志“借小说家言以发起国民政治思想，激励其爱国精神”。[3]

他也展现出一个连续创业者的敏感。一个新阅读市场日渐蓬勃，读书人不仅想知道新学说，也着迷于新故事。林纾在 1899 年翻译的《巴黎茶花女遗事》风靡一时，它带来意外冲击，西方人除去财富与力量，还富有感情，以至于严复感慨，“可怜一卷《茶花女》，断尽支那荡子肠”。[4] 巴黎的茶花女与伦敦的福尔摩斯，成为人人熟知的小说人物。

1902 年，上海开明书店的老板发现，像《黑奴吁天录》《十五小豪杰》这种翻译小说，“百口保其必销”。[5] 一位出版家日后则回忆说，“吾国新小说之破天荒，为《茶花女遗事》、《伽因小传》；若其寝昌寝炽之时代，则本馆所译《福尔摩斯侦探集》是也”。[6] 梁启超倡导的政治小说也初见成效，多少青年正期待发生自己的“佳人奇遇”，他对自己的眼光与笔下的吸引力不无信心，想把《新民丛报》的成功带到一个新领域。

10 月中旬，横滨的读者先看到了这本新杂志。比起《清议报》《新民丛报》，它的封面设计试图更富文艺感，一束垂花在刊名旁，列夫·托尔斯泰与法国女演员阿底路成为扉页人物，前者忧郁、深沉，后者奔放、性感。它的栏目有图画、论说、历史小说、侦探小说、哲理科学小说、写情小说等。你看得出编辑拓展小说范畴的努力，将各种新知识、新感受都以小说方式带给读者。它还许诺，小说定连载完成，非如《清议报》上《佳人奇遇》，“将就钉装，语气未完，戛然中止也”。政治小说这一栏的介绍尤其详尽，它将推出《新中国未来记》：“此书起笔于义和团事变，叙至今后五十年止，全用幻梦倒影之法”，它不仅是政治的，还是幻想的。[7]

“欲新一国之民，不可不先新一国之小说。故欲新道德必新小说，欲新宗教必新小说，欲新政治必新小说，欲新风俗必新小说，欲新学艺必新小说，乃至欲新人心，欲新人格，必新小说。”开篇《论小说与群治之关系》为这本杂志奠定基调，小说有不可思议的力量，它通过熏、浸、刺、提充分调动人的情感力量。每个社会的心理结构都被小说塑造，中国人的状元宰相、才子佳人、江湖盗贼、妖巫狐怪的思想都源自小说，它导致了社会衰败；才子佳人小说令青年人“轻薄无行，沉溺声色……多情多感、多愁多病”，绿林好汉小说则让下等社会沉迷于“大碗酒、大块肉、分秤称金银”的思想，激发了哥老会、大刀会、义和团。他疾呼“故今日欲改良群治，必自小说界革命始！欲新民，必自新小说始！”[8]小说崇拜中的梁启超似乎忘记了，公认的小说国度俄国，孕育了托尔斯泰、陀思妥耶夫斯基、屠格涅夫式人物，却并未产生对应的政治、社会进步，一些时候还倒退了。他不知英国人也曾哀叹小说之低俗，在小说兴起的18世纪，小说给女性读者带来的麻醉，正如杜松子酒之于男学徒，一位母亲写信让女儿寄来一份从报纸广告上抄来的小说书目，还补充说，“我不怀疑其中有很多是破烂、杂烩。但是，它们却可以帮助我消磨掉空闲时间……”[9]

《论小说与群治之关系》令人想起坪内逍遥①的见解。在写于1884—1885年的《小说神髓》一文中，年仅25岁的坪内批评日本小说作者太受中国影响，只是“戏作者之徒”“翻案家”，根本“没有一个够得上是真正作者的”，他激励“将我国不成熟的小说、稗史，逐步加以改良修正，使之可以凌驾西方的小说之上，成为完美无缺的东西，形成标志着国家荣誉的一种伟大艺术”。[10]这也令人想起傅兰雅（John Fryer）②的实践，1895年这位美国传教士在上海举办了一次新小说竞赛，邀请参与者就鸦片、八股文、缠足写作小说，抨击这些弊端，提出解决方案。在1900年的一次演说中，他说，“现代的趋势是朝着一种流行、轻松的中文文风发展，对于报纸和大众文学的需求使之必不可少——这两者必须用一种大部分读者容易看懂的方式写成，以便确保大量迅速的销售”。[11]

---

① 坪内逍遥（1859—1935），日本剧作家、小说家、评论家、翻译家，笔名逍遥人。代表作《小说神髓》，译有莎士比亚全集。

② 傅兰雅（1839—1928），英国人，曾任北京同文馆英文教习、江南制造局翻译，创办格致书院、《格致汇编》期刊等。

梁启超在四种语境中挣扎。它反对中国传统，不无粗暴地将之归于诲淫诲盗；它受到西方传统的影响，小说是摆脱史诗、神话、历史剧，描述当下生活，以个人为中心探寻自我；它还是19世纪英国政治小说传统，小说便是表达政治主张的媒介；它更是日本传统，小说家们传达民族更新的理念，探寻自己国家在世界中的位置。

第一期杂志有科幻小说《海底旅行》、哲理小说《世界末日记》、冒险小说《二勇少年》、侦探小说《离魂病》，甚至法律小说与外交小说……编辑希望给读者带来崭新的知识与价值，助他们成为新民。被这些小说弄得眼花缭乱的读者，一定对政治小说这一栏尤感兴趣，它来自梁启超的手笔。

"话表孔子降生后二千五百一十三年，即西历二千零六十二年，岁次壬寅，正月初一日，正系我中国全国人民举行维新五十年大祝典之日"，《新中国未来记》以此开篇，它带有话本语气，内容却是崭新的。故事时间设置于六十年后，他的笔端过于激动，将1962年写作2062年，中国不仅摆脱了现实屈辱，还成为世界领袖。在南京成立万国和平会议，上海开设大博览会，"不特陈设商务工艺诸物品而已，乃至各种学问宗教，皆以此时开联合大会……处处有演说坛，日日开讲论会，竟把偌大一个上海，连江北、连吴淞口、连崇明县，都变作博览会场了"。[12]在这些演讲会中，最引人瞩目的是全国教育会会长、文学大博士孔觉民先生。76岁的老先生年少时游学日、美、英、德、法等国，也曾与民间志士奔走国事，还曾下狱两次，参与新政权的宪法起草。他在博览会上以《中国近六十年史》为题作系列演讲，听众多达两万人，其中上千名来自英、美、德、法、俄、日、菲律宾、印度等国。这庞大听众也象征了中国的世界性地位，外国来宾多懂中文，维新后的中国进步神速，各国纷纷派遣留学生前来。

孔觉民将六十年的历史分为六个时代：预备时代，从联军破北京起到广东自治；分治时代，从南方各省自治起，至全国国会开设止；统一时代，从第一次大统领罗在田就任起，至第二次大统领黄克强任满；殖产时代，从黄克强大统领复任起，至第五任大统领陈法尧满任；外竞时代，从中俄战争起，至亚洲各国同盟会成立；雄飞时代，从匈牙利会议至今。这演化以"立宪期成同盟党"开始，该党简称宪政党，是强学会、南学会、保皇会，乃至三合会、哥老会的混合体。维新成功后，它又变成国权党、爱国自治党与自由党。

在孔觉民口中，宪政党的创始人尤富远见，他们在一片废墟之上设计了未来的蓝图，这一切又要从黄克强说起。黄生于广东琼州府，深受《长兴学记》《仁学》的影响，他和同学李去病同往伦敦留学，黄克强学习政治、法律、生计等，李研修格致、哲学，接着又各自前往柏林大学与巴黎大学深造。在欧洲时，他们听闻了从六君子之血到庚子之乱的消息，1902 年末相约回国，他们在圣彼得堡搭乘火车，横穿西伯利亚回到中国，在山海关，他们边饮酒边辩论时事。他们描述与分析了中国的困境、世界的图景，以及改造中国的道路。

面对危机，他们提供的解决方案却不同。立宪派黄克强认定以暴易暴的革命只会带来流血与混乱，就像法国大革命，他们曾经如此痛恨君主，将路易十六送上断头台，打着自由、平等、博爱的旗号，却导致“尸横遍野，血流成渠，把全个法国都变做恐怖时代”。李去病是革命者，相信进化就是要牺牲现在换取将来，“文明者购之以血”，况且比起急风骤雨的破坏，日常溃烂或许代价更高。[13]他们的争论从中国到法国、美国、匈牙利，世界经验与中国历史彼此缠绕。

比起驾轻就熟的文章、心血来潮的诗歌，小说是梁启超从未涉足的领域，在《新中国未来记》中，他第一次尝试将思想戏剧化，描述场景、刻画人物，以情节推动故事。但他的论辩冲动超过一切，读者们被带入一个虚构又真实的世界。孔觉民、黄克强、李去病这些名字，充满隐喻。他们的故事是虚构的，经验却是真实的，书中所提朱九江、康南海、谭嗣同、《新民丛报》、早稻田大学、上海张园演说、袁世凯、李鸿章、金玉均、甲午战争、俄国入侵，皆与梁启超自己的经历相关，“叙述皆用史笔，一若实有其人，实有其事者然，令读者置身其间，不复觉其为寓言也”。[14]

“余欲著此书，五年于兹矣”[15]，或许在大岛号上读《佳人奇遇》时，他就萌生了这个念头。《新中国未来记》是中文世界第一部政治幻想小说，比起混杂的、逐渐形成的小说理论，这本小说有着明确的源头。它代表一股世界潮流对中国迟来的影响。如今几乎被遗忘的政治小说，曾风靡全球。

1840年代，政治人物、作家本杰明·迪斯雷利（Benjamin Disraeli）出版了《科宁斯比》（*Coningsby*）等三部小说，他不寻求对生活、人性的描写，而是借虚构人物探讨政治、宗教问题，他还创造了“青年英格兰”，象征一小群年轻政治精英对抗腐朽的传统。它在英国内部激起了强烈反应，并引发了广泛的模仿，从意大利、匈牙利到美国、菲律宾，皆产生了自己的政治小说，以作为社会变革的工具。

明治日本随即加入这个行列。最先被引入的是布威–利顿（Edward Bulwer Lytton）的《花柳春话》（*Ernest Maltravers*）。如同迪斯雷利，布威–利顿也是政治家兼小说家，两次当选英国议会议员，出任过殖民大臣。他们也给予日本读者这样一种印象，小说就应出自政治人物之手，它与现实权力直接相关。这些政治小说也令日本人重新理解小说，它从下层文士转到了政治领袖手中。“小说家，真的！我很生气，一个无足轻重的小文人……但迪斯雷利不也是小说家吗？……写小说没什么可羞耻的”，作家德富芦花写道。1880年，户田钦堂写作了《（民权演义）情海波澜》，它是日本第一部本土政治小说。与报纸一样，小说成为自由民权运动的有力武器，1880—1889年间出版了233部之多。[16]它们是江户与外国文学的混合体，一个注定速朽的文学类型。

《新中国未来记》有着一望可知的日本影响。在《佳人奇遇》中，柴四朗将自己的个人经历带入其中，描绘了一幅世界图景。《经国美谈》则从一位 60 多岁的白发老教师讲解历史开始，他对着一群少年讲述两位英雄的故事，一个是舍身救国的格德王，一个是铲除奸党恢复民权的士武良。将叙述设置于未来是日本政治小说的重要方式，最著名的一位是末广铁肠。在 1886 年写就的《雪中梅》中，他将序幕设定在 2040 年，开篇就是日本帝国会议成立一百五十周年庆典，东京变成了一个崭新模样，“每个方向都不止十公里，砖砌建筑遍布全城。四通八达的电话线就像蜘蛛网一样，蒸汽火车在各个地方来来往往……东京港里停泊着来自世界各国的商船，繁荣的贸易甚至超过了伦敦和巴黎”。他将成功归因于立宪政体，改进党与保守党的相互竞争，新闻自由与集会自由。他的想象力也令人不安，如今看来失败的工业城市曾是他眼中的美好未来，小说插图上的未来东京充塞着单调丑陋的红砖建筑，无数喷着浓烟的烟囱，像是曼彻斯特的翻版。末广将自己的真实形象再现于虚构世界，“什么《雪中梅》铁肠居士著，那与《二十三年未来记》的著者还是同一个啊。国会开设一百五十年的庆典之日，能得到如此古书，真不可思议。哎，目录是汉文”。

想象未来总令人心潮澎湃，现实的困境暂时退隐了。在大吉岭，康有为想象了一个大同世界，所有星球都按电钮投票，选举一个共同执行委员会。梁启超虚构了一个建国、重获富强的故事。这也是中国思维转变的时刻，人们曾着迷过去，以为过去才是黄金时代，如今把目光投向未来。历史变成了进化过程，中国人曾依靠占卜、星象来预测未来，如今则依靠历史规律。在《新中国未来记》中，中国遵循着进化规律，一步一步地通向繁荣、强盛，重新建立与世界的联系，“寻以西藏蒙古主权问题与俄罗斯开战端，用外交手段联结英美日三国，大破俄军。复有民间志士，以私人资格暗助俄罗斯虚无党，覆其专制政府。最后因英美荷兰诸国殖民地虐待黄人问题，几酿成人种战争。欧美各国合纵以谋我，黄种诸国连横以应之，中国为主盟，协同日本、菲律宾等国，互整军备。战端将破裂，匈加利人出而调停，其事乃解。卒在中国京师开一万国平和会议，中国宰相为议长，议定黄白两种人权利平等、互相亲睦种种条款”。[17]

新尝试随即赢得了赞扬。“《新小说报》初八日已见之，果然大佳，其感人处，竟越《新民报》而上之矣”，黄遵宪在信中击节赞赏。他尤喜《论小说与群治之关系》以及《世界末日记》，读到“爱之花尚开”的语句时，“如闻海上琴声，叹先生之移我情也”。他对《新中国未来记》中政见十之六七赞同，也感慨小说因过多说理，神采（必以透彻为佳）与趣味（必以曲折为佳）稍显不足。他还建议了小说写作技术，“非举今日社会中所有情态一一饱尝烂熟，出于纸上，而又将方言谚语一一驱遣”，甚至建议将《水浒传》《红楼梦》《醒世姻缘》以及西方小说的通俗谚语、比喻、形容词抄下来，随时用于文中。在整本杂志中，他对《东欧女豪杰》最为欣赏，“笔墨极为优胜，于体裁最合”。[18]

小说中的论辩也延伸到信件中。在年底一封长信中，黄遵宪对于梁启超愈来愈激烈的态度，尤其是对破坏主义的提倡感到不安，“务摧抑其可杀不可辱之气，束缚之，驰骤之，鞭笞之，执乾纲独断之说，俾一切士夫习为奴隶，而后心安其文字之祸，诽谤之禁，穷古所未有。由是葸懦成风，以明哲保身为安，以无事自扰为戒，父兄之教子弟，师长之训后进，兢兢然伸明此意，浸淫于民心者至深……胥天下皆懵懵无知，碌碌无能之辈而已”。他认同梁对于漫长专制的判断，却对“欲以一时之苦痛，易千万年之和平”的革命解决方案不无怀疑，“以如此无权利思想，无政治思想，无国家思想之民而率之以冒险进取，耸之以破坏主义，譬之八九岁幼童授以利刃，其不至引刀自戕者几希”。黄遵宪期待渐进立宪制，“或六五年，或四三年，民智渐开，民气渐昌，民力渐壮，以吾君之明，得贤相良佐为之辅弼，因势而利导之，分民以权，授民以事，以养成地方自治之精神”。他对梁启超这一年来的鼓与呼态度矛盾，也为朋友的新思想感到鼓舞，“若权利，若自由，若自尊，若自治，若进步，若合群，皆吾腹中之所欲言，舌底笔下之所不能言”，甚至贾谊、董仲舒无此见识，韩愈、苏东坡也作不出此样文章。梁的影响力更是令人惊叹，“此半年中中国四五十家之报，无一非助公之舌战，拾公之牙慧者，乃至新译之名词，杜撰之语言，大吏之奏折，试官之题目，亦剿袭而用之”。但这影响力也蕴含着某种危险，倘若被“唱革命者”“唱类族者”“唱分治者”的后进、激进之辈滥用，中国不免陷入更深的困境：唱革命者“变为石敬瑭之赂外，吴三桂之请兵也”；唱类族者则会让鲜卑族、蒙古族与汉族分裂，最终都不免被外族统治；唱分治者会让中国步犹太、波兰、印度、越南后尘。黄遵宪期待梁谨慎地运用这种影响力，“不愿公以非常可骇之义，破腐儒之胆汁，授民贼以口实也”。[19]

在一些方面，黄遵宪的担忧与康有为的不无相似。身在大吉岭的康圣人无力地看着时局变化，《辛丑条约》的签订、新政诏令的发布没带来改变，慈禧与荣禄仍是掌权者，皇帝毫无复位的迹象。他更感叹师门的分崩离析，昔日的学生如今公然反对他，横滨的梁启超公开反对保教，旧金山的欧榘甲以笔名太平洋客在《文兴报》上连载长篇政论《论广东宜速筹自立之法》，不仅不倡导保教、保种，甚至对保国也没太多兴趣。欧疾呼“广东者，广东人之广东也”，毫不掩饰对中央王朝的彻底失望，提出“莫如各省先行自图自立，有一省为之倡，则其余各省，争相发愤，不能不图自立”，而广东最适合做独立之先锋。[20]梁启超对这组连载文章大为赞叹，这一年夏天，新民丛报社将之集结为单行本出版，更名为《新广东》。该书随即风靡一时，引发了众多追随者，以“新湖南”“新江苏”自居。它也是二十年后“中国联邦主义”的肇始。

美洲华侨也致信康有为，说保皇徒然无益，不如采取铁血行动，以革命排满救中国。这让康深感焦虑，他写了两封长信反驳他们。在《与同学诸子梁启超等论印度亡国由于各省自立书》中，他反驳《新广东》主张的各省独立，认为印度正因此亡国，如果中国各省独立，四万万同胞便步印度后尘，亡国绝种。统一才是力量，一个小国如日本，将各藩国统一起来重获强盛，大如印度，却因彼此分散成为英国的殖民地。在《答南北美洲诸华商论中国只可行立宪不能行革命书》中，他阐述欧洲的十多个国家都有民权与自由，除了法国外都是君主制，民权自由并非定来自革命，而革命可能造成生灵涂炭，未必带来民权自由。而且他看到的畅谈革命者，往往道德可疑，"挟权任术，争锱铢小利而决裂者，不可胜数"，这样的人得势，是不可能成为尧舜或华盛顿的。即使贤明如华盛顿，在革命之后也只能领导四百万人，万万不可能应对四万万中国人，"盖以人心未化之国，非极枭雄术略之人，肆其杀戮专制之权，必不能定之也"。[21]

在给老师的信中，梁启超左右摇摆，一些时候坚定，另一些时候充满悔过。在四月的一封信中，他为自己的国家主义辩解，对于老师主张的大同学说不无怀疑，"在中国固由先生精思独辟，而在泰西实已久为陈言"，而在此刻排满是唤醒民族精神的最佳途径，就像日本曾以讨幕为方法。他对皇帝的复位更丧失希望，"满廷之无可望久矣，今日日望归政，望复辟，夫何可得？即得矣，满朝皆仇敌，百事腐败已久，虽召吾党归用之，而亦决不能行其志也"。他也强调同门中人都有反满之志，"猖狂言此，有过弟子十倍者"。[22] 到了十月，梁又在信中“痛自克责，悔过至诚”，为自己的革命倾向道歉。康有为评价他“流质易变”，抱怨其革命倾向瓦解了师门，“自汝言革命后，人心大变大散，几不可合。盖宗旨不同，则父子亦决裂矣”。梁的追随者们忽略了康有为的存在，被派往悉尼的唐才质、上海广智书局诸人连康的信都不回。康有为要他集中于开民智、求民权，勿言革命。保皇会未来的宗旨在于，“厚蓄财力，将来各省遍设报馆，数年之后，公理日明，游学日众，学堂日开……全国必皆变动”。[23]

不过，梁似乎很快又忘记了自己的悔过，写作《释革》一文，再度为革命正名。他面对着三种传统，在中国语境中，“兽皮治去毛曰革”，有脱离、剧变、死亡之义，“命”则指生命、命运、天命。《易经》说，“天地革而四时成，汤、武革命，顺乎天而应乎人，革之时义大矣哉”。成汤灭夏建商，武王灭商建周，革命是改朝换代，王朝循环。“革命”也来自英语的 revolution，这个词源于拉丁文 revolvere，本来指天体周而复始的运动，18 世纪末脱离原来的含义，变成追求新东西，代表历史发展的方向。[24] 在日本，梁发现“革命”远超政治领域，它无处不在，与维新不无相似。日本人称尊王讨幕、废藩置县为革命事业，藤田东湖、吉田松阴、西乡隆盛“无不指为革命人物”。他钟爱的德富苏峰，则要掀起思想、文学的革命。在梁启超眼中，“革”字应对英语中的 reform 或 revolution，前者是渐进改善，后者“从根柢处掀翻之，而别造一新世界”，前者翻译为“改革”，后者是“变革”。他相信，革是不可逃避的公理，“为今日救中国独一无二之法门”。不由此道而欲以图存、图强，是“磨砖作镜，炊沙为饭”。他试图把“革”从褊狭的政治定义中解放出来，它与推翻朝廷并无关系，众人“闻‘革命’二字则骇，而不知其本义实变革而已”。他把西方的革命总结为“以仁易暴”，只有英国光荣革命、美国独立战争、法国大革命能称为革命。中国传统意义上的革命是“以暴易暴”，“一二竖子授受于上，百十狐兔冲突于下”，这只能是“盗贼之争夺，不能谓之一国国民之变革”，从秦汉、六朝到唐宋明，并没有本质变化。他也希望拓宽对革命的看法，宗教、道德、学术、文学、风俗、产业的变化皆可称为革命。对于欧洲，19 世纪是一个革命世纪，“一国之民，举其前此之现象而尽变尽革之”，幕末维新的日本，虽未废除天皇，却是革命时代。此刻中国充满“革”的紧迫感，否则“将被天然淘汰之祸，永沉沦于天演大圈之下”。而变革的力量不是自上而下，而是自下而上，来自每个国民，不同领域，不仅是政治范畴。他也深知这种悖论，“然政治上尚不得变不得革，又遑论其余哉”。[25] 他看到时代情绪迅速倒向激进一边，“一二年前，闻民权而骇者比比然也，及言革命者起，则不骇民权而骇革命矣。今日我国学界之思潮，大抵不骇革命者，千而得一焉；骇革命不骇民权者，百而得一焉……”[26]

二

1902年12月，梁启超终于完成《三十自述》，它简短却过分丰沛，从新会学童到一个闻名世界的政治流亡者，没有一个同代人如他经历过如此多的事、去过如此多的地方，不断死里逃生。回顾人生也像是重活一次，他对于童年着墨甚多，母亲的温柔与责骂再度回到眼前。他总是感到惶恐，从澳大利亚回到东京，“忽又岁余矣，所志所事，百不一就”。[27]

对于即将过去的1902年，他相当不满意，“惟日日为文字之奴隶，空言喋喋，无补时艰”。但他又觉得，以自己的能力、地位，“舍此更无术可以尽国民责任于万一”。尽管自谦“舌下无英雄，笔底无奇士”，这一年却是他真正的奇迹之年。他不仅开始了《中国通史》的写作，完成了十分之二，且于春冬两季相继创办《新民丛报》《新小说》杂志，“述其所学所怀抱者，以质于当世达人志士”。[28]他的理念从笔端喷涌，这些文字将比他总是挫败的政治、军事行动，更有力改变了中国。在日记中，孙宝瑄将这位流亡故人与袁世凯、盛宣怀并称“支那三大奇人”。袁“骤任北洋大臣，其威望气概，内凌政府，外压刘张，一举一动，皆中外人所注目”，盛“举全国轮船、电线所有财政之权，归其掌握中”，梁启超的变化同样富有戏剧性，他原本“一区区书生，当甲午乙未之交，不过康门小徒耳。自充《时务报》主笔，议论风行，名震大江南北。戊戌政变，康梁并出走，朝廷降悬赏名捕之谕，几于通国人民皆闻其名，莫不震动而注视焉。然康自是匿迹销声，蜷伏海外；梁则栖身东岛，高树一帜，日积其怨气热肠，化为闳言伟论，腾播于黄海内外、亚东三国之间，无论其所言为精为粗，为正为偏，而凡居亚洲者，人人心目中莫不有一梁启超，非奇人而何”。[29] 袁世凯用枪炮、盛宣怀以金钱创造了自己的世界，梁启超以一支笔实现了。

《三十自述》也宣告了《饮冰室文集》的正式发售，他在年初的预告实现了，广智书局的经营者期望它带来丰厚回报。梁特意撰写了序言，他过分自谦地称这些文章，“不过演师友之口说，拾西哲之余唾，寄他人之脑之舌于我笔端而已”；他承认自己的思想多变，因此旧文章“偶一检视，辄欲作呕，否亦汗流浃背矣”。只是在何擎一的鼓励下，他压抑住不满，愿将这些文章集中展现给读者，“欲普及思想，为国民前途有所尽也”，也是检讨自己几年来思想的进退，“用此自鞭策”。[30] 读者们也将随文集收到三张照片，分属时务报、清议报、新民丛报时代。照片的样貌折射了他的变化，不过五年光阴，他从一个长袍马褂、脑后挂着辫子、神情羞怯的儒生，变成了一个目光笃定、西装革履、头戴大礼帽的现代绅士。

在这奇迹之年，他最重要的作品是《新民说》系列文章。不管是重思历史、引介西方思想，还是小说创作，他所有的创造皆是围绕塑造一种新民众展开。这组结构松散、逻辑也经常矛盾的文章，是所有写作的核心，其思想的集中展现。他相信当今世界的竞争舞台遵循社会达尔文主义，种族是重要的演员。白黑红棕黄五人种中，白人占据着优势，拥有好动、喜爱竞争、进取的品行，也富有政治能力。条顿人创立代议制，“使人民皆得参预政权，集人民之意以为公意，合人民之权以为国权，又能定团体与个人之权限，定中央政府与地方自治之权限，各不相侵。民族全体得应于时变，以滋长发达”，因此比斯拉夫人、拉丁人更为优秀。此外，个人自治能力也扮演着重要的角色，比起条顿人，盎格鲁–撒克逊人又更优秀，“其独立自助之风最盛，自其幼年在家庭，在学校，父母师长皆不以附庸待之，使其练习世务，稍长而可以自立，不倚赖他人。其守纪律、循秩序之念最厚。其常识（common sense）最富……其权利之思想最强，视权利为第二之生命……其体力最壮，能冒万险。其性质最坚忍，百折不回。其人以实业为主，不尚虚荣……其保守之性质亦最多，而常能因时势、鉴外群，以发挥光大其固有之本性”。

比起种族，民族国家则更重要，是最重要的“群”。在这个民族国家的舞台上，中国人尚未区分个人与国家、朝廷与国家、外族与国家、世界与国家的界限，往往“知有天下而不知有国家”，“知有一己而不知有国家”，“其下焉者，惟一身一家之荣瘁是问，其上焉者，则高谈哲理以乖实用也。其不肖者且以他族为虎，而自为其伥；其贤者亦仅以尧、跖为主，而自为其狗也”。梁在写下这些语句时，头脑中或许闪现出八国联军入北京的场景，“顺民之旗，户户高悬，德政之伞，署衔千百”。为了唤醒国家意识，他直接攻击王朝统治，其语定让读者心惊肉跳，“国家如一公司，朝廷则公司之事务所，而握朝廷之权者，则事务所之总办也。国家如一村市，朝廷则村市之会馆，而握朝廷之权者，则会馆之值理也……故有国家思想者，亦常爱朝廷，而爱朝廷者，未必皆有国家思想。朝廷由正式而成立者，则朝廷为国家之代表，爱朝廷即所以爱国家也；朝廷不以正式而成立者，则朝廷为国家之蟊贼”。中国之所以缺乏国家思想，地理环境是原因之一，比起欧洲的“山河绮错，华离破碎”，中国则“平原磅礴，厄塞交通，其势自趋于统一”；周围皆是弱小国家，易于自我中心；过早实现的大一统思想也起作用，朝廷不是国民的代表，而是天命。[31]

缺乏国家思想也导致对自由的错误理解。梁启超发现，报刊上、学堂里，到处是“自由云”，中国青年认定它是天下之公理，却并不真正理解这个词。在政治自由、宗教自由、民族自由、经济自由的基础上，他总结出自由的六个面向：四民平等，一国中无特权阶层，这是平民向贵族所争之自由；公民参与国政，这是国民向政府所争之自由；属地自治，这是殖民地向母国所争之自由；信仰自由，这是教徒向教会所争之自由；民族建国，这是本国人向外国争自由；工群问题，这是劳工向资本家争自由。中国最急切的是公民参政与民族建国的自由，一种团体之自由。在梁眼中，中国人已享有了过多不负责任的个人自由，“绅士武断于乡曲，受鱼肉者莫

能抗也；驵商逋债而不偿，受欺骗者莫能责也”，京城男女竟在官道旁如厕，老幼皆在市中心吸食鸦片……[32]

这不负责任的自由也是对公德的破坏。他将道德分为私德与公德，前者有关个人的道德完善，后者有关群体如何凝聚。他强调公德是核心，它加强群体凝聚力，提升群体利益，私德也是为公德服务。道德也是进化的，各种道德价值观随着不同时代变化，公德比私德的变化更大。根据西方道德标准，中国的传统道德只在家庭伦理内发展，在社会与国家伦理方面存在严重缺陷，中国人需要新的道德人格。日后一位历史学家说，这种集体主义道德观，令梁启超走上了一条道德相对主义道路，它与儒家的道德绝对主义迥然不同。[33]

他建议国人提高权利意识。若国家是一棵树，权利思想就是它的根，“权利思想愈发达，则人人务为强者，强与强相遇，权与权相衡，于是平和善美之新法律乃成”，否则“对人而不尽责任者，谓之间接以害群；对我而不尽责任者，谓之直接以害群”。他相信，个人秩序与社会秩序紧密相关，唯有个人充分自治，社会才能自治。他羡慕西方社会的个人自治习惯，他们早上 8 点开始工作，中午 12 点小憩，下午 1 点继续工作，四五点休息，“举国上自君相官吏，下至贩夫屠卒，莫不皆然”。比起抽象的自由、立宪、平等，具体的个人习惯才是一切的基础，是力量的来源。[34] 他不无天真地认为，个人自治就该如一台机器，凡事皆有规则，“一日之行事，某时操业，某时治事，某时接人，某时食，某时息，某时游，皆自定之”，“一言一动，一颦一笑，皆常若有金科玉律以为之范围”。有了这样的个人，群体自治也顺理成章，“举其群如一军队然，进则齐进，止则齐止，一群之公律罔不守，一群之公益罔不趋，一群之公责罔不尽”。他以为盎格鲁–撒克逊人最富有这自治精神，遍布世界各地的英国国旗象征了这一点，他们总能在陌生之地、庞大的陌生人群中建立起独立王国。中国的“英人官商教士，统计来者不过四千人，而遍布要隘”。他也并非全然否定中国，在同治中兴一代中，他找到了典范，军营中的胡林翼每日必读《资治通鉴》十页，曾国藩“每日必填日记数条，读书数叶，围棋一局”，李鸿章“每日晨起必临《兰亭》百字”。曾国藩克服少年时吸烟、晚起的毛病，与他日后平定太平天国运动是同一种精神。[35]

自治的前提是自尊，它与自爱、自立、自治、自任紧密相连。中国缺乏这种精神，从政府到民间乃至志士都觉得必须依赖一强国支持。很多人“闻他人之议瓜分我也，则嗷然以啼；闻他人之议保全我也，则輾然以笑”，君相官吏“伺外国人之颜色，先意承志，如孝子之事父母”，士农工商“仰外国人之鼻息，趋承奔走，如游妓之媚情人”。[36]

“梁卓如论今日不但新其学术、新其政治而已，尤必新其道德。以为我国古圣鸿儒所提倡者，详于私德，略于公德；惟无公德，故不能合群，此今日之最阙点也……今任父欲昌明公德，以求合群进化之的，其识甚高，其心良苦，余心许之矣”，孙宝瑄在日记中写道。几天后，他又称梁“学理颇进，彼亦知自由之弊，谓：今之以放纵为自由者，名为自由，实情欲之奴隶，而非真自由也。其说与余数年前宗旨颇合”。[37]孙宝瑄追读着《新民说》，与其他读者一样，他尚未意识到其意义。它在1904年结集出版，将成为20世纪中国最著名的文本之一，在某种意义上，就如托马斯·潘恩的《常识》之于美国、福泽谕吉的《文明论概略》之于日本，成为建国的重要思想基础，也将在未来的几代人中，引发长久的回应与争辩。这也是一个作家期待的时刻，所有的训练、感受，找到一个爆发的契机。

《新民说》也深受日本作家的影响，其中最重要的一位是福泽谕吉。“我国人民之所以没有独立精神，是由于数千年国家的政权完全由政府一手掌握，从文事武备到工商各业，以至于民间的生活细节，都要归政府管辖”，福泽曾抱怨明治时代的日本人缺乏独立自尊，仍沿袭江户时代的旧习性。这个新时代，“一身独立，才能一国独立”，“没有独立精神的人，就不会深切地关怀国事。……在国内得不到独立地位的人，也不能在接触外人时保持独立的权利。……没有独立精神的人会仗势做坏事”。福泽谕吉笃信，若要创建一个新日本，也必须塑造新日本人，令他们用一套新价值，把国民从对国家的无责任被动状态中激发出来。他将维多利亚式个人主义视作日本人的新人格理想。“日本全国几千万人民，被分别关闭在几千万个笼子里，或被几千万道墙壁隔开一样，简直是寸步难移”，“人民……一切只听从政府，不关心国事。结果，一百万人怀着一百万颗心，各人自扫门前雪，莫管他人瓦上霜。对一切公共事务漠不关心……终日惶惶唯恐沾染是非，哪有心情去考虑集会和议论！”[38] 这论断曾在明治初年引发强烈回响，定会激起梁启超的强烈共鸣。

梁也定羡慕福泽的影响力，《劝学篇》《文明论概略》的印数皆以几十万计，“每出一本，天下少年靡然遵循，似扎根脑中，浸入肺腑，父不能制子，兄不能禁弟”。[39] 相较而言，《新民丛报》尚不足万册，但在中国已是个惊人数字。读者的热烈远超梁启超想象。在出版一周年时，它的发行量达到9000份。在癸卯年到来，也是第二十五期出版时，它宣布了改版计划。封面更换为奔跑、咆哮的雄狮，它尾巴甩起，右爪下是一个地球。蒋智由特意写了《醒狮歌》，将未来的中国比作醒来的雄狮，“愿见尔之一日复威名扬志气兮，慰余百年之望眼，消余九结之愁肠”。[40] 每期页数增加 8 至 20 页不等，一些栏目从原来的 4 号字缩为 5 号字，杂志内容比去年会多四分之一。杂志的印刷也改用“上等洁白厚韧”的纸张，淘汰旧铅字、补铸新铅字，并因内地银价下跌、日本物价增长，增加少许报费。它也打破梁启超的个人色彩，增加撰述者、时评、图画。厚厚的广告页展现了梁启超一年来的努力。《新小说》出版至第三期，而广智书局的书目广告达近 30 页，出版的类型五花八门，从世界历史、中国地图到家政学，甚至有《处女卫生论》《男女生殖器病秘书》。这是个发现的时

《新民丛报》改版后封面上的雄狮

代，从宇宙、国家到个人世界，你都需要重新打量。《清议报》也出版了 26 卷的全编，将一百期内容重新编排出版。

在癸卯年祝词中，梁启超将这一年置于历史坐标中。1663 年的那个癸卯年标志着某种亡国，之前一年明桂王在缅甸遇害，郑成功在台湾去世，“中国民族始无复有尺寸土”。接下来的癸卯是雍正元年（1723），清王朝平定西藏、青海，“帕米尔高原以东诸部落始尽合并于中国，数千年来亚洲之形势为之一变”。再下一个癸卯是乾隆四十八年（1783），满洲势力达到极盛，准噶尔、回部、缅甸、安南皆服，加上前一年的暹罗，“几掩覆东亚、南亚之全部”。到了道光二十三年（1843）这个癸卯，中国已陷入危机，英国人“攻陷定海、乍浦、镇江，逼金陵，乃割香港，开五口通商”，此后“满洲民族与中国民族俱敝，欧势日益东渐”。此刻的癸卯是义和团余波刚定，中国重获表面上的自主权，是“不得不为全世界之大剧场”的开始。在遵循“剧烈天演界之道”的新时代，他再度强调“新民说”的观点，要国民从对政府的依赖中醒来，自我更新。他不同意一些批评者将所有问题都归咎于“政府压制，故民间不能展其力”，反问如果政府压力顿去，国民是否能组织一个完备的国家。他感慨，中国社会自治力太弱，政府与人民本就是硬币的两面，“今之政府，实皆公等所自造”。政府腐败，而民党也腐败，政府脆弱，民党同样脆弱。[41]

梁启勋也出现在作者队伍里。这个比梁启超小三岁的弟弟更为英俊，是哥哥热情的追随者。危机逼迫他迅速成熟起来。变法失败后，他组织康梁家属逃亡，被戏称“家属队长”。经元善在澳门被捕后，他挺身营救，在法庭为其作证。他着迷于诗词，因对佛教的兴趣，为自己的书房命名为曼殊室，在梵语中，曼殊意为“妙吉祥”。1902 年，他就读于震旦学院。在《新民丛报》“教育”一栏中，他编译了《国民心理学与教育之关系》一文。它原本来自法国作家勒庞（Gustave Le Bon）《乌合之众》一节，英国人将之翻译为《大众心理学》，梁启勋又从英文译出，国民心理学由此进入中国。他不会想到，一个世纪后，勒庞将在中国读者中风靡一时。

更重要的是，蒋智由加入了编辑部。37 岁的他出生于浙江诸暨，曾就读于杭州紫阳书院，在宋恕的推荐下到天津育才馆担任汉文教习，与夏曾佑相识。他考中举人，却放弃仕途，创立北学堂，汇编《时务通考》。1899 年，他开始在《清议报》刊登诗作，旋即成为最高产的作者之一。他在上海主编《选报》、开办珠树园译书处，1902 年与蔡元培、黄宗仰、叶瀚、林獬等发起中国教育会。最初读到蒋的诗作时，梁启超误认其出自夏曾佑之手，随即引为知己，将其与黄遵宪、夏曾佑并称“诗界三杰”。素未谋面，二人的友谊却迅速升温，互赠照片与诗作以表爱慕。梁称他“诗界革命谁欤豪，因明巨子天所骄。驱役教典庖丁刀，何况欧学皮与毛”。[42] 1902 年末，蒋智由东渡日本，给焦头烂额的梁启超带来慰藉，并暂代他行使主笔之职。

1903 年 2 月 20 日，梁启超在横滨码头登上印度皇后号。美洲保皇会一直催促着他的到来，他也终于有机会去观察这个世界第一共和国的模样。在行囊中，他塞进一本《桃花扇》，在写作了这么多西方故事后，中国味道似乎散发出一种新诱惑。

第十九章　加拿大

一

在印度皇后号上，梁启超迎来了三十一岁（虚岁）生日。这艘客轮以典雅的白色油漆、弓形船身闻名，能容纳770名乘客，包括头等舱120名，二等舱50名。它也是一个不断缩小的世界的象征。1891年2月8日，它从利物浦下水，沿横滨、神户、长崎、上海、香港、温哥华路线行驶，首次配备双螺旋桨与往复式的发动机，无线电代码是MP。它与相继下水的中国皇后号、日本皇后号一起代表着速度、舒适。1901年，未来的英国国王乔治五世和妻子乘坐印度皇后号前往加拿大。航运公司不厌其烦地这样宣称：前往加拿大、美国与欧洲的最短距离；从横滨至温哥华只需十二日，至纽约十九日，至伦敦二十四日；夏季每三周一班，冬季每四周一班……

无际的洋面令他感慨，想起从癸巳年起，他没在家中过一次生日，更没机会吃到母亲烹制的枣栗。甲午年生日，他在黄海的船中，乙未年在北京会试，丙申年在上海时务报馆，丁酉年在武昌拜会张之洞，戊戌年在洞庭湖乘船返上海，己亥年在东京初尝流亡滋味，庚子年在夏威夷募款，辛丑年在悉尼演说募款，壬寅年在东海道的火车上，如今则漂浮在太平洋上。世界变得如此之大，他可以体察不同的地区与文化，世界又如此之小，可以迅速抵达一个遥远之地。他感慨岁月消逝，壮志未酬，“十年十处度初度，颇感劳生未有涯。日月苦随公碌碌，人天容得某栖栖。庄严地岳来何暮，刍狗年华住且佳。一事未成已中岁，海云凝望转低迷”。[1]感叹中亦不无希望，美洲之行终于成真。他计划在温哥华上岸，在加拿大停留两周后前往美国。“一以调查我皇族在海外者之情状，二以实察新大陆之政俗”[2]，此外还要增开美洲各地的保皇分会；扩大译书局的股份，集股开办商务公司，树立实业基础；筹款发展会中其他各事；为大同学校与爱国学社募捐。

从维多利亚到纽约、洛杉矶，各地保皇会正殷切地等待他的到来。四年来，这个组织起起伏伏。1899 年至 1900 年，它从维多利亚、温哥华扩展到西雅图、波特兰、旧金山、洛杉矶等城市，带来第一股高潮；勤王运动的失败带来一个低潮，内部纷争不断，还分为两派，前者倡导民权，期望进行法国与美国式的革命，后者期望加强皇权，进行明治模式变革。为了消除分裂，康有为接连派遣梁启田、徐勤、欧榘甲赴美，重申理念、发展会员。徐勤尤其成功，1901 年 8 月他到旧金山恰逢保皇会为光绪庆祝生日，100 多人出席宴会。徐勤向华侨列出中国不亡的十二个理由，尤其强调国人团结的重要性，他也让他们相信光绪皇帝必然会得救，从而缓解了两派的争端，增加了会员。[3] 在纽约，他也大为成功，促成保皇会的建立，还前往墨西哥与古巴建立保皇会分支。这个全球首个华人政治网络在挫败后再度扩张，在美洲、亚洲以及澳大利亚延展，梁启超将带来新动力。

1903 年 3 月 4 日凌晨，印度皇后号驶入温哥华岛的海口，梁启超发现“两岸青山，如送如迎……山皆秀丽，灌木如莽”。[4] 午后 1 点，船抵维多利亚，李福基等数十人已在码头等候，叶恩特意从温哥华赶来。短暂寒暄后即告别，客轮继续驶向温哥华。傍晚登岸时，数百人在温哥华码头等待梁启超一行。海关登记了他们的基本信息。梁启超，30 岁，身高 5 英尺 5 英寸，新会人，英文拼为 Leong Kia Chew，以游客身份入关。三位同行者分别为 24 岁的黄慧之、17 岁的鲍文长，以及 46 岁的鲍炽——他特意从悉尼赶来充当梁的翻译。他们付了 100 元人头税，这是加拿大对华人日益紧张控制的象征，几天后，移民局又把钱退了回来。

“梁启超，被誉为李鸿章影响力的继承人，现在来到了这里”，《每日新闻》在 3 月 6 日的头版报道他的到来，将他与李鸿章七年前的访问作比。同是杰出中国人的代表，梁的身份更为敏感。记者将他与刚刚失败的洪全福起义联系在一起，这位据称是洪秀全堂侄的人，在谢缵泰与富商李纪堂的支持下，以“大明顺天国南粤兴汉大将军”的名义，于1903年1月起义，建立一个新政权——行欧洲君民共主之政体，天下平后，即立定年限，由人民公举总统以理国事。记者尚不知这潦草的起义已经失败，将梁启超与一位起义领袖梁慕信（Leung Mo Koong）联系在一起，认定此行是为广东起义募捐。梁随即解释，他是为商务公司而来。这是保皇会此刻最重大的计划，他们将商业竞争视作不同人种、民族间角逐的新战场，倘若海外华人能集中资本、组建一个大公司，就能与西方人争利。在保皇会内部，这个计划已讨论了一轮。1902年9月，身在澳门的何廷光向各分会发送草案征求意见；王觉任去信李福基，“今日救皇救国，全恃此商会为根本”。[5]对于这个新商会的总理，各方提出不同人选，美洲华侨希望叶恩出任，康有为支持李福基，梁启超则希望同学罗普负责。

对于梁启超的到来，加拿大同志随即去信给各地同人。叶恩告知横滨诸同志，梁启超一行“均平安”，梁的忠爱“人皆供仰”，又提及正举办保皇会选举，“大叙集事，各埠联会，其踊跃之盛，以此次为最”。叶估计在加拿大可以募得10万元，并愿意陪梁启超前往美国。李福基在给另一位同志的信中写道，梁一行“增光一切，人心大为踊跃”。[6]一个全球华人商业网络激励起保皇会的热忱，比起遥远、抽象的政治变革，可触摸的商业利益更为诱人。梁用“蒸蒸日上”来形容本地保皇会，温哥华华人的十分之六七、维多利亚过半、新威斯敏斯特几乎全部入会；章程整齐，每周日必有演讲，每年三埠聚会，更筹集万金在温哥华设立总会，“俨然一小政府之雏形”。保皇会更效法立宪国家，举行选举，选出总会副总理一人、监督人一人。三埠各出竞选者两名，提前一个月公布名字，匿名投票，开票后以电报通知。3 月 8 日的保皇会选举令梁赞叹，这是“中国数千年所未有也”，与文明国政党无异，未来写作中国政党史，必以此为开端。[7] 他也有少许遗憾，因为风气尚未全开，在有投票权的 6000 多人中，仅 1000 余人投出手中一票。对于投票者，这是人生的特别时刻，是他们第一次看到选票。对于选票与日常生活的关系，他们还需要更久时间才能体会。

一个崭新的保皇会总部也要在温哥华建立。4 月 23 日，奠基仪式在歌乐街（Carrall St.）1715 号举行。梁启超参与放置奠基石，并发表演讲，“观者如堵……鼓掌之声雷动，此亦中国前所未有之举也”。[8] 在当时拍摄的一张照片上，几位保皇会领袖坐在桌旁，梁启超则站立他们中间，面容英俊、严肃，目光坚定，嘴唇紧抿，右手抬起，似乎将要发出震耳之语。他们皆着西装，仪态与表情是他们对自己的期许——做一个现代意义上的中国人，领导一个现代政治组织。比起保皇会这个名字，他们更乐意将自己称为“中国维新会”（Chinese Empire Reform Association），它更富现代气息。

对于中国历史，这也是个不无意外的时刻。维多利亚、温哥华，这远离中国的寒冷之地，成为全球华人的政治中

温哥华保皇会会址，20 世纪初

心，引发人们对中国政治的重新思考。商人团体也意外地扮演了领导性角色，他们在中国常年处于最被轻视的阶层，在海外却陡然变化。保皇会也帮这些华人社区进行艰苦的转变，从纯粹的地域性、宗亲式的联结，转向一个全球性组织，对全国性政治发生兴趣。它也激发了不同华人社区的竞争，维多利亚、温哥华的商人们发现，保皇会的组建令他们拥有某种杠杆，与旧金山的六大会馆争夺权力与荣耀。加拿大的英文世界多少意外于中国人竟能创建自己的政治组织，不仅是唐人街上林立的堂会中的又一个。在温哥华的一次宴会中，不列颠哥伦比亚的政商人物，以及华盛顿州的美国客人皆出席，梁启超举杯答谢，提议为英国、美国与中国的互利关系祝酒。[9]

这样的局面鼓舞了梁启超。在给蒋智由的信中，他说起海外华人的热心，这愈令他要轰轰烈烈做一番事业，准备一年后投身实业界。他对此行募款信心颇足，只要募到五六成，便可达成八九成的实业基础。他仍钟情革命，也寄望于秘密社会，后者支持也有三四成。尽管对笔墨生涯充满不屑，称之为“空言界”，横滨的编务始终牵扯着他。他抱怨自己忙碌不堪，无暇给《新民丛报》写稿，“文竟不成一字”。他担心丛报将倒闭，请求蒋务必支撑。一个月后，他继续抱歉未能供稿，担心丛报“指日立毙”。他许诺蒋闰五月返回日本，只要蒋能支撑三个月，报馆就该无恙。他也要蒋与麦孟华、罗普、周伯勋、蒋百里、汪衮甫商议，请他们相助，《新民丛报》已获得的影响力十分珍贵。保皇会内部的混乱也让他焦头烂额，香港总部不断攻击横滨分部，说其挪用、侵吞公款，管理不善。他不得不竭力自辩，报告账目。面对加拿大华人时，他竭力掩饰内在的分裂。“先生为同志留宴，连绵不已”，李福基形容梁的繁忙。[10]

二

与夏威夷、澳大利亚之旅一样，加拿大的政治与社会，尤其华人的生存状态，是梁启超的观察对象。空间的剧烈变化促他成为一个老练的观察者——既试图从中寻求西方富强的秘密与内在矛盾，也更清晰地感知到中国的弱点与希望。

在加拿大，华人先是随金矿而来，然后沿铁路线向东扩张，人数曾高达 8 万，如今下降为 2 万，其中维多利亚 5000 余，温哥华 4000 余，新威斯特敏斯特 1000，蒙特利尔 2000 多，渥太华只有 200 多……这也象征了华人扩散至整个加拿大的过程，繁华从维多利亚转移到温哥华，后者自 1901 年起成为新的商业中心。

华人的境遇也表现在职业上。不列颠哥伦比亚的华工中，从事三文鱼制作的最多，每年 4 月至 7 月的捕鱼季，工人收入每月美金二三十元至六七十元不等，当地法律限制非入籍华人参与捕鱼，它比制鱼的收入高出几倍。[11] 此外，厨工、洗衣工是主要营生，前者月薪最高达七八十元，最低也有十多元，洗衣工卑微得多，每月只有十多元。维多利亚有商铺一百四十多家，温哥华五十多家，新威斯敏斯特二三十家，但只与华人交易，仅一两家与西方人贸易。在温哥华，尽管唐人街从杜邦街（Dupont St.）扩展到上海巷与广州巷，华商们并无传说中的商业能力，他们专办日用消费品，因只为华工服务，工人一减少，收入就立刻萎缩。地价涨了几十倍，却无华人买地牟取巨利，“此亦学识不足，不能与西人竞争之明证也”。

罪恶的生意无所不在。在维多利亚，鸦片贸易尤其重要，因加拿大的进口税比美国低得多，鸦片便从此被偷运至美国。华人赌博业相当发达，仅温哥华就有二十多家番摊馆，白鸽票厂十六七家。它们皆形式简单，番摊只需一个杯子、一个

加拿大华人鱼工

方形罐头盒、一枚指针、一些纸和碎片，以及大约400个铜筹码；白鸽更简单，只需一个碗和一些纸片，这简单游戏让参与者沉浸在命运可能突然改变的幻觉中。赌馆小工每礼拜薪水6元，馆租40元。温哥华每年赌博费用达30万，不列颠哥伦比亚全省则100万元。久居日本为梁启超增加了日本视角，他发现日本人也好赌，仅温哥华每年输给华人有16万元，他不无调皮地感慨，“此亦争外利之一道欤？嘻！”日本人的商务能力还不如中国人，在加拿大有4000多日本人，没有一家像样的商铺。他想起澳大利亚东北星期四岛上的见闻，当地2000多日本人，中国人不满百人，前者“极贫”，后者“颇富”，后者靠与前者贸易致富。他再度确认这一点，“华人商务之天才过于日人远甚”。但这商业能力只能谋取东方人的利益，一遇欧美人则挫败。[12]

4月29日，他乘火车前往渥太华。路上整整花费了五天，翻越落基山脉时，火车由三辆机车推动，沿山道螺旋前行，他不禁口占一首："四月犹为踏雪游，光明世界入双眸。山灵知为谁辛苦，如此华年也白头。"辽阔的疆域令他感慨铁路之功用，它巩固了加拿大联邦，"铁路与国政群治之关系，伟矣夫！"[13]在渥太华，49岁的保守党领袖罗伯特·博登（Robert Borden）接待了他，八年后博登将出任总理，并以领导加拿大加入第一次世界大战闻名。渥太华是加拿大矛盾身份的象征。1867年，加拿大自治领成立，成为世界第三大政治实体，它的面积仅次于俄国、中国，人口却稀少得多。它的治理结构也颇为复杂，行省处理地方事务，联邦政府总部设于渥太华，帝国的指令则来自伦敦。英国诗人吉卜林（Rudyard Kipling）曾将加拿大比作"白雪佳人"，"虽然在母亲房中是女儿 / 但在自己这里是霸主"。[14]

梁启超定会注意到无处不在的皇室象征。维多利亚女王的照片被贴在厨房墙壁上，金属雕像矗立在公园与议会大厦旁，她的名字是好几个城市的名字。这或许能增加他对君主立宪的信心，皇帝并不需要成为国家的实际管理者，只需成为一种象征，在这种意义上，保皇与共和并非冲突。他或也会想象，有一天中国以光绪皇帝的名字命名一个港口，将其照片悬挂在茶馆、戏院中。博登带梁启超参观了国会大厦，"全厦以红白大理石相间构造，居中一最大座，为上下议院，左右两座，其大稍逊，为行政各部官公署”，这表明英国人重视立法过于行政。他登上一座高塔，500 多级台阶，足可俯视全市。藏书楼最为壮观，是一座六层圆形大楼，藏书达 31 万册。[15]

5 月 6 日，他抵达蒙特利尔。这是加拿大最繁华的城市，人口 40 多万，比起西部城市“过之远矣”。这是一窥法国社会的窗口，法国移民占据人口过半，很多地方甚至不讲英语。他觉得，英法两种文化促成了本地繁荣。犹太人是最引人瞩目的移民群体，将圣劳伦斯大道变为犹太社区。在渥太华与蒙特利尔，他远比不上四年前到来的康有为的多姿多彩。梁启超帮助两地创建了保皇会，却没描述当地华人状况，没提到一个华人领袖的名字，似乎丧失了最初的观察热忱。也可能，他在忙于撰写《海外殖民调查报告书》，横滨编辑部很快就收到了他的加拿大记录。他也定感到华人日趋受困的地位，继 1900 年人头税从 50 元提高到 100 元后，它又从 100 元提高到 500 元（合中国银 1000 元）。但这并未阻挡移民的热忱，加拿大入境的人口不断攀升，维多利亚的中华会馆甚至发电报，请广东巡抚暂时禁止广东人前来。这些华工又希望从加拿大偷渡到美国，总需要“华银七八百”。梁不禁感慨，“祖国数万里膏腴之地，而使我民无所得食，乃至投如许重金以糊口于外，以受他族之牛马奴隶，谁之过欤？”[16]

从温哥华到蒙特利尔，梁启超处处感受到美国的影响，它不可遏制的扩张能量，西奥多 · 罗斯福（Theodore

Roosevelt）是最佳象征。在温哥华的报纸上，梁启超读到这位年轻总统在旧金山的演讲，他宣扬权力的不断西移，美国命定扩张至太平洋领域。“吾怵怵焉累日”，梁期待中国人觉醒，“中国不能自为太平洋之主人翁，而拱手以让他人，吾又安忍言太平洋哉？虽然，吾之所不忍言者，又宁止一太平洋哉？”[17] 他马上就要前往纽约，去感受这股雄心勃勃的美国力量。

第二十章　纽约

一

在纽约，热忱扑面而来。1903 年 5 月 12 日，梁启超发现，数百名保皇会同人在站台等候，“观者如堵”。20 辆汽车集结，车上插着三面旗，左为大清国龙旗，右为美国花旗，中间则是保皇会旗，它三画白、两画红、中间有三星，意为合群独立。欢迎者还聘请了一支西洋乐队导行，一群中国儿童手执小旗，上书“恭迎维新领袖梁启超”。[1]

毫无疑问，这是自李鸿章 1896 年到访以来，最引轰动的中国人。他毫无喘息之机，就被簇拥至唐人街。为了迎接贵客，华人商铺当天关闭，众人拥在街道上欢迎他，莫特街（Mott St.）6 号的保皇会总部更是热闹非凡。当晚，他在华人戏院演说，发现座中西方人也很多，又特意用英文感谢，你可以想象广东腔的“Thanks for coming”。“梁启超讲述中国的觉醒，”5 月 13 日的《纽约时报》报道说，“伟大的改革家在这里帮助开展运动。西方的进步思想在整个帝国传播，尽管慈禧太后反对。”报纸称他为“梁教授”，简要、错误百出地介绍了他，说他已 30 岁，有张孩子气的面孔，“不说英文，却像一个美国化的中国人”。

梁启超随即卷入各种演讲与会面，赵万胜（Chew Mon Sing）是其日程的安排者。这位 49 岁的保皇会纽约分会会长，眼窝深陷，目光坚定，胡须浓密，一对大耳朵，头发油光、整齐，竖领白衬衫浆得笔挺。1872 年，他从广东来到奥克兰，出任一个教会学校的教师及海关翻译，一年后移居纽约，在银行业取得成功。他试图树立一种崭新中国人的形象，起了一个英文名字 Joseph Singleton，娶了一个白人妻子，这两个举动比剪掉辫子更为大胆。他也致力于改革唐人街，发起关闭赌馆、鸦片馆运动，引发堂口对他的敌意，这是他们的财源所在。赵知道如何在唐人街之外寻求支持。借助坦慕尼协会（Tammany Hall），他与纽约政界、商界发生联系。这个协会诞生于 18 世纪末，最初只是一个互助组织，以印第安德拉瓦部落首领命名。19 世纪中叶，它发展为一台复杂、高效的政治机器，协助民主党候选人在纽约市、纽约州掌权，在公共工程中谋取暴利，提供就业机会，赠送盟友礼物、收买政敌。爱尔兰人控制着这台机器，他们善于吸收贫困移民的选票。[2] 赵万胜能将纽约不同移民社区黏合在一起。1902 年 11 月 8 日，他当选纽约保皇会新会长现场，不仅有华人出席，还有代表纽约下东区的国

纽约保皇会会址，1905 年

会议员亨利·戈德福格尔（Henry Goldfogle），以及著名的犹太人物。

梁启超立刻感受到赵的这种能力。一个夜晚，他出席了一场保皇会的募捐活动，为帮助俄国基希讷乌的犹太大屠杀幸存者。在 1903 年的复活节，基希讷乌爆发了一场反犹太暴乱，49 名犹太人被杀，92 人受重伤，一些犹太妇女被强奸，超过 500 人受轻伤，1500 间房屋受损。它引发世界舆论关注，美国犹太人开始大规模有组织的经济援助，并协助移民。未来的以色列建国之父西奥多·赫茨尔（Theodor Herzl）因此提出乌干达计划，将英属东非的一部分作为犹太人的临时避难所。宰也街（Doyers St.）上的中国戏院举办义演也是这股浪潮的一部分。粤剧院是广东移民的主要乐趣来源之一，“每张长凳上都坐满了人，像回家吃晚饭时间的马车一样拥挤”，观众们“不停地吸烟，彼此交谈”，“大声呼叫，互致问候或互开玩笑”。震耳欲聋的舞台似乎令他们忘记了现实的不公与残酷。当晚的演出有 40 位粤剧演员参与，若西方观众们知道舞台上的女性也是由男性扮演，定会大吃一惊，首席演员 Fow Chung 被称作“宰也街上的布斯”①。演出间歇，嘉宾起身演讲，犹太拉比约瑟夫·泽夫（Joseph Zeff）以意第绪语强调俄国对犹太人与中国人犯下的罪行；国会议员戈德福格尔未能到场，另一个犹太领袖感谢中国组织者，“让我们伸出欢迎之手，希望中国人可以和我们一起站在美国主义的广阔平台上”。保皇会的 Guy Maine 称犹太人与中国人“都曾遭到迫害”。与赵万胜一样，这位中国传教士之子起了英文名字，娶了白人妻子，曾在 1892 年中美劳工谈判时出任法庭翻译。《犹太前进日报》（*Jewish Daily Forward*）记录了梁启超的讲话，他将基希讷乌被屠杀的犹太人比作海兰泡遇难的华人，皆是俄国人犯下的暴行。在日后的记录中，他感慨“中国人之生命，贱于犹太人远矣”。[3] 同样受到

① 埃德温·布思（Edwin Booth，1833—1893），美国演员，以演绎莎士比亚戏剧著称，一些戏剧史学家认为他是 19 世纪最伟大的美国演员和最伟大的哈姆雷特王子。

俄国迫害，犹太人的呼吁声也更为嘹亮。基希讷乌的犹太悲剧远逊于海兰泡，前者引发了广泛同情，“纽约各报，日攻击之，描写其惨状，不遗余力”，却没有报纸为中国人呼吁。《纽约先驱报》（*The Herald*）称当天的演出“陌生、奇异和怪诞，混合着野蛮的服装、疯狂的扭曲和可怕的声音”，成功筹集了 280 美元。这也是对犹太社群的某种回馈，犹太人一直反对排华法案，纽约助理地区法官马克斯 · 科勒（Max Kohler）在《纽约时报》上撰文，将之形容为“最非美国、无人性、野蛮、压抑的制度”；另一位犹太领袖西蒙 · 沃尔夫（Simon Wolf）则在众议院的听证会上说这个法案不公正，充满着歧视。接着，保皇会在披露街（Pell St.）24 号的万里云餐厅设宴，客人包括塔利亚剧院的伯莎·卡利什（Bertha Kalish）女士，一位著名的意第绪女演员，及沃登·范·德·卡尔（Warden van de Carr）等人，保皇会秘书 K. F. Pang 及要员伍积勋（Ng Dek Foon）与赵自（Jue Chue）同样出席。伍积勋也是华人社区的重要人物，在内华达开过洗衣店，到了纽约成为一名旅行推销员和记账员，成为赵万胜的银行业搭档，并开了一家餐厅。赵自 1899 年才到纽约，创办 Hing Lum Chan Company，经营中国、日本货物进出口，因其富有被称作“唐人街的 J. P. 摩根”。在 7000 人的纽约华人社区，他们英语流利、作风西化，是领袖也是异端，试图在美国与中国之间找到自己的未来。晚宴上，赵万胜发表演说，称保皇会的目的就是让中国进行明治日本式变革。

宴请、拜会接连不断。5 月 22 日，半个月前曾邀请新任驻美公使梁诚的亚细亚协会，设宴招待梁启超，20 多位美国实业家、两位日本客人出席晚宴。在欢迎致辞中，总干事赫钦士极力声称美国并没有吞并中国的兴趣，只希望和平拓展商务，进入它庞大的市场。梁大谈革新中国政府的必要，否则中国市场将缺乏稳定性，令美国得不偿失。其余演讲者大多附和这一观点。次日，他前往赫钦士家中做客，后者再度提及，中国安定与否对美国影响巨大，三年前的义和团导致南方棉花种植园大量倒闭，失业者众多。

三天后，梁启超见到了 J. P. 摩根。这是期待已久的拜会。梁启超发现，托拉斯是此刻美国最热门的话题，“要之最近十年间……政府之所焦虑，学者之所讨论，民间各团体之所哗嚣调查，新闻纸之所研究争辩，举全国八千万人之视线，无不集于此一点”。[4] 在笔记上，他记下一个个托拉斯的名字及其产业归类、资本额度，若世界竞争从军事时代进入经济时代，托拉斯是其关键力量，美国是最佳例证。一代人的时间，它从自给自足的社区式国家变成了一个由钢铁城、服装城、玉米城、石油城构成的国家，从房屋里的瓷砖到戴的手表、饮下的威士忌、嚼的口香糖、列车轨道、报纸铅字，皆来自托拉斯。1898 年，美国有 20 家市值数百万美元的工业托拉斯，到了 1901 年，这个数字增加到 185 家。小说家弗兰克·诺里斯（Frank Norris）以章鱼来形容它，它们把触角伸入美国生活的每个角落。在这些托拉斯缔造者中，洛克菲勒

（John Davison Rockefeller）最为富有，掌控了全美 90% 的炼油业。论及影响力，则没人比得上摩根（John Pierpont Morgan），他刚刚重组了资本额超过 10 亿美元的美国钢铁公司，还控制了几家银行、西联电讯、普尔曼汽车公司、安泰人寿保险、通用电气、利兰轮船公司，以及 21 条铁路。[5] 摩根的崛起也代表着世界经济权力从罗斯柴尔德家族的伦敦移到了摩根的纽约。

摩根身材高大，有一个硕大的酒糟鼻子，过分强烈的性格与巨大的财富一样世人皆知。"摩根性情暴烈，灼热的眼光与炽热的脸色十分可怕，充血的鼻子好像就要爆炸。他嘴里叼着的点燃的雪茄烟和山一样宽大的肩膀，让人看上一眼都会发抖"，一位作家描述道。但火星与烟雾的外表下是文静与羞怯，他年轻时曾梦想成为数学教师，对圣公会宗教仪式着迷，"他收藏了大量知名而可怕的艺术品，从中寻求安慰……偶尔在乡间家里，摩根会笨手笨脚地触摸过往的妇女"。[6] 梁启超没有机会看到摩根的这一面。很有可能，30 岁的梁启超在 66 岁的摩根面前感到慌乱，原本想和后者谈谈写作，还是主动放弃了，生怕浪费了他的时间。这也是不对等的会面，摩根正处于权力的顶峰，梁以"生计界之拿破仑"形容他，将他与德皇威廉二世视作并世豪杰，是富强之象征。原本 5 分钟的会谈在 3 分钟后就草草结束，考虑到要在广东话与英语间翻译、不可避免的寒暄，他们几乎没有交流。摩根留给他的一句赠语令人印象深刻："凡事业之求成，全在未着手开办以前；一开办而成败之局已决定，不可复变矣。”[7]这或许刺激他的思考，维新事业将成败如何？

同一天，梁启超还见到了另一个美国的代表，《纽约社会主义丛报》总撰述哈利逊。这是他在北美会见的第二批社会主义者，三个月前，在加拿大的维多利亚，他接受过《国际社会主义评论》（*The International Socialist Review*）访谈，访谈内容以《社会主义在中国的可能性》（The Possibilities of Socialism in China）为题刊登于该杂志的6月号。“社会主义学说的国际性再次得到证明，社会主义运动已经在中国展开——不是由欧洲或美国的传教士，而是由中国的学者和改革者发起”，文章以此振奋的语句开头，在作者G. 韦斯顿·里格利（G. Weston Wrigley）眼中，梁启超正是中国改革者的代表人物。他递给梁社会主义报刊，解释集体主义与阶级斗争的原则，热切地询问梁中国可否开展这一运动。“梁先生展现出一个政治领袖的能力”，他发现这位中国流亡者热情地说起马克思、蒲鲁东与圣西门，认识日本社会主义者片山潜，还说《资本论》正被翻译为中文。梁启超的记者天性也表露出来，追问社会主义与柏拉图的理想国的关系，又与虚无主义有何关联，里格利本人是否支持工会罢工，以及如何看待排华法案等一连串问题。梁启超认为，一旦君主立宪制在中国建立，社会主义政党也应该出现，由于没有印度式种姓制度，社会主义更易在中国实现。他还对现场的一位女士说，中国尊重男女平等，一旦立宪制建立，中华帝国会给女性提供同样的机会。他还批评了义和团运动，认为它是由匪徒与不忠的官员所发动的。[8]

在纽约，哈利逊先生也试图说服梁，中国定要实现社会主义。梁启超多少会钦佩他为工人、穷人发声的努力，纽约的贫富差距令梁启超想起杜甫的诗句，“朱门酒肉臭，路有冻死骨”。它不仅是一个富者愈富、贫者愈贫的社会，还可能是智者愈智、愚者愈愚的社会，也因此，“社会之一大革命，其终不免矣”。哈利逊期望保皇会与社会主义联合，以保皇会的报刊为机关报，在中国推广其宗旨与组织。梁却觉得，社会主义在今日中国与欧美都不可行，“其流弊将不可胜言”，且这种社会主义与传教颇为类似，“一种之迷信也”。他却对国家社会主义期望甚高，“其思想日趋于健全，中国可采用者甚多，且行之亦有较欧美更易者”，其“以极专制之组织，行极平等之精神”，与中国的特性颇有契合。铁路、矿物、制造业的国有化在中国比欧美更易实现。[9]

梁启超也体察纽约，攀登自由女神像时“有潇洒出尘之想”，被夜晚长岛的照明震撼，“满天云锦，盖电灯总在数千万盏以上也。层楼杰阁，皆缀华灯，遥望疑为玻璃世界”。他发现在豪华酒店华尔道夫的上等房每日要 150 美元，听闻七年前李鸿章访问时只住了每日 75 美元的二等房，“以中国第一等地位之人，而作纽约第二等客”。梁启超的信息显然错误，李鸿章占据了华尔道夫最豪华的套房。他也去了格兰特（Ulysses Simpson Grant）之墓。这位美国总统在中国人心中有着特别的位置，他试图解决琉球危机，与李鸿章交好，李曾亲自在他墓前种一棵树以示追思。纽约的过分喧闹也让梁启超不安，“街上车、空中车、隧道车、马车、自驾电车、自由车，终日殷殷于顶上，砰砰于足下，辚辚于左，彭彭于右，隆隆于前，丁丁于后”，令他“神气为昏，魄胆为摇”。众多的公园解救了他，“一日不到公园，则精神昏浊，理想污下”。他也被曼哈顿高层建筑惊呆了，“十层至二十层者数见不鲜，其最高者乃至三十三层”，它们给他鸽笼之感。在他眼中，纽约仿佛是另一种动物园，到处可见的电线是蛛网，叮叮当当的电车像是“百足之虫”。[10]

在这动物园中，尤为触目惊心的是各种肤色、容貌不同的人。美国是一个移民国家，纽约则是最集中之地，一座“人类动物园”，人群不仅以肤色划分白人、黑人、拉丁美洲人、黄种人，即使白人也有盎格鲁—撒克逊人、爱尔兰人、意大利人、德国人、犹太人种种分别。移民也是这个城市的活力来源，梁记下最近不同国家移民的数量，在刚过去的1902年，意大利移民最多，将近18万，紧随其后的奥匈帝国近17.2万。技术变迁也塑造了这股风潮，在帆船时代，移民是清一色的西欧人、北欧人，蒸汽船时代起，南欧人、东欧人、斯拉夫人、犹太人、地中海沿岸居民陡然增加。不同人群给新大陆带来不同的影响。被大饥荒、贫困驱赶而来的爱尔兰人嗜酒、暴力、靠出卖体力为生，造成了纽约历史上最大的暴乱，也带来了威士忌酿造，以及政治经验。他们被大英帝国的统治锻造出强烈的种族团结，善于组织地下宗教、恐怖组织，在纽约、波士顿创造了一台强大的政治机器，他们著名的一位后裔即约翰·肯尼迪（John Fitzgerald Kennedy）。德国人整洁、安静、节俭、孤立，习惯于纯粹的德国人圈子，生死婚嫁皆与外界无交集，他们带来费城玉米肉饼、卷心菜沙拉、德式泡菜、烤香肠、啤酒……就像中国人创造了杂碎，德国人创造了热狗。意大利人有种宿命感，生活中的好处要不来自命运恩赐，要不就是大人物的赏赐，他们苦干、节俭，小心翼翼地维护家庭利益与荣誉，与爱尔兰争夺黑帮的主导权，一个世纪后，他们的故事被改编成了《教父》。犹太人住在曼哈顿南端，受益于艾萨克·辛格（Isaac Singer）改良的缝纫机，他们在制衣业大放异彩。犹太人重视教育与舆论，阿道夫·奥克斯（Adolph Ochs）买下《纽约时报》，一半犹太血统的普利策（Joseph Pulitzer）靠《纽约世界报》（*New York World*）大放异彩。梁启超发现，犹太人势力尤其大，美国的银行业犹太人经理占据十之三四，职员十之五六。在最繁华的商业街上，上千家店铺中犹太人有十之六七，华人仅一家。纽约的市政权也是被犹太人左右。他赞叹犹太人的生命力，历经千年亡国，仍有一个坚定团体。他提到了一连串的犹太名人，英国前首相迪斯雷利，纽约巨商西士弗，两次出任土耳其公使的士特拉夫，纽约高等法院法官立温德列。纽约《每月丛报》曾列举出48位影响世界的犹太人。相较而言，中国人的涣散、相互倾轧令人惭愧。但犹太人“趋利若鹜，视钱如命”，他们对于本族人有道德，对外族人无道德。他们的不洁与中国颇为相似，紧挨唐人街的犹太街道，污秽不相上下。[11]

在所有的移民社群中，中国人尤为特殊。中国人是“我们当中无家可归的陌生人”，记者雅各布·里斯（Jacob Riis）在1889年的调查报告中写道。纽约与中国的联系足以追溯到1784年，中国皇后号装载人参前往广州，14个月后载满茶叶、瓷器、丝绸返回。东方被视作文雅的象征，即使与英国人作战时，华盛顿也随身携带中国茶具与茶叶。1834年，19岁的阿芳妹（Afong Moy）抵达纽约港，成为这座城市第一位有记载的华人女性，她乘坐的船上满载鼻烟盒、手杖、扇子。[12] 在这座迅速兴起的伟大都市中，华人是迟来者，直到1867年左右，披露街才出现了一家华人商铺，出售古玩、瓜菜、糖果。1869年，横贯大陆的铁路竣工，大批华工不得不另谋出路，而西岸日益加剧的排华情绪，也令很多人向东寻找机会，前往芝加哥、圣路易斯、费城、巴尔的摩、波士顿等地，纽约是最重要的目的地。[13] 一个小小的唐人街因此在曼哈顿形成，华人逐渐占据爱尔兰人、德国人的昔日地盘，以宰也、莫特、披露三条街道为主展开。莫特街上挤满了旅馆、草药铺、餐厅，还有堂会组织。“货架上、木桶中、木箱里装满了腊鸭、干蘑菇、坚果、蜜饯、干鱼翅和各式茶叶；纸箱里堆满了种子、植物根茎、药草、树皮和治疗各种疾病的药方——因而店铺里弥漫着刺鼻的味道”，一位作家这样描述唐人街店铺，“还出售葬礼以及宗教仪式上使用的香烛和供桌”，“存货清单上还有玉手镯、凉鞋、中式服装、陶瓷茶壶、烟草、烟枪和鸦片”，老板为客人“奉上茶水，娴熟地打着算盘，执毛笔记账”。[14] 1880—1890 年，纽约的华人数量增加了近三倍，1900 年达到了 6000 余人。[15]

在梁启超的统计中，纽约及附近布洛克岛共有 1.5 万余名华人，“大率业洗衣者最多，杂碎馆者次之，厨工及西人家杂工又次之”。[16] 李鸿章重塑了华人的饮食，“李鸿章面”“李鸿章饭”在各家中餐馆的菜单上出现，尤为普遍的是“李鸿章杂碎”。李七年前的访问轰动整个纽约，他的仪容、言谈与饮食趣味都引发当地人好奇。“将一定量的芹菜切碎，再将干香菇泡发，切入些许生姜。将鸡杂放入花生油中炒到微熟，再加入其余原材料和水混炒。最好吃的料子是猪肉片和干墨鱼块以及在潮湿环境下发芽的大米。这些芽苗大约 2 英寸长，尝起来非常柔嫩可口。除外还应该添加一些酱汁和花生油给这锅油腻的食物调色。接着，你就可以尽情享用了。倘若你能消化得了，就肯定可以像李鸿章一样长寿”，《纽约晨报》（*New York Journal*）曾用整版刊登了李鸿章的菜品，标题为“李鸿章的鸡肉大厨在华尔道夫所做的奇怪菜肴”。[17] 梁感慨，这纯粹是美国人臆想的产物，“其所谓杂碎者烹饪殊劣，中国人从无就食者”。他也发现美国人对于中医的迷恋，中国药材在此皆以十倍以上的价格售卖，“而其门如市，应接不暇”。他对中国人的经商才能不无忧虑，纽约市场繁荣，中国的爆竹、葵扇、草席，每年输入本地后的销售达数百万美金，但这些生意主要由美国人垄断，中国商行寥寥，“谓中国人富于商务之天才者,亦诬甚矣”。他还不无意外地发现，自己也成了唐人街的景观，每当他在戏院举办演讲时，街道即拥堵不堪，人们放下手中工作前来集会。[18]

二

梁启超也去周边城市访问。5 月底的一天，他前往哈特福德。一进入该市，即感“如入桃源，一种静穆之气，使人悠然意远”，与被马车声、电车声、人群声裹挟的纽约截然不同。哈特福德市区的河两岸，“嘉木竞荫，芳草如箦”，使人“心目为之开爽，志气为之清明”。[19] 令他欣悦的不仅是风景，更有故友重逢。容闳住在此地，自立军事败后，他出走台湾，辗转日本，终回到这里，他著名的留美幼童计划的开创地。75 岁的容闳也象征了 19 世纪改革者的命运，在那个庞大、复杂的系统面前，你的热情与才华显得如此脆弱。或是受教于美国之故，容闳有种其他改革者少见的品性，他很少陷入自怜自艾，总是充满热忱地开始新行动。

这是期待已久的见面，梁在旅馆稍作安顿后即前往容闳住所。在两个小时聚会中,容闳兴致盎然,对年轻的梁启超“教督之劝勉之者良厚,策国家之将来,示党论之方针,条理秩然,使人钦佩”。翌日，容闳陪他访问哈特福德高等学校。二十年前不少留美幼童在此就读，校长向梁启超出示当时关于这些学生的记录。很可惜，大部分学生学业未完就被召回，大约十位勇敢地留了下来。令梁感慨的是，十位中只有两位稍有成就，郑兰生在纽约以工学闻名，容揆出任公使的头等翻译，剩下的或为银行职员，或为翻译。他们为中国培养，却无法为国服务。令梁启超尤为不满的是，他们都娶了白人妻子，“此亦与爱国心不相容之一原因”。[20]

在哈特福德停留两日后，梁启超前往波士顿。此地保皇会热烈地欢迎了他，这也是美国东部最早分会，成立于 1899 年秋天。梁的到来轰动全城。5 月 26 日的《波士顿先驱报》（*Boston Herald*）称他为“东方的马克 · 安东尼”，活灵活现地报道他的一场演讲，“年轻的梁启超登上讲坛，慷慨激昂地指陈满清体制摇摇欲坠，沉疴难治”，四位助手帮助他展开一面旗帜，白底、镶红边、中间三颗星。他对台下说，第一颗星代表自我教化，中国人在等级制度下卑躬屈膝，像羊群被主人驱赶,要主张己见。当台下疾呼时,他“重重捶胸，然后微微一笑”。第二颗星代表团结，他弯下腰指着说，个人行动无法争取自由，中国人必须团结起来。最后一颗星是平等。他大胆告诉听众，他们与统治者是平等的，他们不需要向太后的官员磕头，每一个人都是平等的。记者形容，他指向旗子，就像马克 · 安东尼指向恺撒长袍上的裂缝。

演讲获得如雷的掌声，人们涌向讲坛，争相与他握手，与平日“木然走在街上、不露神色”大异其趣。现场大约三四百人，“若没有看到听众高高的颧骨以及微笑时眯得像眼睛闭起来的脸孔，一定会以为是美国人的集会所发出的喧嚣声响”。记者还注意到，在等待这位伟大维新者演讲的下午，唐人街挤满了人，“静静地在商店里等待……就像在新英格兰的乡村，十字路口旁边的杂货店坐着一群人，一起等什么事情来临。不同的是，华人不是在咀嚼烟草，而是默默地抽着竹筒烟管，烟管下端连着一个小小圆底，不一下子就抽完”。人们对这个年轻的维新者充满了遐想，说他将去英国大学做研究。一位剧场经理专门从纽约赶来，他想询问梁，他出品的《中国式蜜月》这幕剧能否在中国巡回演出。

波士顿也激起梁启超的兴趣，“美国人合众自立之端绪，殆无一不发源于波士顿”。他乘车前往朴次茅斯，参观被铁栅栏围起的新世界石，它是英国移民最初的登岸地。他前往波士顿倾茶事件发生的港口，将该事件与林则徐的虎门销烟作比，前者开启美国十三个殖民地的独立运动，后者引来中国五口通商。他即兴写道：“雀舌入海鹰起陆，铜表摩挲一美谈。猛忆故乡百年恨，鸦烟烟满白鹅潭。”波士顿的图书馆让他吃惊，藏书 8 万册，建筑费用就高达 265 万美元，除去总馆外，还有各分馆、17 个借书处。报馆之繁荣更令他惊诧，最古老的《波士顿新闻通讯》（*The Boston News-Letter*）起始于 1704 年。这也是美国报业勃兴之时，每个大城市都有晨报、午报、晚报、夜报、隔日报……这些报馆历史意识强烈，“盖泰西之报馆，一史局也……其最足令吾起惊者，则文库是也。故无论何国，有一名人或出现或移动或死亡，今夕电报到，而明晨之新闻纸即登其像，地方形胜亦然”。[21]

6月9日，他前往华盛顿，又一座公园式城市，从纽约、波士顿至此，“正如哀丝豪竹之后闻素琴之音，大酒肥肉之余嚼鲈莼之味”。参观国会时，他被其规模震惊，为其建筑风格赞叹，“皆用最纯白大理石铺地，净无纤尘，光可鉴发”。在国会图书馆，他发现书堂壁间所刻各国文字中有中文，“子夏曰：日知其所亡，月无忘其所能，可谓好学也已矣”，颜体字“笔法遒劲，尚不玷祖国名誉”。比起国会的庄严气派，总统官邸显得过分平凡，“两层垩白之室，视寻常富豪家一私第不如远甚”，这更彰显美国政治的平民精神。[22]

6月12日，在这过分寻常的白宫，他与鲍炽以及特意从温哥华赶来的叶恩一起谒见西奥多·罗斯福。麦金莱（William McKinley）的遇刺，使罗斯福成为美国历史上最年轻的总统。少有人有他这样丰富的人生：18岁写出了第一本书，22岁当了丈夫，23岁成为历史学家，当选纽约州议员，25岁做了父亲，也成了鳏夫，26岁成为农场主，36岁成为纽约市警察局局长，38岁任海军助理部长，39岁自任义勇飞骑兵团上校团长，他在古巴拼杀击败了西班牙帝国的军队，成为全国英雄，40岁成为纽约州州长。他还不停休地写作，出版了十几本著作。[23]他喜欢用体力活动排除挫折，热衷于前往非洲打猎，熟记非洲谚语，“温柔地说话，手拿大棒”。他的个人能量也象征着一个新兴帝国的扩张。他将国家扩张视作历史的生命力，“每一次扩张所以发生，是因为其民族是伟大的民族……在我们仍处于血气旺盛的青壮年阶段，仍处于辉煌灿烂的盛年的开始时期，能够和那些疲惫不堪的人们坐在一起，和那些羸弱的懦夫们掺和在一块吗？一千个不”。[24] 在他眼中，中国就是这样一个羸弱的民族，“我们不能像中国那样——在自己的国境内贪图安逸，沾沾自满，由着自己的国家一寸寸腐烂，对国境之外发生的事漠不关心……一个不好战、孤立、安于现状的国家必将在那些没有丧失血性和冒险精神的国家面前倒下”。[25] 他又对中国充满兴趣，与流行的观念一样，传教与商业是其主要视角，中国的巨大人口同时意味着被拯救的灵魂与消费者。他也是新一代战略家马汉（Alfred Mahan）与布鲁克斯·亚当斯（Brooks Adams）的热情读者，认为美国必须向太平洋及东方扩张，中国则是“未来的巨大问题，一个无可避免的问题”。[26] 在与中国打交道时，他努力秉持某种公正，日后将支持归还庚子赔款，资助中国留学生，他也要求使馆官员正确对待中国人，无礼或虐待会被开除公职。[27] 他不是一个种族主义者，却是一个能力至上者，推崇具有战斗精神的民族，同为黄皮肤的日本赢得了他的尊敬。

梁启超走入白宫时，罗斯福也刚从一场史无前例的旅行归来。八周内，他搭乘火车穿越 25 个州、150 个市镇，发表了 200 余场演说，行程超过 14000 英里。[28] 45 岁的他正处于巅峰时刻，梁将他与德皇威廉二世并列为世界舞台上最令人赞叹的政治人物，“其雄才大略，有开拓万古推倒一时之概者，惟此两人而已”。白宫里挤满了谒见总统的人，罗斯福只能带他们去别室，会晤持续了两刻钟，是纯粹礼节性的。罗斯福说，经常收到保皇会电报，也看过章程，“深佩其宗旨及其热诚，祝此会将来有转移中国之势力”，目前则希望有转移美国华侨之势力。他遗憾未能见到康有为，请梁转达致意，若有何具体建议，直接与国务卿海约翰商议。[29]

64岁的海约翰，高颧骨，眉毛稀疏，胡须浓密，西装笔挺，竖领衬衫令人难忘。他也是美国政坛最受人尊敬的人物之一，年轻时出任过林肯的秘书，他在谈判中以绅士风度闻名，会花几个月字斟句酌。[30]“其人沉默廉悍，一望而知为外交老手”，梁启超如此形容海约翰。在海家中，谈话持续了两个多小时。梁向他介绍了中国的朝局，这两年的民间思潮，海对他的描述相当惊奇，劝他写一本书向欧美人阐述此状况。海也说，自己支持中国，但同僚不信任他的判断。送别梁启超时，海“殷殷以常通信相嘱”。[31]倘若梁知道，海约翰年轻蓄胡须时，经常被别人说就像个中国人，定会更感亲切。这自然是外交老手的惯技，其奉行的门户开放政策，关注的不是中国人的命运，而是中国的市场地位。两个月后，他在致驻华公使柔克义（William Rockhill）的电文中说，“我们已经帮了这群中国佬一个大忙，但他们似乎不打算承认这一点。说什么也不能让他们以为可以随意对待我们，也不能让他们觉得他们需要恐惧的国家只有俄国一个”。[32]

“总统接见了叛国者”，一份报纸随即报道梁启超的白宫之行，“他们正在努力在全世界，也包括他们本土的中国人中，制造一种情绪，要求在中国建立君主立宪制”。[33] 梁启超赞叹罗斯福的魅力，却对共和制度缺乏热情，觉得民主制远不如君主立宪制，后者“流弊少而运用灵也”。比如中美、南美诸国，“每当选举时，必杀人流血以相从事者”，而且每当总统换届，所有的官吏都要换人。即使美国也经常发生总统遇刺，一流人才不愿意进入政界，大统领经常是庸才。[34]

他还发现美国的另一个奇特之处，它没有常规意义上的首都。首都本应是政治、商业、文化等各种权力的集中地，伦敦、巴黎、柏林、维也纳、罗马、圣彼得堡、东京，它们皆是举国人口最多之地，财力最雄厚、商务最兴盛、工业最繁荣，最有权力、最富有者居住于此，最大的学校、最有影响力的报纸也在此。而在美国，商业、新闻中心是纽约，华盛顿是一座纯粹的政治城市。很多州也如此，纽约州首府在奥尔巴尼而非纽约，宾州首府是哈里斯堡而非费城……这正是权力分散的结果。分权与集权的优劣，将是困扰他、促他与人激辩的主要命题。华盛顿华人稀少，没有保皇会，中国使馆却有一两个旧友，以及几位留学生，来找他纵谈。这也是个令人感慨的时刻，倘若六年前他随伍廷芳赴任，或许此时也仍在使馆中工作。

6 月 16 日，他前往费城。此地保皇会颇盛，3000 余华人中，保皇会的成员占据一半。6 月 21 日，在礼仕街（Race St.）712 号，保皇会举办了一场七个小时的演讲会，中国人涌进了演讲厅，挤满座位与楼梯，一直延长到街上。演讲者们大谈要把西方理念（包括基督教）引入中国。梁启超独自演讲三小时，“他是一个典型的美国华人，衣着和习惯都很美国。他在演讲中不厌其烦地向听众强调，他没有考虑过叛乱或者革命”。兴致高昂的保皇会宣布了庞大的计划，包括成立一家汽船公司，往返于纽约与香港，以及开办一家出版公司，将美国教科书翻译成中文。[35]

本城历史遗迹让他眼花缭乱。在海军造船厂，他感慨美国海权的扩张，大叹马汉的海权理论与罗斯福对于美国海军的推崇，“而在今日世界大势，战之胜败，必以海军之优劣为衡”。[36] 这很难不令他想起北洋水师，徒增感伤。独立厅则是他最期待参观的遗迹。1776 年 7 月 4 日，在这座乔治风格的红砖建筑中，北美十三州的代表签署了《独立宣言》，十一年后，美国宪法也在此地制定。6 月 17 日一早，梁启超就赶来参观，这两层楼“悃朴质素，百年前风也”，入门左侧就是制宪会议的地点，有七把旧椅，中间一把是当年华盛顿所坐，其余则是杰斐逊、汉密尔顿等人的坐椅，“当时各代表人签名所用之笔及墨水瓶，皆宝存焉”。六年前到访的李鸿章定要坐一下华盛顿的椅子，管理者无奈只能破例。“此老作此态，何居？”[37] 梁启超感慨。这无处不在的李鸿章的痕迹，或许也让他重新思考其历史地位。登楼时，他发现楼梯下有一具破钟，正是大名鼎鼎的自由钟，在美国，其名声很可能仅次于自由女神。1751 年，宾州议会以 150 英镑的价格从英国订购了它。次年，大钟抵达费城，第一次试敲时就破裂。这并不影响它将扮演的历史角色，《独立宣言》通过后，自由钟被敲响，市民聚集到楼前听大陆会议的代表宣读《独立宣言》。早在大岛号上时，梁启超就读到自由钟的故事，东海散士与两位佳人一同参观。亲眼见到的他定感慨万千，或许也在期待，中国终有一日能敲响自己的自由钟。

第二十一章　一路向西

一

在纽约及周边度过两月有余后，梁启超启程，旧金山是目的地。这是旋风式的旅程，从东到西，他要尽量多地经过有华人居住的城市，发起保皇会，募集款项。这样将是再好不过的考察之旅，体会这个不断膨胀、矛盾重重的美国。

他再次来到费城，参加年度维新大会，发表演说。接着他前往巴尔的摩，当地有600余名华人，他演说后，保皇会遂告成立。7月1日，他来到匹兹堡，发现“满市皆机器厂，烟囱如林，煤气成雾”，气温炎热，却没人穿白衣，严重的污染不过半日必会使之“素化为缁也”。[1] 这也是安德鲁·卡内基（Andrew Carnegie）的驻地。这位钢铁业巨头最令梁敬佩的“不在其能聚财，而在其能散财”，他是美国慈善业的先驱，赞助大学、修建连锁公共图书馆。很可惜，卡内基正在欧洲旅行，梁启超“未得见”。他到匹兹堡时恰逢国庆日，美国人的欢腾令他难忘，“十里星旗连旭日，万家红爆隐惊雷”。[2] 当日还迎来另一个历史事件，太平洋电缆铺设完成。上午 10 点 51 分，罗斯福总统在纽约电报总局发电给马尼拉的菲律宾总督：“祝美国太平洋海电之开通，并颂贵督及菲人民起居万福。”11 点 20 分，菲律宾总督回电已至，祝贺外还要求美国政府减轻菲律宾产品的进口税。这个技术进步的速度令梁启超吃惊不已，他记得莎士比亚的名句，“吾有宝带兮，以四十分钟一周地球”，不过三百年时间，如今每个人都有了这个宝带。他详细记下了电缆经过的每个主要港口，从旧金山、火奴鲁鲁到槟城、新加坡、香港……世界是一张陡然缩小的网。

7 月 8 日，梁启超前往新奥尔良。途经辛辛那提时留宿一晚，当地城市规模虽大却贫瘠，主要是拉丁人，华人只 90 多名，他做演讲后，创建了本地保皇会。次日出发时，他深感美国南方的炎热，整日车中如在瓮中。7 月 10 日，他抵达“南方美国总镇”新奥尔良，即刻体验奴隶制的遗产，黑人四处可见，占总人数的三分之一。南北战争并未给黑人带来真正的解放，他们饱受白人歧视，遭遇私刑。他不禁感慨文明的虚假，“彼黑人独非人类耶？”当然，他也对黑人的行为不无怀疑，听闻黑人以侵犯白人女性为乐。新奥尔良的尘土飞扬，令人想起北京。他也发现，下等白人有强烈的西班牙与法国遗风。[3] 二十年后，爵士乐将在此兴起，征服整个世界。

7 月 19 日，他抵达圣路易斯。这个密西西比河畔的城市正处于勃兴时刻，其商业精神与欺诈、硫黄烟雾同样四处弥漫。它也是百威啤酒的原产地，还是拉格泰姆之都，斯科特 · 乔普林（Scott Joplin）在此演奏。一位将震撼 20 世纪的诗人也成长于此，梁启超到访时，T. S. 艾略特（Thomas Stearns Eliot）才 15 岁，住在离唐人街不远的洛卡斯特街（Locust St.），日后他将以《荒原》（*The Waste Land*）扬名世界。在他的记忆中，浩浩荡荡的密西西比河，新年鸣响的汽船尤其动人。在当地近 58 万人口中，华人只有 600 余名，但“有维新会，团体甚坚”。梁特意去参观了正在修建的世界博览会场馆，恰逢北京政府派出副监督黄开甲及 30 余名工人。他发现工人们“皆裸体赤足，列坐门外”，看着路过的女性游客“憨嬉而笑”。这引发了市中恶少的攻击，“掷石唾面不绝”，只能不断报警来应对。这令梁深感中国之堕落与腐败，各省摊派搜刮数十万金来到国外，换来的只是唾骂。[4]

7 月 25 日，梁启超抵达芝加哥。在这个中部枢纽，他真切地感到文明潮流的一路西移。它自亚洲的巴比伦、叙利亚起，穿越地中海，抵达希腊、罗马，弥漫整个欧洲；接着，它安顿于大西洋沿岸；过去数百年，它穿越大西洋，抵达美洲新大陆。他一路穿越的城市也印证了这一趋向。19 世纪初，只有纽约、费城、波士顿与蒙特利尔堪称大城市，如今，芝加哥已跃居为美国第二、世界第四。它的膨胀速度实在惊人，1840 年代还只有四五千人，五十年后就增至百万人口，接下来的十年又增加了七十万。这令梁感叹，“其进步之速，真可谓冠千古而无两也”。[5]若他惊奇于纽约的高层建筑，定会更惊叹于芝加哥的摩天大楼，湖区的柔软、潮湿地带令建筑者采用了钢架结构，创造出现代摩天大楼的典范。

本地保皇会刚于一个月前成立，不过，伊利诺伊州务院报告表明，中国保皇会正式成立是在 1903 年 7 月 25 日。在这个名册上，它的前后分别是切斯特商业协会与芝加哥厨师俱乐部。保皇会首任会长梅宗周（Moy Dong Chew），方面大耳、目光炯炯、声若铜钟，来自广东新宁。他是移民芝加哥的先驱，1870 年代从旧金山搬迁到此地，在这座严寒的风城，他却感到另一种温暖，比起西岸越来越严重的排华情绪，“这里从没有人问我们吃不吃老鼠与蛇。他们似乎相信我们的灵魂也值得拯救。芝加哥人虽然认为我们怪异，却喜欢和我们共处”。他很快将他的两兄弟梅宗凯、梅宗瑀从家乡接来，致函邀请旧金山的乡亲前来。1890 年，约 600 名华人居于南克拉克街（South Clark St.）的唐人街，其中 40 多人为梅宗周的同村本家。华人无法进入主流工业，只能进入餐饮、洗衣与零售业，地理优势使芝加哥的唐人街成为中西部地区重要的批发零售中心。1892—1902 年，在美华人总数下降，芝加哥华人数量却上升到 1200 人左右。[6]

华人夹杂在大批到来的德国人、爱尔兰人、波兰人之间。梅氏三兄弟经营的兴隆记（Hip Lung Yee Kee）是唐人街的中心，零售批发南北干货、日用杂货、绸缎、茶叶、药材、家具、古玩，还兼作银行、俱乐部与旅馆，店铺后边设有牌桌和烟床，供华人打牌赌博、吸食鸦片或水烟。与梅氏兄弟竞争唐人街领导权的是 26 岁的陈宏勋，自 1895 年来到芝加哥，他迅速地美国化，能流利地使用英语与德语，喜欢骑马，还买了一辆汽车。他在克拉克街与范布伦街（Van Buren St.）交会处的琼英楼（King Yen Lo）是当时最时髦的中国餐厅。[7] 梅氏与陈氏的竞争，各自代表安良堂与协胜堂，它们是三合会诸多分支的两个。梅宗周出任了保皇会第一任会长，陈宏勋无疑更为活跃，两年后，他将陪同到访的康有为，赢得他的信任。

在记录中，梁启超对于芝加哥的华人社区只字未提，更未说起保皇会事务。一份英文报纸这样描述："这两个人（梁启超和鲍炽）的到来使这一天成为唐人街的节日。在协会的房间里，著名的商人们整天聚集在一起，边抽烟边讨论他们祖国的未来。"它记录了梁启超的话："四年前，我们有皇帝站在我们这边，但他现在已经失势了。我们不敢在中国一些地方露面。最近他们没有将很多我们的人砍头，但这是因为他们抓不到我们。"[8]

相较于唐人街，梁启超似乎对芝加哥更为关注。7 月 28 日，他参观芝加哥大学，被校园的宏大规模震惊。大学的兴起，也是文明西移潮流的一部分。二十年前，主要的大学集中在东海岸，如今，中部的芝加哥大学，西部的斯坦福大学、加州大学迎头赶上。芝加哥大学1892年甫一成立，就跻身于名校之列。它有一连串从各大学高薪挖来的名教授，如哲学家约翰·杜威（John Dewey）、乔治·赫伯特·米德（George Herbert Mead），后来还有小说家罗伯特·赫里克（Robert Herrick），以及反传统经济学家索尔斯坦·凡勃伦（Thorstein Veblen），他也是镀金时代最刻薄的讽刺者。芝加哥大学开学第一天就有750名学生，四分之一是女生，还有10个犹太人，8个天主教徒，少量的黑人学生。[9]它也是两种矛盾力量汇聚的结果，主要出资人洛克菲勒是石油业托拉斯的创建人，激起了人们无限的羡慕与仇恨。大学的领导人威廉·雷尼·哈珀（William Rainey Harper）是一位圣经学者，精力旺盛、雄心勃勃，为了达成目标不惜代价。体操场、图书馆尤令梁启超感触，赛马、赛艇及各种锻炼器具五光十色，藏书丰沛且任学生自由借阅。他问图书馆负责人，自由取阅是否丢书，后者说，每年大约丢失两百册左右，比起雇人专门监督，它不仅费用低，且减少学生的麻烦，且丢书常发生于考试前半个月，考后学生大多归还。梁感慨，这种公德“东方人所学百年而不能几者也”。[10]

梁启超去参观了屠宰场，9000多名职工、现代化的操作方式，令他大开眼界。猪被制成130余种产品，牛则是140余种。一个小时内，屠宰场可以宰杀350多头牛，从屠宰到装罐，一切妥毕。副产品是猪肉、牛肉本身的四倍之多，“诸兽所不能利用之部分，惟屠杀时所失之呼吸气而已”，工厂总理夸耀道。[11] 对于这座城市的标志性产业，梁只看到表象，令人惊叹的效率背后是被掩盖的黑暗。三年后，一位叫厄普顿·辛克莱（Upton Sinclair）的年轻作家写了《屠场》（*The Jungle*）一书，其中满是这样的句子："食品加工车间里垃圾遍地，污水横流。腐烂了的猪肉、发霉变质的香肠经过硼砂和甘油处理后再加上少量的鲜肉和着被毒死的老鼠被一同铲进香肠搅拌机……" [12] 该书轰动全美，推动食品安全法案。梁启超在托拉斯看到了财富与力量，辛克莱只看到垄断与罪恶，并相信只有社会主义才能改变它。

他也参观了 1893 年世界博览会的遗址，这次盛大的博览会正是芝加哥兴起的标志。但他却感到一种怀旧质感，一座旧楼"内所藏希腊、罗马古迹之模范品甚多"。游墨西哥湖时恰逢暴风雨，"白马吼突、海天无际"的壮观景象，让他诗性涌来，"黑风吹浪鱼龙舞，白日沉天鹰隼豪。何意迷漫金粉地，登楼犹见广陵涛"。[13]

对于唐人街与保皇会，梁启超吝于笔墨，却详细记述了西贤雪地（Zion City）之旅。在《旧约》中，锡安（Zion）是耶和华的居所，世界很多地方都有自己的锡安。这里宣称是离大都市最近的一个，距芝加哥不到一个小时车程，是一座崭新的市镇。"一种亲爱、清明、肃穆之气"，梁启超发现这里推崇一种严厉的平等精神，只有一家旅馆、一家商店，断绝竞争，居民不许吸烟饮酒，犯禁者罚款 25 美元。[14] 这也正是其创办者约翰 · 亚历山大 · 杜威（John Alexander

Dowie）喜欢说的，“锡安没有洛克菲勒”。

杜威极富传奇色彩。1847 年，他生于苏格兰爱丁堡，13 岁随全家移民澳大利亚，25 岁加入教会。在悉尼，他以对政治腐败与酒精的攻击闻名。1888 年，在一场环球旅行中，他发现了自己的独特魅力。他在旧金山宣称自己拥有治愈能力，可依靠精神力量而非药物治愈疾病，拜访者挤满了他的酒店。他在宗教中加入了医心（mind-cure）运动元素，相信健康的心态拥有拯救万物的力量。他前往盐湖城观察摩门教社区。1893 年，他在芝加哥博览会的园区建造了小木屋，吸引参观者来聆听他的教义。他善用媒体的力量，1894 年出版了一份周报《医治之叶》（*Leaves of Healing*），不仅在全美散发，还邮寄至加拿大、英国、澳大利亚、新西兰，并出版了德文、荷兰文与法文版。

镀金时代的高度贫富不均，迅速的工业化、城市化，令人心力交瘁、道德堕落。不同的解决方案涌现出来，令孙文、章太炎都着迷的经济学家亨利·乔治认定要平均土地，康有为、梁启超都阅读过的爱德华·贝拉米（Edward Bellamy）[①] 在小说中描述了一个公正、富足的未来社会。杜威相信上帝也要方案。他想创建一个远离堕落的经济、社会环境的宗教社区，人们笃信同一种教义，也平等地分享物质。他的确表

---

① 爱德华·贝拉米（1850—1898），美国作家、记者，著有乌托邦小说《回顾》（*Looking Backward*），由李提摩太翻译为中文，风行于晚清知识分子中。

现出非凡的才能。1899年，他开始筹建这个社区，不过四年，它已是一座两万多居民、充满活力的城市。这种乌托邦特质吸引了梁启超，他一直对圣西门的理念颇感兴趣，这位法国空想社会主义者试图以科学、理性建立一个理想社会，而西贤雪地做了另一种尝试。

错过梁启超首次拜访的杜威旋即致电芝加哥，请他再度光临，尽地主之谊。7月30日，梁启超一行抵达车站时，一队军乐团正等着欢迎他。“美髯鹤立，目光闪人，一望而知为一大人物”，梁形容56岁的杜威。傍晚，杜威请梁启超前往基督大公使徒教会（Christian Catholic Apostolic Church），现场超过6000人，杜威称这是世界第二大教堂。梁启超先做一番演说，杜威接着起身讲了长达三个小时，其声音之雄壮令梁觉得平生未闻。在称J. P. 摩根为“工业界之拿破仑”后，梁启超称杜威是“宗教界之拿破仑”。演说后，杜威向中国客人展示他的治愈能力。他对台下的观众喊道，谁被上帝治愈过，过半人起身。原本半信半疑的梁启超不由动摇，如杜威的能力不可信，怎会有数千人这样甘心为他作证，其中更有大学教授、法学博士、医学博士、银行经理，他们并非容易蛊惑之辈。他的教义令梁颇感意外，比起基督教的原罪、末日审判，他强调忏悔即能洗涤罪行，这令梁想起佛家的众生皆可成佛。[15]或许，他还想起了与谭嗣同一起讨论《治心免病法》的时光。

杜威计划“明年元旦即复起行往英国”，开创新的西贤雪地，还热情邀请梁启超入会，许诺十年内将在中国建城。他的雄心与能量令梁启超大为感慨，认定在全美国唯有摩根堪与匹配，在宗教史上或许是马丁·路德第二。最终，怀疑还是占据了上风，他觉得杜威“其权术过于道力耳”[16]。历史证明了梁启超的敏感性，不过三年后，杜威因其独裁式的管理风格被逐出他一手创建的城市。西贤雪地虽未继续扩张，却顽强地存留至今。

二

8月5日，梁启超、鲍炽离开芝加哥，继续西行。翌日，他们抵达堪萨斯城，本地有200多位华人，保皇会已成立。梁启超发表演说，次日晚即乘火车入蒙大拿州。他身下这条铁路，自明尼苏达州的圣保罗至华盛顿州的西雅图，绵延6000余英里，是他眼中文明与力量的化身。铁路铺设前，这些西部地区“皆一望林莽，兽蹄鸟迹相交错”，偶尔有印第安人出没而已。在火车阅览室，梁启超找到一本《大北铁路史》，发现了詹姆斯·希尔（James Hill）的故事。他是大北铁路的总经理、董事长，也是这个镀金时代的代表人物，从不名一文的年轻人攀升到工业世界的顶峰。早在1875年，他就呼吁修建这条贯通东西的铁路，它会带来无穷财富，将美国的影响力扩张至太平洋。修建之艰难难以想象，“有全洲最大之落机山，有大森林，有大湖沼，穿无数之大隧道”，修建者们“与积雪战，与坚冰战，与酷日战，与瘴雾战，与猛兽战，与土蛮战，乃至与饥渴战，与死亡战”，梁以英雄式口气赞叹这非凡成就，“铁路一成，而数万年来鸿荒黑暗之天地，遂放大光明……数千里之荒原，不十年间，而千数之大村落、百数之大都市，弹指涌现。岁岁产七千万石以上之小麦，供给世界市场……”[17]

华人劳工是这条铁路的主要建造者，沿铁路线定居，尽管其贡献被刻意忽略，当最后一段贯通后，他们甚至被赶出历史性的照相机镜头。8 月 8 日，梁启超在比灵斯演说，《比灵斯公报》（*The Billings Gagzette*）报道了他的到来，将他的名字拼写为 Leong Kai Chou。接着，他前往利文斯顿，在这座落基山麓上的城市，疲倦与不适来袭，同人带他前往山中温泉休养。这是旅程中难得的闲散时光，落基山中的温泉与箱根的环翠楼同样令人治愈，他不禁写道：“九万里中得三日，二十年间此一回。猛忆过去未来事，清明肤寸现灵台。”他游览了黄石公园，对其中的喷泉印象深刻，购买了十几张照片。他听闻，罗斯福不久前来此，还破例射杀了一头熊。8 月 14 日，梁启超抵达比尤特，当地有华人 600 余，多以西餐厅为业，深受歧视之苦，“全美中待华人最酷者”。几年前，工党以强制手段禁止白人在华人餐馆就餐，华人损失惨重，市面惨淡。四天后，他前往海伦娜，这个蒙大拿州的首府有 600 余华人，其气氛与比尤特迥然不同。华人以军乐队相迎，“极一时之盛”。傍晚，与当地华人社区关系良好的州长来访，“颇殷勤”。[18]蒙大拿不过2000余华人，分布在十几个城市，保皇会却开设得甚早且普及。面对歧视，他们联署请愿书，利用美国司法保护自己，异乡的恶劣环境把他们捆绑在一起。1901年，保皇会在海伦娜诞生，比尤特也很快开办，当地300名华人全部加入。当地一家报纸评论说，“中国人被唤醒：比尤特成立保皇会”，并描述了他们的日常活动，“中国保皇会每晚都在其位于西加莱纳街的房间里举行会议，参加会议的人很多。该协会成立最初……目的是废黜老太后，还政于合法的皇位继承人，给中国人带来一个受大众欢迎的政府”。报纸专访了幕后推动者梁启田的翻译Gong Hee和Quon Loy，“我们想让所有的人知道，当他们有机会的时候，他们能够做什么。我们这个社会，包括这个国家的每一个华人，都在为一项美好的事业而工作和奋斗”。[19] Gong是这种新中美经验的产物，他在波特兰一所技术学校受训，成了一名电气工程师，还写了第一本中文电气著作，虽然很大程度是从美国教科书翻译而来的。1903年，他将返回广州，教育国民电气照明的使用。

8月20日，光绪迎来了又一个生日，梁启超与海伦娜的同志们举办宴会，遥祝瀛台上的皇帝生日快乐，并商议改良保皇会。蒙大拿同人“坚苦刻厉，令人肃然起敬”。[20] 2008年，比尤特在昔日的唐人街挖出了保皇会的徽章，光绪居中，大清国的龙旗与保皇会的会旗交叉在顶端。

8月21日，梁启超、鲍炽继续西行。途经波卡特洛，本不想下车的他们被守候的华人留宿一晚，梁在当地保皇会匆匆演说一次。当地印第安人令他印象颇深，他们衣皆红绿两色，有种种文身，还用木箱背负婴儿。他不禁感慨人种的兴衰，一个半世纪前，白人殖民者还要在波士顿商讨如何应对骁勇的印第安人，如今印第安人已经丧失昔日土地，被一步步赶入山区，他想寻一处遗址参观都不得。他猜想，三十年后再游美，恐怕只能在博物馆观看绘画与雕塑了，“优胜劣败之现象，其酷烈乃至是耶！”[21]

接下来几日，他在爱达荷州穿行，经过彭德尔顿、帕斯科与博伊西。当地保皇会以军乐队相迎，会所遍结电灯。这热忱令他不安，但值得理解，他们第一次有机会与一位中国大人物相见，异乡加剧了团结。8 月 27 日，梁启超来到瓦拉瓦拉，已进入华盛顿州。这个新兴城市颇为繁荣，华人有上千之多，主要从事农业及餐饮，“光景颇佳”。[22]“花园城市的中国改革者”，当地报纸报道梁启超将举办演讲会。记者发现，接受采访时，梁依赖助手鲍炽，后者兴奋地说，七个月来，他们遇到各种热情的支持者，每天都有新的会员加入，保皇会支持开矿山、修铁路、建学校，将中国富人的孩子带到美国接受教育。梁启超自己也希望，这次旅行后，能到哈佛进修五年。[23]

8 月 30 日，梁启超抵达西雅图，华盛顿州首府，也是大北铁路的终点，太平洋的重要港口，国境对面正是温哥华。这里是美国保皇会的最早分部，四年前，康有为试图至此未遂。“梁启超抵达本城”,《西雅图星报》(*The Seattle Star*)在 9 月 2 日宣称。同日的《政治家晚报》(*The Evening Statesman*)报道说,保皇会在 Alder 街的总部为他举办宴会。自 1860 年代开始，华人先是作为渔民、工人、伐木者、矿工，接着加入修建铁路的运动来到西雅图，此时约 3000 人。令梁启超尤为兴奋的是西雅图的商业前景，吨位不断攀升的货轮将美洲与亚洲联结起来,成为世界最大市场。他相信“二十世纪之世界，商战世界也”，东亚是这场商战的中心。[24] 他惋惜国人的实业思想不够发达，缺乏自己的商界拿破仑。不过，他多少应该欣慰，海外的华商已接受了他的鼓动。温哥华已经行动起来，7 月 11 日的《政治家晚报》报道说，一位叫 Wong Wai Gee 的商人昨天乘坐中国皇后号前往香港，他代表着保皇会所倡导设立的贸易公司，该公司预计有 200 万美元之巨，叶恩说这个公司将生产最好的中国瓷器，在世界市场竞争。

在憧憬未来时，梁启超没提及本地华人的伤痛。“所有中国人！必须走！每个人！”1885 年 11 月，西雅图附近的塔科马爆发了标志性的排华事件，300 多名华人全部在手持棍棒、枪支的白人的暴力驱使下离去。日本移民填补了这个真空。“今天看到的招牌全都是用日文书写的。豆腐店、赤豆汤店、寿司店、荞麦面店……”也在西雅图的永井荷风写道。这位在美国四处游荡的年轻日本作家对本族人深深地嫌弃，“来往的都是腿脚短曲、上身很长的我的同胞”。[25] 在东亚，日本或许自豪于击败中国，成为新兴强权，而在白人眼中，他们仍是孱弱的黄种人。

日本人也注意到梁启超的到来。未来的实业家荻野万之助恰在西雅图大学攻读，他在《西雅图每日时报》（*Seattle Daily Times*）读到梁的消息，对这位亡命于日本、今又游历美国的中国人大感兴趣，特意前来拜访。他称中心大街的保皇会为“支那革命协会”，发现协会里的中国青年穿着时髦的洋装，“全都剪掉了辫子，感觉像日本人”，其中几位还精通英语，“异口同声地一致主张支那革命的紧迫性”。这气氛令荻野颇为感动，想起日本维新景象，也加入其中慷慨陈词。他看到“堂内有高出地面一个台阶的讲坛，讲坛的前后左右吊挂着用蓝红等颜色的彩纸剪成的装饰物”，其中一面还有岐阜灯笼、酸浆灯笼，像是日本的祭礼。讲坛正面的楣间高悬光绪皇帝的石板肖像，左右是康有为、梁启超的照片，其他同志的照片挂在四周墙壁上。“肝胆相照”“同舟共济”“澄清天下”这样的牌匾列成一排，“笔锋雄劲又不失雅韵”，很多出自梁启超之手。黄底纸裱上红纸的挂轴上书“殖民地讲兴邦大义，合众国取立宪良规”，还有一副楹联写着“异族扰良民愿诸公目睹时期当思发奋，同胞联义士冀我辈心怀故国大振规模”。他从报刊架上抽出《文兴日报》，恰读到《告留学日本诸君》一文，“文体独具一格，散发出卓励风发之气，他们对日本信赖之深，谁都不容怀疑”。[26]

这时“有位壮年头戴巴拿马帽子，嘴里叼着一支雪茄”，在四五个人的簇拥下上楼，他“年龄约莫三十出头的样子，目光炯炯有神。从待人接物来看，无疑是才子气质的男人”，正是梁启超。荻野用英语问候梁，后者坦白自己不擅，请秘书鲍炽翻译，他“是一个年过四十的肥胖男士……穿着考究，晨礼服配高领内衣，一派美国绅士风度”。荻野问梁旅居日本的感受，后者说“贵邦之人，风俗醇厚，待人真切，让自己几乎忘掉沦落异国他乡，不知不觉中，岁月流逝于贵国之山川，且贵邦事物万般无不雅训”。荻野问他未来的计划，他说中国必须推行宪法，建立代议制政府，为了这一目标“也许不得不炮火相见”。他也告诉日本客人，康有为在海峡殖民地，自己将去旧金山。谈话匆匆结束，梁启超要准备当晚的演说。晚饭后，荻野前往第二大街上的格兰西剧场，沿香烟铺子一侧楼梯而下，是一个烟雾弥漫的空间，与散布美国的各种类似剧场一样，是可以喝酒跳舞的夜总会。今晚有所不同，会场里是成群结队留着辫子的中国听众，招牌上是典型的日式表达“今晚演说会”。过了一阵，梁启超在十几个人簇拥下走进会场，其中还有一位白人记者。会场接着一阵混乱，人们把通风机搬进来，工人给演讲台上的水杯倒水，还有汪汪叫的小狗，左右的小包间拉着帘子，坐着妇女以及啼哭的孩子。

先是鲍炽走上台，在超过一个小时的演说中，他“时而顿足，时而怒目，时而挥手”，即使不懂中文，荻野也能判断出他是个出色的演说者。不过，荻野也持有种傲慢，觉得鲍的姿态是“支那式的指手画脚”。接着，梁启超在掌声中登台，他“戴着金框眼镜，穿着与众不同的西装马甲，胸前还佩着金表链，一派日本绅士的风度”。他演讲的姿态与鲍炽不无相似，且后者“似乎更出色一些”。舞台上的梁启超不时看一下右侧的小包厢，门帘后有位圆脸的洋装少女，“似乎长得不难看，发式很流行，右胸前佩着女士小金表，黑黑的头发，看脸型是东洋人”。询问之后，荻野才知她是康有为的女儿。[27] 16 岁的康同璧有种与年龄不相称的成熟，她从未被中国女性传统束缚，更有着西方女子的装束与思想。三个月前，她在加拿大的维多利亚创建了中国妇女保皇会（Chinese Empire Ladies Reform Association），试图为保皇会增加女性力量。她经西雅图前往纽约，后入读哈特福德高等学校，容闳将成为她的监护人。梁启勋与她结伴而来，他将入读哥伦比亚大学。这个多雨的港口随即变成另一个家园，他们定谈起家人的种种变化，追忆往日，展望未来。

三天后，梁启超再度启程。9 月 3 日，他抵达俄勒冈州首府波特兰，美国人向西拓展的终点，一本《俄勒冈小径》（*The Oregon Trail*）曾象征了拓荒者们的艰辛与英雄主义。对于华人来说，这里则是向美国东北扩散的起始，也是保皇会在西北部诸市的总镇。当地保皇会创建于 1900 年，首任会长李美近（Lee Mee Ginn）出生于 1853 年，不仅事业成功，还养育出九个子女。李找来附近二十多个城市的代表，前来欢迎这位总副会长。梁启超也应见到了当地最有权势的华人梅伯显（Moy Back Hin），三年后梅将出任清帝国驻俄勒冈、华盛顿、蒙大拿、爱达荷四州的荣誉领事。这并非他唯一的政治立场，他的长子还迎娶了温哥华保皇会会长叶恩的女儿。[28] 海外华商精英们通过各种方式，缔结一个财富、地位的网络。

“华人约五千，维新会最盛”，梁启超在此倍感繁忙，“日接见同志，于他事观察殊少”。令梁启超留意的是一则新闻，巴拿马宣告独立，美国旋即给予承认。他认定这充满历史隐喻，是世界权力兴衰的象征，“英自收苏彝士河股份票，而英霸东方之局遂定。美自得巴拿马开凿权，而美霸东方之局亦遂定”。[29] 在这新世界格局中，中国的地位令人叹息。

第二十二章　旧金山

一

前往旧金山时，一种强烈的羞辱感伴随着梁启超。他连写了三首挽诗悼念谭锦镛，一位受辱自杀的中国外交官，其中一首是，“丈夫可死不可辱，想见同胞尚武魂。只惜轰轰好男子，不教流血到樱门”。[1]

1903 年 9 月 13 日晚，这位 46 岁的使馆武官去一位商人家赴宴，在返回位于市德顿街（Stockton St.）的中国领事馆的途中，被警察约翰 · 克里默（John Kreamer）错认为一个被通缉的人。谭抗拒逮捕，被克里默击倒在地。在另一名警官的协助下，克里默将谭的辫子绑在栅栏上，以袭警罪拘留。被保释后，谭为自己所受的羞辱及警察未受罚倍感痛苦，次日在领事馆吞煤气自杀，留下了一封解释遗书。[2] 这则新闻轰动了全美，成为华人所受屈辱的另一个象征，在波特兰的华文报纸上，梁启超读到这则新闻，“深为国体痛”。[3]

从火奴鲁鲁、悉尼到温哥华、芝加哥，这种羞辱感无处不在，中国人是不受欢迎的人群，似乎不可理解、无法被同化，同时激起厌恶与恐惧。在美国，他们尤其是种族暴力的主要标靶。旧金山是这一切故事的缘起，它是19世纪中叶移民海外浪潮的发端，排华情绪也从这个城市开始。“倒倾四海水，此耻难洗濯”，“但是黄面人，无罪亦榜掠……有国不养民，譬为丛驱爵。四裔投不受，流散更安着”，黄遵宪曾这样写道。1882年，他出任清国驻旧金山总领事时，恰逢排华法案通过，这是美国通过的第一部针对特定族群的移民法。那些被雇用为矿工的华人劳工十年内被禁止进入美国，否则将遭监禁或者驱逐。三年任期上，黄遵宪四处奔走，试图改善华人处境，最终抱憾而去，写下这首《逐客篇》，追溯华人之苦。梁启超定听到黄遵宪讲起这些。黄曾前往一个关押不少华人的监狱，质问美国警察对华人的不公，“尽其力所能以为捍卫（华人）”。[4]梁自己也曾蒙受这种羞辱。1900年，他多次试图从火奴鲁鲁来到旧金山，轮船只搭载白人，认定黄种人携带病毒。

9月25日，梁启超抵达旧金山。与三年前充满拒绝的姿态不同，这个城市发出再热烈不过的欢呼，“以军乐欢迎，盛况更过纽约”。[5]《旧金山呼声报》（*San Francisco Call*）次日头版报道说，“梁启超乘坐早班火车从西雅图抵达……地方的代表团在十六街车站精心准备，欢迎他们杰出的领导人”。他们一行人乘坐马车，穿过市场街（Market St.）到蒙哥马利街（Montgomery St.），抵达西方饭店，一路上乐队演奏《向统帅致敬》（“Hail to the Chief”）这样的曲子，“对于中国习俗来说，这一幕显得全盘的新颖、奇特”。在饭店稍作休憩后，游行队伍前往唐人街，更大一群人在等候着梁启超。乐队沿途继续演奏，皆美国流行曲目。在喧闹中，记者发现这欢迎中缺乏一种真正的热情，中国人似乎不习惯展露情感。游行止于市德顿街上的保皇会总部，一个盛大的招待会筹备多时。握手、寒暄及致辞后，梁又被簇拥至Yung Fong茶室……晚上他还要在昃臣街（Jackson St.）一家餐馆的晚宴上演讲。

“这位改革者在旧金山度过了紧迫的第一天。对于任何人，接连十四个小时的行动都是考验，考虑他刚刚结束一段漫长旅程，尤其如此”，报纸评论说。它介绍了梁启超的生平与事迹，不用说，其中充满了转译带来的错误。记者也似乎难以区分中国人的样貌，把鲍炽误认梁启超，称其英语流利。应保皇会所请，旧金山当局还派出了两位探员乔治·吉布森（George Gibson）与乔治·麦克曼（George McMann）随行保护，以防清政府派出刺客。梁启超也定记得三年前他收到的恐吓信。

梁启超照例参加各种演讲、募款，引发全城关注，三年前对他的恐吓不见踪影。政治精英与新闻媒体对他的热情，与对华人社区的轻蔑，恰成对比。“昨夜，中国保皇会为副会长梁启超举办了一场盛大的宴会”，10 月 6 日的《旧金山呼声报》报道说。宴会在昃臣街 710 号 Chan Mun Shang 餐厅举办，旧金山的不少显赫人物都出席了，包括加州大学教授、移民局首席官员，以及众多中国商人。在演讲中，梁启超说中国需要大学、铁路、电报、电话、报纸，这个最古老、人口最多的国家，一旦拥有现代文明，定会变成世上最有力量的国家。当晚菜单是典型的广东口味，有燕窝、鱼翅、蘑菇炒竹笋、烧鸭、米酒等，当然，必不可少的还有一道李鸿章杂碎。从纽约到旧金山，每一家中餐厅都以这道菜招揽顾客，它变成中国食物的标志，一种时髦。

这也是充满偏见的时髦。梁启超到来前不久，旧金山最前卫的罗素·库尔夫人（Mrs. Russel Cool）曾在唐人街设宴，邀请客人们身着中式服装，来吃“数道汤、杂碎、糕点及燕窝等食物”。[6]很可惜，库尔夫人的朋友们未能分享她的热忱，大部分人没有勇气把食物送进口中。从食物到人种，对于华人的偏见四处蔓延。“空气中弥漫着檀香烟和东方的奇怪臭味；街上挤满了苦力，回响着不知所云的语言。这里挤得几乎迈不开步，我们只能自己找出一条路；有时那些斜眼的异教徒用好奇的目光注视我们”，一位演说家在 1901 年这样形容唐人街。[7]这偏见遮蔽了华人是这个城市最初缔造者的事实。1847 年，这里不过是个 800 多人的定居点，它的名字圣弗朗西斯科来自西班牙语。1848 年初，一名木匠在加州东北部的苏特坊发现黄金，这个消息被压抑了几个月后慢慢传出。到了1849年，它引发了全球狂热，人们以各种方式从美国东部、拉丁美洲、欧洲、澳洲，还有中国赶来，他们将被称作“49人”。港口挤满了帆船，旅客、水手甚至船长立刻前往苏特坊，许多人提供淘金者的补给品，这城市因此兴起，短短三个月，人口便激增了2.5万。中国人也是这浪潮的一部分。1848年2月，老鹰号帆船从广州至此，船上有两男一女，三个广东人。此时，他们尚不知金矿的消息，一年后，35位广东人抵达加州，1850年增至450人。在陡然扩张的圣弗朗西斯科，这些广东人开始在沙加冕度街（Sacramento St.）、杜邦街（Dupont St.）聚集，并拓展到昃臣街、市德顿街、卡尼街（Kearney St.）与太平洋街（Pacific St.）。“小中国”“小广州”，其他移民这样称呼这片区域，中国人则被称作“天朝子民”。这些过分实用的广东人也以自己的方式命名这个城市——金山。当墨尔本发现金矿，被称作“新金山”后，它又变成了“旧金山”。

旧金山变成了中国人进入美国的主要入口，金矿之后是铁路建设，吸引一浪接一浪的中国人到来。一个繁荣、拥挤的唐人街因此兴起。杂货铺里摆满了茶叶、火腿、鱼干和鸭肉，小贩们挑着篮子兜售蔬菜水果。到处都可以闻到鱼腥味，华人渔夫在湾区捕鱼，卖给当矿工的同胞。自李华（Wah Lee）在1851年挂了一面写着“洗衣烫衣”（WASH'NG AND IRON'NG）的招牌后，洗衣业就成为华人的重要择

旧金山唐人街，1900 年左右

业，白人难以忍耐它的无聊辛苦，也觉得这是女人该做的事。也有人开起古董店，出售瓷瓶、象牙雕饰、宝石艺品、东方象棋、水墨画卷轴、扇子、披巾与茶壶。1856 年，一本名为《东方》（*Oriental*）的工商名录里列出了唐人街的 33 家商店、15 家药行、5 家草药店、5 家餐馆、5 家理发厅、5 家肉铺、3 家民宿、3 家木料行、3 家裁缝店、2 个银匠、2 个烘焙师，以及雕匠、刻字工、口译员各一，还有一个帮美国商人拉生意的掮客。

梁启超到来时，这个名录早已扩充。1902 年，《中西日报》（*Chung Sai Yat Po*）在一份地址簿中，列出 531 家商业与非商业组织，166 家位于杜邦街，69 家位于昃臣街，48

家在沙加冕度街，45 家位于华盛顿街（Washington St.）和企李街（Clay St.），37 家位于市德顿街，32 家位于襟美慎街（Commercial St.），26 家位于天后庙街，23 家位于华盛顿巷，12 家位于太平洋街。[8]

《中西日报》及其创办人伍盘照（Ng Poon Chew）象征了华人社区的成熟及困境。1866 年，伍出生于广东新宁，他被金山梦吸引，15 岁前往圣何塞，却发现了一个失望的世界，“成为众矢之的，各种投掷物从四面八方向我飞来”。他在华人长老会学习，受洗为基督徒，1884 年被推荐给旧金山教会，成为著名教士卢米斯博士（Dr. Loomis）的学生。被歧视的困境始终伴随着他，因为肤色，他被基督教青年会夜修班拒绝。1892 年，他被任命为西海岸长老会的第一个华人牧师，只能在华人教会任职。流利的英文、杰出的口才以及难忘的屈辱，令他成为华人权利的捍卫者与发言人。1893 年，他对《旧金山呼声报》说，“希望清政府立刻召回驻美使节，切断与美国的外交和贸易关系”。他不断告诫美国人，“如果人们能够看到真实的华人，而非听（谣传）和看（报纸），他们将会发现很多‘异教徒华人’的高尚和美德”。美国正兴起的新闻业鼓舞了他。1899 年 5 月 12 日，他在洛杉矶创办了《华美新报》（*Hua Mei Sun Bo*），“刊登电讯，与其他中文报刊互通有无，并报道事关华人利害的本地新闻”，“教育和帮助对华埠之外的局势所知甚少的华人”。《华美新报》是该市第一份华人报纸，《洛杉矶时报》（*Los Angeles Times*）称它“只在这座城市里一个街区有人知道的报纸，用它自己的方式取得明显的成功”。他一直是保皇会力邀的对象，他对于康有为的保皇、保教缺乏兴趣，却认同保国。最终同意加入后，他集资将报馆迁至旧金山，更名为《中西日报》，坚持报道评论公共问题，独立于唐人街林立的帮派。他还特意聘请两位白人参与编务，其中一位是傅兰雅，从中国归来后，这位著名的传教士加入伯克利的加州大学，出任中国文学教授。不过，梁启超对傅颇为不屑。在1900年的鼠疫危机中，《中西日报》赢得了华人社区的信任，它追踪疫情的发展，抗议市政当局的歧视性隔离措施，发行量达到3500份。《纽约论坛报》（*New-York Tribune*）评论说，“住着近6万中国人的旧金山现已成为这个国家的华文新闻中心”，《中西日报》“被当地华人读者用以向前来参观的白人展示进取心”。[9]

魅力四射的伍盘照常以美国式的幽默为华人辩护。在一次基督教大会上，他说，“我认为鸦片像美国的威士忌一样害人，但有人说也许鸦片比威士忌好一些。因为喝醉了的白人酒鬼会殴打老婆孩子，而华人烟鬼回家见了老婆却只能挨揍，在这个意义上，鸦片更好”。1901年底，他组织演说团队前往东部巡回演讲，寻求民间团体与舆论支持，以帮助伍廷芳劝阻美国重新考虑排华法案。他创造了一套说理策略，讲述义和团时强调中国人的爱国心，谴责英国与俄国以示对美国的好感，介绍中国对西方军事、科技、基督教文明的引进。[10]

二

“旧金山本名三藩兰斯士哥，日本人通译作桑港，华人呼以今名……美国现今第九大都会，而华人最多之地也”[11]，在游记中，梁启超没有提及伍盘照以及任何一位华人领袖的名字。这也是这次美洲之行的特征，他忙于记下美国政治、经济、社会的种种，缺乏对于具体同胞的兴趣。或许，他对于伍盘照这样有着双语背景的华人总是心存不满，觉得他们背叛了传统。

旧金山给了他仔细观察、思考华人特性的机会。在中国国内，由于缺乏外人比较，难以辨清。海外华人群落广阔，特性不同：南洋的华人多白人少，他们拥有相当程度的自治，与中国国内不无相似；澳洲、美洲诸城的白人多华人少，华人遵循当地法律，缺乏自己的独立性。旧金山处于美国，却有足够大的社群，约有两万七八千人，是再好不过的观察样本。兴盛一时的淘金业几已消失，制鞋、卷烟、织帚只在旧金山有，不少华商以此致富。中国人竟还开设以日本瓷器、漆器、丝类为主的杂货店，“其获利不能甚丰，各地皆有之”。他品尝了王老吉凉茶，意外地发现在广东每帖不过两文铜钱的中药饮料，在旧金山却卖到 5—10 美元。白人迷信中药，骗子风行，“业此之人，其不解医者十八九，解者往往反不能行其业云”。赌博之风也令他焦虑，整个美洲的华人“几无复以业赌为耻者”，华工本来每年能寄千金回国，实际却往往只有十分之一，皆因赌博所致。在旧金山，他还发现大量无业者，十分之一是年岁已高无法归国，十分之九是“壮而游手者”。他们夹在中美之间，不知归属何处。[12]

华人团体众多，他对乡人的联结感到欣慰。作为新会梁氏，他感到“同姓之人，相亲相爱，相周相救”，“所至各市，忠孝堂伯叔兄弟皆为特别之欢迎”，比内地更为亲密。[13]美国人喜欢用“六大会馆”来形容华人社区的实际统治者，此刻已拓展为“八大会馆”，三邑会馆、冈州会馆、宁阳会馆、合和会馆、肇庆会馆、恩开会馆、阳和会馆、人和会馆，这八大会馆又组成中华会馆，每有事商议，八馆主席齐集，他们轮流掌握馆印、分摊经费。梁启超用美国各州与联邦政府的关系，来比喻八大会馆与中华会馆。

旧金山也有最多的新团体，比如保皇会、学生会、青年尚武会等；报馆众多，《文兴日报》《大同日报》《华记日报》《萃记报》《华洋报》。这些都是文明的象征，“以区区两万余人之市，而有报馆六家，内地人视之，能无愧死？”文明的表面下是一种无法消除的腐朽。在中华会馆，三邑与四邑争斗不休，“殆如敌国，往往杀人流血”，同为梁姓宗族，却因属不同区域不得不分裂，可见“族制思想之深入人心”。族中长老能驯服叛逆少年，若无则混乱一团。华人社群又拥有诸多秘密团体，以致公堂、保安堂、聚良堂、秉公堂之名，足有几十家之多。它们的名字都显示为公义努力，其行为却皆自私自利，“此诸团体者，实全市之蠹也”。他毫不信任秘密社团对于中国变革的作用，对与孙文关系密切的致公堂更深恶痛绝，“以倾满洲政府为目的者也，而其内容之腐败之轧轹”，比清政府还过十倍。[14]

他失望于中国人的陋俗，乡人对于死亡的兴趣远胜对未来的期待。人人希望将尸骨运回国，“每运一骨归，动需数百金”，这样的团体经常储蓄巨额现金，比如番禺的昌后堂“现存三十余万金”。他叹息，“以此款兴学校，蔚然成一大学矣”。他也发现旧文人经常出任会馆主席，“其最奇者，则各会馆必在内地请一进士、举人、秀才”，每年花费一千余甚至两千美金。这些文人在一至三年的任期内，“一语不能解，一事不能办，惟坐食而已。时或武断而鱼肉之，乡人莫之敬，莫之畏，然亦顺受也”。它也象征了华人社会与遥远中国的关系，不管相距多远，仍遵循士农工商的等级。[15]

在生活习惯上，中西方更为不同。西方人每天只工作八小时，每周日休息，中国人则每天早 7 点即开门，夜晚 12 点才歇业，“终日危坐店中”，收成并不更多。华人商店动辄要有几个雇员，甚至十几个，西方人的店铺往往只有一二人，“大约彼一人总做我三人之工”，华人并非不勤劳，是不够灵敏。[16]

华人也缺乏集会能力。每当聚集，会场必会有四种声音，咳嗽声，然后是哈欠声，接着是打喷嚏声，最后是擦鼻涕声。各处演讲场中，“此四声如连珠然，未尝断绝”。而西方人的剧场，“虽数千人不闻一声”。演讲、交谈时，这种中西分别更为显著。当西方人讲话，“与一人讲，则使一人能闻之；

与二人讲，则使二人能闻之；与十人讲，则使十人能闻之，与百人千人数千人讲，则使百人千人数千人能闻之。其发声之高下，皆应其度”；而中国人“群数人坐谈于室，声或如雷，聚数千演说于堂，声或如蚊”。西方人在座谈时，“甲语未毕，乙无搀言”，中国人则“一堂之中，声浪稀乱”。甚至走路姿势都如此不同，“西人行路，身无不直者，头无不昂者”，中国人则“一命而伛，再命而偻，三命而俯。相对之下，真自惭形秽”。西方人“脚步无不急者，一望而知为满市皆有业之民也”，中国人“雅步雍容……真乃可厌”。集体行动时，西方人如雁群，中国人则如散鸭。[17]

从纽约到旧金山，美国街道皆不许吐痰、乱扔废纸，唐人街却如此肮脏。这些观感冲击着梁启超，导向一个令人不安的结论，中国人“有族民资格而无市民资格”，“有村落思想而无国家思想”，“只能受专制而不能享自由”。[18]

三

拜访者络绎不绝，一些人跨海而来。十几位伯克利的中国留学生隔天就乘渡船穿过旧金山湾，与梁启超“联床抵足”。[19]这彻夜长谈多少令他想起万木草堂或大同学校的欢快时光。梁启超记下王宠佑、陆耀廷、章宗元这些名字，他们大多来自广东，偶有江苏、浙江人，在伯克利攻读工程、矿物、电学等科目，大多是北洋大学堂的公派生，这所学堂正成为中国北方新政力量的象征之一，直隶总督袁世凯对此尤为支持。1902 年 10 月，23 名中国学生在旧金山一个公理会教堂筹建留美中国学生会，主要成员即来自北洋大学堂，他们也是容闳留美幼童之后的首批官费留美学生。这是自发学生组织，与中国领事馆无关。比起迅速膨胀的留日学生，留美学生人数少得多，不过 50 人左右。东京留学生来去方便，前往美国路程远，费用也高得多，还要面临更陌生的人群。更与留日学生们聚集在东京不同，留美学生分散在如此广阔的大陆，难有真正的联结。也因此，他们要更激烈地摆脱旧世界。他们面对一个矛盾的现实，美国宣扬人人平等，却明确歧视中国人，要求中国门户开放，却坚持施行排华法案。他们自己也备受其辱。1901 年，准备入读俄亥俄州欧柏林学院的孔祥熙从旧金山入境，被拘禁近一年，其中一个星期是在码头上一个肮脏的棚子中度过的，使这位山西富商之子、日后的中华民国财政部长的健康大为受损。这群留学生也往往借助一个传教士的网络，孔祥熙就来自一个教会家庭。身处一个华人被歧视的环境，他们自己都不免戴上相似的眼镜。他们接触到的同胞几乎都来自唐人街，是小商贩、苦力、洗衣工。一位留学生写道，中国移民差不多都是洗衣工，穿着寒酸，在公共场合不懂礼貌，怪不得得不到尊重。另一位留学生则说，大部分美国人“往往把我们的国家看成是半开化的，把我们的国民都看成是像旧金山拖着长辫、愚昧的中国劳工”。[20]

与留日中国学生的迅速政治化不同，人数稀少、居地分散、功课更为困难的留美学生，不会将这种羞辱转化成政治力量，“大率刻苦沉实，孜孜务学，无虚嚣气”。在学生们的邀请下，梁启超前往伯克利一游，对那里的古罗马式剧场印象深刻，它是敞开式的，上无覆瓦，在台上演说“不须用力，而万数千之座众皆能听之”。他还观赏了学生们自编的戏剧演出。斯坦福大学校长也邀请他前去游览，他赞叹校长“大才槃槃”。这两所大学正迅速扩张，有比肩东部名校的趋势，对于中国学生是更方便的选择。梁启超建议有心游学美国的青年，非有达到大学资格者不要去，女学生不妄去，建议学习实业，比如工程、矿务、农商、机器，而不要学哲学、文学、政治这样的科目；而且不要在意学位的虚名，宜求实在之心得。[21] 他就近前往奥克兰。这个港口有数百华人，保皇会“规程严整，会中多青年向学之士”，其演说大受欢迎。他不知，享有盛名的作家杰克·伦敦（Jack London）也在该市，他对中国人颇多不满，以“黄祸”来形容之。10 月 17 日，梁启超前往加州首府萨克拉门托，当地华人约有六七百，他在此度过三天，协助成立保皇会。

然后他前往洛杉矶，加州第二大城市，也是美国之行的最后一个重要地点。洛杉矶得名自西班牙语中的“天使”，1781 年由 44 名西班牙移民所建立，1848 年作为加州的一部分并入美国。与旧金山不同，本地从未发现金矿，但因 1890 年左右发现石油开始迅速繁荣。中国移民将之称为罗省枝利，简称罗省。“罗省者，美国第三十六大都会……（加州）第二大都会也”，梁写道。本地华人约有 4000，保皇会已成立几年。[22] 梁启超一定难以想象，三十年后，这里将成为世界娱乐之都，那荒凉山腰上的 Hollywood 会吸引全球目光。

10 月 29 日下午 1 点 10 分，梁启超、鲍炽抵达洛杉矶，两位旧金山商人 Chau Mau Sang、Ow Ku Gap 陪同而来。汽车比预定晚了两个小时，欢迎热情并未消退。本城头面人物，从市长、商业委员会要员到国民卫队负责人，更不要说保皇会的代表们，翘首以待，马兵一队、军乐一队已然等候，“各埠欢迎之盛，以此为最”。市长梅雷迪思 · 斯奈德（Meredith Snyder）引梁启超坐上游行马车，它由四匹健马牵引。梁戴着圆顶高礼帽，侧脸面对欢迎群众，神情骄傲、坚定，身旁是 44 岁、胡须浓密的斯奈德先生，这是制鞋业出身的他第二次担任市长。他们二人中间，一面星条旗垂下来，中国人喜欢称之为花旗，美国是花旗国。其他宾客亦乘车尾随，车队绕市场一周，“所至沿途，西人观者如堵，咸拍掌挥巾致敬”，梁“亦不解其何故，惟一路脱帽还礼不迭而已”。[23] 晚 6 点，商会邀他参加了一个非正式晚餐，与中国有关的重要人物皆出席。临近 9 点，他又被簇拥到阿帕布拉萨街（Apablasa St.），一大群中国听众正等着他，并专为他搭建了临时彩楼。梁以粤语发表演讲，“现场秩序良好，演讲者被密切地关注”，持续了两个小时。[24]

当晚迎接者中的两位尤其突出。一位是躬着背、神采飞扬的荷马李（Homer Lea），另一位是谭良（Tom Leung），洛杉矶保皇会创办人。27 岁的荷马李生于丹佛，16 岁随家人迁至洛杉矶。他自幼残疾，视力差且驼背，中学毕业时体重只有 88 磅，却有种藐视现实的雄心，一心要成为伟大的战争英雄。他的名字也暗示了他的非凡志向，荷马是伟大的希腊诗人，李则是杰出的南方将军。他投考西点军校被拒，却自认是军事天才，自学研究大量战役。1897 年，他入读斯坦福大学法律系，两年后辍学回到洛杉矶养病。在同学眼中，他是一个活在梦中的人物，脑中总有各种伟大计划。变革的中国激发起他的想象，他结识了保皇会的谭济骞，后者写信给康有为，举荐这位奇特的美国青年，说他“长于兵法……言论甚为通达”，其祖父曾在南北战争中出任总兵元帅。他“愤中国弱肉强食，心抱不平”，想设立武备学堂为华人练兵。他也卷入自立军起义，在保皇会的资助下前往亚洲。同康有为一样，荷马李知道如何塑造自己的形象。离开前，《旧金山呼声报》在头版刊登了这则消息，“荷马李，一位斯坦福学生，带着一大笔募集资金前往中国，去招募一支军队击败慈禧太后”。[25] 途经日本时，他被介绍给大隈重信，后者给他讲解东西之争。他曾幻想将康有为与孙文的力量联合起来，现实给了他直截了当的教训。中国之行碌碌无为，他却使之变为自我宣传的良机。梁启超的到来，燃起他新的希望。早在三年前受困于夏威夷时，梁启超就听闻他的名字。

28 岁的谭良则生于广东顺德的一个官宦之家，父亲曾出任湖南一地知县。谭良不顾家庭反对，入读万木草堂，成为康有为忠实的追随者。1897 年，他娶妻黄冰壶，黄父从事鱼翅出口，常年居住香港。这段婚姻为他打开了一个海外世界。1899 年，他来到洛杉矶，在一家医药行学习出纳、开处方、配药。他编造了一套履历来欺骗美国客人，说自己出身医药世家，祖父是御医，自己则来自京城的太医院。美国人总是被他的经历与那些眼花缭乱的药材折服。他深得康有为的信任。1899 年，康在给他的信中写道，"中国危亡，岌岌旦夕。顷创保皇会，而美属华人慷慨兴起，同济大举，乃天赞我也"。1901 年，康又在信中袒露自己的挫败，"自汉败之后，罗、唐被捉，捐款寥寥，然则即使各埠咸集，所得亦无多耳"。[26] 谭良同样无比期待梁启超的到来。在梁的洛杉矶行程中，谭几乎形影不离。他的妻子回忆说，谭近乎疯狂，他们同床而卧，通宵讨论中国时事，梁还给谭的女儿起名木兰，未来的巾帼英雄。

梁启超的行程忙碌不堪。11 月 1 日，市政府在市政厅举办典礼，"全市名誉绅商咸集"。在致辞中，斯奈德先生说，本市先后迎接过总统麦金莱与罗斯福，如今则迎来了梁启超。这溢美之词定让现场欢腾，或许也令梁兴奋不已，这个 30 岁的流亡者突然跻身于世界领袖的行列。梁的演说持续了一个小时，接着他又奔赴下一个茶会。[27]《洛杉矶先驱报》（*Los Angeles Herald*）头版以"著名中国改革家代表皇帝向广大同胞发表讲话"为题，报道了梁启超的到来，再度陈词滥调地称他是“李鸿章访美以来最杰出的中国人”。过分活跃的鲍炽则对记者说，“在中国，李鸿章有多令人恐惧，梁就有多令人尊敬”，“梁启超、康有为是仅有的逃出北京的内阁成员”。[28]这些夸张、经常错误的描述让美国人印象深刻。

在日后的游记中，梁启超没有提及谭良，却写到荷马李，同样误解他为南北战争李将军之后代，“其热心于中国，视吾辈殆尤甚”。他定想不到，这位伪李将军后人将很快成为孙文的追随者。他还提到一位皮将军，“尝在菲律宾转战二年余，健将也”。很有可能，这位皮将军是理查德·法尔肯伯格（Richard A. Falkenberg），生于1853年的路易斯安那的他，也是一位厚颜无耻的自我推销者，将中国视作他的一块跳板。他也一定试图给梁启超留下深刻印象，乃至于梁相信，他曾训练过八万菲律宾士兵，“凡菲兵有一美人督队，则全军俱勇，否则甚怯……”[29]在荷马李与皮将军面前，已周游了世界的梁启超仍有种特别的单纯，乃至轻信。也有可能，他被一种人种焦虑困扰，两位冒险家仅仅因为肤色就获得更多注意，他们是愿意帮助黄种人的白人。

在洛杉矶停留九天后，梁启超折返旧金山。稍作休息后，他将返回日本，九个月的美洲之行结束了。他对中国未来道路的看法，再度发生转变。

注 释

第一章　菜市口

1 《刑部尚书崇礼等折》，收录于国家档案局明清档案馆编:《戊戌变法档案史料》，北京：中华书局，1958 年，第 465 页。

2 茅海建:《从甲午到戊戌：康有为〈我史〉鉴注》，北京：生活·读书·新知三联书店，2009 年，第 795—796 页。

3 马忠文:《慈禧训政后之朝局侧影：读廖寿恒〈抑抑斋日记〉札记》，《华南师范大学学报》2019 年第 1 期。

4 清华大学历史系编:《戊戌变法文献资料系日》，上海：上海书店出版社，1998 年，第 1186 页。

5 同上书，第 1049 页。

6 同上书，第 1063 页。

7 同上书，第 1052—1054 页。

8 《清国殉难六士传》，载《知新报》第 75 册。转引自王夏刚:《戊戌军机四章京合谱》，北京：中国社会科学出版社，2009 年，第 230 页。

9 肖汝霖:《浏阳烈士传 · 谭嗣同传》，转引自贾维:《谭嗣同与晚清士人交往研究》，长沙：湖南大学出版社，第 333 页。

10 《戊戌变法文献资料系日》，第 1061 页。

11 上海图书馆编:《上海图书馆藏盛宣怀档案萃编》上，上海：上海古籍出版社，2008 年，第 176 页。

12 林旭路遇马建忠，见刘体智：《异辞录》，北京：中华书局，1988 年，第 170 页；哭诉于李佳白，见章太炎：《革命之道德》，《民报》第八号；被礼亲王叫走面话、夜访郑孝胥，见《郑孝胥日记》第 2 册，北京：中华书局，1993 年，第 682 页。转引自王夏刚：《戊戌军机四章京合谱》，第 233—234 页。

13 《戊戌变法文献资料系日》，第 1062、1058 页。

14 同上书，第 1063 页。

15 同上书，第 1064 页。

16 同上书，第 1068，1070，1074—1075，1078 页。

17 苏继祖等著：《清廷戊戌朝变记（外三种）》，桂林：广西师范大学出版社，2008 年，第 71 页。

18 同上。

19 赵炳麟：《赵柏岩集》上，南宁：广西人民出版社，2001 年，第 242 页。

20 《戊戌变法文献资料系日》，第 1074 页。

21 同上。

22 同上书，第 1080 页。

23 黄鸿寿：《清末纪事本末（节录）》，收录于中国史学会主编：《中国近代史资料丛刊 · 戊戌变法》第 4 册，上海：上海人民出版社，1957 年，第 262 页。

24 《戊戌变法文献资料系日》，第 1075 页。

25 同上书，第 1064—1065 页。

26 同上书，第 1074 页。

27 《陈宝箴与沈曾植书》，收录于许全胜：《沈曾植年谱长编》，北京：中华书局，2007 年，第 208 页。

28 徐仁铸：《泣陈下情析》，转引自汤志钧：《徐致靖与戊戌变法：读〈戊戌变法侧记〉》，《学术月刊》1986 年第 5 期。

29 许姬传：《戊戌变法侧记》，《文史杂志》1985 年第 1 期。

30 《戊戌变法文献资料系日》，第 1085 页。

31 赵凤昌：《戊庚辛纪述（节录）》，收录于《中国近代史资料丛刊 · 戊戌变法》第 4 册，第 318—319 页。

32 《戊戌变法文献资料系日》，第 1166 页。

33 赵尔巽等撰：《清史稿》第 464 卷，第 12745 页。转引自王夏刚：《戊戌军机四章京合谱》，第 240 页。

34 《戊戌变法文献资料系日》，第 1087 页。

35 夏东元编:《郑观应集》下，上海:上海人民出版社，1988 年，第 1165 页。

36 《戊戌变法文献资料系日》，第 1087—1088 页。

37 同上书，第 1059 页。

38 同上。

39 同上书，第 1086 页。

40 同上书，第 1086、1088 页。

41 唐烜:《唐烜日记》，赵阳阳、马梅玉整理，南京：凤凰出版社，2017 年，第 137 页。

42 《戊戌变法文献资料系日》，第 1086 页。

43 胡七:《谭嗣同就义目击记》，收录于政协长沙市委员会文史资料研究委员会等编:《谭嗣同研究资料汇编》，1988 年，第 264 页。

44 杨锐语见高楷《刘杨合传》,《碑传集补》卷一二;刘光第语见黄尚毅《杨参政公事略》；林旭语见《万国公报》第 117 号；谭嗣同语见王庆保、曹景郕《驿舍探幽录》,《知新报》第 103 册,《谭嗣同全集 · 临终语》。转引自王夏刚:《戊戌军机四章京合谱》，第 244—245 页。

45 Bird, *The Golden Chersonese and the Way Thither*. 转引自［加］卜正民等著:《杀千刀：中西视野下的凌迟处死》，张光润等译，北京：商务印书馆，2013 年，第 230 页。

46 《戊戌变法文献资料系日》，第 1087、1094 页。

47 同上书，第 1088 页。

48 茅海建:《从甲午到戊戌》，第 823 页。

49 《收上海道电》，光绪二十四年八月初八日;《收上海道电》，光绪二十四年八月初九日。转引自茅海建:《从甲午到戊戌》，第 781—782 页。

50 《上海代理领事白利南致窦纳乐信》，收录于《中国近代史资料丛刊 · 戊戌变法》第 3 册，第 533—535 页。

51 同上。

52 《戊戌轮舟中绝笔书及戊午跋后》《戊戌轮舟中与徐勤书及丁巳跋后》，收录于姜义华、张荣华编校:《康有为全集》第 5 集，北京：中国人民大学出版社，2007 年，第 2—4 页。

53 《白利南致英国外交部次大臣信》，收录于《中国近代史资料丛刊 · 戊戌变法》第 3 册，第 525—528 页。

54 《海军中将西摩致海军部》，收录于《中国近代史资料丛刊 · 戊戌变法》第 3 册，第 551 页。

55 《戊戌与李提摩太书及癸亥跋后》，收录于《康有为全集》第 5 集，第 12—13 页。

56 *The Break-up of China with an Account of Its Present Commerce, Currency, Waterways, Armies, Railways, Politics and Future Prospects*, Harper & Brothers Publishers, London and New York. 转引自茅海建:《从甲午到戊戌》，第 838—840 页。

57 康有为:《康南海自编年谱（外二种）》，楼宇烈整理，北京：中华书局，1992 年，第 66 页。

58 同上书，第 67 页。

59 《戊戌变法文献资料系日》，第 1140—1141 页。

60 同上书，第 1147 页。

61 《上野季三郎致大限重信电》，收录于《外务省记录》1-6-1-4-2-2，光绪二十四年政变，第 3 册。转引自茅海建:《戊戌变法史事考》，北京：生活 · 读书 · 新知三联书店，2005 年，第 500 页。

62 《上野季三郎致大限重信电》，收录于外务省编纂:《日本外交文书》第 31 卷第 1 册，东京:日本国际联合协会，1954 年，第 666 页。转引自茅海建:《从甲午到戊戌》，第 843 页。

63 《上野季三郎致大限重信》，收录于《外务省记录》1-6-1-4-2-2，光绪二十四年政变，第 3 册。转引自茅海建:《戊戌变法史事考》，第 502 页。

64 《大限重信致上野季三郎电》，收录于《日本外交文书》第 31 卷第 1 册，第 678 页。转引自茅海建:《从甲午到戊戌》，第 844—845 页。

65 《上野季三郎致大限重信》，收录于《外务省记录》1-6-1-4-2-2，光绪二十四年政变，第 3 册。转引自茅海建:《戊戌变法史事考》，第 502 页。

66 ［日］宫崎滔天:《三十三年之梦》，佚名初译，林启彦改译、注释，广州：花城出版社，香港:生活·读书·新知三联书店香港分店，1981 年，第 17 页。

67 同上书，第 60 页。

68 同上书，第 121—124 页。

69 同上书，第 137—139 页。

70 《戊戌变法文献资料系日》，第 1161 页。

71 同上书，第 1161—1162 页。

72 同上书，第 1162—1163 页。

73 《去国行》，收录于汤志钧、汤仁泽编:《梁启超全集》第 5 集，北京：中国人民大学出版社，2018 年，第 580 页。

74 《戊戌变法文献资料系日》，第 1164 页。

第二章　求救

1 ［日］吉田雅代:《鲁迅在东京》，丁义忠译，收录于上海鲁迅纪念馆编:《纪念与研究》第 4 辑，上海：上海鲁迅纪念馆，1982 年，第 216 页。

2 ［日］宫崎滔天:《三十三年之梦》，第 107 页。

3 佐藤宏:《说支那朝野真相而论改造该国为日本人责任之所以》,《日本人》第 63 期，1898 年 3 月。转引自翟新:《近代以来日本民间涉外活动研究》，北京：中国社会科学出版社，2006 年，第 55—58 页。

4 ［日］近卫笃麿:《同人种同盟》,《太阳》第 4 卷第 1 号，1898 年 1 月。转引自［日］狭间直树:《日本早期的亚洲主义》，张雯译，北京：北京大学出版社，2017 年，第 104 页。

5 近卫笃麿日记,1898 年 10 月 21 日。转引自[日]伊原泽周:《从"笔谈外交"到"以史为鉴"》，北京：中华书局，2003 年，第 175 页。

6 《纪事》,《亚细亚协会报告》第五辑,1883 年 6 月 16 日,第 2 页。转引自[日]狭间直树:《日本早期的亚洲主义》，第 22 页。

7 《东邦协会设置趣旨》,《东邦协会报告》创刊号, 第 1—6 页。转引自［日］狭间直树:《日本早期的亚洲主义》，第 80 页。

8 彭泽周:《近代中日关系研究论集》，台北:艺文印书馆，1978 年，第 28 页。

9 近卫笃麿日记,1898 年 10 月 16 日。转引自[日]伊原泽周:《从"笔谈外交"到"以史为鉴"》，第 174 页。

10 近卫笃麿日记,1898 年 10 月 19 日。转引自[日]伊原泽周:《从"笔谈外交"到"以史为鉴"》，第 174—175 页。

11 《戊戌变法文献资料系日》，第 1193 页。

12 同上书，第 1196—1197 页。

13 同上书，第 1193—1196 页。

14 ［日］志贺重昂:《日本风景论》,东京:岩波书店,1995 年,第 319—320 页。转引自戴宇:《志贺重昂〈日本风景论〉简析》,《史学集刊》2007 年第 1 期。

15 《梁启超与志贺重昂笔谈记录》，转引自汤志钧:《乘桴新获：从戊戌到辛亥》，北京：北京师范大学出版社，2018 年，第 572—573 页。

16 同上书，第 573—575 页。

17 同上书，第 574 页。

18 谢缵泰:《中华民国革命秘史》，收录于章开沅、罗福惠、严昌洪主编:《辛亥革命史资料新编》第 1 册，武汉:湖北人民出版社，2006 年，第 162 页。

19 ［日］渡边几治郎:《大限重信》，转引自王晓秋:《近代中日启示录》，北京：北京出版社，1987 年，第 114 页。

20 《外务省记录》440021 号，转引自袁咏红:《梁启超对日本的认识与态度》，北京：中国社会科学出版社，2011 年，第 66 页。

21 胜海舟:《冰川清话》，东京：讲谈社，2000 年，第 145—146 页。

22 东亚同文会编:《对支回忆录》，东京：原书房，1968 年，第 633 页。转引自袁咏红:《梁启超对日本的认识与态度》，第 76 页。

23 丁文江、赵丰田编:《梁启超年谱长编》，上海:上海人民出版社，1983 年，第 162—163 页。

24 《万朝报》1898 年 9 月 11 日;内藤乾吉、神田喜一编:《内藤湖南全集》2，东京：筑摩书房，1971 年，第 519—522 页。转引自［美］傅佛果:《内藤湖南：政治与汉学（1866—1934）》，陶德民、何英莺译，南京：江苏人民出版社，2016 年，第 107—109 页。

25 张昭军:《戊戌政变后日本〈太阳〉杂志对康、梁的报道和评论》，《史学月刊》2019 年第 11 期。

26 Sushila Narsimhan, *Japanese Perceptions of China in the Nineteenth Century: Influence of Fukuzawa Yukichi*, New Delhi: Phoenix Publishing House, 1999, pp. 181–187.

27 Ibid., p.185.

28 近卫笃麿日记，1898 年 11 月 2 日。转引自［日］伊原泽周:《从“笔谈外交”到“以史为鉴”》，第 176 页。

29 近卫笃麿日记，1898 年 11 月 12 日。转引自［日］伊原泽周:《从“笔谈外交”到“以史为鉴”》，第 185—186 页。

30 ［日］宗方小太郎:《宗方小太郎日记（未刊稿）》，甘慧杰译，上海：上海人民出版社，2016 年，第 432 页。

31 《梁启超书札一（1898 年 10 月 29 日）》，收录于吕顺长:《清末维新派人物致山本宪书札考释》，上海:上海交通大学出版社，2017 年，第 251 页。

32 同上书，第 250 页。

33 郑晟礼:《〈北京浏阳会馆志略〉序》，转引自贾维:《谭嗣同与晚清士人交往研究》，第 365 页。

34 《戊戌变法文献资料系日》，第 1201 页。

35 孙中山：《建国方略》，收录于中山大学历史系孙中山研究室等编：《孙中山全集》第 6 卷，北京：中华书局，1985 年，第 232 页。

36 《木堂政论集》，转引自段云章编著：《孙文与日本史事编年（增订本）》，第 735 页。

37 陈锡祺主编：《孙中山年谱长编》第 1 集，北京：中华书局，1991 年，第 175—176 页。

38 近卫笃麿日记，1898 年 11 月 27 日。转引自［日］伊原泽周：《从“笔谈外交”到“以史为鉴”》，第 187 页。

39 《戊戌变法文献资料系日》，第 1098 页。

40 《加藤高明致大隈重信电》，收录于《日本外交文书》第 31 卷第 1 册，第 685 页。转引自广东人民出版社编：《论戊戌维新运动及康有为、梁启超》，广州：广东人民出版社，1985 年，第 33 页。

41 《字林西报周刊》，收录于《中国近代史资料丛刊·戊戌变法》第 3 册，第 520 页。

42 《戊戌变法文献资料系日》，第 1213 页。

43 同上书，第 1215 页。

44 廖隆干：《戊戌变法时期日本的对清外交》，《日本历史》第 471 号。转引自袁咏红：《梁启超对日本的认识与态度》，第 75 页。

45 《矢野文雄致青木周藏》，收录于《日本外交文书》第 31 卷第 1 册，第 717—720 页。转引自茅海建：《戊戌变法史事考》，第 549 页。

第三章　劝离

1 《梁启超年谱长编》，第 167 页。

2 同上书，第 167—168 页。

3 《戊戌变法文献资料系日》，第 1186 页。

4 《梁启超年谱长编》，第 168 页。

5 ［日］狭间直树：《梁启超笔下的谭嗣同：关于〈仁学〉的刊行与梁撰〈谭嗣同传〉》，收录于李喜所主编：《梁启超与近代中国社会文化》，天津：天津古籍出版社，2005 年，第 619 页。

6 《清国殉难六士传》,《知新报》，第 75 册。转引自王夏刚:《戊戌军机四章京合谱》，第 236 页。

7 《刘坤一书牍·致总署》,收录于《中国近代史资料丛刊·戊戌变法》第 2 册，第 636 页。

8 《戊戌变法文献资料系日》，第 1190 页。

9 张之洞:《张文襄公全集》，卷 156，第 2875 页。刘禺生:《世载堂杂忆》，北京：中华书局，1960 年，第 53—54 页。转引自孔祥吉、[日] 村田雄二郎:《罕为人知的中日结盟及其他：晚清中日关系史新探》，成都：巴蜀书社，2004 年，第 97—98 页。

10 《戊戌变法文献资料系日》，第 1191、1198 页。

11 《汉口濑川浅之进领事致青木周藏外相电》《青木周藏外相致汉口濑川浅之进领事电》《上海小田切万寿之助代理总领事致都筑馨六外务次官报告》，转引自郑匡民、茅海建编选、翻译:《日本政府关于戊戌变法的外交档案选译（二)》,《近代史资料》第 113 期,北京:中国社会科学出版社，2006 年，第 63、69 页。

12 《随手档》《上谕档》，光绪二十四年九月十一日。转引自茅海建:《戊戌变法史事考》，第 557 页。

13 《戊戌变法文献资料系日》，第 1166 页。

14 同上书，第 1246 页。

15 《矢野文雄致青木周藏电》，收录于《外务省记录》1-6-1-4-2-2，光绪二十四年政变，第 3 册。转引自茅海建:《戊戌变法史事考》，第 558—559 页。

16 [德] 海靖夫人:《德国公使夫人日记》，秦俊峰译，福州：福建教育出版社，2012 年，第 185—188 页。

17 [英] 张戎:《慈禧：开启现代中国的皇太后》，台北：麦田出版，2014 年，第 257 页。

18 《戊戌变法文献资料系日》，第 1238 页。

19 [日] 佐藤马之亟:《论京师变故》，载《亚东时报》第 4 期 1898 年 11 月。转引自翟新:《近代以来日本民间涉外活动研究》，第 61 页。

20 周敏之:《王照研究》，长沙：湖南人民出版社，2003 年，第 68 页。

21 同上书，第 67 页。

22 《戊戌变法史料系日》，第 1251 页。

23 汤志钧:《乘桴新获》，第 355—356 页。

24 陈少白:《兴中会革命史要》,收录于《中国近代史资料丛刊·戊戌变法》第4册,第333—334页。

25 《时事新报》,明治三十一年十月二十五日。转引自周敏之:《王照研究》,第66—67页。

26 东亚同文会编:《续对支回顾录》下,东京:原书房,1981年,第650页。转引自郑匡民:《梁启超启蒙思想的东学背景》,上海:上海书店出版社,2003年,第33页。

27 同上书,第34页。

第四章 横滨

1 [美]韩清安:《横滨中华街:一个华人社区的兴起(1894~1972)》,尹敏志译,北京:社会科学文献出版社,2021年,第44页。

2 《日本横滨中国大同学校缘起》,收录于武昌辛亥革命研究中心组编:《辛亥革命史事长编》第1册,武汉:武汉出版社,2011年,第252—253页。

3 《横滨大同学校》,冯自由:《革命逸史》上,北京:新星出版社,2016年,第48页。

4 同上书,第49页。

5 "The Chinese School in Yokohama", *Kobe Weekly Chronicle*, Oct. 15, 1898, pp. 306-307. 转引自[美]韩清安:《横滨中华街》,第62—63页。

6 《东京日日新闻》1898年6月15日。转引自[美]韩清安:《横滨中华街》,第63页。

7 《横滨大同学校》,冯自由:《革命逸史》上,第49页。

8 《长崎县知事报告外务大臣:关于清国政变》,收录于《辛亥革命史资料新编》第6册,第4页。

9 [日]大久保利通:《大久保利通日记》,东京:日本史籍协会,1927年,第190页。转引自见闻君:《高铁风云》,长沙:湖南文艺出版社,2021年,第94页。

10 [日]小泉八云:《日本魅影》,马永波、杨于军译,北京:中国国际广播出版社,2013年,第4—9页。

11 [法]儒勒·凡尔纳:《八十天环游地球》,王讲林译,长春:吉林大学出版社,2005年,第185—187页。

12 Williams, *Tales of the Foreign Settlements in Japan*, p.128. 转引自［美］韩清安:《横滨中华街》，第 28 页。

13 "The Chinese in Japan", *Japan Weekly Mail*, June 24, 1899, pp.613–14. 转引自［美］韩清安:《横滨中华街》，第 33 页。

14 ［美］韩清安:《横滨中华街》，第 25 页。

15 荒畑"明治三十年代の横滨"，转引自［美］韩清安:《横滨中华街》，第 32 页。

16 《梁启超年谱长编》，第 169 页。

17 《横滨清议报叙例》,《清议报》第 1 册，北京:中华书局，1991 年，第 3—4 页。

18 同上书，第 4—5 页。

19 《论变法必自平满汉之界始》,《清议报》第 1 册，第 11 页。

20 《兴清论》,《清议报》第 1 册，第 51 页。

21 《东亚同文会主意书》,《清议报》第 1 册，第 47 页。

22 《戊戌八月国变纪事四首》,《清议报》第 1 册，第 61 页。

23 《译印政治小说序》,《清议报》第 1 册，第 54 页。

24 《康有仪书札六十三（1899 年 1 月 26 日）》《康有仪书札五十八（1898 年 12 月 18 日）》，收录于吕顺长:《清末维新派人物致山本宪书札考释》，第 186、16 页。

25 《校刻浏阳谭氏仁学序》,《清议报》第 2 册，第 115—116 页。

26 《论东亚事宜》,《清议报》第 2 册，第 89 页。

27 《戊戌变法文献资料系日》，第 1277 页。

28 同上书，第 1301 页。

29 牛林杰:《梁启超与韩国近代启蒙思想》，收录于金健人主编:《韩国研究》第九辑，北京：国际文化出版公司，2010 年，第 141—152 页。

30 《戊戌变法文献资料系日》，第 1253、1261、1277、1287、1290、1297 页。

31 同上书，第 1276、1310 页。

第五章　环翠楼

1 康有为:《木堂记》，转引自林克光:《革新派巨人康有为》，北京：中国人民大学出版社，1990 年，第 373 页。

2 《日本内务大臣品川子爵以吉田松阴先生幽室文稿及先生墨迹见赠，题之》，收录于《康有为全集》第 12 集，第 192—193 页。

3 ［日］宫崎滔天：《三十三年之梦》，第 148 页。

4 《冬月夜坐》，收录于《康有为全集》第 12 集，第 193 页。

5 茅海建：《从甲午到戊戌》，第 23 页。

6 ［日］宫崎滔天：《三十三年之梦》，第 148 页。

7 《外务省记录》440055 号，转引自郑匡民：《梁启超启蒙思想的东学背景》，第 38 页。

8 《神奈川县知事报告外务大臣：关于清国人的报告》，收录于《辛亥革命史资料新编》第 6 册，第 15 页。

9 《戊戌变法文献资料系日》，第 1309 页。

10 同上书，第 1289 页。

11 《环翠楼浴后不寐，夜步回廊》，收录于《康有为全集》第 12 集，第 190—192 页。

12 《戊戌变法文献资料系日》，第 1304 页。

13 同上书，第 1309 页。

14 《外务省记录》440048 号，转引自［日］狭间直树：《梁启超〈戊戌政变记〉成书考》，《近代史研究》1997 年第 4 期。

15 《戊戌变法文献资料系日》，第 1299 页。

16 同上书，第 1313 页。

17 同上书，第 1374 页。

18 《王照致青木周藏》，收录于《日本外交文书》第 32 卷，第 544 页。

19 ［日］永井算巳：《中国近代政治史论丛》，东京：汲古书院，1983 年。转引自吕顺长：《清末维新派人物致山本宪书札考释》，第 213 页。

20 近卫笃麿日记刊行会编：《近卫笃麿日记》第 2 卷，昭和四十三年，鹿岛研究所，第 247—255 页。转引自孔祥吉、［日］村田雄二郎：《罕为人知的中日结盟及其他》，第 237—240 页。

21 《戊戌变法文献资料系日》，第 1312 页。

22 同上书，第 1314 页。

23 孔祥吉、［日］村田雄二郎：《罕为人知的中日结盟及其他》，第 103 页。

24 《康有为全集》第 12 集，第 194、196 页。

25 黄嘉谟主编：《中美关系史料》，台北：中研院近代史研究所，1989 年，第 2505 页。转引自茅海建：《戊戌变法史事考》，第 561 页。

26 吴天任:《梁节庵先生年谱》，台北：艺文印书馆，1979 年，第 381 页。转引自孔祥吉、[日] 村田雄二郎:《罕为人知的中日结盟及其他》，第 241 页。

27 《康有为全集》第 12 集，第 196 页。

28 《戊戌政变记成书告白》,《清议报》第 11 册，第 701 页;《清议报》第 12 册，第 767 页。

29 《本报改定章程告白》,《清议报》第 11 册，第 701 页;《清议报》第 12 册，第 767 页。

30 《本报改定章程告白》，《清议报》第 14 册，第 904 页。

31 陈鹏仁编译:《论中国革命与先烈》，台北：黎明文化事业公司，1979 年，第 30—32 页。转引自段云章编著:《孙文与日本史事编年（增订本）》，第 53 页。

32 《梁启超年谱长编》，第 177—178 页。

33 同上书，第 177 页。

34 《梁任公先生别录拾遗》，谢伟铭选编:《吴其昌文存》，南京：江苏人民出版社，2016 年，第 40 页。

35 《新大陆游记节录》，收录于《梁启超全集》第 17 集，第 259 页。

36 《梁启超年谱长编》，第 175 页。

37 《进呈〈日本明治变政考〉序》,收录于《康有为全集》第 4 集,第 105 页。

38 《论学日本文之益》，收录于《梁启超全集》第 1 集，第 705 页。

39 《国家论》，收录于《梁启超全集》第 18 集，第 209 页。

40 伯伦知理:《国家论》，平田东助译，转引自郑匡民:《梁启超启蒙思想的东学背景》，第 239、245、250 页。

41 郑匡民:《梁启超启蒙思想的东学背景》，第 252 页。

42 [日] 森纪子:《梁启超的佛学与日本》，收录于 [日] 狭间直树编:《梁启超 · 明治日本 · 西方：日本京都大学人文科学研究所共同研究报告》，北京：社会科学文献出版社，2012 年，第 175—177 页。

43 《自由书》，收录于《梁启超全集》第 2 集，第 41—45 页。

第六章　江岛十二郎

1 谢缵泰:《中华民国革命秘史》，收录于《辛亥革命史资料新编》第 1 册，第 166 页。

2 同上书，第155页。

3 同上书，第163页。

4 陈鹏仁:《论中国革命与先烈》，陈少白:《兴中会革命史要》。转引自段云章编著:《孙文与日本史事编年（增订本）》，第53—54页。

5 同上书，第54页。

6 《孙中山年谱长编》第1卷，第181页。

7 《谢康之联合运动》，冯自由:《革命逸史》下，第1020页。

8 《孙中山年谱长编》第1卷，第180页。

9 同上书，第180—183页。

10 章太炎:《刻包氏齐民四术第二十五卷序》，转引自汤志钧:《乘桴新获》，第82页。

11 章太炎:《书清慈禧太后事》《正疆论》《党碑误凿》，转引自汤志钧:《乘桴新获》，第83、85、83页。

12 《台北旅馆书怀寄呈南海先生》,《清议报》第8册，第505页。

13 《兵库县知事大森钟一上外务大臣报告》《警视总监大浦兼武上外务大臣报告》，转引自汤志钧:《乘桴新获》，第67页。

14 《戊戌变法文献资料系日》，第1379—1380页。

15 《孙中山年谱长编》第1卷，第181—182页。

16 戴海斌:《晚清人物丛考 初编》,北京:生活·读书·新知三联书店,2018年,第151—153页。

17 《小田切万寿之助致都筑馨六》附张之洞电文，收录于《日本外交文书》第32卷，第546—547页。

18 《章太炎事略》，冯自由:《革命逸史》上，第50页。

19 《梁启超年谱长编》，第186页。

20 同上。

21 《东京高等大同学校》，冯自由:《革命逸史》上，第63页。

22 《清国东游学生》,《清议报》第12册，第724页。

23 《梁启超年谱长编》，第186页。

24 《梁启超书翰》，早稻田大学图书馆藏《大限文书》B351号。转引自袁咏红:《梁启超对日本的认识与态度》，第125—126页。

25 《东京高等大同学校》，冯自由:《革命逸史》上，第62—63页。

26 《十种德性相反相成义》，收录于《梁启超全集》第2集，第284—291页。

27 Basil Hall Chamberlain & W. B. Mason, *A Handbook for Travellers in Japan*, London: John Murray, 1901.

第七章　保皇会

1 “Kang Yu Wei Here”, *Daily Province*, April 13, 1899. 转引自［加］陈忠平：《维多利亚、温哥华与海内外华人的改良和革命（1899—1911）》,《社会科学战线》2017 年第 11 期。

2 《游域多利温哥华二埠记》,《清议报》第 15 册，第 915—917 页。

3 《清国逋臣行踪二志》,《清议报》第 15 册，第 933—934 页。

4 ［英］查尔斯·贝思福:《贝思福考察记》, 韩成才译, 北京:中国文史出版社, 2018 年，第 308，311，354—355 页。

5 同上书，第 359 页。

6 同上书，第 193 页。

7 ［英］杨国伦:《英国对华政策 1895—1902》，刘存宽、张俊义译，北京：中国社会科学出版社，2020 年，第 76—77 页。

8 张启祯、［加］张启礽编:《康有为在海外 · 美洲辑》，北京：商务印书馆，2018 年，第 20 页。

9 《康有为全集》第 12 集，第 197 页。

10 张启祯、［加］张启礽编:《康有为在海外 · 美洲辑》，第 20 页。

11 同上书，第 20—21 页。

12 《美洲祝圣寿记》,《清议报》第 27 册，第 1761—1762 页。

13 同上书，第 1762 页。

14 同上。

15 黄昆章、吴金平:《加拿大华侨华人史》，广州：广东高等教育出版社，2001 年，第 163 页。

16 ［加］魏安国等著:《从中国到加拿大》，许步曾译，上海：上海社会科学院出版社，1988 年，第 61—62 页。

17 ［加］卜正民:《纵乐的困惑：明代的商业与文化》，方骏、王秀丽、罗天佑译，桂林：广西师范大学出版社，2016 年，第 vii 页。

18 David Chuen Lai, *Chinatowns, Towns within Cities in Canada*, Vancouver: University of British Columbia Press, 1988, p.37. 转引自黄昆章、吴金平:《加拿大华侨华人史》，第 55 页。

19 Report of the Royal Commission on Chinese Immigration, Ottawa: Printed by Order of the Commission, 1885, p. 68. 转引自［加］魏安国等著:《从中国到加拿大》，第 78 页。

20 同上书，第 90 页。

21 黄昆章、吴金平:《加拿大华侨华人史》，第 57 页。

22 [加] 魏安国等著:《从中国到加拿大》，第 33 页。

23 吴凤斌:《契约华工史》，南昌：江西人民出版社，1988 年，第 352 页。转引自黄昆章、吴金平:《加拿大华侨华人史》，第 99 页。

24 Report of the Royal Commission on Chinese Immigration, pp.150–151. 转引自 [加] 魏安国等著:《从中国到加拿大》，第 104 页。

25 [加] 詹姆斯·莫顿:《在不列颠哥伦比亚的中国人》，张澍智译，收录于陈翰笙主编:《华工出国史料汇编》第 7 辑，北京：中华书局，1980 年，第 309—310 页。

26 *Manitoba Free Press*, July 2, 1885. 转引自 [加] 魏安国等著:《从中国到加拿大》，第 81 页。

27 黄昆章、吴金平:《加拿大华侨华人史》，第 64—65 页。

28 同上书，第 137—138 页。

29 《孙中山年谱长编》第 1 卷，第 142—143 页。

30 [加] 魏安国等著:《从中国到加拿大》，第 109 页。

31 《保救大清皇帝公司例》，收录于《康有为全集》第 5 集，第 152 页。

32 《救大清皇帝会序》张炳雅手书之序、跋。 Box2, Chinese Empire Reform Association Documents, 1899–1948, Ethnic Studies Library, University of California at Berkeley. 转引自 [加] 陈忠平:《维多利亚、温哥华与海内外华人的改良和革命（1899—1911）》。

第八章　朝局

1 《梁启超年谱长编》，第 177—178 页。

2 《兵库县知事报告外务大臣：梁启超、韩文举来神户》，收录于《辛亥革命史资料新编》第 6 册，第 20 页。

3 同上。

4 中华会馆编:《落地生根：神户华侨与神阪中华会馆百年史》，忽海燕译，香港：香港社会科学出版社有限公司，2003 年，第 84 页。

5 《神户清人将开大同学校》，《清议报》第 19 册，第 1213 页。

6 《神户倡建大同学校公启》，《清议报》第 18 册，第 1131 页。

7 《神户清人将开大同学校》,《清议报》第 19 册，第 1213 页。

8 《梁启超书札五（1898 年 6 月 3 日）》，收录于吕顺长:《清末维新派人物致山本宪书札考释》，第 268—269 页。

9 《商会议 · 续前稿》,《清议报》第 12 册，第 712 页。

10 《横滨贸易新闻》1899 年 6 月 6 日。转引自［美］韩清安:《横滨中华街》，第 72 页。

11 《论内地杂居与商务关系》,《清议报》第 19 册，第 1197 页。

12 中华会馆编:《落地生根》，第 87 页。

13 同上

14 ［美］韩清安:《横滨中华街》，第 72 页。

15 《神奈川县知事报告外务大臣：清国人商议会发行印刷物（附印刷物原文）》，收录于《辛亥革命史资料新编》第 6 册，第 26 页。

16 《皇上万寿圣诞恭记》,《清议报》第 24 册，第 1529—1530 页。

17 同上书，第 1533—1534 页。

18 《汇录刚中堂伟论不能无说》,《国闻报》光绪二十五年五月二十九日。转引自贾小叶:《戊戌时期学术与政治纷争研究》，北京：社会科学文献出版社，2017 年，第 339 页。

19 佚名:《贪官污吏传》，北京：北京古籍出版社，1999 年，第 17 页。

20 《致孙仲恺书》，胡珠生编:《宋恕集》下，北京：中华书局，1993 年，第 692 页。

21 孙应祥:《严复年谱》，福州：福建人民出版社，2014 年，第 123 页。

22 《北京要事汇闻》，载《知新报》第 100 册。转引自贾小叶:《戊戌时期学术与政治纷争研究》，第 343 页。

23 《戊戌变法文献资料系日》，第 1401 页。

24 同上书，第 1369—1370 页。

25 《海外有君》，载《国闻报》光绪二十五年七月二十七日。转引自贾小叶:《戊戌时期学术与政治纷争研究》，第 345—346 页。

26 《论今日变法必自调和两宫始》，载《知新报》第 94 册;《杭州驻防瓜尔佳氏上那拉后书》，载《知新报》第 99 册。转引自贾小叶:《戊戌时期学术与政治纷争研究》，第 293 页。

27 《严复致张元济》，转引自贾小叶:《戊戌时期学术与政治纷争研究》，第 300—301 页。

28 王鹏运:《疆臣笃老昏聩，措置乖方，请饬查办以安海疆折》，转引自孔祥吉:《戊戌维新运动新探》，长沙:湖南人民出版社，1988 年，第 224 页。

29 《小田切万寿之助致都筑馨六》，收录于《日本外交文书》第 32 卷，第 538—540 页。转引自孔祥吉、[日] 村田雄二郎:《罕为人知的中日结盟及其他》，第 140 页。

30 日本外务省外交史料馆藏：刘学询庆宽来朝之件。转引自孔祥吉、[日] 村田雄二郎:《罕为人知的中日结盟及其他》，第 147 页。

31 同上书，第 170 页。

32 同上书，第 172—173 页。

33 《刘学询演说辨谬》,《清议报》第 25 册，第 1595—1602 页。

34 段云章编著:《孙文与日本史事编年（增订本）》，第 60 页。

第九章　会党

1 《记殉难六烈士纪念祭》,《清议报》第 28 册，第 1825—1827 页。

2 《复腾芳书》，收录于上海市文物保管委员会编:《康有为与保皇会》，上海：上海人民出版社，1981 年，第 90 页。

3 《未署名人报告政务局：进步派关于拒绝康有为登陆一事的讨论》，收录于《辛亥革命史资料新编》第 6 册，第 29 页。

4 《戊戌变法文献资料系日》，第 1413 页。

5 《神奈川县知事报告外务大臣：关于康有为》，收录于《辛亥革命史资料新编》第 6 册，第 29 页。

6 段云章编著:《孙文与日本史事编年（增订本）》，第 63—64 页。

7 《美洲革命党报述略》，冯自由:《革命逸史》中，第 725 页。

8 陈汉才编著:《康门弟子述略》，广州：广东高等教育出版社，1991 年，第 148 页；田野橘次:《最近支那革命运动》，上海：新智社，1903 年，第 65—66 页。转引自桑兵:《庚子勤王与晚清政局》，北京:北京大学出版社，2014 年，第 432—433 页。

9 蔡少卿:《中国近代会党史研究》，北京：中华书局，1987 年，第 7—8，20—21 页。

10 同上书，第 215—217 页。

11 《康门十三太保与革命党》，冯自由:《革命逸史》上，第 213 页。

12 《戊戌变法文献资料系日》，第 1417 页。

13 同上书，第 1405、1404 页。

14 ［日］内藤湖南:《禹域鸿爪》，李振声译，杭州：浙江文艺出版社，2018 年，第 48，47，166，95—96，41 页。

15 同上书，第 151—152，42，153 页。

16 《康门十三太保与革命党》，冯自由:《革命逸史》上，第 214 页。

第十章　太平洋上

1 《壮别二十六首》，收录于《梁启超全集》第 17 集，第 583—584 页。

2 《戊戌变法文献资料系日》，第 1426 页。

3 《壮别二十六首》，收录于《梁启超全集》第 17 集，第 584 页。

4 《戊戌变法文献资料系日》，第 1427 页。

5 《新大陆游记节录》，收录于《梁启超全集》第 17 集，第 258—259 页。

6 《戊戌变法文献资料系日》，第 1426—1427 页。

7 《新大陆游记节录》，收录于《梁启超全集》第 17 集，第 260 页。

8 同上书，第 260—261 页。

9 同上书，第 261、263 页。

10 同上书，第 261—262 页。

11 同上书，第 262 页。

12 同上书，第 584—587 页。

13 同上书，第 602 页。

14 《横滨清议报叙例》,《清议报》第 1 册，第 3 页。

15 《新大陆游记节录》，收录于《梁启超全集》第 17 集，第 262—263 页。

16 ［日］宫崎滔天:《三十三年之梦》，第 16—17 页。

17 《新大陆游记节录》，收录于《梁启超全集》第 17 集，第 263 页。

18 《少年中国说》，收录于《梁启超全集》第 2 集，第 221 页。

19 ［日］志贺重昂:《日本少年歌》，载《新民丛报》第 2 号，北京:中华书局，2008 年，第 249—250 页。

20 《少年中国说》，收录于《梁启超全集》第 2 集，第 222—225 页。

21 《新大陆游记节录》，收录于《梁启超全集》第 17 集，第 263 页。

第十一章　檀香山

1 《新大陆游记节录》，收录于《梁启超全集》第 17 集，第 263 页。

2 同上。

3 同上。

4 同上书，第 263—264 页。

5 Chung Kun Ai, *My Seventy Nine Years in Hawaii*. Cosmorama Pictorial Publisher, 1960. 转引自郭世佑：《梁启超尊皇思想的变动区间与庚子勤王运动》，收录于《中国人文社会科学博士硕士文库 续编（历史学卷上）》，杭州：浙江教育出版社，2005 年，第 580 页。

6 《中国侨民的抗议书，1895 年》，收录于陈翰笙主编：《华工出国史料汇编》第 7 辑，第 260 页。

7 茂倩：《华侨与兴中会的创建》，收录于中国人民政治协商会议广东省中山市委员会文史委员会编：《中山文史》第 20 辑，1990 年，第 62 页。

8 《新大陆游记节录》，收录于《梁启超全集》第 17 集，第 264—266 页。

9 《戊戌变法文献资料系日》，第 1432 页。

10 王照：《方家园杂咏纪事》，收录于荣孟源、章伯锋主编：《近代稗海》第 1 辑，成都：四川人民出版社，1985 年，第 7—8 页。

11 《戊戌变法文献资料系日》，第 1432 页。

12 《宋恕集》下，第 700—701 页。

13 桑兵：《庚子勤王与晚清政局》，第 75 页。

14 《书十二月二十四日伪上谕后》，收录于《梁启超全集》第 2 集，第 234 页。

15 《上粤督李傅相书》，收录于《梁启超全集》第 2 集，第 239、242 页。

16 《上鄂督张制军书》，收录于《梁启超全集》第 2 集，第 246—247 页。

17 ［英］李提摩太：《亲历晚清四十五年：李提摩太在华回忆录》，天津：天津人民出版社，2011 年，第 281 页。

18 顾廷龙、戴逸主编：《李鸿章全集》27，合肥：安徽教育出版社，2007 年，第 21 页。

19 《梁启超年谱长编》，第 196—197 页。

20 《近卫笃麿日记》第 2 卷，第 456 页；《郑孝胥日记》第 2 册，第 740 页。转引自戴海斌：《近卫笃麿与 19、20 世纪之交的中日关系》，《学术月刊》2016 年第 9 期。

21 《梁启超年谱长编》，第 196 页。

22 陆胤：《〈捉拿康梁二逆演义〉考——时事小说与戊戌政变史再解读》，《首都师范大学学报（社会科学版）》2021 年第 3 期。

23 《梁启超致简兴仁》，转引自郭世佑：《梁启超庚子滞留檀香山之谜》，《浙江学刊》2002 年第 2 期。

24 《梁启超年谱长编》，第 200 页。

25 同上。

26 同上书，第 211—212 页。

27 同上书，第 202 页。

28 《良心告示》，《清议报》第 40 册，第 2621—2623 页。

29 戈枫：《杨西岩传略》，转引自张国民主编：《葵乡俊彦列传》第 2 辑，新会市政协学习文史社会法制工作委员会，1998 年，第 21 页。

30 《复金山中华会馆书》，《清议报》第 39 册，第 2514 页。

31 《梁启超年谱长编》，第 201 页。

32 《梁启超致伍廷芳》，转引自郭世佑：《梁启超尊皇思想的变动区间与庚子勤王运动》，收录于《中国人文社会科学博士硕士文库 续编（历史学卷上）》，第 585—586 页。

33 《梁启超年谱长编》，第 201 页。

34 同上书，第 213 页。

35 《黄乃裳上揭书》，转引自福建华侨历史学会编：《华侨问题论丛》第 1 辑，1984 年，第 240 页。

36 桑兵：《庚子勤王与晚清政局》，第 86 页。

37 《梁启超年谱长编》，第 199—200 页。

38 《梁启超年谱长编》，第 202 页。

39 田野橘次：《哥老会巨魁唐才常》，收录于杜迈之、刘泱泱、李龙如辑：《自立会史料集》，长沙：岳麓书社，1983 年，第 207—208 页。

40 《梁启超年谱长编》，第 203 页。

41 同上书，第 201—205，216—221 页。

42 同上书，第 199、221 页。

第十二章　恋爱

1 《梁启超年谱长编》，第 231 页。

2 *The Pacific Commercial Advertiser*, May 5, 1900.

3 《梁启超年谱长编》，第 249 页。

4 《孙眉公事略》，冯自由:《革命逸史》上，第 196 页。

5 《梁启超年谱长编》，第 258 页。

6 Chung Kun Ai, *My Seventy Nine Years in Hawaii*. 转引自郭世佑:《梁启超庚子滞留檀香山之谜》。

7 *The Pacific Commercial Advertiser*, May 8, 1900.

8 《梁启超年谱长编》，第 250 页。

9 同上书，第 250—251 页。

10 同上书，第 251 页。

11 同上书，第 251—252 页。

12 同上书，第 253—254 页。

13 相蓝欣:《义和团战争的起源》，上海：华东师范大学出版社，2003 年，第 238—239 页。

14 汤志钧编:《章太炎年谱长编（增订本）》，北京：中华书局，2013 年，第 63 页。

15 民表:《林锡珪传》，收录于《自立会史料集》，第 232—233 页。

16 吴良愧:《自立会追忆记》，收录于《自立会史料集》，第 100—101 页。

17 同上书，第 102—105 页。

18 同上书，第 128、131 页。

19 *The Pacific Commercial Advertiser*, July 11, 1900.

20 *The Pacific Commercial Advertiser*, July 16, 1900.

21 《孙眉公事略》，冯自由:《革命逸史》上，第 198 页。

22 *The Hawaiian Star*, July 19, 1900.

23 《东归感怀》，收录于《梁启超全集》第 17 集，第 592 页。

24 《梁启超年谱长编》，第 240 页。

25 《纪事二十四首》，收录于《梁启超全集》第 17 集，第 589—591 页。

26 相蓝欣:《义和团战争的起源》，第 313 页。

27 同上书，第 323 页。

28 迟云飞编写，中国人民大学清史研究所编:《清史编年》第 12 卷，北京：中国人民大学出版社，2000 年，第 216—217 页。

29 《警视总监报告外务大臣：流亡清国人梁启超返日》，收录于《辛亥革命史资料新编》第 6 册，第 43 页。

30 Anne Alexandra Gunn, *The Ice-drinker's Mandate: Images of Liang Qichao*, PhD Thesis, Camberra: Austrilian National University, 1997, p.35.

31 ［日］宫崎滔天：《三十三年之梦》，第 215 页。

32 同上书，第 218—219 页。

33 《与横滨某君的谈话》，收录于《孙中山全集》第 1 卷，第 198 页。

34 《兵库县知事报告外务大臣：清国人往来》《神奈川县知事报告外务大臣：梁启超之动向》，收录于《辛亥革命史资料新编》第 6 册，第 47 页。

35 《长崎县知事报告外务大臣：清韩人士之往来》，收录于《辛亥革命史资料新编》第 6 册，第 51 页。

36 中国社会科学院近代史所编：《庚子记事》，北京：科学出版社，1952 年，第 31、173 页。转引自陈旭麓：《近代中国社会的新陈代谢》，北京：生活·读书·新知三联书店，2018 年，第 187 页。

37 《日益斋日记（节录）》，收录于《自立会史料集》，第 114 页。

38 徐珂：《自立会》，收录于《自立会史料集》，第 39 页。

39 吴良愧：《自立会追忆记》，收录于《自立会史料集》，第 107 页。

40 冯自由：《自立会起事始末》，收录于《自立会史料集》，第 19 页。

41 唐才质：《自立会庚子革命记》，收录于《自立会史料集》，第 77 页。

42 唐才常：《感事》，收录于《自立会史料集》，第 361 页。

43 张篁溪：《记自立会》，收录于《自立会史料集》，第 6 页。

44 汤志钧：《乘桴新获》，第 329 页。

45 同上。

46 同上书，第 330—331 页。

47 《岳州镇呈报匪情咨》，收录于《自立会史料集》，第 126 页。

48 《张之洞致盛宣怀刘坤一等电》，收录于《自立会史料集》，第 123 页。

49 《俞廉三奏报唐才中供词二则》，收录于《自立会史料集》，第 150 页。

50 《梁启超年谱长编》，第 255 页。

51 《与同薇书》，收录于《康有为与保皇会》，第 182 页。

52 桑兵：《庚子勤王与晚清政局》，第 114 页。

53 《与同薇书》，收录于《康有为与保皇会》，第 182 页。

54 同上。

55 《孙中山年谱长编》第 1 集，第 218 页。

56 《思庄致徐勤书》，收录于《康有为与保皇会》，第 196 页。

57 《致徐勤书》，收录于《康有为与保皇会》，第 148 页。

58 《家书》，收录于《康有为与保皇会》，第 173 页。

59 《致妙华夫人书》，收录于《康有为与保皇会》，第 174 页。

60 吴天任:《康有为年谱》，广州：广东人民出版社，2018 年，第 312 页。

61 《书感四首寄星洲寓公，仍用前韵》，收录于《梁启超全集》第 17 集，第 591 页。

62 《康有为全集》第 12 集，第 210 页。

63 《槟城三宿记》，收录于《郁达夫文集》第 4 卷，广州:花城出版社，香港:生活 · 读书 · 新知三联书店香港分店，1982 年，第 229—230 页。

第十三章　新金山

1 《梁启超年谱长编》，第 214 页。

2 罗昌:《梁孝廉卓如先生澳洲游记》，转引自刘渭平:《澳洲华侨史》，台北:星岛出版社，1989 年，第 149 页。

3 Ryan Tucker Jones, "The Environment". 转引自费晟:《再造金山：华人移民与澳新殖民地生态变迁》，北京:北京师范大学出版社，2021 年，第 47 页。

4 同上书，第 55 页。

5 刘渭平:《澳洲华侨史》，第 16 页。

6 罗昌:《梁孝廉卓如先生澳洲游记》，转引自刘渭平:《澳洲华侨史》，第 149 页。

7 同上。

8 同上书，第 150 页。

9 同上书，第 150—151 页。

10 同上书，第 151—152 页。

11 同上书，第 152 页。

12 费晟:《再造金山》，第 102—105 页。

13 ［澳］西里尔 · 珀尔:《北京的莫理循》，檀东鍟、窦坤译，福州：福建教育出版社，2003 年，第 4 页。

14 ［澳］艾瑞克 · 罗斯:《澳大利亚华人史（1800—1888)》，张威译，广州:中山大学出版社，2017 年，第 94 页。

15 Thomas Drury Smeaton, "The Great Chinese Invasion (1865)" . 转引自费晟:《再造金山》，第 247 页。

16 《1854 年墨尔本四邑会馆简章》，转引自［澳］杨进发:《新金山：澳大利亚华人 1901—1921 年》，姚楠、陈立贵译，上海：上海译文出版社，1988 年，第 326 页。

17 罗昌:《梁孝廉卓如先生澳洲游记》，转引自刘渭平:《澳洲华侨史》，第 152 页。

18 同上。

19 同上书，第 152—153 页。

20 同上书，第 153 页。

21 同上。

22 Waste Bate, *Lucky City: The First Generation at Ballarat, 1851–1900*. 转引自费晟:《再造金山》，第 104 页。

23 罗昌:《梁孝廉卓如先生澳洲游记》，转引自刘渭平:《澳洲华侨史》，第 153—154 页。

24 同上书，第 154 页。

25 费晟:《再造金山》，第 160—161 页。

26 罗昌:《梁孝廉卓如先生澳洲游记》，转引自刘渭平:《澳洲华侨史》，第 154 页。

27 同上。

28 *South Australian Register*, November 12, 1900.

29 *Argus*, November 16, 1900.

30 《同倡义举》，载《东华新报》1900 年 1 月 17 日。转引自李海蓉:《澳洲保皇会创立探源——以〈东华新报〉及澳洲保皇会原始档案为主的分析》，《中国近代史》2018 年第 2 期。

31 《广益华报》1902 年 4 月 12 日。转引自[澳]杨进发:《新金山》,第 168 页。

32 《父子贼恩》，载《东华新报》1898 年 8 月 27 日。转引自邱捷:《从华侨报纸看清末的澳大利亚华侨》，收录于中国社会科学院近代史研究所编:《近代中国与世界——第二届近代中国与世界学术讨论会论文集》第 2 卷，北京：社会科学文献出版社，2000 年，第 369 页。

33 Mei-fen Kuo, *Making Chinese Australia: Urban Elites, Newspapers and the Formation of Chinese-Australian Identity, 1892–1912*, Melbourne: Monash University Publishing, 2013, p. 17.

34 ［澳］杨进发:《新金山》，第 7 页。

35 同上书，第 54—55，57—58 页。

36 《东华新报》1899 年 10 月 28 日，《东华新报》1901 年 1 月 16 日。转引自邱捷：《从华文报纸看清末的澳大利亚华侨》。

37 《东华新报》1899 年 10 月 11 日。转引自李海蓉：《澳洲保皇会创立探源》。

38 同上。

39 《东华新报》1898 年 9 月 24 日。转引自邱捷：《从华文报纸看清末的澳大利亚华侨》。

40 *The Sydney Morning Herald*, December 7, 1900.

41 庞冠山：《梁启超先生坑上游记》，转引自刘渭平：《澳洲华侨史》，第 161 页。

42 ［澳］斯图亚特 · 麦金泰尔：《澳大利亚史》，潘兴明译，上海：东方出版中心，2009 年，第 27 页。

43 ［美］孔飞力：《他者中的华人：中国近现代移民史》，李明欢译，南京：江苏人民出版社，2018 年，第 239 页。

44 庞冠山：《梁启超先生坑上游记》，转引自刘渭平：《澳洲华侨史》，第 165 页。

45 吴天任：《梁启超年谱》第 1 册，第 455—456 页。

46 《东华新报》1901 年 4 月 17 日。转引自刘渭平：《澳洲华侨史》，第 165 页。

第十四章　过渡时代

1 庞冠山：《梁启超先生坑上游记》，转引自刘渭平：《澳洲华侨史》，第 169—170 页。

2 同上书，第 167—168 页。

3 《留别澳洲诸同志六首》，收录于《梁启超全集》第 17 集，第 598 页。

4 《梁启超年谱长编》，第 261—262 页。

5 同上书，第 261—262 页。

6 《驻悉尼领事报告外务省：梁启超从悉尼启程可能到日本》，收录于《辛亥革命史资料新编》第 6 册，第 96 页。

7 《梁启超年谱长编》，第 264 页。

8 《东华新报》1901 年 5 月 29 日。转引自蔡少卿：《梁启超访问澳洲述论》，《江苏社会科学》2018 年第 2 期。

9 《东华新报》1901 年 3 月 13 日。转引自蔡少卿：《梁启超访问澳洲述论》。

10 《中国积弱溯源论》，收录于《梁启超全集》第 2 集，第 252、272、275—276 页。

11 《长崎县知事报告外务大臣:关于清国流亡人士往来的报告》，收录于《辛亥革命史资料新编》第 6 册，第 97 页。

12 《兵库县知事报告外务大臣：清国人往来情况》，收录于《辛亥革命史资料新编》第 6 册，第 97 页。

13 丁文江、赵丰田编:《梁启超年谱长编》第 2 卷，岛田虔次编译，东京：岩波书店，2004 年，第 409 页。

14 《梁启超年谱》第 1 册，第 463—464 页。

15 《东亚商业学校落成记》,《清议报》第 79 册，第 5000—5003 页。

16 《秦力山事略》，冯自由:《革命逸史》，第 73 页。

17 《东京〈国民报〉补述》，冯自由:《革命逸史》上，第 79—80 页。

18 《王宠惠轶事》，冯自由:《革命逸史》上，第 82 页。

19 《章太炎年谱长编（增订本）》，第 69—70 页。

20 《神奈川县知事报告外务大臣：梁启超迁居横滨以求安全》，收录于《辛亥革命史资料新编》第 6 册，第 103 页。

21 《过渡时代论》，收录于《梁启超全集》第 2 集，第 292—296 页。

22 同上书，第 294 页。

23 《灭国新法论》，收录于《梁启超全集》第 2 集，第 306 页。

24 同上书，第 297、307 页。

25 《十九世纪之欧洲与二十世纪之中国》，收录于《梁启超全集》第 2 集，第 112—113 页。

26 《维新图说》，收录于《梁启超全集》第 2 集，第 109—111 页。

27 《烟士批里纯（Inspiration）》，收录于《梁启超全集》第 2 集，第 126—127 页。

28 《本馆第一百册祝词并论报馆之责任及本馆之经历》,《清议报》第 100 册，第 6189—6203 页。

29 《康南海先生传》,《清议报》第 100 册，第 6297—6342 页。

30 同上书，第 6342 页。

31 同上。

32 [美] 约瑟夫·阿·勒文森:《梁启超与中国近代思想》，刘伟等译，成都：四川人民出版社，1986 年，第 127 页。

33 《自励二首》,《清议报》第 82 册，第 5202 页。

34 《志未酬》,《清议报》第 100 册，第 6465 页。

35 《举国皆我敌》,《清议报》第 100 册，第 6465—6466 页。

36 《本馆新刊书目告白》,《清议报》第 100 册，第 6477—6478 页。

37 《李鸿章》，收录于《梁启超全集》第 2 集，第 455—457 页。

38 德富苏峰:《李鸿章》,《国民新闻》明治 34 年 11 月 10 日。转引自徐万晴:《晚清士人对李鸿章的形象塑造与记忆建构》，台湾师范大学历史系硕士学位论文，2011 年，第 84 页。

39 《李鸿章》，收录于《梁启超全集》第 2 集，第 389—390 页。

40 同上书，第 389 页。

第十五章　新民丛报

1 《横滨〈清议报〉》，冯自由:《革命逸史》上，第 57 页。

2 《本报告白》，收录于《梁启超全集》第 2 集，第 460 页。

3 《新民说》，收录于《梁启超全集》第 2 集，第 528、530、534 页。

4 《论教育当定宗旨》，收录于《梁启超全集》第 2 集，第 495—496 页。

5 《新史学》，收录于《梁启超全集》第 2 集，第 497—501 页。

6 《地理与文明之关系》，收录于《梁启超全集》第 2 集，第 480 页。

7 《论学术之势力左右世界》,收录于《梁启超全集》第 2 集,第 465、469 页。

8 同上书，第 470、472 页。

9 《本报之特色》，收录于《梁启超全集》第 2 集，第 463 页。

10 《舆论之母与舆论之仆》，收录于《梁启超全集》第 2 集，第 140 页。

11 同上书，第 464 页。

12 《梁启超年谱长编》，第 275 页。

13 《新民丛报》第 2 号，第 140 页。

14 《三十自述》，收录于《梁启超全集》第 4 集，第 107 页。

15 《新民丛报》第 2 号，第 140 页。

16 《保教非所以尊孔论》,收录于《梁启超全集》第 2 集,第 676、680—684 页。

17 孙宝瑄:《忘山庐日记》，上海：上海古籍出版社，1983 年，第 480—481、492 页。

18 “饮冰室诗话”,《梁启超全集》第 3 集，第 163—164、177、198 页。

19 林振武等编著:《黄遵宪年谱长编》，北京：中华书局，2019 年，第 614、625、636、661 页。

20 同上书，第 668—671 页。

21 《严复年谱》，第 152 页。

22 《黄遵宪年谱长编》，第 673 页。

第十六章 新历史与新英雄

1 《新史学》，收录于《梁启超全集》第 2 集，第 501—504，511，517—518 页。

2 同上书，第 506—510 页。

3 同上书，第 520 页。

4 《严复年谱》，第 152 页。

5 严复：《群学肄言》，北京：商务印书馆，1981 年，第 8 页。

6 马君武：《法兰西今世史》译序，转引自俞旦初：《二十世纪初年中国的新史学思潮初考（续）》，《史学史研究》1982 年第 4 期。

7 邓实：《史学通论》，转引自王汎森：《近代中国的史家与史学》，上海：复旦大学出版社，2010 年，第 21 页。

8 《私史》，《新民丛报》第 19 号，第 2616 页。

9 马叙伦：《中国无史辨》，转引自王汎森：《近代中国的史家与史学》，第 25 页。

10 Peter Zarrow, "Old Myth into New History: The Building Blocks of Liang Qichao's 'New History'", *Historiography East and West*, 2003, *1*(2).

11 孙宝瑄：《忘山庐日记》，第 549 页。

12 浮田和民：《史学通论》，李浩生译，杭州译书局，1903 年，第 10 页。转引自李群：《近代中国文学史观的发生与日本影响》，长沙：湖南大学出版社，2016 年，第 160 页。

13 《史学之界说》，收录于《梁启超全集》第 2 集，第 502—503 页。

14 ［美］彼得 · 诺维克：《那高尚的梦想："客观性问题"与美国历史学界》，杨豫译，北京：生活 · 读书 · 新知三联书店，2009 年，第 98 页。

15 《匈牙利爱国者噶苏士传》，收录于《梁启超全集》第 3 集，第 125 页。

16 ［日］石川安次郎：《近世世界十伟人——路易 · 噶苏士》，转引自［日］松尾洋二：《梁启超与史传——东亚近代精神史的奔流》，收录于［日］狭间直树编：《梁启超 · 明治日本 · 西方》，第 227 页。

17 《匈牙利爱国者噶苏士传》，收录于《梁启超全集》第 3 集，第 130—131 页。

18 《意大利建国三杰传》，收录于《梁启超全集》第 3 集，第 483 页。

19 ［英］理查德·埃文斯：《企鹅欧洲史：竞逐权力 1815—1914》，胡利平译，北京：中信出版集团，2018 年，第 229 页。

20 ［俄］赫尔岑：《往事与随想》中，项星耀译，成都：四川人民出版社，2018 年，第 381 页。

21 《意大利建国三杰传》，收录于《梁启超全集》第 3 集，第 528—530 页。

22 同上书，第 533，502 页。

23 ［意］白佐良、马西尼：《意大利与中国》，萧晓玲、白玉崑译，北京：商务印书馆，2002 年，第 283 页。

24 ［日］松村介石：《近世世界十伟人——嘉米禄·加富尔》，转引自［日］松尾洋二：《梁启超与史传》，收录于［日］狭间直树编：《梁启超·明治日本·西方》，第 232 页。

25 《近世第一女杰罗兰夫人传》，收录于《梁启超全集》第 3 集，第 637、640、646 页。

26 段怀清、［日］若杉邦子：《日本和中国近代对西方英雄主义的接受——以对卡莱尔英雄主义的反应为中心》，《中国言语文化研究》第 10 号。

27 ［英］卡莱尔：《英雄和英雄崇拜》，张峰、吕霞译，上海：上海三联书店，1988 年，第 253—254 页。

第十七章　留学生

1 《王元章函附志》，收录于《梁启超全集》第 3 集，第 407、403 页。

2 “问答”，收录于《梁启超全集》第 3 集，第 107—108、112—113 页。

3 谢维扬、房鑫亮主编，胡逢祥分卷主编：《王国维全集》第 14 卷，杭州：浙江教育出版社，2010 年，第 212 页。

4 孙宝瑄：《忘山庐日记》，第 80 页。

5 严复：《论教育书》，转引自罗志田：《道出于二：过渡时代的新旧之争》，北京：北京师范大学出版社，2014 年，第 16 页。

6 《生计学（即平准学）学说沿革小史》，收录于《梁启超全集》第 3 集，第 371—383、402 页。

7 《格致学沿革考略》，收录于《梁启超全集》第 3 集，第 551 页。

8 《地理与文明之关系》，收录于《梁启超全集》第 2 集，第 484 页。

9 ［日］狭间直树：《西周留学荷兰与其对欧洲文明的认识及对近代东亚文明

圈形成的贡献》，收录于中国社会科学院近代史研究所编：《第三届近代中国与世界国际学术研讨会论文集》第 3 卷，北京：社会科学文献出版社，2015 年，第 1678—1679，1683 页。

10 《东籍月旦》，收录于《梁启超全集》第 3 集，第 468—479 页。

11 《论中国学术思想变迁之大势》，收录于《梁启超全集》第 3 集，第 16—18、35—36、42—49、63 页。

12 曹汝霖：《曹汝霖一生之回忆》，北京：中国大百科全书出版社，第 17—18、27—31 页。

13 同上书，第 18 页。

14 《励志会章程》，《译书汇编》第 2 年第 12 期，1903 年 3 月 13 日。转引自邹振环：《疏通知译史》，上海：上海人民出版社，2012 年，第 271 页。

15 陈天华：《记东京留学生欢迎孙君逸仙事》，载《民报》第 1 号。转引自严安生：《灵台无计逃神矢：近代中国人留日精神史》，陈言译，北京：生活 · 读书 · 新知三联书店，2018 年，第 45 页。

16 黄福庆：《清末留日学生》，台北：中研院近代史研究所，1975 年，第 5 页。

17 曹汝霖：《曹汝霖一生之回忆》，第 19 页。

18 黄福庆：《清末留日学生》，第 7 页。

19 ［澳］骆惠敏编：《清末民初政情内幕——〈泰晤士报〉驻北京记者袁世凯政治顾问乔·厄·莫理循书信集》上，刘桂梁等译，上海：知识出版社，1986 年，第 216 页。

20 《媚外奇闻》，收录于《梁启超全集》第 3 集，第 12 页。

21 《章太炎年谱长编（增订本）》，第 76 页。

22 《孙中山年谱长编》第 1 集，第 264 页。

23 同上书，第 253 页。

24 同上书，第 285 页。

25 《章太炎年谱长编（增订本）》，第 74 页。

26 同上书，第 76 页。

27 吴稚晖：《总理行宜》，收录于《辛亥革命史事长编》第 3 册，第 63 页。

28 《孙中山年谱长编》第 1 集，第 271 页。

29 《章太炎年谱长编（增订本）》，第 76 页。

30 李廷江：《近代中日关系源流——晚清中国名人致近卫笃磨书简》，北京：社会科学文献出版社，2011 年，第 472 页。

31 “中国近事”，《新民丛报》第 10 号，第 1309 页。

32 《中国留学生新年会纪事》,收录于《辛亥革命史事长编》第 3 册,第 105 页。

33 《行人失辞》抄录《蔡星使钧致外务部书》,收录于《梁启超全集》第 3 集,第 326—327 页。

34 毛注青等编:《蔡锷集》,长沙:湖南人民出版社,1983 年,第 16、18 页。

35 《琐记》,收录于《鲁迅全集》第 2 卷,北京:人民文学出版社,2005 年,第 307 页。

36 《藤野先生》,收录于《鲁迅全集》第 2 卷,第 313 页。

37 同上。

38 《章太炎与支那亡国纪念会》,冯自由:《革命逸史》上,第 54 页。

39 冯自由:《华侨革命开国史》,收录于中国社会科学院近代史研究所《近代史资料》编译室主编:《华侨与辛亥革命》,北京:知识产权出版社,2013 年,第 33 页。

40 《论学生公愤事》,收录于《梁启超全集》第 3 集,第 579 页。

41 《蔡钧蔑辱国权问题》,收录于《梁启超全集》第 3 集,第 585 页。

42 《新民说》,收录于《梁启超全集》第 2 集,第 568 页。

43 《南洋公学学生退学事件》,收录于《梁启超全集》第 4 集,第 78 页。

44 《敬告留学生诸君》,收录于《梁启超全集》第 3 集,第 610—614 页。

45 《支那教育问题》,《新民丛报》第 32 号,第 3229、3231、3236 页。

46 《支那教育问题(续)》,《新民丛报》第 42 号,第 3362、3369 页。

47 吴容甫点校,中华书局编辑部修订:《王闿运日记》,北京:中华书局,2022 年,第 2078 页。

第十八章　奇迹之年

1 [日]狩野直喜:《中国小说戏曲史》,张真译,南京:江苏人民出版社,2017 年,第 10 页。

2 陈平原:《中国现代小说的起点:清末民初小说研究》,北京:北京大学出版社,2010 年,第 94 页。

3 《中国唯一之文学报——〈新小说〉》,收录于《梁启超全集》第 3 集,第 588 页。

4 严复:《甲辰出都呈同里诸公》,收录于刘东主编:《龚自珍 严复》,西安:太白文艺出版社,2012 年,第 155 页。

5 《陵汴卖书记》,转引自《阿英全集》第 7 卷,合肥:安徽教育出版社,2003 年,第 169 页。

6 铁樵:《作者七人》序(1915)。转引自陈平原:《中国现代小说的起点》,第 72 页。

7 《中国唯一之文学报——〈新小说〉》,收录于《梁启超全集》第 3 集,第 588、590 页。

8 《论小说与群治之关系》,收录于《梁启超全集》第 4 集,第 49、52 页。

9 [美]伊恩 · P. 瓦特:《小说的兴起:笛福、理查逊、菲尔丁研究》,高原、董红钧译,北京:生活 · 读书 · 新知三联书店,1992 年,第 42 页。

10 坪内逍遥:《小说神髓》,刘振瀛译,北京:人民文学出版社,1991 年,第 42 页。转引自关诗珮:《晚清中国小说观念译转:翻译语“小说”生成及实践》,香港:商务印书馆,2019 年,第 52 页。

11 *The Literature of China*, p. 165–166. 转引自[美]韩南:《中国近代小说的兴起》,徐侠译,上海:上海教育出版社,2004 年,第 155 页。

12 《新中国未来记(稿本)》,收录于《梁启超全集》第 17 集,第 9 页。

13 同上书,第 26、35 页。

14 《中国唯一之文学报——〈新小说〉》,收录于《梁启超全集》第 3 集,第 590 页。

15 《新中国未来记(稿本)》,收录于《梁启超全集》第 17 集,第 7 页。

16 [美]叶凯蒂:《晚清政治小说:一种世界性文学类型的迁移》,杨可译,北京:生活 · 读书 · 新知三联书店,2020 年,第 56—58 页。

17 《中国唯一之文学报——〈新小说〉》,收录于《梁启超全集》第 3 集,第 590—591 页。

18 《梁启超年谱长编》,第 300—301 页。

19 同上书,第 301—306 页。

20 欧榘甲:《新广东》,载张枬、王忍之编:《辛亥革命前十年间时论选集》第 1 卷上,北京:生活 · 读书 · 新知三联书店,1960 年,第 270 页。

21 《康有为全集》第 6 集,第 319 页。

22 《梁启超年谱长编》,第 286 页。

23 同上书,第 299—300 页。

24 陈建华:《“革命”的现代性:中国革命话语考论》,上海:上海古籍出版社,2000 年,第 5、7 页。

25 《释革》,收录于《梁启超全集》第 4 集,第 92—95 页。

26 《敬告我同业诸君》，收录于《梁启超全集》第 3 集，第 652 页。

27 《三十自述》，收录于《梁启超全集》第 4 集，第 110 页。

28 同上。

29 孙宝瑄:《忘山庐日记》，第 563 页。

30 《梁启超年谱长编》，第 294 页。

31 《新民说》，收录于《梁启超全集》第 2 集，第 538、543—546、548 页。

32 同上书，第 564、567 页。

33 [美]张灏:《梁启超与中国思想的过渡（1890—1907）：烈士精神与批判意识》，崔志海、葛夫平译，北京：新星出版社，2006 年，第 103 页。

34 《新民说》，收录于《梁启超全集》第 2 集，第 556、561、574 页。

35 同上书，第 572—574 页。

36 同上书，第 589 页。

37 中华书局编辑部编:《孙宝瑄日记》，童杨校订，北京：中华书局，2015 年，第 603—604 页。

38 [日]福泽谕吉:《劝学篇》，群力译，北京：商务印书馆，1984 年，第 28，18—19 页；[日]福泽谕吉:《文明论概略》，北京编译社译，北京：商务印书馆，1982 年，第 159、70 页。转引自田雪梅:《近代日本国民的铸造:从明治到大正》，北京:商务印书馆，2016 年，第 47、37、42 页。

39 [日]鹿野政直:《福泽谕吉》，卞崇道译，北京：生活·读书·新知三联书店，1987 年，第 109 页。

40 《醒狮歌》，《新民丛报》第 25 号，第 3410 页。

41 《敬告我国民——癸卯元旦所感》，收录于《梁启超全集》第 4 集，第 114—116 页。

42 《广诗中八贤歌》，收录于《梁启超全集》第 17 集，第 596 页。

第十九章　加拿大

1 梁启超:《新大陆游记》，北京：社会科学文献出版社，2007 年，第 13 页。

2 《梁启超年谱长编》，第 310 页。

3 高伟浓:《二十世纪初康有为保皇会在美国华侨社会中的活动》，北京：学苑出版社，2009 年，第 35—37 页。

4 《新大陆游记》，第 13 页。

5 《王觉任等致李福基董谦泰等书》,美国保皇会资料未刊稿。转引自蔡惠尧:《试论保皇会失败的内部原因》,《近代史研究》1998 年第 2 期。

6 《梁启超年谱长编》，第 310—311 页。

7 《新大陆游记》，第 20—21 页。

8 同上书，第 21 页。

9 [加] 魏安国等著:《从中国到加拿大》，第 111 页。

10 《梁启超年谱长编》，第 311—312 页。

11 《新大陆游记》，第 15—16 页。

12 同上书，第 16—17 页。

13 同上书，第 26 页。

14 [加] 罗伯特 · 博斯韦尔:《加拿大史》，裴乃循等译，北京：中国大百科全书出版社，2012 年，第 240 页。

15 《新大陆游记》，第 29—30 页。

16 同上书，第 20 页。

17 同上书，第 25 页。

第二十章　纽约

1 高伟浓:《二十世纪初康有为保皇会在美国华侨社会中的活动》，第 40—41 页。

2 [美] 苏思纲:《堂斗:纽约唐人街的罪恶、金钱与谋杀》，王佳欣译，上海：上海文化出版社，2020 年，第 11 页。

3 《新大陆游记》，第 48 页。

4 同上书，第 39 页。

5 [美] 埃德蒙 · 莫里斯:《美国崛起的舵手：西奥多 · 罗斯福》，匡吉等译，张稚平校订，广州：新世纪出版社，2015 年 9 月 ，第 31 页。

6 同上书，第 61 页。

7 《新大陆游记》，第 55 页。

8 *The International Socialist Review*, June 1903.

9 《新大陆游记》，第 53—55 页。

10 同上书，第 50—53 页。

11 同上书，第 49 页。

12 ［美］李漪莲:《亚裔美国的创生：一部历史》，伍斌译，北京：中信出版集团，2019 年，第 2 页。

13 ［美］苏思纲:《堂斗》，第 1 页。

14 同上书，第 3 页。

15 刘伯骥:《美国华侨逸史》，台北：黎明文化事业股份有限公司，1984 年，第 258 页。

16 《新大陆游记》，第 57 页。

17 "Queer Dishes Served at the Waldorf by Li Hung Chang's Chicken Cook", *New York Journal*, September 6, 1896. 转引自［美］安德鲁 · 科伊:《来份杂碎：中餐在美国的文化史》，严华容译，北京：北京时代华文书局，2016 年，第 181—182 页。

18 《新大陆游记》，第 58 页。

19 同上书，第 60 页。

20 同上书，第 60—61 页。

21 同上书，第 63、65、67 页。

22 同上书，第 70—72 页。

23 ［美］埃德蒙 · 莫里斯:《美国崛起的舵手》，第 3—4 页。

24 ［美］理查德 · 霍夫施塔特:《美国政治传统及其缔造者》，崔永禄、王忠和译，北京：商务印书馆，2010 年，第 252 页。

25 ［美］格雷戈里 · 摩尔:《1901—1909 年的门户开放政策：西奥多 · 罗斯福与中国》，赵嘉玉译，南京：江苏人民出版社，2021 年，第 65 页。

26 同上书，第 57 页。

27 同上书，第 71 页。

28 ［美］埃德蒙 · 莫里斯:《美国崛起的舵手》，第 207 页。

29 《新大陆游记》，第 73—74 页。

30 ［美］埃德蒙 · 莫里斯:《美国崛起的舵手》，第 237 页。

31 《新大陆游记》，第 73 页。

32 ［美］格雷戈里 · 摩尔:《1901—1909 年的门户开放政策》，第 68 页。

33 *The Saint Paul Globe*, June 21, 1903.

34 《新大陆游记》，第 82 页。

35 *The Sun*, June 22, 1903.

36 《新大陆游记》，第 95 页。

37 同上书，第 90 页。

第二十一章　一路向西

1 《新大陆游记》，第 98 页。

2 同上书，第 100 页。

3 同上书，第 110 页。

4 同上书，第 112 页。

5 同上书，第 115 页。

6 [美] 令狐萍：《芝加哥的华人：1870 年以来的种族、跨国移民和社区》，何家伟等译，北京：世界图书出版公司，2015 年，第 29、45 页。

7 同上书，第 66 页。

8 *The St. Paul Globe*, July 25, 1903.

9 [美] 荣 · 切尔诺：《工商巨子：洛克菲勒传》，王恩冕等译，海口：海南出版社，2000 年，第 457 页。

10 《新大陆游记》，第 117 页。

11 同上书，第 121 页。

12 [美] 厄普顿 · 辛克莱：《屠场》(1906 年)。转引自《食品安全与经济发展关系研究》，王守伟等编著，北京：中国质检出版社，2016 年，第 28 页。

13 《新大陆游记》，第 121—122 页。

14 同上书，第 119 页。

15 同上书，第 118—121 页。

16 同上书，第 121 页。

17 同上书，第 124—126 页。

18 同上书，第 127—128 页。

19 Mark Johnson, "Becoming Chinese [in Montana]: The Chinese Empire Reform Association and National Identity among Montana's Chinese Communities", *Montana: The Magazine of Western History*, 2014, 64(4).

20 《新大陆游记》，第 128 页。

21 同上书，第 130—131 页。

22 同上书，第 132 页。

23 *The Evening Statesman*, August 31, 1903.

24 《新大陆游记》，第 134 页。

25 [日] 永井荷风：《永井荷风异国放浪记》上，陈德文等译，北京：北京联合出版公司，2020 年，第 325 页。

26 陈立新:《梁启超访问记译注》,《黑龙江史志》2009 年第 22 期。

27 同上。

28 Chuimei Ho & Bennet Bronson, “Merchant and Imperial Diplomat: The Extraordinary Career of Portland’s Moy Back Hin” , *Oregon Historical Quarterly*, *118*(3).

29 《新大陆游记》, 第 135—137 页。

第二十二章 旧金山

1 同上书, 第 137 页。

2 http://www.sfmuseum.org/loc/chinfuner.htm

3 《新大陆游记》, 第 137 页。

4 施吉瑞、孙洛丹:《金山三年苦: 黄遵宪使美研究的新材料》,《中山大学学报(社会科学版)》2016 年第 1 期。

5 《新大陆游记》, 第 140 页。

6 "The Most Original Hostess in San Francisco", *San Francisco Call*, May 10, 1903. 转引自[美]安德鲁 · 科伊:《来份杂碎》, 第 192 页。

7 陈勇:《华人的旧金山》, 北京: 北京大学出版社, 2009 年, 第 122 页。

8 同上书, 第 75 页。

9 陈英程、曾建雄:《从独立报人到外交家: 族美华侨伍盘照成功办报实践及“侨民外交”活动评述》,《新闻与传播研究》2014 年第 2 期。

10 同上。

11 《新大陆游记》, 第 140 页。

12 同上书, 第 145—146 页。

13 同上书, 第 150 页。

14 同上书, 第 148—154 页。

15 同上书, 第 148—150 页。

16 同上书, 第 159 页。

17 同上书, 第 158—159 页。

18 同上书, 第 154—157 页。

19 同上书, 第 160 页。

20 叶维丽:《为中国寻找现代之路: 中国留学生在美国(1900—1927)》, 周子平译，北京：北京大学出版社，2012 年，第 22，85，90—91 页。

21 《新大陆游记》，第 161—162 页。

22 同上书，第 162—164 页。

23 同上书，第 164 页。

24 *Los Angeles Herald*, October 23, 1903.

25 Lawrence M. Kaplan, *Homer Lea: American Soldier of Fortune*, Lexington: University Press of Kentucky, 2010, p. 39.

26 高伟浓:《二十世纪初康有为保皇会在美国华侨社会中的活动》，第 36、40 页。

27 《新大陆游记》，第 164 页。

28 *Los Angeles Herald*, October 23, 1903.

29 《新大陆游记》，第 166 页。

征引文献

书籍

1.《清议报》，北京：中华书局，1991 年。
2.《新民丛报》，北京：中华书局，2008 年。
3.《中国人文社会科学博士硕士文库 续编（历史学卷上）》，杭州：浙江教育出版社，2005 年。
4. 阿英：《阿英全集》，合肥：安徽教育出版社，2003 年。
5. 曹汝霖：《曹汝霖一生之回忆》，北京：中国大百科全书出版社。
6. 陈建华：《“革命”的现代性：中国革命话语考论》，上海：上海古籍出版社，2000 年。
7. 陈平原：《中国现代小说的起点：清末民初小说研究》，北京：北京大学出版社，2010 年。
8. 陈锡祺主编：《孙中山年谱长编》，北京：中华书局，1991 年。
9. 陈旭麓：《近代中国社会的新陈代谢》，北京：生活 · 读书 · 新知三联书店，2018 年。
10. 迟云飞编写，中国人民大学清史研究所编：《清史编年》，北京：中国人民大学出版社，2000 年。
11. 陈勇：《华人的旧金山》，北京：北京大学出版社，2009 年。

12. 戴海斌:《晚清人物丛考》，北京：生活·读书·新知三联书店，2018 年。
13. 丁文江、赵丰田编:《梁启超年谱长编》,上海:上海人民出版社,1983年。
14. 丁文江、赵丰田编:《梁启超年谱长编》,岛田虔次编译,东京:岩波书店,2004 年。
15. 杜迈之、刘泱泱、李龙如辑:《自立会史料集》,长沙:岳麓书社,1983 年。
16. 段云章编著:《孙文与日本史事编年（增订本）》，广州：广东人民出版社，2011 年。
17. 冯自由:《革命逸史》，北京：新星出版社，2016 年。
18. 费晟:《再造金山：华人移民与澳新殖民地生态变迁》，北京：北京师范大学出版社，2021 年。
19. 高伟浓:《二十世纪初康有为保皇会在美国华侨社会中的活动》，北京：学苑出版社，2009 年。
20. 顾廷龙、戴逸主编:《李鸿章全集》，合肥：安徽教育出版社，2007 年。
21. 关诗珮:《晚清中国小说观念译转:翻译语“小说”生成及实践》，香港：商务印书馆，2019 年。
22. 广东人民出版社编:《论戊戌维新运动及康有为、梁启超》，广州：广东人民出版社，1985 年。
23. 黄福庆:《清末留日学生》，台北：中研院近代史研究所，1975 年
24. 黄昆章、吴金平:《加拿大华侨华人史》，广州：广东高等教育出版社，2001 年。
25. 黄彰健:《戊戌变法史研究》，上海：上海书店出版社，2007 年。
26. 贾小叶:《戊戌时期学术与政治纷争研究》，北京:社会科学文献出版社，2017 年。
27. 见闻君:《高铁风云》，长沙：湖南文艺出版社，2021 年。
28. 姜义华、张荣华编校:《康有为全集》，北京：中国人民大学出版社，2007 年。
29. 金健人主编:《韩国研究》第九辑，北京:国际文化出版公司，2010 年。
30. 孔祥吉、[日]村田雄二郎:《罕为人知的中日结盟及其他：晚清中日关系史新探》，成都：巴蜀书社，2004 年。
32. 李群:《近代中国文学史观的发生与日本影响》，长沙:湖南大学出版社，2016 年。

33. 李喜所主编:《梁启超与近代中国社会文化》，天津：天津古籍出版社，2005 年。
34. 梁启超:《新大陆游记》，北京：社会科学文献出版社，2007 年。
35. 林克光:《革新派巨人康有为》，北京：中国人民大学出版社，1990 年。
36. 林振武等编著:《黄遵宪年谱长编》，北京：中华书局，2019 年。
37. 刘伯骥:《美国华侨逸史》，台北:黎明文化事业股份有限公司，1984 年。
38. 刘东主编:《龚自珍 严复》，西安：太白文艺出版社，2012 年。
39. 刘渭平:《澳洲华侨史》，台北：星岛出版社，1989 年。
40. 鲁迅:《鲁迅全集》，北京：人民文学出版社，2005 年。
41. 吕顺长:《清末维新派人物致山本宪书札考释》，上海：上海交通大学出版社，2017 年。
42. 罗志田:《道出于二:过渡时代的新旧之争》，北京:北京师范大学出版社，2014 年。
43. 马忠文:《晚清人物与史事》，北京：北京师范大学出版社，2015 年。
44. 茅海建:《从甲午到戊戌:康有为〈我史〉鉴注》，北京:生活·读书·新知三联书店，2009 年。
45. 茅海建:《戊戌变法的另面:“张之洞档案”阅读笔记》，北京:生活·读书·新知三联书店，2018 年。
46. 茅海建:《戊戌变法史事考》，北京:生活·读书·新知三联书店，2005 年。
47. 毛注青等编:《蔡锷集》，长沙：湖南人民出版社，1983 年。
48. 清华大学历史系编:《戊戌变法文献资料系日》，上海:上海书店出版社，1998 年。
49. 上海鲁迅纪念馆编:《纪念与研究》第 4 辑，上海：上海鲁迅纪念馆，1982 年。
50. 上海市文物保管委员会编:《康有为与保皇会》，上海:上海人民出版社，1981 年。
51. 宋恕:《致孙仲恺书》，胡珠生编:《宋恕集》，北京:中华书局，1993 年。
52. 苏继祖等著:《清廷戊戌朝变记（外三种）》，桂林：广西师范大学出版社，2008 年。
53. 孙宝瑄:《忘山庐日记》，上海：上海古籍出版社，1983 年。
54. 孙应祥:《严复年谱》，福州：福建人民出版社，2014 年。

55. 唐烜著，赵阳阳、马梅玉整理：《唐烜日记》，南京：凤凰出版社，2017 年。
56. 汤志钧：《乘桴新获：从戊戌到辛亥》，北京：北京师范大学出版社，2018 年。
57. 汤志钧、汤仁泽编：《梁启超全集》，北京：中国人民大学出版社，2018 年。
58. 汤志钧编：《章太炎年谱长编（增订本）》，北京：中华书局，2013 年。
59. 田雪梅：《近代日本国民的铸造：从明治到大正》，北京：商务印书馆，2016 年。
60. 王汎森：《近代中国的史家与史学》，上海：复旦大学出版社，2010 年。
61. 王夏刚：《戊戌军机四章京合谱》，北京：中国社会科学出版社，2009 年。
62. 王晓秋：《近代中日启示录》，北京：北京出版社，1987 年。
63. 武昌辛亥革命研究中心组编：《辛亥革命史事长编》，武汉：武汉出版社，2011 年。
64. 吴容甫点校，中华书局编辑部修订：《王闿运日记》，北京：中华书局，2022 年。
65. 吴天任：《康有为年谱》，广州：广东人民出版社，2018 年。
66. 相蓝欣：《义和团战争的起源》，上海：华东师范大学出版社，2003 年。
67. 谢伟铭选编：《吴其昌文存》，南京：江苏人民出版社，2016 年。
68. 谢维扬、房鑫亮主编，胡逢祥分卷主编：《王国维全集》，杭州：浙江教育出版社，2010 年。
69. 许全胜：《沈曾植年谱长编》，北京：中华书局，2007 年。
70. 徐万晴：《晚清士人对李鸿章的形象塑造与记忆建构》，台湾师范大学历史系硕士学位论文，2011 年。
71. 姚奠中、董国炎：《章太炎学术年谱》，太原：三晋出版社，2014 年。
72. 严安生：《灵台无计逃神矢：近代中国人留日精神史》，陈言译，北京：生活 · 读书 · 新知三联书店，2018 年。
73. 严复：《群学肄言》，北京：商务印书馆，1981 年。
74. 叶维丽：《为中国寻找现代之路：中国留学生在美国（1900—1927）》，周子平译，北京：北京大学出版社，2012 年。
75. 佚名：《贪官污吏传》，北京：北京古籍出版社，1999 年。
76. 郁达夫：《郁达夫文集》，广州：花城出版社，香港：生活 · 读书 · 新知三联书店香港分店，1982 年。

77. 袁咏红:《梁启超对日本的认识与态度》，北京：中国社会科学出版社，2011年。
78. 翟新:《近代以来日本民间涉外活动研究》，北京：中国社会科学出版社，2006年。
79. 章开沅、罗福惠、严昌洪主编:《辛亥革命史资料新编》，武汉：湖北人民出版社，2006年。
80. 章开沅:《辛亥前后史事论丛续编》，武汉：华中师范大学出版社，1996年。
81. 张克宏:《亡命天南的岁月：康有为在新马》，吉隆坡：华社研究中心，2006年。
82. 张启祯、[加]张启礽编:《康有为在海外·美洲辑》，北京：商务印书馆，2018年。
83. 张国民主编:《葵乡俊彦列传》第2辑，新会市政协学习文史社会法制工作委员会，1998年。
84. 张枬、王忍之编:《辛亥革命前十年间时论选集》，北京：生活·读书·新知三联书店，1960年。
85. 郑匡民:《梁启超启蒙思想的东学背景》，上海：上海书店出版社，2003年。
86. 政协长沙市委员会文史资料研究委员会等编:《谭嗣同研究资料汇编》，1988年。
87. 中国人民政治协商会议广东省中山市委员会文史委员会编:《中山文史》第20辑，1990年12月。
88. 中国社会科学院近代史研究所民国史研究室等编:《孙中山全集》，北京：中华书局，1981年。
89. 中国社会科学院近代史研究所编:《近代中国与世界——第二届近代中国与世界学术讨论会论文集》，北京：社会科学文献出版社，2000年。
90. 中国社会科学院近代史研究所编:《第三届近代中国与世界国际学术研讨会论文集》，北京：社会科学文献出版社，2015。
91. 中国社会科学院近代史研究所《近代史资料》编译室主编:《华侨与辛亥革命》，北京：知识产权出版社，2013年。
92. 中国史学会主编:《中国近代史资料丛刊·戊戌变法》，上海：上海人民出版社，1957 年。

93. 中华会馆编：《落地生根：神户华侨与神阪中华会馆百年史》，忽海燕译，香港：香港社会科学出版社有限公司，2003 年。

94. 中华书局编辑部编，童杨校订：《孙宝瑄日记》，北京：中华书局，2015 年。

95. 周敏之：《王照研究》，长沙：湖南人民出版社，2003 年。

96. 邹振环：《疏通知译史》，上海：上海人民出版社，2012 年。

97. [澳] 骆惠敏编：《清末民初政情内幕——〈泰晤士报〉驻北京记者袁世凯政治顾问乔·厄·莫理循书信集》，刘桂梁等译，上海：知识出版社，1986 年。

98. [澳] 西里尔·珀尔：《北京的莫理循》，檀东鍟、窦坤译，福州：福建教育出版社，2003 年。

99. [澳] 杨进发：《新金山：澳大利亚华人 1901—1921 年》，姚楠、陈立贵译，上海：上海译文出版社，1988 年。

100. [德] 海靖夫人：《德国公使夫人日记》，秦俊峰译，福州：福建教育出版社，2012 年。

101. [俄] 赫尔岑：《往事与随想》，项星耀译，成都：四川人民出版社，2018 年。

102. [加] 卜正民：《纵乐的困惑：明代的商业与文化》，方骏、王秀丽、罗天佑译，桂林：广西师范大学出版社，2016 年。

103. [加] 卜正民等：《杀千刀：中西视野下的凌迟处死》，张光润等译，北京：商务印书馆，2013 年。

104. [加] 罗伯特·博斯韦尔：《加拿大史》，裴乃循等译，北京：中国大百科全书出版社，2012 年。

105. [加] 魏安国等：《从中国到加拿大》，许步曾译，上海：上海社会科学院出版社，1988 年。

106. [美] 埃德蒙·莫里斯：《美国崛起的舵手：西奥多·罗斯福》，匡吉等译，张稚平校订，广州：新世纪出版社，2015 年 9 月。

107. [美] 安德鲁·科伊：《来份杂碎：中餐在美国的文化史》，严华容译，北京：北京时代华文书局，2016 年。

108. [美] 彼得·诺维克：《那高尚的梦想："客观性问题"与美国历史学界》，杨豫译，北京：生活·读书·新知三联书店，2009 年。

109. [美] 傅佛果:《内藤湖南：政治与汉学（1866—1934）》，陶德民、何英莺译，南京：江苏人民出版社，2016 年。

110. [美] 格雷戈里 · 摩尔:《1901—1909 年的门户开放政策：西奥多 · 罗斯福与中国》，赵嘉玉译，南京：江苏人民出版社，2021 年。

111. [美] 韩南:《中国近代小说的兴起》，徐侠译，上海:上海教育出版社，2004 年。

112. [美] 韩清安:《横滨中华街：一个华人社区的兴起（1894~1972）》，尹敏志译，北京：社会科学文献出版社，2021 年。

113. [美] 孔飞力:《他者中的华人:中国近现代移民史》，李明欢译，南京：江苏人民出版社，2018 年。

114. [美] 理查德 · 霍夫施塔特:《美国政治传统及其缔造者》，崔永禄、王忠和译，北京：商务印书馆，2010 年。

115. [美] 李漪莲:《亚裔美国的创生：一部历史》，伍斌译，北京：中信出版集团，2019 年。

116. [美]令狐萍:《芝加哥的华人:1870 年以来的种族、跨国移民和社区》，何家伟等译，北京：世界图书出版公司，2015 年。

117. [美] 荣 · 切尔诺著，王恩冕等译:《工商巨子：洛克菲勒传》，海口：海南出版社，2000 年。

118. [美] 苏思纲:《堂斗：纽约唐人街的罪恶、金钱与谋杀》，王佳欣译，上海：上海文化出版社，2020 年。

119. [美] 叶凯蒂:《晚清政治小说:一种世界性文学类型的迁移》，杨可译，北京：生活 · 读书 · 新知三联书店，2020 年。

120. [美] 伊恩·P. 瓦特:《小说的兴起:笛福、理查逊、菲尔丁研究》，高原、董红钧译，北京：生活 · 读书 · 新知三联书店，1992 年。

121. [美] 约瑟夫·阿·勒文森:《梁启超与中国近代思想》，刘伟等译，成都：四川人民出版社，1986 年。

122. [美] 张灏:《梁启超与中国思想的过渡（1890—1907）：烈士精神与批判意识》，崔志海、葛夫平译，北京：新星出版社，2006 年。

123. [日] 宫崎滔天:《三十三年之梦》，佚名初译，林启彦改译、注释，广州：花城出版社，香港：生活 · 读书 · 新知三联书店香港分店，1981 年。

124. [日] 内藤湖南:《禹域鸿爪》，李振声译，杭州：浙江文艺出版社，

2018 年。
125. ［日］狩野直喜:《中国小说戏曲史》，张真译，南京:江苏人民出版社，2017 年。
126. ［日］狭间直树:《日本早期的亚洲主义》，张雯译，北京：北京大学出版社，2017 年。
127. ［日］狭间直树编:《梁启超 · 明治日本 · 西方：日本京都大学人文科学研究所共同研究报告》，北京：社会科学文献出版社，2012 年。
128. ［日］小泉八云:《日本魅影》，马永波、杨于军译，北京：中国国际广播出版社，2013 年。
129. ［日］伊原泽周:《从"笔谈外交"到"以史为鉴"：中日近代关系史探研》，北京：中华书局，2003 年。
130. ［日］永井荷风:《永井荷风异国放浪记》，陈德文等译，北京：北京联合出版公司，2020 年。
131. ［日］宗方小太郎:《宗方小太郎日记（未刊稿）》，甘慧杰译，上海：上海人民出版社，2016 年。
132. ［意］白佐良、马西尼:《意大利与中国》，萧晓玲、白玉崑译，北京：商务印书馆，2002 年。
133. ［英］查尔斯 · 贝思福:《贝思福考察记》，韩成才译，北京：中国文史出版社，2018 年。
134. ［英］卡莱尔:《英雄和英雄崇拜》，张峰、吕霞译，上海：上海三联书店，1988 年。
135. ［英］理查德·埃文斯:《企鹅欧洲史：竞逐权力 1815—1914》，胡利平译，北京：中信出版集团，2018 年。
136. ［英］李提摩太:《亲历晚清四十五年：李提摩太在华回忆录》，天津：天津人民出版社，2011 年。
137. ［英］杨国伦:《英国对华政策 1895—1902》，刘存宽、张俊义译，北京：中国社会科学出版社，2020 年。
138. ［英］张戎:《慈禧》，台北：麦田出版，2014 年。
139. 外务省编纂:《日本外交文书》，东京：日本国际联合协会，1954 年。
140. Anne Alexandra Gunn, *The Ice-drinker's Mandate: Images of Liang Qichao*, PhD Thesis, Camberra: Austrilian National

University, 1997.

141. Basil Hall Chamberlain & W. B. Mason, *A Handbook for Travellers in Japan*, London: John Murray, 1901.

142. Lawrence M. Kaplan, *Homer Lea: American Soldier of Fortune*, Lexington: University Press of Kentucky, 2010.

143. Mei-fen Kuo, *Making Chinese Australia: Urban Elites, Newspapers and the Formation of Chinese-Australian Identity, 1892-1912*, Melbourne: Monash University Publishing, 2013.

144. Sushila Narsimhan, *Japanese Perceptions of China in the Nineteenth Century: Influence of Fukuzawa Yukichi*, New Delhi: Phoenix Publishing House, 1999.

论文

1. 蔡惠尧:《试论保皇会失败的内部原因》,《近代史研究》1998 年第 2 期。

2. 陈立新:《梁启超访问记译注》,《黑龙江史志》2009 年第 22 期。

3. 陈英程、曾建雄:《从独立报人到外交家：族美华侨伍盘照成功办报实践及“侨民外交”活动评述》,《新闻与传播研究》2014 年第 2 期。

4. 戴海斌:《近卫笃麿与 19、20 世纪之交的中日关系》,《学术月刊》2016 年第 9 期。

5. 戴宇:《志贺重昂〈日本风景论〉简析》,《史学集刊》2007 年第 1 期。

6. 段怀清、[日]若杉邦子:《日本和中国近代对西方英雄主义的接受——以对卡莱尔英雄主义的反应为中心》,《中国言语文化研究》第 10 号。

7. 李海蓉:《澳洲保皇会创立探源——以〈东华新报〉及澳洲保皇会原始档案为主的分析》,《中国近代史》2018 年第 2 期。

8. 陆胤:《〈捉拿康梁二逆演义〉考——时事小说与戊戌政变史再解读》,《首都师范大学学报(社会科学版)》2021 年第 3 期。

9. 马忠文:《慈禧训政后之朝局侧影：读廖寿恒〈抑抑斋日记〉札记》,《华南师范大学学报》2019 年第 1 期。

10. 施吉瑞、孙洛丹:《金山三年苦：黄遵宪使美研究的新材料》,《中山大学学报（社会科学版）》2016 年第 1 期。
11. 汤志钧:《徐致靖与戊戌变法：读〈戊戌变法侧记〉》,《学术月刊》1986 年第 5 期。
12. 许姬传:《戊戌变法侧记》,《文史杂志》1985 年第 1 期。
13. 俞旦初:《二十世纪初年中国的新史学思潮初考（续）》,《史学史研究》1982 年第 4 期。
14. 张昭军:《戊戌政变后日本〈太阳〉杂志对康、梁的报道和评论》,《史学月刊》2019 年第 11 期。
15. ［加］陈忠平:《维多利亚、温哥华与海内外华人的改良和革命（1899—1911）》,《中国社会科学战线》2017 年第 11 期。
16. Chuimei Ho & Bennet Bronson, "Merchant and Imperial Diplomat: The Extraordinary Career of Portland's Moy Back Hin", Oregon Historical Quarterly, 118 (3).
17. Mark Johnson, "Becoming Chinese [in Montana]: The Chinese Empire Reform Association and National Identity among Montana's Chinese Communities", Montana: The Magazine of Western History, 2014, 64 (4).
18. Peter Zarrow, "Old Myth into New History: The Building Blocks of Liang Qichao's 'New History'", Historiography East and West, 2003, 1 (2).

人名索引

致谢

这一卷比想象的更快完成，得益于众多师友的帮助，我与他们有的相识甚久，有的仅一面之缘，或只在纸张上相遇。

我仍记得，一个秋日傍晚的京都大学旁的一家咖啡店，狭间直树先生挥舞着双手，讲述《新民丛报》的意义，让我清晰地意识到梁启超在东亚历史中的独特地位。他领导的梁启超研究，是这一卷重要的史料与思想来源。石川祯浩先生引我在梁启超图书室内逡巡，展现了一个迷人的世界。我始终记得他的毛拖鞋以及温暖个性。

汤志钧先生对于康梁的海外寻踪，拓展了我的视野。那个夏日阴郁午后，我在他堆满资料的上海寓所的短暂时光，令人怀念。他与其子汤仁泽先生完成的《梁启超全集》，于我更是大有助益。陈忠平、陈晓平、高伟浓、令狐萍诸先生对于康梁在海外及华人社会的研究，为我打开了另一个世界。

桑兵先生对庚子勤王的缜密分析，为这一卷的几个章节提供了方向。精通这段历史的安东强先生不仅慷慨提供了建议，还让我第一次品尝到全鱼宴，在座的费晟先生则对澳大利亚的华人史提供了意外的解读。黄乐嫣（Gloria Davies）女士关于梁启超在澳大利亚的论文颇有助益。郑匡民先生对梁启超思想的研究，对我充满启发。夏晓虹女士对于梁启超的常年探寻，更是诸多启发的来源。

除去思想启发，葛兆光、陈冠中先生总是不遗余力地提供鼓励；马勇、杨念群、王笛、罗新先生、陈冲女士慷慨地写下推荐语。这本书也是对张灏、唐小兵、列文森、黄宗智等先生开创性研究的某种回应，即使未必合格。

我也对胡一平女士、向蕾蕾女士、小林先生深感谢意，他们安排的行程助我更深了解明治时代的日本，陆波涛先生、阿雅女士协助了我在东京的游荡与追寻，这对写作梁启超至关重要。我的朋友周先生、石崎先生、刘女士，以他们各自的方式提供了重要帮助。K小姐更提供巨大的、无形的支持。

卓越的罗丹妮女士以及旖旎小姐，是这本书的灵魂人物，她们为此作出了细致、富有想象力的编辑。作为我的助手，赵艺小姐不仅协助信息收集，还完美地分配了我的时间。左尧依小姐、徐添先生则提供了再好不过的资料准备，顾逸凡先生提供了查证与补充。山川的封面设计，一如既往地杰出。我常年的编辑于女士、孙女士，通读了全稿、给出了建议，对于这本书的成形，怎么高估都不为过。

这本书的成就有赖于他们，错误皆缘于我。